ADOLESCENT
PSYCHOLOGY AND COUNSELING

청소년 심리 및 상담

오윤선 · 김미숙 공저

양 성 원

머리말

청소년에 대한 논의는 그 시기만의 발달적 독특성 때문에 고대 문명사회로부터 현대사회에 이르기까지 지속적으로 이루어져 왔다. 어느 시대이건 기성세대는 청소년들의 행동과 태도를 이해하기 어려워하고 부정적인 시각으로 바라보는 경향이 강하다. 하지만 세대 간 갈등과 소통에 따르는 문제는 성숙한 세대가 성장하고 있는 세대를 수용하고 이해하며 품고 가야 할 몫인 것 같다.

청소년들은 다음 세대를 이어주는 차세대 주인공들이다. 따라서 기성세대들은 이들을 중요한 인적자원으로 키워내야 한다. 왜냐하면 이들을 통해서 우리 사회의 미래를 조망할 수 있고 역량을 가늠할 수 있기 때문이다. 이들의 현재의 행복감정은 미래사회의 정서적 지표가 될 것이다. 하지만 안타깝게도 현재 한국사회는 청소년들로 하여금 지구상에서 가장 많은 시간을 학교와 학원에서 보내게 하고 있다. 그러나 학교는 그들에게 재미없는 곳으로 전락한지가 오래되었고 부모들은 사교육비까지 무리하게 감당하면서 자녀들을 열심히 공부시키지만 정작 그들은 행복하지 않다고 말한다.

필자는 어떻게 하면 우리나라 청소년을 행복하게 만들 수 있을까 하는 신념과 사명으로 지난 30여 년간 지역사회와 대학에서 봉사해 왔다. 그리고 대학과 대학원 교재로 사용할 청소년 심리 및 상담 분야의 책을 지속적으로 출간하고, 행복한 청소년들을 만들기 위한 임상연구를 실시하여 수십 편의 논문을 발표했다. 그뿐만 아니라 청소년과 청소년 부모들을 대상으로 공개 강의를 실시하고, 꾸준히 현장에서 상담을 실시해 왔다.

특히 청소년 심리 및 상담 분야에 대한 자료가 부족한 시기에 『청소년의 이해와 상담』(예영 B&P)을 출간하여 청소년 상담사 및 지도사 관련 학과목 수강생들에게 조금이나마 도움을 줄 수 있어서 큰 보람이 있었다. 시간이 흐름에 따라서 청소년 상담 이론과 실제에 대한 자료가 요구된다고 생각되어 2017년 『청소년 심리 및 상담-이론과 실제-』(양성원)를 새롭게 출판하였다. 2년 사이에 빠르게 변화하고 있는 시대적 상황을 고려하여 김미숙 박사와 함께 최근 자료를 보충하고 내용을 재구성하여 신간으로 출간하게 되었다.

본 서는 전체 총 4부 14장으로 구성되었으며, 1부는 청소년 심리에 대한 이해로 청소년의 개념과 역사적 조망을 다루고, 청소년 발달심리 이론과 청소년의 생물학적 발달, 인지발달, 정서발달, 사회성 발달, 자아정체성 발달, 도덕성 발달 특징을 정리하였다. 2부는 청소년 상담의 이론과 기법을 위해 청소년 상담의 기초, 청소년 상담의 과정에 대해서 다루었다. 3부는 청소년 상담의 주요 이론으로서 정신분석적 상담, 행동치료 상담, 인간중심 상담, 게슈탈트 상담, 현실치료 상담, 인지행동치료 상담에 대해서 기술하였다. 4부는 청소년의 임상 현장에서 가장 많이 나타나고 있는 심리부적응 문제 가운데 청소년의 우울증, 청소년의 불안증, PTSD 상담에 대해 살펴보았다. 그리고 청소년 문제유형별 상담 가운데, 청소년 인터넷 게임중독과 청소년 또래 괴롭힘, 청소년 성문제 상담, 청소년 자살위기 상담에 대해 기술하였다.

바라기는 본 서를 읽는 독자들이 청소년 심리와 상담 분야에 대해 더 깊은 이해를 가질 수 있는 유익한 자료가 되기를 바라며 상담 현장에서 청소년들의 아픔과 상처를 치유하는 데 조금이나마 도움이 되기를 간절히 소망한다. 본 서가 출간되기까지 많은 사람의 도움이 있었다. 특히 출판업계의 어려운 여건에도 불구하고 청소년 상담에 지대한 관심을 가지고 출판을 맡아주신 양성원의 강철원 사장님과 목일수 부사장님을 비롯한 직원 여러분에게 깊이 감사드린다. 그리고 바쁜 일정에도 불구하고 기쁜 마음으로 수정에 도움을 준 박사과정 최아람 선생에게도 진심으로 감사한다.

무엇보다 바쁜 연구 활동으로 충분한 시간을 함께 하지 못함에도 불구하고 아무 불평 없이 이해해주고 응원해준 가족들에게 미안함과 고마움을 전한다.

2019. 7.

일립관 연구실에서

저자 오윤선

차 례

PART 1 청소년 심리의 이해

PART 3 청소년 상담의 이론과 기법

PART 4 청소년 상담의 실제

PART 1

청소년 심리의 이해

Chapter 01

청소년의 이해

▶▶ 개요

청소년의 심리를 이해하기 위해서는 먼저 청소년의 개념과 인류 역사 속에 비친 청소년에 대한 이해가 필요하다. 고대시대부터 근대와 현재에 이르기까지 서구와 한국의 청소년을 비교해 보고 청소년의 개념에 대해 알아본다.

▶▶ 학습목표

1. 일반목표

청소년의 발달과 심리에 대한 이해를 돕기 위하여 청소년에 대한 시대적 관점과 그 개념에 대해 알아보고 역사적 조망에 따른 청소년에 대해 알아본다.

2. 세부목표

1) 청소년의 개념을 설명할 수 있다.
2) 청소년의 역사적 조망에 대해 이해할 수 있다.
3) 청소년에 대한 시대적 관점에 대해 비교하고 논의할 수 있다.

▶▶ 주요 용어

청소년, 질풍노도, 청소년학, 한국청소년

▶▶ 지식

- 청소년 개념에 대한 지식
- 청소년에 대한 역사적 관점
- 청소년의 다양한 배경 인식

▶▶ 기술

- 사회적 · 문화적 차이에 따라 청소년을 통찰하는 기술
- 각 시대의 청소년을 이해하는 능력
- 현대 청소년의 빠른 변화를 알 수 있는 능력

▶▶ 태도

- 청소년에 대한 역사적 차이를 비교하고 분석하는 태도
- 현대시대의 청소년에 대해 이해하는 태도
- 현재 시점의 청소년을 포용하는 태도

1. 청소년의 개념적 이해

'청소년'이라는 용어는 우리나라에서 청년과 소년을 아울러 이르는 말로 사용되고 있다. 영어로 'adolescent'는 생리적 · 심리적 의미를 나타내며, 'youth'는 사회적 의미를 내포하고 있다. 라틴어 'adolescere'에서 유래된 'adolescent'는 '성장하다(to grow up)', 또는 '성숙에 이른다(to grow into maturity)'라는 의미로 급격한 성장과 과도기적인 성격을 강조하는 개념이다. 그리고 'youth'는 자율성, 책임성, 권리, 참여, 시민성을 강조하는 개념으로 청소년들만의 독특한 문화적 · 사회적 특성을 강조할 때 사용한다. 이처럼 '청소년'이란 'adolescent'와 'youth'의 의미를 모두 포괄하며 아동기와 성인기 사이의 생리적 · 심리적 특성과 문화적 · 사회적 특성을 모두 통합하는 개념이라 할 수 있다.

한편, 청소년 시기 및 그 정의는 사회 · 문화적 특성과 학자들의 다양한 견해에 따라 여러 가지로 나눈다. 그러므로 청소년에 대한 정의는 다면적인 특성에 따라 개념을 살피고 종합적으로 정리할 것이다.

첫째, 심리학적인 측면에서 청소년기의 연령 기준은 12세 또는 13세부터 시작하여 23세 또는 24세에 절정기를 이루며, 경우에 따라서는 30세 이상까지도 확대된다.

둘째, 취학 연령 혹은 학력(學歷)에 따라 청소년의 시기를 구분할 경우 초등학교 3~4학년부터 중학교까지를 청소년 초기, 고등학교시기를 청소년 중기, 대학교 및 군복무 기간을 통틀어 청소년 후기로 구분한다.

셋째, 법률에 따라서는 각 국가마다 차이가 있는데 '유엔아동권리협약' 제1조에서는 세계 대부분의 나라에서 적용하고 있는 성인 연령과 선거권의 연령을 기준하여 아동 · 청소년의 연령을 '18세 미만의 모든 인간'이라고 정의하고 있다(김효연, 2015). 미국 대부분의 주(州)에서 미성년자는 18세 미만, 청소년 비행의 대상 연령은 10~17세로 규정하고 있다(Eitzen & Zinn, 2013). 독일의 「청소년보호법」은 청소년을 14세 이상 18세 미만인 자로 정의하고 있으며, 일본의 「소년법」에서는 20세 미만을 '소년'으로 규정하고 「민법」에서는 19세 미만을 '미성년자'로 규정하고 있다. 그리고 2010년 법률 제정(子ども·若者育成支援推進

法)을 통해 청소년정책의 대상자로 0세에서 30세 미만인 자를 청소년으로 총칭하여, 아동기부터 청년기에 이르는 젊은 세대 전반을 아우르는 용어로 사용하고 있다(김기헌 외, 2016).

'청소년' 연령은 「대한민국헌법」과 각 개별 법률에서 다루는 통념과 편의에 따라 각각 다르게 규정하고 있지만 대체로 9세에서 24세 안에 포함시키고 있다. 자세히 살펴보면 「청소년기본법」의 적용 대상은 "9세 이상 24세 이하인 사람"으로 규정하고(동법 제3조 제1항), 「청소년복지지원법」, 「청소년활동지원법」, 「건강가정기본법」도 이와 동일하게 적용한다. 그리고 「청소년보호법」에서는 "만 19세 미만"으로 규정하고(동법 제2조 제1항) 「아동·청소년 성보호에 관한 법률」, 「담배사업법」 및 「사행행위 등 규제 및 처벌 특례법」, 「식품위생법」도 동일한 규정을 사용하고 있다.

하지만 「영화 및 비디오물의 진흥에 관한 법률」에서 "청소년이라 함은 18세 미만의 자(「초·중등교육법」 제2조의 규정에 따른 고등학교에 재학 중인 학생을 포함한다)를 말한다"고 정하고 있다(동법 제2조 제18항). 그리고 성년이 되지 않은 '미성년자'라는 용어를 사용하고 있는 「민법」 제4조에서는 "사람은 만 19세로 성년에 이르게 된다."라고 규정하고, 「소년법」에서는 '소년'을 만 19세 미만인 자로 정의하고 있다. 청소년과 유사한 개념으로 민법에서는 만 19세 미만을 무능력자, 형법에서는 만 14세 미만을 형사 미성년자로 규정하여 보호하고 있다(법제처, 2019). 그러나 청소년이라는 용어는 법률상 능력을 언급하는 데 사용되는 '미성년(minor)'과 구분된다(김춘경 외, 2016).

이상의 내용을 종합하여 청소년을 정의한다면, 첫째, 청소년은 아동과 성인 사이의 과도기적인 존재로서 신체적·인지적·정서적·사회적인 면에 미성숙에서 성숙의 상태로 발달되어 가는 과정에 있다. 둘째, 청소년은 1318세대에 국한되지 않고 초기, 중기, 후기로 12세(13세)부터 시작하여 23세(24세)까지의 연령을 지칭한다. 셋째, 청소년은 생식능력을 갖고 있지 못한 소년 혹은 소녀와는 구별된다. 넷째, 청소년은 생애발달과정, 즉 유아기, 아동기, 성인기, 노년기와는 구별되는 독특성을 지님과 동시에 인간으로서 인격적 존엄성을 지닌 존재이다.

2. 청소년의 역사적 조망

1) 청소년 연구의 태동기: 고대시대

청소년에 대한 논의는 발달적 독특성 때문에 고대 문명사회에서부터 현대사회에 이르기까지 지속적으로 이루어져 왔다. 청소년에 관한 학자들의 관심은 기원전 400년 플라톤(Platon, B.C. 427~347)에서부터 시작된다. ≪플라톤(Platon)의 대화편≫ 중에서 '법'과 '국가'를 보면 아동과 청소년의 행동통제에 관한 조언뿐만 아니라 이들에 대한 묘사와 설명이 여러 곳에서 나타나고 있다. 플라톤은 흥분하기 쉬운 성격을 가진 청소년들이 술을 마시는 것은 불 위에 기름을 끼얹는 격이므로 18세 이전에는 금주를 해야 한다고 조언했다. 또한 청소년들은 지혜를 처음 접하는 기쁨에 빠져 다른 사람이 귀찮아 할 정도로 '논쟁을 위한 논쟁'에 빠지기 쉽다고 경고하였다.

아리스토텔레스(Aristoteles, B.C. 384~322)는 스승인 플라톤보다 인간발달을 더 구체화시켜 7년마다 3단계(태어나서 7세까지를 유아기, 7세부터 사춘기까지를 소년기, 사춘기부터 21세까지를 청년기)로 구분하였다. 그는 청소년기를 미성숙하고 인내심과 자기통제력이 부족한 시기로 보았다. 그리고 그의 저서 ≪수사학(Rhetoric)≫에서 청소년들의 성격유형에 대해 "청소년들은 격정적이고 성급하며 충동에 따라 행동하기 쉬운 집단이다. 그들은 자신이 전지전능하다고 생각하며, 무엇이든 할 수 있다고 생각하고 자기들의 주장이 옳다고 생각한다. 그 이유는 무엇이든 도에 지나치기 때문이다"라고 설명하며 청소년의 본질에 대해 부정적으로 언급하고 있다(Muuss, 1996).

2) 청소년 연구의 암흑기: 중세시대

중세(A.D. 400~1400)에는 인간발달에 있어 매우 편협한 시각이 지배적인 시기로 청소년에 대한 사회의 시각은 매우 냉소적이었다. 이 시대에는 청소년을 '축소된 성인(miniature adult)'으로 인식하여 청소년에 대한 개념이 존재하지도 않았고 성인과 뚜렷한 구분도 없었다(Philippe Ariès, 1962). 따라서 청소년 시기의 고유한 사고방식, 감정, 독자적인 문화는 허용되지 않았다. 그리고 중세시대 청소년들은 성인과 동일한 노동력으로 취급되었고, 견습공 또는 하급 기술자에 지나지 않았다. 이러한 시대적 상황에서 당시 기술 전수에 치중한 '도제(徒弟) 제도'는 청소년과 아동들로 하여금 가족과 격리되는 심리적 유기 상태를 조장하였다(Breger, 1998).

또한 중세시대의 엄격한 교리주의 전통은 사춘기 청소년들의 행동에 악령이 내재되어 있다고 보고 혹독한 훈육과 체벌 그리고 노동을 통해 악령을 몰아낼 수 있다고 생각하였다(Muuss, 1996).

3) 청소년 연구의 관심기: 근대시대

중세 '신' 중심의 세계관에서 근대 '인간' 중심의 세계관으로 바뀌면서 청소년에 대한 인식에는 많은 변화가 나타났다. 로크(John Rocke, 1632~1704)는 중세의 전성설(前成說), 즉 난자와 정자 내에 완전하게 자란 성체가 축소된 형태로 들어있다는 학설에 대해서 반박하였다. 그는 자신의 저서 ≪교육에 관한 몇 가지 고찰(Some Thoughts concerning Education)≫(1693)에서 '백지상태(tabula rasa)'의 개념을 강조하였다. 그리고 성인과 청소년은 양적인 면뿐만 아니라 질적인 면에서도 다르기 때문에 청소년 발달과 인간의 본질에 관한 과학적이고 체계적인 연구가 필요하다고 주장하였다.

로크의 뒤를 이어 청소년기의 개념을 처음으로 정립한 사람은 프랑스의 자연주의 철학자 루소(Jean-Jacques Rousseau, 1712~1778)이다. 로크가 인간 본질의 가장 중요한 측면을 이성으로 본 반면, 루소는 감정으로 보았다. 루소는 ≪에밀(Emile)≫(1762)에서 아동과 청소년은 성인의 옷차림과 성인의 말과 행동을 따라 해야 하는 '축소된 성인'이 아니라 '독립된 인격체'라고 주장하였다. 그리고 청소년기는 자기만의 가치와 장점을 정립하여 재탄생(rebirth) 혹은 제2의 탄생(the second birth)을 경험하는 시기라고 하였다.

그러나 루소의 주장은 그 당시 사회에 적용하는 데 한계점을 많이 가지고 있었다. 당시 프랑스 혁명 지도자들은 그 이론의 일부만을 받아들여 임의대로 사용하였다. 그 전형적인 사회 현상으로 부르주아(bourgeois) 가족과 학교가 생겨나고 아동 및 청소년에 대한 통제 방식을 체계화하기에 이르렀다. 이러한 시대적 현상에 대해 아리에스(Philippe Ariès, 1914~1984)는 "근대의 가족은 스스로를 세계로부터 차단시키고 부모와 가족의 고립된 공동체로서 사회에 맞서게 되었다. 이 공동체의 모든 에너지는 어떤 공동체적 열망도 없이 개별적으로, '가족이 아닌 아이'가 세상에서 출세할 수 있도록 돕는데 소비되었다"(1962)라고 설명하고 있다.

초기 산업사회까지만 해도 특정 부유층을 제외한 일반적인 아동들은 대부분 생산 활동에 참여했기 때문에 청소년기라는 인간의 발달 단계가 부각되지 않았다. 그러나 청소년에 대한 관심은 19세기 후반부터 높아졌다. 이후 산업화, 도시화가 진행되면서 교육기간이 연장되었고 그들이 차지하는 사회 내 영향력과 함께 청소년 계층의 인구가 증가하였다. 이에 따라 다양한 사회문제가 확산되기 시작하였고 이들에 대한 학문적 · 과학적 연구의 필요성이 제기되었다.

4) 청소년 연구의 학문적 발전기: 20세기

청소년에 대한 학문적인 연구는 미국의 심리학자 홀(Stanley Hall, 1844~1924)이 '청소년학'을 정립하면서 시작되었다. 홀은 다윈(Charles Darwin)과 모건(Lewis Henry Morgan)의 진화론에 영향을 받아 ≪청년기(adolescence)≫(1904)라는 두 권의 저서를 출간하였다. 그는 저서를 통해 청소년에 대한 개념을 정립하였고, 인생의 발달과정을 반복이론(theory of recapitulation)으로 전개하였다. 그리고 홀은 독일의 계몽주의 사조에 반항하면서 괴테(Johann Wolfgang Goethe, 1749~1832)와 실러(Friedrich von Schiller, 1759~1805) 등이 사용했던 '슈투름 운트 드랑(Sturm und Drang)'이라는 용어를 처음 사용했다. 그가 말한 "청소년기는 야만인이 문명인이 되기 위한 과정으로 질풍노도(Storm and stress)라는 현상이 불가피하게 나타난다"라는 표현은 청소년기를 대표하는 고정관념으로 자리 잡게 되었다 (Muuss, 1996).

그리고 미드(Margaret Mead, 1901~1978)는 홀에 의한 생물학적인 관점에 반하여, 청소년들에게 있어서 개인 차이는 생물학적 원인보다는 문화·환경적 요인 때문에 발생한다고 주장하였다. 이외에도 청소년을 설명하는 이론으로는 지그문트 프로이트(Sigmund Freud, 1856~1939)와 안나 프로이트(Anna Freud, 1895~1982)에 의한 정신분석학적 조망과 에릭슨(Erik Erikson, 1902~1994)에 의한 심리·사회학적 조망, 반두라(Albert Bandura, 1925~)와 셀만(Robert Selman, 1942~)에 의한 사회인지적 조망, 설리반(Harry S. Sullivan, 1892~1949)에 의한 대인관계적 조망, 레빈(Kurt Lewin, 1890~1947)과 브론펜브레너(Urie Bronfenbrenner, 1917~2005), 러너(Richard M. Lerner, 1946~)에 의한 맥락적 조망 등이 있다.

우리 사회에서 청소년에 대한 과학적 연구와 함께 이들의 권리 주장은 1923년 '아동권리선언' 5문항을 통해 국제사회에서 본격적으로 논의하면서부터 구체화되었다. 이후 그 결과로 1989년 '유엔아동권리협약(The Convention on the Rights of the Child)'이 만들어졌다. 이 협약은 청소년을 보호의 대상으로서는 물론, 권리의 주체로 인식하는 적극적인 시각을 제시하므로 이들에 대한 국제사회의 인식에 변화를 주었다. 한국은 1990년 9월 25일 유엔아동권리협약에 서명하고 1991년 12월 20일부터 국내적 효력을 가지게 되었다.

5) 한국 청소년의 역사적 이해

(1) 근대 ~ 1980년대의 청소년

우리나라에서 '靑年'이라는 한자의 유래는 정확하지 않다. 다만 일본에서 홀의 저서 ≪Adolescence≫(1904)를 ≪靑年期≫(1904)라는 제목으로 번역한 것으로 미루어 볼 때, 대략 20세기 초 동북아시아에서 사용하기 시작한 것으로 추측된다. 때문에 한국에서는 일제강점기에 '청소년'이라는 용어가 언론매체와 법조문에 등장하기 시작했다. 그 후 보편적으로 사용하기 시작한 것은 해방 이후부터이며 1960년대 이후 사회적으로 보편화되었다(박진규, 2010).

한국의 근대사에서 청소년은 '가족의 일원'이라는 개념으로 '학생'이라는 독자적인 위상을 갖게 되면서부터 큰 의미를 갖기 시작했다. 소수의 선택된 청소년들만이 학교에 다니는 '학생'에 속할 때 주변 범주에 속한 청소년들은 '근로 청소년'으로 구분되었다. 1970년대에 국가는 이들에게 '산업역군'이라는 이름을 붙여주었다. 하지만 1980년대에 다수의 청소년이 학교에 진학하게 됨에 따라 '학생 청소년' 또는 '근로 청소년'을 따로 구분할 필요가 없어졌고 이들은 다시 '착한 청소년'과 '비행 청소년'으로 분류되었다. 그리고 1980년대 중·고등학교에서 강압적이고 통제적인 학교 분위기가 형성되면서 학교에서 공부를 잘하는 학생은 '모범생'으로, 공부를 게을리하거나 포기한 자는 '열등생, 부적응자, 비행자'로 분류되었다(한국청소년학회, 1999).

(2) 1990년 ~ 2000년대의 청소년

1990년대 전후 본격적인 소비 자본주의 체제로 진행되면서 청소년은 '소비자'라는 이름으로 전환되기 시작하였다. 이에 따라 청소년들은 더욱 개인화·파편화되었고, 아이돌의 시초인 '서태지와 아이들'의 등장은 신세대 청소년의 새로운 패러다임을 형성하였다.

한국에서 신세대들에게 가장 먼저 붙여진 명칭은 1993년 지상파를 통해 모기업의 화장품 '트윈엑스'라는 광고가 나오면서 지칭된 X세대이다. 당시 X세대의 대중문화 '침투'는 자유분방한 가치관과 소비성 때문에 기성세대인 베이비붐 세대에게 비난의 대상이 되었다. 그후 Y세대가 등장했는데, 이들은 자신들의 가치를 믿는 세대로 어릴 때부터 컴퓨터에 익숙한 세대였다. 그리고 알파벳의 마지막 글자인 Z를 사용하여 '20세기 마지막 세대'라는 뜻을 담긴 Z세대와 네트 제너레이션(Net Generation)인 N세대, 2002년 한-일 월드컵을 기점으로 W세대, 1318세대인 WANT세대 등이 연이어 등장했다.

한편, 1980년대 초반에서 2000년대 초반에 출생한 세대를 밀레니얼 세대(Millennial Generation)라고 한다. 이 용어는 미국 학자인 닐 하우와 윌리엄 스트라우스(Neil Howe &

William Strauss)가 1991년 출판한 《세대들, 미국 미래의 역사》에서 처음 사용하였다. 밀레니얼 세대는 청소년 때부터 인터넷을 사용해 모바일, 소셜네트워크서비스(SNS) 등 정보기술(IT)에 능통하다. 또한 대학 진학률이 높지만 이에 따르는 학자금에 대한 부담도 동시에 가지고 있다. 아울러 2008년 글로벌 금융위기 이후 사회에 진출해 고용 감소, 일자리 질 저하 등을 경험하였다. 그 영향으로 소득이 적고 경제적 부담 때문에 금융사에 투자하는 것을 꺼리는 편이고 결혼을 성급하게 생각하지 않는다. 그리고 주택 마련에 적극적이지 않아서 매매보다는 임대를 하는 경우가 많다. 명품 브랜드에 대해서도 다른 세대보다 관심이 덜하고 광고보다 사적인 정보를 더 신뢰한다. 특히 자녀를 위한 지출에 있어서는 인색하지 않다(위키백과).

(3) 2010년 ~ 현재

2010년경부터 인터넷과 모바일 및 스마트폰을 통해 자신들만의 차별화된 의사소통을 이루어 온 청소년들로 인해 웹 1.0(문자, 영상, 음성 등을 통한 의사소통)에서 2.0('플랫폼으로서의 웹' 사용)으로 전환이 불과 몇 년 사이에 이루어졌다. 그리고 웹 3.0시대(시멘틱 웹 기반하의 지능형 웹)의 도래로 인해 신세대들의 소통문화는 또 다른 양상으로 변했다. 특히, 소셜 네트워크 서비스(페이스북, 트위터, 인스타그램 등)는 현재 세상을 바꾸고 있다. 이러한 흐름을 통해 현대 청소년들의 학습 환경은 물론 새로운 생활환경과 문화가 도래하게 되었다. 이제는 모바일 플랫폼을 바탕으로 4차 산업혁명 시대가 가속화되면서 우리 청소년들은 현실과 가상의 공간이 융합된 시대에서 소통하며 살고 있다.

한편, 알파세대(generation alpha)는 2011~2015년에 태어나 인공지능(AI), 로봇 등 기술적 진보를 경험한 세대를 의미한다. 이 세대는 스마트폰이나 AI 스피커와 대화하여 원하는 동요를 듣고 3D 애니메이션을 보며 자란다. 하지만 사람 대신 기계와 일방적 소통을 하는 것에 길들여져 자칫 정서 및 사회성 발달에 부정적인 영향을 끼칠 수 있다(네이버지식사전).

학습정리

청소년은 아동과 성인 사이의 과도기적인 존재로 신체적 · 인지적 · 정서적 · 사회적 측면에서 볼 때 미성숙에서 성숙의 상태로 발달되어 가는 과정에 있으며, 12세(13세)부터 시작하여 23세(24세)까지의 연령을 지칭한다. 또 청소년은 생애발달과정, 즉 유아기, 아동기, 성인기, 노년기와는 구별되는 독특성을 지님과 동시에 인간으로서 인격적 존엄성을 지닌 존재이다.

서구 중세시대까지는 청소년에 대한 개념이 존재하지도 않았다. 근대 이후 로크는 '백지상태'의 개념을 설명하였고 청소년에 대한 과학적이고 체계적인 연구의 필요성을 주장하였다. 이어서 프랑스의 루소는 청소년기의 개념을 처음으로 정립하였다. 또 미국의 홀은 청소년기를 질풍노도라고 표현하며 청소년에 대한 학문적 연구를 본격적으로 시작하였다.

한국에서 '청소년'이라는 용어가 보편적으로 사용되기 시작한 것은 해방 이후부터이며 1960년대 이후 사회적으로 보편화되었다. 현재까지 우리의 청소년에 대한 개념과 인식은 급변하는 환경과 문화 속에서 계속 변화하고 있고 사회적인 영향력과 중요성은 날로 커지고 있다.

연습문제

1. 청소년의 개념에 대해 설명하시오.
2. John Rocke가 주장한 '백지상태(tabula rasa)'와 Stanley Hall이 말한 '질풍노도(storm and stress)'라는 용어에 대해 설명하시오.
3. 근대부터 현대까지의 한국 청소년의 특징을 비교하시오.

Chapter 02

청소년기의 발달적 이해

▶▶ 개요

인간의 발달 중 청소년기 발달에 대해 알아보기 위해 먼저 발달의 개념과 원리에 대해 이해한다. 여러 학자들의 발달이론들을 통하여 청소년기에 대한 충분한 이해를 돕는다.

▶▶ 학습목표

1. 일반목표

청소년기 발달에 대해 알아보기 위해 먼저 발달이론에 대해 이해한다. 여러 학자들의 발달이론들의 과정과 내용을 숙지하고 비교하고 분석할 수 있다.

2. 세부목표

1) 청소년 발달이론에 대해 알아보고 설명할 수 있다.
2) 인간 발달의 개념 및 원리에 대해 이해할 수 있다.
3) 각 발달이론들을 통하여 청소년기를 잘 이해할 수 있다.

▶▶ 주요용어

청소년기 발달, 발달의 원리, 정신역동이론, 인지이론, 동기이론

▶▶ 지식

- 청소년기 발달의 개념에 대한 이해
- 발달이론의 진행 과정에 대한 관점
- 정신역동이론, 인지이론, 동기이론에 대한 통찰적 관점

▶▶ 기술

- 청소년기 발달의 원리에 대한 통찰하는 능력
- 정신역동이론, 인지이론, 동기이론의 특징을 설명하는 기술
- 각 발달이론을 비교하는 능력

▶▶ 태도

- 청소년기 발달의 개인적 차이를 수용하는 태도
- 발달이론의 특징 및 차이에 대한 분석적 태도
- 자신의 발달 과정에 대한 탐구적 태도

1. 청소년기 발달의 이해

1) 발달의 개념

발달이란 출생부터 시작하여 아동기를 지나 청소년기와 성년기 그리고 노년기에 이르기까지 전 생애에 걸쳐 계속되는 변화의 과정을 일컫는다. 여기서 '발달(development)'이란 수정란의 태아 형성부터 출생, 성장, 노화 과정을 거쳐 죽음에 이르기까지 신체성장, 체중증가, 운동능력의 변화, 지능의 발달 등이 지속적으로 변화하는 과정을 말한다(오윤선, 2007).

발달이라는 개념은 생물학적 · 심리학적인 관점에서 통상적으로 사용된다. 먼저 생물학적인 관점에서 발달은 점차적으로 분화된 상태로 변화하고 점점 더 복잡한 유기체로 진행되는 것을 말하며, 능력과 기술이 낮은 단계에서 높은 단계로 진행해 나가는 과정을 의미한다(Birren & Woodruff, 1973). 인간의 발달은 유전인자(genes)와 환경(environment)에 의해 영향을 받으면서 성장(growth)하고 성숙(maturation)에 이르는 과정을 거친다.

또한 심리학적인 관점에서 발달이란 인간에게 일어나는 시간에 따라 신체구조, 사고, 행동의 변화를 말한다. 이 관점에서는 발달의 주체에 일어나는 성장과 성숙 등과 같은 '변화'에 초점을 맞추고, 주로 발달의 동력이 유기체가 지니고 있는 내부적 요소의 작동체계에 의해 이루어진다는 점을 강조한다. 그러므로 청소년 발달은 발달의 주체인 청소년에 의해 일어나는 성장과 성숙을 강조한 개념이라고 볼 수 있다.

현대에 와서 가장 일반적으로 받아들여지고 있는 발달에 대한 정의를 내린 학자는 형태주의 심리학자인 코프카(Kurt Koffka, 1886~1941)이다. 그는 역학적 · 전체적 입장에서 "발달이란 유기체나 그 기관이 양의 증가, 구조의 정밀화, 기능의 유능화가 되어 가는 과정이다"라고 설명하였다. 그리고 헐록(Elizabeth B. Hurlock)은 발달에 대해 논하기를 "발달은 크기의 변화, 비율의 변화, 새로운 특징의 획득, 낡은 특징의 소실 등이 서로 작용하여 발생하는 과정이다"라고 정의했다. 그는 특히, 성장과 발달을 비교하여 "성장은 크기의 증대를 의미하고 일정한 시간에 정지하는데 비하여, 발달이란 질서정연하고 일관성 있는 형태의 진보적인 변화가 전생애 주기(cycle)를 통해 발생하는 계속적인 변화이다"라고 정의했다. 또한 크로우(Lester D. Crow)는 "발달이란 환경적인 영향 또는 학습에 의해서 일어나는 변화"라고 했으며, "성장은 특별한 측면이나 부분적인 측면의 변화를 의미하고 발달은 전체적인 측면의 변화 전망을 뜻한다"라고 설명하였다. 이어서 맥그로(Myrtle Byram McGraw)는 발달을 '생물의 유기체 내에 있는 에너지와 환경 내에 있는 에너지가 끊임없이 변전(變轉)하고 교류(交流)한 결과에서 생겨나는 과정'이라고 규정하였다(김형태, 1999 재인용).

이상의 여러 학자들의 견해를 종합해 볼 때 성장(growth)이란, 성숙(maturation)에 이르기 위해 신장이나 체중 등의 신체적인 양적 변화를 뜻한다. 이는 부분적이며 자연적인 변화이기 때문에 주변 환경의 자극 없이도 이루어진다. 이와 비교하여 발달이란 유전, 즉 생물학적인 원인과 환경적 학습에 의한 상호작용으로 분화나 통합의 과정이며, 신체의 양적 변화나 질적 변화를 이루는데 이때 상승이나 하강을 나타내는 전체적인 변화를 의미한다. 그러므로 성장은 신체적인 면과 같이 좁은 의미의 변화를 뜻하며, 발달은 넓은 의미로 확장된다. 다시 말해서 인간의 전생애 동안 나타나는 신체적 · 정신적인 면과 지적 · 사회적인 부분을 포함하고 지속적인 변화 양상 및 복잡한 성숙의 개념까지도 포괄하는 종합적인 의미를 담고 있다.

2) 발달의 원리

(1) 연속성과 점진성

학습과 경험을 강조하는 행동주의 학자들은 발달을 연속적이며 점진적인 과정(progressive process)으로 보고 있다. 개체의 일생은 변화의 연속이며 이 변화는 수정의 순간부터 시작되어 태아기, 영유아기, 아동기, 청소년기, 성인기, 노년기와 사망에 이르기까지 연속적 과정으로 나타난다. 그리고 낮은 단계에서 보다 높은 단계로 발전할 때 비약적인 이행은 일어나지 않고 연속적이고 점진적인 과정을 거치게 된다. 이 특성의 범주는 노령화에 따르는 기능의 저하까지 발달의 범위에 포함시키기도 한다.

(2) 순서성

발달에는 일정한 순서가 있어 계열적으로 변화하게 된다. 언어 발달은 명사부터 익히고 다음에 동사나 형용사를 익히게 되며, 정서 발달에 있어서는 공포심이나 분노심이 먼저 분화되고 질투심은 후에 분화발달(differentiation-development)된다(Rousseau, Baltzer, 1962). 초보적인 언어나 사고 또는 사회성의 경우, 다음 단계에서는 더 능숙하게 발전된다. 이때 특정 과정을 생략하고 그 다음 단계로 뛰어 넘어 진행하는 경우는 없다. 각 시점은 각 개인의 유전과 환경에 따라 다르게 나타나고 다음 단계까지 영향을 미친다.

(3) 상관성(상호작용)

인간의 발달이란 개체와 환경이 상호작용하는 과정으로 볼 수 있다. 이 과정에는 내적인 요인과 외적인 요인이 영향을 미치게 된다. 내적인 요인에는 유전이나 선천적 소질, 내분비, 질병 및 신체적 결함 등이 있고, 외적인 요인에는 휴식, 수면, 심리적 요인이나 학습과 양육자의 태도 또는 경제적인 조건 등이 있다. 예를 들어, 출생 시에 건강한 영아에게 그 후 1~2년 간의 영양의 불균형이나 감염 등의 외부 조건은 발달에 막대한 지장을 줄 수도 있다(김명 외, 2008). 이처럼 발달이란 개체의 내부적인 상태와 생활환경 상태 등이 서로 작용하여(interaction) 또 다른 하나의 체계로 달성되는 과정이다. 개인의 유전적 특성들이 변화의 한계를 가져올 수도 있지만 적당한 환경 등 외적 요인이 보다 잘 제공된다면 원활한 발달을 이룰 수 있다.

(4) 주기성

주기성은 발달의 율동성이라고도 한다. 발달은 연속적이지만 항상 동일한 속도로 순조롭고 점진적으로 이루어지는 것만은 아니다. 특정 시기에는 신체적 발달과 정신적 기능이 다른 시기보다 급격히 증가한다. 발달 과정 중에 비약하듯이 전진하는 경향을 보이거나 때로는 정지된 것처럼 보이는 기간도 있다. 예를 들면, 어느 시기에는 언어능력이 더욱 발달하고 어느 시기에는 감정이 더 발달한다. 1년 중에서도 신장이 증가하는 시기, 체중이 증가하는 시기가 다르고 하루 중에서도 시간에 따라 기억력, 주의력에 차이가 있다.

(5) 분화와 통합성

인간의 행동은 독립적으로 발달해 가는 것이 아니라 여러 가지 요인(factor)이 분화(differentiation)되고 이어서 통합적으로 나타난다. 처음에는 모든 기관의 형태나 기능이 분화되지 않아 전체적으로 반응을 하던 것이 특수적 · 부분적 반응으로 분화된다. 동시에 몇 개의 반응이 다시 통합(integration)되어 새로운 체제로 형성되어 간다. 여기서 분화란 미성숙한 구조로부터 특정한 구조와 기능을 가진 새로운 기관으로 발생하는 과정을 말한다. 행동의 발달은 처음에는 내부적인 분절의 빈약한 전체운동(mass action)과 난발운동(random movement)으로부터 시작하여 나중에는 명백하고 세련된 행동으로 분화된다. 예를 들어, 신생아기에는 몸의 어떤 부분에 자극을 가하면 몸 전체에 반응하다가 성장함에 따라 자극하는 부분에만 반응을 일으키게 된다. 즉, 처음에는 전체적인 반응을 하다가 차츰 분화하여 부분적으로 반응하게 된다.

그러나 분화된 부분은 개체가 따로 분리되었다고 해서 서로 상관없는 부분이 아니라 전체로서 연관성을 가지고 중심으로 통합해 나간다. 이와 같이 인간의 행동은 체제화 · 구조화의 과정이라고 할 수 있다. 독일의 심리학자 베르너(Heinz Werner)는 정신발달의 본질에 대해 정신현상과 기능이 점차로 분화되지만 다시 통합을 이루는 것으로 보았다. 이때 분화의 중심적 통합은 복합적인 것으로부터 단편적인 것으로, 융합적인 것으로부터 분절적인 것으로, 불명료한 것으로부터 명료한 것으로, 불확정한 것으로부터 확정적인 것으로 진행된다(김정휘 · 주영숙, 1983).

(6) 개별성

발달은 모든 사람에게 똑같은 속도로 동일한 시기에 일어나는 것은 아니다. 사람은 개인마다 출생 당시부터 유전적 · 환경적 차이를 가지고 있다. 이러한 내적 · 외적 차이로 인하여 각각 성장과 발달의 모습이나 속도에 차이를 보이게 된다. 예를 들어, 사춘기는 대부분 여자가 남자보다 빨리온다. 조숙이나 만숙의 경우를 보더라도 성숙의 시기는 각 개인마다 차이를 나타낼 수 있다.

(7) 결정적 시기

로렌츠(Konrad Zacharias Lorenz, 1903~1989)는 어미에게 애착을 보이는 동물 관찰을 통해 추종반응이라는 것을 발견하였고, 이러한 각인(imprinting)은 결정적 시기에 만들어진다고 설명했다. 단 한 번의 자극이라도 학습 효과를 발휘할 수도 있고 평생 지속될 수도 있다는 것이다. 그는 인간의 경우에도 이와 마찬가지로 비슷한 시기가 있다고 보았기 때문에 특히 유아기를 중요시 여겼다.

다른 여러 학자들도 개인의 특별한 시기가 있음을 주장했다. 프로이트(Sigmund Freud)는 출생 후 다섯 살까지의 경험을 성격 형성에 최적의 시기로 보았고, 에릭슨(Erik Erikson)은 유아기를 주도성과 기초적 신뢰감 그리고 자율성을 획득하는 시기로 설명했다. 또 피아제(Jean Piaget)와 비고츠키(Lev S. Vygotsky)는 인지발달이론을 통해 유아기에 창의성 발달을 이루는 것으로 보았다. 때문에 인간은 심리적 특성이나 행동 양식을 결정적 시기에 학습하여야 하고, 이 시기를 놓치게 되는 경우 회복하기 힘든 것으로 설명했다. 이와 같은 논리에 따르면 인간에게는 각 발달 단계마다 과업을 이루는 최상의 결정적 시기가 있는 것으로 볼 수 있다.

(8) 방향성

발달은 일정한 방향성을 가지고 있어서 머리에서 발쪽으로, 또한 중심에서 말초로 확산되어 나간다. 그리고 전체에서 부분으로, 전체 활동에서 특수 활동으로 발달한다. 예를 들어, 신체 내부의 장기가 발달하여 그 뒤 근육이 발달하고 팔과 손이나 손가락까지 움직임이 활성화된다(이강헌, 2015).

2. 청소년기 발달이론

1) 정신역동이론

(1) Sigmund Freud의 발달이론

프로이트(Sigmund Freud, 1856~1939)의 발달이론은 인간의 심리 성적 발달에 중점을 두고 있다. 그는 청소년들의 발달 과정에 개입되는 잠재된 심리학적 요인을 유아기적 행동 및 정서와 관련된 것으로 보았다.

프로이트는 인간의 정신세계를 의식(conscious), 전의식(preconscious), 무의식(unconscious)이라는 세 가지 구조로 나누었다. 의식이란 개인이 각성하고 있을 때 알아차릴 수 있는 정신의 일부분을 말한다. 또 전의식이란 자극을 받아서 연상되고 기억될 수 있는 정신세계의 부분으로 이것은 자아 영역에 속한다. 그리고 무의식은 스스로 자각할 수는 없지만 개인의 생각과 말과 행동에 영향을 미치는 힘을 말한다.

프로이트는 이 무의식의 영역을 세 가지 구조 가운데서 가장 중요한 것으로서 인간의 본능, 충동, 원시적 감정 등이 존재하는 곳으로 보았다. 정신분석학에서 청소년 시기의 핵심을 본능적 충동 혹은 원시적 충동으로 간주하는 것은 발생반복설에 근거한 초기 발달심리학의 맥락으로 이해할 수 있다. 무의식은 인간이 겪는 대부분의 갈등을 결정짓는 힘이라고 볼 수 있고, 잠재된 무의식이 방어 기제와 신경증을 유발시키는 원인으로 설명된다.

하지만 정신분석이론은 과학적 근거보다는 정신증을 가진 성인 환자의 임상적 자료에 근거하기 때문에 학문적으로 일반화시키는 데에는 한계점을 가지고 있다. 그럼에도 불구하고 이 이론은 인간 발달에 대한 중요한 가설을 제공하여 현대심리학과 다양한 학문 영역에 지대한 영향을 주었다.

또 프로이트는 인간의 발달 과정에서 성욕을 특히 강조하였다. 그는 인간의 리비도(libido)가 평생 동안 일정한 순서에 따라 각각 다른 신체 부위(body zone)에 집중된다고 보고, 이 부위를 성감대라고 불렀다. 프로이트는 연령에 따라 성감대가 달라진다는 견해를 가지고 각 발달 단계를 다음과 같이 설명하였다.

① 구강기(oral stage: 0~1세)

이 단계에서 성 본능은 입을 통해서 충족되며 젖을 빠는 것에서 성적 욕구를 충족한다. 이 시기의 영아는 자기에게 만족과 쾌감을 주는 대상에게 애착을 갖게 되며 입술에 닿는 것에 빠는 행동을 함으로써 수동적 쾌감을 느끼게 된다. 치아가 나면서부터는 깨물고 씹는 것으로 적극적 쾌감을 느끼며, 쾌감을 주는 대상을 추구한다.

프로이트는 이 시기에 욕구가 적절히 충족되면 낙천적이고 먹는 것을 즐기는 성격이 된다고 했다. 그는 각 단계에서 영아는 욕구 만족을 충분히 얻어야만 다음 단계로 발달한다고 보았다. 만일 충분한 만족을 얻지 못해서 욕구 불만이 생기거나, 아니면 그 만족을 얻는 쾌감에 지나치게 몰두하여 다음 단계로 넘어가지 못하게 되는 것을 '고착(fixation)'이라는 단어로 설명하였다. 프로이트에 의하면 구강기 고착 형성은 영아기 이후에도 손가락 빨기, 손가락 깨물기, 과식과 과음, 지나친 흡연 등의 행동 특성으로 발전될 수 있다.

② 항문기(anal stage: 2~3세)

이 시기에 영아는 부모로부터 자신의 쾌감을 지연시키는 훈련을 받게 된다. 부모가 대소변 가리기를 지나치게 엄격히 훈련시키면 그 자녀는 고착 현상을 보이게 되어 성인이 된 후에는 항문기적 성격의 소유자가 된다. 이 성격의 특징은 지나치게 깨끗한 것과 완전한 것을 찾는 결벽성 또는 완벽주의(perfectionism)이다. 그리고 항문 괄약근이 성숙함에 따라 아이들은 대소변을 마음대로 조절할 수 있게 되고 자율적인 배설 행동이 성 본능을 충족시키는 일차적 근원으로 작용한다. 프로이트는 항문기에 배변 훈련과정에서 대변 보유의 쾌감에 고착되면 후에 인색한 성격의 소유자가 되고, 배설의 쾌감에 고착되면 무절제한 성격의 소유자가 된다고 주장했다. 반대로 부모가 대소변 통제를 적절하게 훈련시키면 성장 후 생산적이고 창의적인 사람이 된다고 주장했다.

③ 남근기(phallic stage: 3~5세)

이 시기는 그의 이론 가운데서 지금까지도 많은 논란을 불러일으키고 있다. 프로이트는 이 시기의 아동이 '순진 무구 하지 않다'는 것을 증명하려 했다. 이 남근기에 가장 중요한 현상은 '오이디푸스 콤플렉스(Oedipus complex)'와 '엘렉트라 콤플렉스(Electra complex)'이다. 먼저, 오이디푸스 콤플렉스는 남아가 어머니에 대하여 성적인 애정을 가지고 접근하려는 욕망을 말한다. 즉, 남아는 아버지를 애정의 경쟁자로 생각하여 적대감을 갖게 되며 이러한 적대감 때문에 아버지에 대한 갈등이 야기된다고 보는 견해이다. 이때 우세한 아버지가 아동을 헤치기 위해 성기를 없앨 것이라고 생각하여 그것에 대한 두려움을 갖게 되며, 이 두려움을 거세 불안(castration anxiety)이라고 한다. 그리고 거세 불안을 감소시키기 위해서 아동은 어머니에 대한 성적 욕망과 아버지에 대한 적대감을 억압하여 어머니의 인정을 얻고, 또 자기와 성이 같은 아버지의 남성다움을 갖기 위해서 자신과 아버지를 동일시하게 된다. 그 결과, 남근기 말기에 남아의 성역할이 형성되며 아버지의 남성적 역할을 습득하고 양심과 자아 이상을 발달시키게 된다고 본다.

반대로, 여아의 경우에는 이성 부모인 아버지에 대해 성적 애착을 갖게 되는 엘렉트라 콤플렉스를 경험하게 된다고 보았다. 이 견해는 여아의 경우 남근이 없기 때문에 남근을 갖고 싶어하는 감정, 곧 남근 선망(penis envy)을 갖는 동시에 열등감을 갖게 된다는 입장이다. 이 시기에 고착되어 버리면 과시적이고 공격적인 남근기적 성격 소유자가 될 가능성이 높다고 보았다. 하지만 엘렉트라 콤플렉스를 설명하기 위한 '남근 선망'에 대한 다른 견해에서는 비과학적이고 지나치게 일방적인 이론이라는 비판이 강하다. 왜냐하면 아이들이 그러한 갈등을 경험하기 위해서는 성별 간의 해부학적 특징을 알아야 하는데 사실상 3~6세의 아이들은 그것을 잘 알지 못하기 때문이다(Bem, 1989).

④ 잠복기(latent stage: 6~11세)

잠복기라고 하는 것은 단지 성적으로 침체된 시기라는 의미이다. 이 시기는 성적인 욕구를 억압하여 비교적 심리적으로 안정된 시기라고 한다. 그렇다고 해서 아무런 변화가 없는 것을 말하는 것이 아니라, 이 시기에는 성적인 부분을 제외한 모든 영역에서 매우 활동적인 모습을 나타낸다. 즉, 문화적 · 학문적 · 사회적 · 신체적으로 가치 있는 능력을 키우게 된다. 그리고 논리적으로 사고하여 타인의 입장도 고려할 수 있게 된다.

⑤ 생식기(genital stage: 11세 이후)

이 시기는 사춘기와 함께 시작된다. 프로이트는 잠복기 이전까지를 유아 성욕기(infantile sexualism)라고 하고, 사춘기 이후를 이성 애착기(hetero sexulaism)라고 명명하였다. 이성 애착기까지 고착 현상을 보이지 않고 원만한 발달을 이룬 사람은 이타적이고 성숙한 성격의 소유자가 된다. 이러한 특징은 생식기적 성격(genital character)의 특징이기도 하다. 남근기를 원만하게 보내지 못한 경우에는 성적 에너지를 적절하게 처리할 수 없기 때문에 이성과 성숙한 사랑을 할 수 없고 원만한 관계를 가질 수 없게 된다고 프로이트는 주장했다. 또한 이성에 대해서 적응하지 못하며 권위자에 대한 반항심을 가진다고 설명했다.

(2) Anna Freud의 발달이론

지그문트 프로이트가 시작해 놓은 구조의 개념을 그의 딸인 안나 프로이트(Anna Freud)는 더욱 세부적으로 발전시켰다. 그녀는 '발달학적인 라인(Developmental lines)'이라는 개념으로 자신의 발달이론을 정립시켰다. 그리고 발달학적인 라인을 통해 아이를 '사람답게 만드는 시스템'을 정밀하게 관찰했고 정상 발달과 병적 발달의 차이를 밝혀내기도 했다. 그녀는 발달을 성숙(maturation), 적응(adaptation), 구조(structuration) 간의 상호작용 결과로 보았다(Freud, A., 1965). 다시 말해서 인간의 발달을 환경과 상호작용하는 적응 과정의 결과로 이해하였다.

1950년대에 '거절하는 어머니'에 대한 학자 간의 논쟁이 치열한 가운데 안나 프로이트는 어머니-아동의 관계와 발달의 긴밀한 작용에 주목하였다. 특히 아이가 '거절'이라고 경험하는 것을 때로는 발달에 있어서 불가피한 측면으로 받아들였다(Freud, A., 1965). 이외에도 그녀는 전문적인 다양한 분야에서 발달학적 관점의 적용을 강조하였다.

안나 프로이트(1936)는 '본능적 충동'이 정신역동의 핵심인 것으로 보았기 때문에 청소년기를 혼란과 갈등의 시기로 규정했다. 잠복기를 지나 사춘기에 다시 나타나는 자아와 원초아의 갈등은 충동적 본능에 대한 공포를 촉발하고, 자아는 '방어기제'를 통해 이 공포를 조절하기 위해 시도한다고 보았다. 그런데 자아의 방어기제가 제대로 작동하지 못하고 원초아와 자아 간의 세력 갈등에서 자아가 열세한 경우에 청소년은 본능적 욕구를 만족하려는 충동적 태도나 중독 경향성을 보이게 된다고 설명하였다. 하지만 이 갈등에서 자아가 우세한 위치를 점령하더라도 자아는 항상 이 방어기제에 상당한 에너지를 쏟아야 한다. 그러므로 외부세계와 조화로운 자아발달을 이루기에는 큰 어려움이 따를 수 있다. 또한 그녀는 본능적 충동을 지나치게 제한할 경우 초자아의 발달에도 부정적 영향을 미칠 가능성이 있다고 보았다. 결국 안나 프로이트의 이론에 따르면 청소년기는 어쩔 수 없이 방황과 불안의 시기일 수밖에 없다(Freud, A., 1958).

그녀는 여러 단계의 발달을 통해서 그 어머니로부터 아이가 자신의 기능을 조절하는 방향으로 발달한다고 설명했다. 그녀가 주장한 발달학적 라인 중 특히 2번째부터 4번째 라인은 신체적인 독립성을 발달시키는 측면으로 '신체 독립성을 향하여 가는 것'이라고 주장했다. 뿐만 아니라 안정적인 부모-자녀 관계는 자녀의 건강한 발달을 돕게 된다는 점을 강조하였다. 그녀의 초기 이론 중 발달학적인 6개의 라인은 다음과 같다(Freud, A., 1965).

① 의존성에서부터 정서적으로 자기 자신에게 의존하고 성인의 대상 관계로 이행하는 것
② 빨기로부터 이성적인 식사로 이행하는 것
③ 기저귀에서부터 대소변을 조절하는 쪽으로 이행하는 것
④ 신체 동작에 대하여 책임질 수 없는 상태에서 책임지는 상태로 이행하는 것

⑤ 자기중심성에서 타인과 함께 하는 쪽(companionship)으로 이행하는 것
⑥ 신체로부터 장난감으로 이행하고, 놀이로부터 일로 이행하는 것

(3) Erikson의 심리사회적 발달이론

프로이트는 심리학적 측면을 강조하여 인간 발달의 이론을 정립시켰고, 에릭슨(Erik Erikson)은 타인과의 사회적 관계에 초점을 두어 인간의 발달을 8단계로 체계화하였다. 에릭슨은 융(Jung), 아들러(Adler) 등과 함께 프로이트의 이론을 수정하고 발전시켜 '신프로이트' 이론을 형성하였다. 이들은 성적 본능보다는 사회적·환경적 요인을 더 중시하였고, 특히 에릭슨은 인간의 발달을 심리·사회적 측면에 중점을 두어 체계화하였다(김형태, 1999). 그의 이론은 단계 설정에 대한 근거가 전혀 없고 추론적이라는 비판도 받고 있지만 인간 발달의 단계를 확대시켰고, 사회적 요인이 발달에 중요한 영향을 미친다는 사실을 알리는 데 크게 공헌하였다.

에릭슨의 발달이론 가운데 처음 세 단계는 프로이트의 발달 단계와 거의 차이가 없다. 각 단계의 심리·사회적 특성은 긍정적으로 발전될 수도 있고 부정적으로 발전될 수도 있다. 그리고 각 단계에서 형성된 심리적 특성은 그 이후에는 계속적으로 다음 단계의 발달에 영향을 미친다. 그렇기 때문에 각 단계에서 부정적 특성들이 긍정적 특성을 압도할 때 개인의 발달에 문제를 발생시킨다고 보았다. 다음은 에릭슨의 8단계 발달 과정을 설명하고 있다.

① 제1단계: 기본적 신뢰감 대 불신감(basic trust vs. mistrust: 0~1세)

에릭슨에 의하면 영아가 타인 및 외부로부터 신뢰감을 획득할 수 있는 능력의 정도는 그가 어머니로부터 받은 양육에 근거한다고 설명하였다. 즉, 이 단계에서 영아의 사회적 관계는 주로 어머니와의 관계를 의미한다. 영아는 자신의 모든 것을 타인에게 의존하며, 이때 신뢰감이나 불신감을 경험하게 된다. 타인에게 지속적인 사랑과 관심을 받는 영아들은 신뢰감이 발달한다. 반면, 지속적이고 일관된 보살핌을 받지 못한 영아들은 대부분 타

인과 주변세계에 대해 불신감, 두려움, 의심 등을 갖게 된다(Klaus & Kennell, 1976). 일반적으로 신뢰감이란 건강한 성격의 초석으로서 자신감으로 표현된다.

영아기의 불신감은 어머니의 관심이 아기로부터 멀어질 때 발생할 수 있다. 또한 부모의 비일관된 양육방식과 양육에 대한 자신감 부족, 가치관 혼란 등도 중요한 원인이 된다. 에릭슨은 긍정적 성격 발달에는 불신감보다 기본적 신뢰감을 경험하는 것이 필요하다는 것을 강조하고 있다. 그는 이 시기를 가장 중요한 시기로 보고 이 시기 신뢰감 형성은 이후에 발생하는 모든 사회적 관계의 성공 여부와 관련된다고 주장하였다.

② 제2단계: 자율성 대 수치심과 회의감(autonomy vs. shame and doubt: 2~3세)

이 시기는 프로이트가 말한 항문기에 해당한다. 이 시기의 유아는 다양한 충동 가운데서 몇 개만을 선택하고 이를 통해서 자신의 의지를 나타내려는 자율성을 갖는다. 또 자율성 또는 자기조절(self-control)이 획득되며 사회적 양식인 소유 혹은 관용에 대한 선택을 할 수 있다. 자율성은 유아가 성장하면서 말을 하고 사회적 차별을 인식하게 되며 독립적으로 환경을 탐색하는 가운데 발달한다. 특히 새로 습득한 신체 운동 기능을 자랑으로 여기고 모든 것을 스스로 해보려고 한다.

여기서 수치심과 회의감은 부모가 아이의 자율성을 억압하고 통제하여 생긴 결과로 아이의 분노가 내면으로 향하면서 얻어진 경험이라고 할 수 있다. 이 시기에 어머니들은 유아들에게 사회적으로 적합한 행동을 하도록 훈련시키게 된다. 예를 들어, 시간과 장소를 가려서 유아에게 대소변을 가릴 수 있도록 하는데, 이러한 과정을 통해서 유아는 사회의 기대와 압력을 알게 된다.

③ 제3단계: 주도성 대 죄책감(initiative vs. guilt: 4~5세)

이 시기는 프로이트가 설명한 남근기에 해당된다. 언어가 급속히 발달하고 행동 반경이 넓어지며, 새로운 과업과 기술을 익히고 또한 자신의 행동이 생산적임을 인정받기 위해 노력한다. 이와 더불어 아동이 자신과 자기 세계를 구성하는 것에 대해 부가적인 책임의식을 갖기 시작한다. 그리고 타인의 일 또는 새로운 것을 시도해 보려는 호기심과 함께 주변 사회에 대해서도 어떠한 책임을 지려고 한다. 그리고 언어나 운동 능력의 증가는 가족의 한계를 초월하여 또래 및 다른 사회와 사교성을 확장시키고 사회놀이에 참여하게 된다. 그러므로 자기 스스로를 한 인간으로 간주하고 인생의 목적이 있음을 느끼기 시작하며 '나는 내 뜻대로 할 수 있다'라는 정체감, 즉 주도성을 갖게 된다. 이 단계의 성공적 발달로 인해 아동의 행동은 목표 지향성을 갖게 된다. 그러나 이 시기에 아동이 자신의 계획이나 목표에 대한 실패를 경험하고 이것이 사회가 금지하는 것으로 여기게 되는 경우 죄책감을 느끼기도 한다.

④ 제4단계: 근면성 대 열등감(industry vs. inferiority: 6~11세)

이 단계에서는 아동이 또래와의 놀이에서 사전에 정해진 규칙에 따라 행하게 되고, 기본적인 연역적 추리와 자기 수양을 위한 학습능력이 향상된다. 또한 처음으로 형식적인 교육을 통하여 사회생활에 필요한 기초 기능과 문화적 요소를 습득하게 된다. 그리고 이성 부모에 대한 사랑과 동성 부모에 대한 경쟁의식을 독특하게 승화시키고 배우려는 의욕과 생산적인 의욕이 강하게 나타난다.

특별히 이 단계는 초등학교 시기에 속하기 때문에 읽기, 쓰기, 셈하기 등 인지적 기술과 사회적 기술을 동시에 습득하게 된다. 또 이것을 열심히 배워서 숙달시키려는 근면성이 형성된다. 이 근면성의 형성은 자아 성장에 결정적인 역할을 한다. 만일 이 시기에 이러한 근면성을 발달시키지 못하고 실수나 실패를 거듭하면 부적당함(inadequency)과 열등감을 경험하게 된다.

⑤ 제5단계: 정체감 대 정체감혼미(identity vs. identity confusion: 12~18세)

이 단계에서는 전 단계까지의 모든 특성들이 종합적으로 작용한다. 급격한 신체적 변화와 함께 이전과는 다른 사회적 압력과 요구가 나타나는 시기이다. 따라서 이 단계의 청소년들은 새로운 상황에 어떻게 대처해야 할 것인지를 결정하게 되며 자신의 존재에 대해서 새로운 의문과 탐색을 시작한다. 에릭슨은 이 시기를 기본적 신뢰감이 형성되는 제1단계만큼 중요한 시기라고 주장했다.

그는 청소년기의 중심 과제를 자아 정체감(ego identity)의 확립이라고 주장하고 있다. 자아 정체감이란, 자기 동일성(sameness of self)에 대한 자각이며 자신의 위치, 능력, 역할 및 책임에 대한 인식이다. 이 시기의 청소년은 자기 존재에 대한 의문을 해결하기 위해 노력하게 되고 그것이 쉽지 않기 때문에 고민하고 방황하기도 한다. 이러한 고민과 방황이 길어지면 정체감의 혼미가 나타날 수 있다. 이 단계에서 긍정적인 자아 정체감이 확립되면 이후 겪게 되는 심리적 위기들을 적절하게 넘길 수 있지만 그렇지 못할 경우 부정적인 정체감을 형성하게 된다.

⑥ 제6단계: 친밀성 대 고립감(intimacy vs. isolation: 19~24세)

이 단계는 일반적으로 성인기가 시작되는 시기이다. 다양한 역할을 연습하고 실험하는 단계로 작용하여 자신만의 정체감을 확인하기도 한다. 청소년기에 긍정적인 자아 정체감을 획득한 사람은 진정한 친밀성을 가지고 타인이나 환경에 대하여 협조적이며 인내심이 있고 현실적 배경과 가치관의 차이를 수용한다. 따라서 친밀감을 성취한 사람은 다음 발달 단계 준비까지도 잘 할 수 있다.

또한 이 시기는 사회에 참여하게 되면서 새로운 역할 속에서 인정받는 것을 추구하고 자유와 책임을 가지고 스스로의 삶을 영위하기 시작한다. 특히 이 시기에는 대학진학이나 직업을 가지기도 한다. 그리고 이성과의 교제나 배우자를 선택하는 시기로서 상대방과 공유적 정체감(shared identity)을 가지게 된다. 그러므로 이 단계에서는 타인과의 관계에서 친밀성을 획득하는 것이 중요한 과업이 된다.

에릭슨은 친근감의 확립을 능동적인 과정으로 보았고 개방적이고 지원적이며 애정적 관계를 형성하는 능력에 해당한다고 설명했다. 하지만 가족 이외의 타인과 친밀감을 형성하지 못한 사람은 대부분 자신에게만 몰두하여 고립감을 경험하게 된다. 융통성이 없고 역할이 혼미한 정체감을 발달시키는 아동기와 청년기 경험의 산물로 고립감이 형성된다고 보았다(장휘숙, 2009). 고립감을 형성한 이들은 타인과의 친근감 확립을 오히려 정체감 상실이라고 느끼고, 이러한 두려움으로 인해 스스로를 고립시킨다. 결국 이들은 대인관계 형성을 소극적으로 제한하게 된다.

⑦ 제7단계: 생산성 대 침체성(generativity vs. stagnation: 25~54세)

이 단계에서는 가정적으로 자녀를 낳아 키우고 교육하며 사회적으로는 다음 세대를 양육하는 데에 관심과 노력을 기울이는 시기이다. 이러한 생산성은 직업적 성취라는 학문적 · 예술적 업적을 통해서도 나타날 수 있다. 자신의 자녀가 없는 경우에는 다음 세대들을 위한 사회적 봉사를 통해서 생산성을 나타낸다. 그러나 생산성을 제대로 획득하지 않으면 침체감을 경험하게 된다. 침체성이 형성되면 타인에 대한 관대함이 결여되고 타인에 대한 관심보다는 자신에게 심하게 몰두하는 경향을 보인다.

⑧ 제8단계: 통정성 대 절망감(integrity vs. despair: 54세 이상)

이 단계는 노인기로서 신체적 노쇠 및 직업으로부터 은퇴, 친구나 배우자의 사망 등으로 인생에 대한 무상함과 무력감을 느끼게 된다. 이 시기는 신체적 · 사회적 퇴화를 어떻게 받아들일 것인지가 중요한데, 이것은 지금까지 살아온 과정의 결과에 달려 있다. 노년에 들어서 자신이 살아온 생애를 돌아보고 자신의 삶이 무의미한 것이라고 느끼면 절망에 빠진다. 그러나 자신의 삶에 후회가 없으며 열심히 살았고 가치가 있다고 생각하는 사람은 자신이 살아온 인생에 책임감을 느끼게 된다. 또, 지금까지 살아온 인생을 보다 높은 차원의 인생철학으로 발전시켜 죽음까지도 겸허하게 받아들이는 통정(integration)을 이룰 수 있게 된다.

2) 인지이론

(1) Jean Piaget의 인지발달이론

스위스의 발달 심리학자인 피아제(Jean Piaget, 1896~1980)는 인지과학이 등장하기 이전부터 인지이론을 정립하기 시작하였다. 그는 지능검사를 만들다가 우연히 아동들의 오답에서 흥미로운 점을 발견하였다. 아동들이 어른들보다 미숙한 것이 아니라 전혀 다른 방식으로 사고하는 존재라는 것을 알게 된 것이다. 그는 사고발달을 지능발달과 동일시했다.

때문에 인간발달 단계의 독특한 사고과정을 알아내기 위해 표준화된 검사방법을 사용하지 않았다. 그 대신 자발적인 사고의 흐름을 알아낼 수 있도록 자유로운 반응을 고려하는 임상적 면접방법을 제시하였다.

피아제는 인간의 지적능력을 개인이 주어진 환경에 효율적으로 적응할 수 있는 능력이라고 정의하였다. 따라서 인지발달이란 개인의 지적능력과 환경 간 상호작용을 통한 적응 과정 및 변화 양상을 뜻한다(성현란 외, 2009). 그러므로 인지이론은 인간의 사고(thought), 추리, 문제해결, 지식과 같은 인지 과정과 발달을 설명하고 있다.

특히 아동이 각 발달 단계를 통과하는 속도는 각각 다르며(개인차), 각 발달 단계는 불변적 순서이기 때문에 순서 그대로 진행된다는 견해다. 그리고 발달 변화의 본질이 유전자에 의해서 결정되는 것이 아니라, 아동이 성장하고 성숙함에 따라 환경을 계속 탐색하고 조정하여 그 환경을 이해하고자 노력하는 과정에서 이루어진다고 보았다. 아동들은 환경에 적응하기 위해 새롭고 보다 정교한 구조들을 이러한 과정을 통하여 능동적으로 구성한다는 것이다(Kohlberg, 1965).

피아제는 인간의 인지구조가 단순한 행동적 도식에서 추상적인 정신적 도식으로 발전하는 것을 설명하기 위해 도식(scheme), 조직(organization), 적응(adaptation), 평형(equilibration)이라는 네 가지 개념을 제시하였다. 그는 인지발달의 기능적 · 구조적 측면을 모두 언급하고 있는데, 이 구조적인 측면의 기초가 되고 있는 개념이 도식(scheme)이다.

첫째, 도식은 행동의 구조(structure of behavior)라고 정의되기도 하며, 개인의 인지발달 정도에 따라 생각과 개념을 조직화하는 방식이다. 이는 유기체가 환경과의 접촉에서 되풀이하는 행동과 경험을 통해서 형성된다. 여러 가지 도식은 반복된 행동으로 점차적으로 분화되고 통합되어 더 많은 도식과 복잡한 고차원적 도식으로 발전되며 나이가 들면서 질적인 변화를 나타낸다. 도식은 통합되어 하나의 인지구조를 형성하게 되고 이렇게 인간이 발달함에 따라 변화된 인지구조를 인지발달이라고 한다.

둘째, 조직이란 각 도식들을 자연스럽게 결합시키는 것으로서 인간이 환경에 대한 지식을 종합하여 체계화하려는 경향을 말한다. 인간은 연령이나 개인의 경험에 따라 지식을 체계적으로 조직하면서 세상을 이해한다.

셋째, 적응은 환경과의 효율적인 상호작용을 의미한다. 피아제는 인간의 발달 과정을 생물학적인 적응 과정으로 보았다. 인간은 환경으로부터 얻은 정보를 자신에게 맞도록 '동화(assimilation)'와 '조절(accommodation)'이라는 과정을 통해 적응한다. 인간이 기존의 도식에 새로운 경험을 맞추려고 하는 것을 '동화'라고 하며, 그 경험을 수용하기 위해서 기존의 도식을 변화시키는 것을 '조절'이라고 한다. 특히 조절은 지적 갈등 상황에 의해 발생된다. 지적 갈등은 유기체가 동일한 문제 상황에 대해서 서로 모순되는 둘 이상의 개념이나 법칙 또는 해결방법을 가지고 있을 때 일어난다. 즉, 인간의 인지발달은 동화와 조절에 의한 도식의 변화를 뜻한다.

넷째, 평형은 동화와 조절이 균형을 이루도록 하는 적응 과정이라고 할 수 있다. 이는 유기체가 안정된 상태를 유지하기 위해서 혼란을 극복하여 안정을 얻으려는 경향을 말한다. 즉, 아동이 기존에 가지고 있는 인지구조로 새로운 경험을 처리할 수 없을 때, 환경적인 요구에 맞출 수 있는 새로운 정신적 유형을 조직함으로써 평형을 찾게 되고 이때 인지발달을 이루게 된다(하소윤, 2014). 피아제는 인지구조의 질적 차이에 따라 인지발달 단계를 다음과 같이 나누고 있다.

① 감각 운동기(sensory motor stage: 출생~2세)

이 시기는 출생 시 반사적 행동에서 시작하여 상징적 사고가 나타나는 때까지를 말한다. 감각 운동기의 유아는 대부분 외부 자극과 그에 상응하는 아주 단순한 행동체제만을 갖는다. 유아는 자신의 신체활동을 통하여 감각적인 체험을 통합하고 자신의 사고를 구조화한다. 감각 운동기는 언어발달 이전의 시기로 아이가 스스로 행동을 조작할 수 있는 수준에서만 환경의 상호작용을 하며 지적 행동을 보인다. 따라서 이때는 자신과 세상의 관계를 연결시키지 못한다. 이 시기는 유아들이 언어나 상징을 제대로 사용하지 못하기 때문에 언어 이전 단계(Preverbal Stage) 행동으로도 설명된다. 감각 운동기는 다시 6단계로 나눈다.

- 1단계: 반사기(reflex period: 출생~1개월경)

발달 단계 중 가장 초기 단계로서 생태적 반사들로 구성되어 있다. 가장 두드러진 반사는 입에 닿는 모든 것을 자동적으로 빠는 행동을 하는 빨기 반사이다. 이것은 유아가 모든 대상을 빨기 도식(sucking scheme)에 동화시키는 활동이다. 이 단계의 유아는 아직까지 자신의 행동과 욕구를 분별할 수 없으며 과거나 미래를 인식하지 못하고 현재만을 인식한다.

- 2단계: 1차 순환 반응(primary circular reactions: 1~4개월경)

이 단계에서 유아는 새로운 경험을 하게 되고 이를 다시 반복하여 나타내는 시기이다. 즉, 새로운 경험에 흥미를 가지고 반복 행동을 하는 능력을 나타낸다. 예를 들어, 우연히 손가락이 입에 닿으면 입에 넣고 빠는 행동을 반복적으로 보이기도 한다. 이 단계에서는 초보적인 형태이긴 하지만 학습하는 능력이 생긴다. 손가락 빨기와 같은 순환 반응은 손의 움직임과 이것을 쳐다보기, 입에 넣기와 같이 신체 도식과 동작을 조작하여 통합하는 협응(coordination)이 가능하다. 이 시기에는 자신과 외부 대상을 구분하지 못한다.

- 3단계: 2차 순환 반응(secondary circular reactions: 4~10개월경)

이 단계는 1차적 순환 반응기에서 획득된 행동을 다른 대상이나 자극에 적극적으로 적용시키는 '적용 행동'이 생기는 단계이다. 직접 만지거나 조작해 보고 가까이 탐색해 봄으로써 대상이나 환경을 이해한다. 예를 들어, 유모차에 누워 있던 아기가 딸랑이를 손으로 건드릴 때 그 소리를 듣고 흥미를 느껴 다시 손으로 반복해서 건드려 보다가 옆에 있던 다른 장난감으로 그 딸랑이를 건드려 소리를 내게 된다. 이와 같이 유아는 어떤 욕구가 생기면 그 욕구를 충족시키기 위해서 새로운 반응을 의도적으로 할 수 있게 된다. 즉, 스스로 새로운 반응을 만들어 내는 능력을 갖게 된다.

- 4단계: 2차 도식의 협응(coordination of secondary schemata: 10~12개월경)

이 단계에서는 2차 순환 반응들이 보다 더 순응적 · 의도적으로 통제되고 조정된다. 즉, 목적을 달성하기 위한 수단으로 자기가 할 수 있는 반응들을 사용한다. 또 대상영속성을 이해하기 시작하고 목적지향적 행동을 할 수 있게 된다. 예를 들어, 목표물인 딸랑이를 잡으려고 할 때, 그 위에 수건 등을 씌워서 감추어 놓아도 방해물인 수건을 치우고 딸랑이를 잡는 행동을 할 수 있다. 이 시기에 유아의 모방력은 급속하게 발달되어 신체적인 움직임뿐만 아니라 얼굴 표정도 모방할 수 있게 된다.

- **5단계: 3차 순환 반응**(tertiary circular reactions: 12~18**개월경**)

이 시기에는 이전에 경험했거나 경험하지 못했던 행동을 시도하는 시기로서 적극적인 시행착오 행동이 나타난다. 실제로 피아제의 아들 '로랑'이 탁자를 두드리고 놀면서 자신의 행동에 따라 소리가 다르게 난다는 것을 알게 된 후, 탁자를 손바닥으로 약하게 또는 강하게 두드려 보면서 그 소리가 달라지는 것을 즐거워했다고 한다. 이 단계의 아동은 의도적 관찰을 하지 않고, 타인의 가르침도 없이 스스로 학습해 보면서 외부 세계에 대한 호기심이 증가되어 여러 가지 도식을 발달시켜 나간다. 그러나 아직 외부 세계를 표상화하거나 상상하는 능력이 없기 때문에 이 시기의 문제해결은 순수하게 감각 운동적 적응 현상이라고 할 수 있다.

- **6단계: 정신적 결합기**(mental integration: 18~24**개월경**)

이 시기에는 외부 세계에서 나타나는 여러 가지 현상을 내적으로 표상화시켜 사고할 수 있으며 이에 근거한 행동을 할 수 있다. 따라서 시행착오적 행동은 줄어들게 되면서 문제해결을 하게 되고 과거에 보았던 모델 행동을 표상화했던 기억대로 모방할 수 있게 된다.

② 전조작기(preoperational stage: 2~7세)

이 시기의 유아는 자기중심적으로 환경과 상호작용하기 때문에 자신과 세상을 연결시키기는 하지만 비논리적이다. 아동들은 이 단계에서 언어발달과 상징적 사고의 발달 그리고 개념 획득 능력에 있어서 급속한 성장을 하며 다양한 개념을 형성한다. 이러한 전조작기는 2~4세까지의 전개념적 단계(preconceptual period)와 4~7세까지의 직관적 단계(intuitive period)로 나눈다.

- **전개념적 단계**(preconceptual period: 2~4세)

이 단계에서 아동은 대상영속성의 확립이 이루어지기는 하지만 아직 논리적 개념에 이르지 못한다. 그리고 조절 형태 면에서는 감각운동적 행동체제 개념의 중간단계라고 말할 수 있다. 또한 상징적 기능의 발달과 동시에 언어적 발달이 이루어져 상징적인 놀이를 하게 된다. 그러나 그 사고 수준은 물활론(animism)적이며 자기중심적이다.

- **직관적 단계**(intuitive period: 4~7세)

이 단계의 아동은 개념을 구체화하여 보다 복잡한 직관적 사고를 하게 되고 심상(心像)이나 정교한 개념을 갖게 된다. 또한 사물을 종류별로 분류하고 관계성을 인식하는 행동체제가 발달한다. 그러나 아직 논리적이지 못하고 일반화된 명제(these)를 만들 수 없으며 현재의 자극에 한해서 그 특성을 인지하게 된다. 이 시기에는 가역성(reversibility)의 원리를 어렴풋이 이해하기 시작하고 비로소 7세경이 되면 보존성의 개념(concept of conservation) 발달과 더불어 완전한 이해가 가능하다.

③ 구체적 조작기(concrete operational stage: 7~11세)

이 단계에서 아동은 구체적인 사물을 가지고 지식을 구성하게 된다. 이 시기에는 주변의 세계를 인식하는 아동의 능력이 상당 수준 발달하며 논리적이고 이론적인 사고가 발달한다. 특히 평형(equilibrium)과 가역성(reversibility)은 인지 과정에서 중요한 역할을 한다.

그리고 내적 표상을 여러 가지 방식으로 조정할 수 있게 되어 보존 개념을 획득하고 자기중심성에서 탈피하여 관계성을 이해할 수 있게 된다. 이 시기에는 전조작기의 직관적 사고 단계를 벗어나 보존의 능력이 발달한다. 피아제는 아동이 보존 개념을 획득하게 되는 세 가지 원리를 동일성(identity)의 원리, 보상성(compensation)의 원리, 역조작(inversion) 또는 가역성(reversibility)의 원리로 설명하고 있다.

또한 이 시기에는 자기중심성에서 탈피하여 논리적 사고를 하게 되는데, 특히 이는 다른 사람과의 의사소통에서 잘 나타난다. 아동은 자신을 상대방에게 이해시키기 위해서 상대방의 특성을 고려하게 되며 타협이나 협동 등을 추구하게 된다. 그리고 구체적 조작기에는 왼쪽, 오른쪽 개념이 생기고 크기, 무게 등의 양적 차원에 따라 나타나는 서열화(seriation)와 분류화의 개념도 생긴다.

④ 형식적 조작기(formal operational stage: 12세 이후)

이 시기의 청소년은 보다 추상적이고 논리적으로 사고할 수 있게 되며 상징적 조작과 가설적 논리를 전개하여 결론을 도출할 수 있게 된다. 또 문제를 해결하는 데 조합적 사고(combinational thinking)와 연역적 사고(deductive thinking) 또는 삼단논법을 구사하게 되며 포괄적이고 추상적 개념을 사용하여 고차원적 조작을 할 수 있게 된다. 즉, 형식적 조작기의 사고는 합리적이고 체계적인 것이 특징이다.

(2) Kohlberg의 도덕발달이론

피아제는 도덕성 발달 연구에 주로 아동을 조사 대상으로 하였다. 하지만 콜버그(Lowrence Kohlberg)는 그 대상을 성인기까지 확대하여 도덕성 발달 단계를 더욱 체계화하였다(Kohlberg, 1976). 그는 자신의 박사학위논문 <The develpoment of modes of thinking and choice in the 10 to 16 years old>(1958)을 통하여 인간이 사회적 상황에서 도덕적 판단을 할 때 자연스러운 단계를 거친다고 주장하였다. 또한 콜버그는 영국, 말레이시아, 멕시코, 대만, 터키에서 조사연구를 통해 서로 다른 문화 간에도 유사한 발달 단계의 원칙을 확인하기도 했다(Nisan & Kohlberg, 1982).

그는 도덕성의 발달을 도덕적 행위보다는 도덕적 판단능력의 발달로 보았다. 이것은 도덕적 판단능력에 의해 도덕적 행위가 결정된다는 가정을 포함하고 있으며, 이 가정은 여러 가지 실험을 통해 검증되었다. 그는 도덕적 판단능력이 성장 과정에 따라 질적으로 다른 여러 단계로 구분되어 진행된다고 가정하고 있다. 새로운 단계는 '이전 단계에 나타난 기능적 내용이 분화되고 통합된 것'이라고 보는 입장이다. 콜버그의 도덕발달이론은 3가지 수준에 각 2단계씩으로 나누어 총 6단계로 이루어져 있다.

① 수준 Ⅰ. 전인습적 도덕성(preconventional morality)

이 수준의 아동은 도덕적 규칙이나 선악의 개념을 알고는 있다. 하지만 도덕적 준거는 도덕적 규칙을 강요하는 권위자의 힘이나 권력 또는 자신의 개인적 욕구를 충족시키는 것에 관련하여 해석한다. 이 수준은 다음 두 단계로 나뉜다.

- **1단계: 처벌과 복종단계**(obedience and punishment orientation)

이 단계에서는 복종과 도덕적 결정이 단순한 신체적·물리적 힘에 기초를 두고 있다. 자신보다 강한 사람에 의한 신체적 처벌을 피하기 위해서 복종하고 행동한다. 이 단계의 도덕 판단은 명성이나 권위에 대한 자기중심적 복종, 문제행동을 피하는 것에 의한 것이다.

- **2단계: 개인적 욕구충족**(naively egoistic orientation)

이 단계에서 옳은 행동은 자기 욕구 또는 타인의 욕구를 만족시키는 것이다. 그리고 소박한 평등주의에 의한 판단을 한다. 1~2단계는 도덕 가치가 인간 또는 표준에 의한 것보다는 외적·물리적 사태 또는 나쁜 행동과 물리적 욕구에서 나타난다.

② 수준 Ⅱ. 인습적 도덕성(conventional morality)

수준 I의 자기중심적이고 이기주의적 사고에서 벗어나 수준 Ⅱ에서는 다른 사람과의 상호작용을 고려한 사회지향적(social orientation) 도덕성으로 발전하게 된다. 이 수준에서는 가정이나 집단 혹은 국가의 기대에 따르는 것이 도덕적으로 옳다고 생각하게 된다.

- **3단계: 사회적 순응과 역할수행**(good-boy orientation)

이 단계는 타인을 인정하고 기쁘게 하며 도와주는 행동지향적 단계, 자연역할 행동 또는 대다수의 상동적 심상(stereotypical image)에 동조하여 의도에 따라 판단하는 단계이다.

- **4단계: 규율과 존중의 단계**(authority and social-order maintaining orientation)

이 단계는 의무를 행사하는 권위에 대한 존경심을 나타내며 사회질서 자체를 유지하고 타인의 기대를 중시하는 단계이다. 3~4단계의 도덕 가치는 선하고 옳은 역할을 이행하며 관습과 질서와 타인의 기대를 유지하고 중시하는 단계이다.

③ **수준 Ⅲ. 후인습적 도덕성(post-conventional morality)**

이 단계는 가장 진보된 수준의 도덕성으로 사회의 법 자체보다는 인간의 기본적 원리에 따라 행동을 판단한다. 이 수준에는 5단계와 6단계가 포함된다. 5~6단계는 도덕 가치로서 자아 판단에 따라 권리와 의무를 이행하는 단계이다.

- **5단계: 계약 및 법률 존중 단계**(contractual or legalistic orientation)

이 단계는 계약에 따라 의무를 이행하고 타인의 의지나 권리에 위배되는 행동을 피하며 다수의 의지나 복지에 따라 행동하는 단계이다.

- **6단계: 양심 및 원리 지향 단계**(conscience or principle orientation)

이 단계는 사회적 규칙에 의해서가 아니라 논리적 보편성과 일관성에 따라 선택하고 행동하며 상호 존중과 신뢰감으로 행하는 양심 지향적 단계이다.

(3) Vygotsky의 인지발달이론

피아제와 비슷한 시기에 인간의 사고에 대한 연구를 진행한 학자로는 러시아의 비고츠키(Lev Semenovich Vygotsky, 1895~1934)가 있다. 아동은 스스로의 세계를 구조화하고 이해하는 존재라고 생각하는 피아제와는 달리 비고츠키(1986)는 아동을 대인 관계의 영향과 함께 성장하는 사회적 존재임을 강조하였다. 그는 인간에 대한 이해를 사회·문화·역사적인 측면에서 제시했다. 그의 이론에서 인간의 정신은 독립적 활동이 아니라 사회학습의 결과이며, 일상에서의 과제해결은 성인이나 혹은 뛰어난 동료와의 대화로부터 영향을 받는다고 주장했다. 이처럼 아동이 사회의 보다 성숙한 구성원들과 상호작용하는 동안 자신의 문화에 적합한 인지 과정이 아동에게 전이된다고 설명했다. 따라서 비고츠키는 상호작용에 필수적 요소인 언어의 습득을 아동발달에 가장 중요한 변인으로 생각하였다(Blanck,

1990). 그의 저서 ≪사회와 정신: 고차적 심리적 과정의 발달≫에 나타난 사회·문화적 발달이론의 주요 관점은 다음과 같다.

① 정신 기능의 사회적 성격

비고츠키의 이론은 사회적 환경이 인지발달에 영향을 미치는 하나의 요인이라는 단순한 주장의 범위를 훨씬 넘어서는 것이다. 이 이론의 핵심적 가정은 인간의 고차적 정신 기능(기억, 사고, 의지 등)이 사회적 상호작용에서 시작되며, 이러한 사회적 상호작용은 언어를 포함한 여러 가지 기호 체계에 의해서 매개된다는 것이다. 따라서 개인의 발달은 그가 속한 사회적 환경을 떠나서는 이해될 수 없다. 비고츠키의 이러한 입장은 피아제나 다른 이론들과는 근본적으로 차이가 있다. 다른 이론가들의 주요 관심은 개인과 개인 간의 사회적 상호작용보다 개인 내부의 사고 기능의 발달에 있었기 때문이다.

그러므로 비고츠키의 사회·문화적 인지발달에 관한 일반적인 원리는 심리적 기능이 사회생활에 참여함으로써 형성된다는 주장 그 이상의 것을 담고 있다(Wertsch, 1994). 그것은 심리적 기능이라는 개념 자체를 다시 규정하는 것이다. 그에 의하면, 인지나 기억은 근본적으로 '사회적으로 공유된다'는 것이며 '집단적'인 것이다. 모든 고차적 정신 기능은 개인과 개인 간의 정신 평면과 개인 내부의 정신 평면에서 동시에 일어난다. 이 두 평면의 구조와 과정은 인간의 전 발달 과정을 통하여 계속해서 근본적으로 밀접하게 연결되어 작용한다. 하지만 기존의 서구 심리학에서 사용되는 기억, 인지, 주의집중 등의 개념들은 자동적으로 개인적 차원에 귀속된다. 그리고 개인과 타인 그리고 개인과 사회적 과정 간의 구분을 명백히 하고 있지만 비고츠키는 이러한 접근방법을 택하지 않았다.

② 정신 기능의 매개수단

비고츠키(1981)는 인간의 정신 기능을 언어, 수학적 체계, 다이어그램 등의 기호 또는 심리적 도구들에 의해 매개되는 것으로 보았다. 이러한 심리적 도구들은 행동의 과정에 포함되며 근본적으로 정신 기능의 전반적 구조와 흐름을 변화시킨다. 기계적 도구가 노동의 형태를 결정함으로써 자연적 적응의 과정을 변화시키는 것처럼 심리적 도구들은 새로운 도구적 행동의 구조를 결정함으로써 변화를 일으킨다. 그에 의하면 언어와 사고의 관계는 4단계를 거쳐 발달한다. 언어는 가장 중요한 매개수단 가운데 하나이며 따라서 비고츠키는 언어와 사고 관계의 발달 과정에 대한 분석을 통해서 고차적 정신 기능을 이해하고자 했다.

③ 담화자료의 이원적 기능

비고츠키 이론의 연장선에서 보면 모든 말이나 글 또는 그림 등의 담화자료(text)는 두 가지 기능, 단일 의사소통 기능과 대화적 기능을 가지고 있다(Lotman, 1988). 어떤 사회·문화적 환경에서든지 담화자료는 이 두 기능을 갖고 있지만 경우에 따라서 어느 한 가지 기능이 강조되기도 한다. 예컨대, 단일 의사소통 정보전달 기능은 비문명 사회나 한 가지 신화적 의식에 의해 지배되는 사회에서 특히 강조된다.

3) 동기이론

(1) 생리적 동기와 심리적 동기

인간의 동기는 생리적 동기(physiological motive)와 심리적 동기(psychological motive)로 나눌 수 있다. 유아기 초기 인간의 행동은 주로 생리적 욕구에 의해 결정되지만 성장함에 따라 보다 많은 행동이 심리적 욕구의 영향을 받게 된다. 생리적 동기는 유기체의 선천적·본능적·생리적인 것과 관련을 맺고 있는 동기이다. 이러한 생리적 동기에는 음식물, 물, 산소, 수면, 성, 보온, 활동의 욕구 등이 있다. 아이는 배고프거나 춥거나 아플 때 운다. 그러나 아이가 성장함에 따라 다른 사람과의 상호작용에 의하여 학습되는 심리적 동기가 나타난다. 심리적 동기에는 사랑, 인정, 소속, 돈, 권력, 명예, 성취에 대한 욕구 등이 있다.

(2) Maslow의 욕구위계설

매슬로우(Abraham Maslow, 1908~1970)는 인본주의 학자로서 1934년에 위스콘신 대학에서 <원숭이의 성적 특성과 지배 특성에 관한 관찰 연구>로 학위를 받았다. 매슬로우는 초기에 행동주의에 대하여 호의적인 생각을 했으며 모든 인간의 수수께끼를 풀어줄 수 있는 심리학으로 믿었다. 그 후 매슬로우는 기능주의 학자 손다이크(Edward Thorndike)의 연구 조교로 일했으며, 정신분석학자인 프롬(Erich Fromm), 아들러(Alfred Adler), 형태주의자인 베르트하이머(Max Wertheimer)의 영향을 받았다. 이러한 학자들의 영향으로 그는 인본주의적 견해를 형성하게 되었다.

매슬로우는 한때 정신분석학에도 깊은 관심을 갖고 있었다. 그는 자신의 첫딸을 양육하면서 행동주의만으로 인간을 이해하기에는 한계가 있다고 느끼기 시작하였다. 행동주의란 쥐나 다람쥐 같은 설치류를 이해하기에나 적합한 것이지 인간을 이해하는 데는 적합하지 않다고 결론지었다. 이런 결론의 배경에는 제2차 세계대전의 영향도 적지 않았다. 매슬로우는 전쟁을 인간의 편견, 미움, 추잡함의 표현이라고 간주하였고 여러 가지 개인적 경험 뒤에 비로소 인본주의 심리학자로 바뀌었다.

매슬로우는 사람들의 삶을 유지하기 위한 1차적 동기를 기본적 동기 그리고 자기를 완성하고자 하는 동기를 2차적 동기로 보고 이를 고차원적 성장동기로 설명하였다. 그는 이러한 동기를 '메타동기(meta motive)'라고 하면서 자기실현, 즉 자기완성의 욕구 이외에 알고 이해하고자 하는 이차적 욕구(need to know and to understand)도 포함시켰다.

매슬로우 욕구위계설에서는 하위단계의 욕구가 만족되어야 상위의 욕구를 기대할 수 있다는 것을 고려해야 한다. 매슬로우는 욕구 강도에 따라 인간의 동기를 생리적 동기, 안전의 동기, 소속과 사랑의 동기, 자기존중의 동기, 자아실현의 동기로 구분하여 사다리 모양에 비유하였다. 사다리를 오르기 위해서는 밑의 계단을 밟고 올라가야 하듯이 동기도 하위 동기가 충족되어야만 상위의 동기가 발생할 수 있다고 보았다. 그는 만약 하위의 욕구가 동기에 얽매이는 삶을 산다면 결핍동기화(D-motivation)된 삶이고, 상위의 욕구와 동기를 추구하는 삶을 산다면 메타동기화(meta-motivation)된 삶이라고 주장하였다. 매슬로우의 욕구위계를 5단계로 구체적으로 살펴보면 다음과 같다.

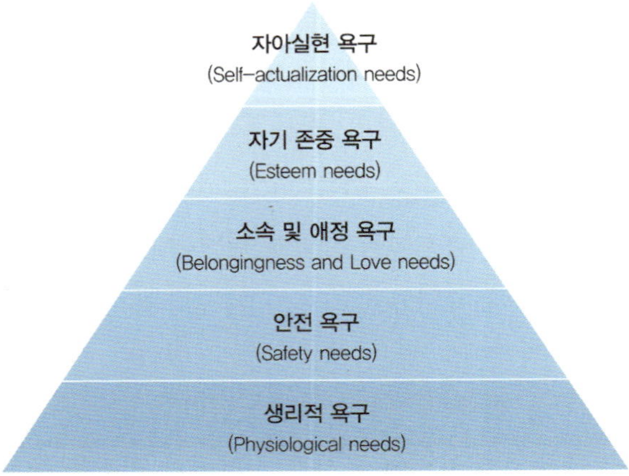

[그림 2-1] 매슬로우의 욕구위계 5단계

자료: http://www.simplypsychology.org/maslow.html 참조

- 1단계: 생리적 욕구

인간의 욕구 중에서 가장 기본적인 것은 생물학적 생존의 욕구이다. 이것은 음식, 물, 산소, 활동과 수면, 성, 추위와 더위로부터의 보호 그리고 감각적 자극에 대한 추구이다. 이러한 생리적 욕구들은 유기체의 생물학적 유지와 직접 관련되어 있고 이것이 만족되어야만 그 다음 동기로 옮겨갈 수 있다.

- 2단계: 안전 욕구

인간은 생리적 욕구의 만족 이후 새로운 안전 욕구에 관심을 갖게 된다. 왜냐하면 인간은 환경 내에서 확실성, 정돈, 조직 및 예측성을 보장받고자 하기 때문이다. 안전 욕구는 의존성을 가진 유아와 아동들에게서 보편적으로 나타난다. 이는 어린 시절뿐만 아니라 일생 전반에 영향을 미치게 되며 부분적으로 철학 또는 종교와 관련된다. 종교와 철학은 개인의 세계를 구축하는 것을 돕고 이에 소속된 사람들 전체를 의미 있는 하나로 만들어 안전감을 가져온다. 이와 같은 안전 욕구는 개인이 전쟁, 범죄, 홍수, 지진, 폭동, 사회 조직의 해체와 그와 유사한 실질적 위기 사태에 직면했을 때도 나타난다.

- 3단계: 소속과 사랑의 욕구

생리적 안전 욕구가 충족된 이후에는 소속과 사랑의 욕구가 나타난다. 이 욕구를 가진 개인은 다른 사람과 애정적인 관계, 자기 가족 내 위치 등 자신의 준거집단들을 원하게 된다. 사랑에 대한 욕구는 사랑을 받는 것뿐 아니라 주는 것도 포함한다. 사랑을 받고 포용됨으로써 자신의 가치를 찾을 수 있다. 반면 사랑받지 못하는 것은 공허감, 무가치감, 적대감 등을 갖게 한다.

- 4단계: 자기 존중 욕구

사랑의 욕구가 만족되면 자기 존중 욕구가 생긴다. 자기 존중 욕구는 자기 존중과 다른 사람으로부터 받는 존경으로 나눈다. 자기 존중은 능력, 신뢰감, 적합성, 성취, 존경, 자유 등을 포함한다. 개인은 누구나 자기가 가치 있다고 생각하는 것, 즉 업무를 해결하고 삶에 도전할 수 있다는 사실을 알아야 할 필요가 있다.

다른 사람으로부터 받는 존경은 명성, 인정, 수용, 지위, 평판 등을 포함한다. 매슬로우는 건전한 자기 존중감은 명성, 지위 또는 아첨보다는 다른 사람들로부터 존경 받는 것에 근거하는 것이라고 강조한다. 이것은 노력의 결과로 얻어지는 개인의 실제 능력에 근거하는 것이다. 개인은 그가 할 수 있다는 것을 인정받을 수 있어야 한다. 즉, 자기의 능력이 다른 중요한 사람으로부터 인정과 좋은 평가를 받기 때문에 자신이 가치 있는 사람이란 느낌을 경험할 수 있어야 한다. 이처럼 자기 존중 욕구의 충족은 자신감, 힘, 능력, 세상이 자기를 필요로 한다는 경험을 하게 한다.

이와 반대로 자기 존중 욕구가 충족되지 못하면 열등 의식, 어리석음, 약함, 무력감 등이 발생된다. 이와 같은 부정적인 면들은 근본적인 좌절감, 가치 없음, 삶의 욕구를 처리할 때의 무력감 그리고 남과 비교하면서 자기 비하를 초래한다.

- 5단계: 자아실현 욕구

위의 네 가지 욕구가 모두 충분히 만족되면 자아실현 욕구가 나타난다. 자아실현이란 개인이 스스로 성취할 수 있는 것을 성취하려는 욕구를 말한다. 이는 자기가 원하는 종류의 사람이 되는 것, 즉 자신의 잠재력을 최고로 발휘하는 것이다. 자아실현의 단계에 도달한 사람은 자기 자신의 능력, 재능, 잠재력을 충분히 발휘하기 위해서 노력한다. 자아실현은 자아 증진을 위한 개인의 갈망이며 잠재적으로 지닌 것을 실현하려는 욕구이다.

매슬로우에 의하면 인간이 잠재력을 실현하려는 충동은 자연스럽고 필요한 것으로 설명된다. 하지만 선택된 소수(인류의 1% 이하로 추정)만 이것을 달성할 수 있다고 한다. 대다수의 사람들은 자신들의 잠재력에 대해서 알지 못하고 그러한 잠재 능력이 존재한다는 사실 자체도 모르고 있다. 이는 잠재 능력이 자아 증진을 가져다 주는 크나큰 보상을 이해하지 못하기 때문이다. 다시 말해서, 많은 사람들은 스스로 자신의 능력을 의심하거나 사회적 환경의 저해로 인해 자신감이 결여되어 자아실현 할 기회를 놓치게 된다는 것이다.

학습정리

발달은 넓은 의미로 보았을 때 인간의 전생애 과정 중 신체적 · 정신적 · 지적 · 사회적인 양상으로 나타나는 지속적인 변화를 말하며 복잡한 성숙까지 포함하는 종합적인 의미이다. 발달의 원리는 연속성과 점진성, 상관성(상호작용), 주기성, 분화와 통합성, 개별성, 결정적 시기, 방향성 등이 있다.

정신역동 측면의 발달이론은 처음에 프로이트에 의해 발전되었다. 그의 이론은 인간의 발달 과정에서 리비도(libido)가 집중되는 신체부위에 따라 각 발달 단계를 설명했다. 이어서 안나 프로이트의 이론과 에릭슨의 심리사회적 발달이론이 있고 인지발달이론으로는 피아제, 콜버그, 비고츠키의 이론이 있으며 매슬로우의 동기이론 등이 있다.

연습문제

1. 발달의 개념과 원리에 대해 설명하시오.
2. 정신역동 발달이론의 기본 개념인 리비도와 그 발달 순서에 대해 설명하시오.
3. 각 발달이론의 특징과 과정을 설명하시오.

Chapter 03

청소년기의 생물학적 발달

개요

청소년기에는 급격한 신체발달과 성발달과 함께 2차 성징을 가져오게 된다. 이에 따르는 심리적 변화 및 문제점에 대해 알아보게 될 것이다.

학습목표

1. 일반목표

청소년기 생물학적 발달의 특징에 대해 알아보고 신체와 성발달에 따르는 심리적인 변화와 영향 및 그 문제점에 대해 이해할 수 있다.

2. 세부목표

1) 청소년기 신체적 발달의 특징을 구별할 수 있다.
2) 청소년기 성발달의 특징을 이해할 수 있다.
3) 청소년기 생물학적 발달에 따른 심리적 변화와 문제점을 알 수 있다.

▶▶ 주요용어

성발달, 성역할, 질풍노도, 2차 성징

▶▶ 지식

- 청소년기 신체발달과 성발달에 대한 지식
- 청소년기 생물학적 발달에 따른 심리적 변화에 대한 관점

▶▶ 기술

- 청소년기 신체발달을 이해하는 능력
- 청소년 성역할과 성정체성 확립을 돕는 능력
- 청소년기 생물학적 발달에 따른 심리적 변화를 통찰하는 능력

▶▶ 태도

- 청소년기 신체발달과 변화를 이해하는 태도
- 청소년기 생물학적 발달과 심리 변화를 이해하는 태도

1. 청소년기의 생물학적 발달 특징

1) 청소년 신체발달의 특징

(1) 신장과 체중의 성장

청소년기에 경험하게 되는 많은 변화들 중 가장 두드러진 것은 신체적 발달이다. 청소년기에는 신장과 체중, 골격과 근육 등이 급격히 성장하는 '성장폭발(growth spurt)'을 경험하게 된다. 이런 현상은 개인차가 있기는 하지만 일반적으로 여자가 남자보다 2년 정도 일찍 나타난다. 신장이나 몸무게의 경우, 남자의 급격한 성장은 빠르면 9세경부터 시작되어 12세나 13세경에 절정에 이르고 아니면, 15세경에 시작된다. 여자의 경우, 빠르면 7세나 8세에 시작되고 급성장은 10세경부터 11세에 나타난다. 하지만, 개인에 따라 다르기 때문에 12세 또는 14세까지 시작되지 않는 경우도 있다. 이처럼 정상적인 청소년들의 경우에도 발육 연령과 급속한 성장 기간에는 각각의 개인차가 존재할 수 있다.

최근의 청소년들은 이전 세대에 비해 신장과 체중 모두 빠른 성장 속도를 보인다. 이에 따라서 청소년들의 체질량지수(Body Mass Index; BMI)가 점점 증가하고 뼈나이도 점점 빠른 성장 속도를 보이고 있다.

청소년백서(2018)에 의하면 우리나라 아동·청소년(만 6~17세)의 체격검사 결과, 17세의 평균 신장은 남학생이 173.5cm, 여학생이 160.8cm로 나타났다. 2006년과 비교하면 남학생은 0.4cm, 여학생은 0.3cm 감소하였다. 연령별 체격의 성차를 살펴보면, 6~8세까지는 대체로 남학생이 여학생에 비해 신장이 약 1cm 정도 크지만, 9세에는 0.8cm로 그 차이가 줄어들다가 10세부터 11세까지는 여학생이 남학생에 비해 평균 신장이 큰 것으로 나타났다. 이후 12세가 되면서부터 다시 남학생이 여학생에 비해 평균 신장이 커지기 시작하여 16세가 되면 12cm 이상 차이가 나는 것으로 조사되었다. 또한 청소년의 체중은 17세 남학생 평균 69.6kg, 여학생은 57.1kg로 평균 12.5kg 차이가 있었다. 2006년의 남학생과 여학생보다 각각 1.4kg, 1.7kg 증가한 것으로 나타났다(여성가족부, 2018). 체중도 청소년 초기에는 여자가 남자들보다 크게 증가하지만 후기로 갈수록 남학생의 체중이 급격히 증가한다.

또한 청소년기에는 심장, 소화기관과 심혈관계의 변화와 호흡계에 영향을 미치는 폐의 급속한 성장과 함께 근육의 힘, 크기의 변화 등으로 인한 신체적 신진대사가 전반적으로 발달하게 된다. 그러므로 심장의 무게가 거의 두 배로 늘어나며 기초 대사(basal metabolism)의 변화 등이 나타난다. 이때 여러 가지 신체변화도 함께 나타나는데 남자는 어깨가 넓어지고 근육이 발달하여 신체적인 힘과 지구력이 증가하고, 여자는 골반이 넓어지고 피하지방이 축적되어 여성다운 체형으로 성장한다.

질버라이젠과 크라케(Silbereisen & Kracke)는 종단 연구를 통해서 성숙이 느린 청소년들은 빠른 청소년들에 비해 키가 작다고 보고했다. 이러한 결과는 이들의 사회적 발달에 영향을 미치기도 하며(Coleman, 2006), 2차 성징으로 인한 신체 변화는 적응에 중요한 스트레스 유발 사건이 되기도 한다.

(2) 운동능력의 발달

청소년기에는 급격한 신체발달에 따라서 운동능력도 현저하게 발달한다. 운동능력의 발달은 근육 및 신경계의 발달과 밀접하게 연결되어 있으며 일상생활에 광범위한 영향을 미친다. 남자 청소년들의 경우 여자 청소년들에 비해 적혈구 수와 수축기 혈압 수치가 크게 증가된다. 그 이유는 더욱 폭넓은 신체적 활동을 하기 위한 능력과 관련 있는 것으로 볼 수 있다(Coleman, 2006).

운동능력의 발달에 따른 남녀 성차를 보면 그 경향과 특성에 차이가 있다. 대체로 남자가 여자보다 우월하며, 이러한 차이는 청소년 후기로 갈수록 커진다. 운동능력발달에서 볼 수 있는 남녀 차이의 원인으로는 2차 성징에 따르는 신체상의 차이와 골격, 근육, 체격의 조직학적 차이, 내부 기관의 기능상 차이, 성적·사회적 존재로서 자기에 대한 지각 혹은 남녀의 사회적 역할의 차이 등을 들 수 있다.

2018년 청소년백서에 의하면 학생건강체력평가 결과, 50m 달리기 기록은 초등학교 6학년 남학생 9.3초, 여학생 9.8초이고, 중학교 3학년 남학생 7.9초, 여학생 9.6초이며, 고등학교 3학년 남학생 7.7초, 여학생 9.8초이다. 50m 달리기의 경우 남학생은 초등학교 5학년부터 고등학교 1학년까지 기록이 단축되는 경향이 나타났고, 여학생의 경우에는 기록에 큰 차이가 없이 비슷한 수준을 유지하는 것으로 나타났다. 오래달리기 및 걷기의 경우, 초등학교 6학년 남학생의 기록은 5분 26초, 여학생 5분 58초, 중학교 3학년 남학생 8분 11초, 여학생 7분 40초이며, 고등학교 3학년 남학생 7분 59초, 여학생 7분 54초이다. 또한 제자리 멀리뛰기 기록은 초등학교 6학년 남학생 166.9cm, 여학생 146.2cm, 중학교 3학년의 경우 남학생 202.8cm, 여학생 152.4cm, 고등학교 3학년 남학생 216.7cm, 여학생 154.9cm 이다. 윗몸일으키기는 초등학교 6학년 남학생 74.1회, 여학생 56.5회, 중학교 3학년은 남학생 82.9회, 여학생 46.1회, 고등학교 3학년 남학생 68.5회, 여학생 35.5회이다(여성가족부, 2018).

청소년들의 성장에 따르는 체력수준 감소는 신체 활동량의 감소 때문인 것으로 보고 있다. 그렇다면 청소년들이 비만이나 심혈관질환 등의 각종 성인병에 노출되기 쉬운 것으로 예측할 수 있다. 더군다나 심혈관질환 위험요인들은 성인기에 이르기까지 지속될 가능성이 크다. 개인의 신체발달 차이 때문에 나타나는 운동능력의 차이는 여러 면에 있어서 중요한 의미를 가진다. 특히 행동의 다양한 발달과 밀접하게 관련되어 있으며, 성격발달에도 영향을 주게 되면서 운동능력의 발달은 사회적 적응에 중대한 역할을 하기도 한다. 운동능력이 잘 발달된 청소년은 자신감, 성취감과 함께 사회적으로 높은 평가를 받게 된다. 따라서 청소년 초기 운동능력의 발달은 청소년으로 하여금 자존감과 사회성을 발달시키고 심리적으로 안정된 정서를 갖게 하여 건전한 성격의 형성을 가져온다(송종국 외, 2011).

(3) 호르몬(hormone)의 변화

청소년 시기에는 신체적 발달과 더불어 생식기관과 호르몬 등이 급격히 변화한다. 이들의 성장에 활발한 작용을 가져오는 두 가지 호르몬으로는 안드로겐(androgen, 남성 호르몬)과 에스트로겐(estrogen, 여성호르몬)이 있다. 이 호르몬들로 인해 각각의 2차 성징이 나타나게 되는데 남성 호르몬인 안드로겐 중에서도 테스토스테론(testosterone)은 신체적 발달과 매우 밀접한 관계가 있다. 특히 생식기와 신장이 성장하고 목소리의 변성기를 가져오기도 한다. 또 여성의 호르몬인 에스트로겐 중에서 에스트라디올(estradiol)은 골격과 가슴 그리고 자궁의 발달에 중요 역할을 하게 된다.

그리고 성선자극호르몬(gonadotropin)은 여성의 성선인 난소와 남성의 성선인 고환을 자극하고 부신에서 안드로겐 합성에 필요한 효소인 17-α- hydroxylase와 17-20 lyase를 자극하여 성호르몬을 분비시킨다. 이때 상대적으로 뇌하수체 전엽에서 분비되는 성장호르몬의 분비량이 감소되면 뼈 연령이 갑자기 증가하여 성장판이 빨리 닫히는 경우가 있다(Shalitin et al., 2003). 이는 성 호르몬 분비 시점이 빨라지면 길항작용(拮抗作用, antagonism)을 일으켜 성장 호르몬 분비의 저하를 초래하기 때문이다(Park, 2006).

한편 청소년들의 행동이나 기분은 호르몬에 영향을 준다(Paikoff, Brooks- Gunn, & Warren, 1991). 여기에 일상의 긴장과 스트레스 및 식습관, 운동, 성생활, 의기소침 등도 호르몬 변동을 가져온다. 그러므로 호르몬과 행동은 매우 긴밀하게 상호작용하는 것으로 볼 수 있다(오윤선, 2010).

2) 청소년기 성발달의 특징

(1) 청소년기 2차 성징과 성적 성숙

청소년기에는 2차 성징이 발현되어 남녀의 분명한 변화가 생기고 성장 속도의 증가와 수정 능력이 갖추어지며 심리적으로도 많은 변화가 일어나게 된다(Jung, 2014). 사춘기의 시작과 성 성숙에 영향을 미치는 요인으로는 인종, 유전적 요인, 사회·경제적 수준, 영양 및 운동 상태, 내분비 교란물질이나 보건수준 등이 작용한다.

최근 서구 사회의 청소년과 마찬가지로 한국도 성 성숙 시기가 점차 빨라지는 추세를 보인다(박선아 외, 2018). 사춘기 여학생의 성 성숙 시기의 시작점을 언제로 볼 것인지 논쟁이 되기도 하지만 가장 일반적인 기준은 초경 연령으로 보고 있다. 한국의 경우 여학생의 평균 초경 연령이 약 12세로 1960년에 14.1세보다 2년 이상 빨라졌다(Han, Lee & Kim, 2016). 그리고 대부분 사춘기 시작 시기는 남자보다 여자의 경우가 비교적 빨라지고 있는 추세이다. 여자 청소년의 초경은 일정한 체중에 도달하면 시작되는 것으로 알려져 있다. 청소년 시기의 지방량 축적과 변화는 사춘기의 시작 시기와 속도 또는 신장과 관련이 있다(Kaplowitz et al., 2001). 비만 여아에게서 사춘기가 비교적 일찍 시작되고 초경도 빠르게 나타나지만 만약 영양결핍이 있는 경우에는 초경이 늦어질 수 있다. 그렇기 때문에 어느 정도 이상의 체내의 지방량 축적은 사춘기 시작에 중요한 요소로 작용한다.

(2) 성차에 따른 성발달

청소년 초기 남자들의 고환과 음경 성장은 발달에 중요한 국면을 가져온다. 따라서 이 시기 남자 청소년에게 있어서 자연적인 사정은 신체적인 성숙이나 생식의 방법을 생각하게 하는 중요한 계기가 된다. 이들은 사정경험에 대한 불안과 함께 성적 쾌감을 동시에 경험하기 때문에 자신의 성적 성숙에 대한 기대와 불안이 공존하는 상태를 경험한다.

또 여자 청소년들에게 있어서 주된 성적 발달 현상으로는 가슴의 발육이나 생리의 시작 등이 있다. 대부분의 여자 청소년들은 전체 생식 과정으로서의 생리현상이 아니라 다만 여성의 고유한 특성으로 받아들일 수 있다. 따라서 생리와 생식의 관계에 대한 포괄적인 이해의 부족으로 생리가 신체적 불쾌감이나 당혹감을 유발하는 경우도 많다. 이런 이유로 생리현상에 대하여 긍정적 태도와 부정적 태도를 동시에 나타낼 수 있다. 즉, 생리를 통하여 여성으로서의 성숙을 자랑스러워하는 동시에 어색함과 불편감을 경험한다.

(3) 조숙과 만숙

성숙 시기란 개인이 동일한 성별, 동일한 연령 집단과 비교하여 어느 정도의 성숙 수준에 이르러 있는지를 나타내는 상대적인 개념이다. 이 시기의 아동들은 조숙(early maturation), 보통 성숙(on-time maturation), 만숙(late maturation) 집단으로 구분될 수 있다. 조숙과 만숙이 남학생 또는 여학생들에게 모두 긍정적이거나 부정적이라는 결과가 일관되게 나타나지는 않는다. 하지만, 다수의 남학생들에게 있어서 조숙이 만숙보다 사회적 · 정서적 기능을 발휘하는 여러 측면에서 이점이 있는 것으로 나타나고 있다. 이른 성숙을 보이는 남학생들은 자신의 신체에 대해 매력적으로 생각하고 만족도가 높아서 교우 관계가 더욱 원만하며 학업 성취도가 비교적 우수하게 나타난다.

반면에, 여학생들의 경우 조숙과 만숙의 영향이나 그 결과가 더 다양하게 나타나고 있다. 여학생의 이른 성적 발달은 개인의 정서적 · 행동적 발달의 부적응을 가져오는 경우가 있다. 이들은 자신의 신체에 대한 불만족과 낮은 자존감, 우울감을 가질 수 있다. 따라서 사회불안과 공격성, 반항행동 등 문제행동을 초래하는 요인이 되기도 한다(Mendlle, Turkheimer & Emery, 2007). 또 초경을 이미 경험한 집단이 그렇지 않은 집단에 비해 일상생활에서 부정적인 정서를 더 많이 느끼고 인지 수준이 낮을 수 있다(이미리 외, 2012). 이처럼 인지적 · 사회적 발달 속도가 신체발달 속도와 조화를 이루지 못할 경우 심리적 부적응과 함께 학교생활이나 대인관계까지 부적응 문제행동 등을 야기할 수 있다. 때문에 성숙 시기는 청소년기 발달에 있어 중요한 부분으로 간주되고 있다(김명숙, 2004).

개인의 성숙 정도가 또래와 비교하여 심한 격차를 보이는 경우, 청소년 스스로 강한 이질감을 느끼게 되어 심리 · 사회적 적응에 부정적인 영향을 끼치게 되는 경우가 있다. 특히 남보다 일찍 성적 성숙을 경험하게 되는 여학생들의 경우에는 심하면 또래들로부터 따돌림을 받는 결과를 가져올 수 있다. 조숙한 여자 청소년들의 경우에는 자신의 변화에 대처하기 위한 인지 · 사회적 기술을 습득할 시간이 상대적으로 부족하기 때문에 실제 적응 능력이 떨어지는 경우가 있다. 그리고 성인 남성에게 우월한 지위가 주어지는 사회 분위기에서 남보다 일찍 성인 여성이 되는 것은 스스로에게 유리하지 못할 것이라고 단정 짓는 태도도 조숙한 여자 청소년의 낮은 적응 수준을 설명하는 요인이 된다(Negriff & Trickett, 2011). 하지만 조숙한 여학생이 다른 또래보다 사회적 적응을 잘하고 안정된 자기개념을 형성할 수도 있다. 이 경우 스스로 자기 내면의 성찰을 잘 하며 자존감과 자기개념의 확립에 향상을 가져오기도 한다. 반면에 늦게 성숙한 여학생이 조숙한 여학생에 비해 보다 긍정적인 신체 자아상을 나타내는 경향도 있다. 이 경우 자기표현에 있어서 적극적이고 사교적이며 활동적이고 리더십과 인기를 누리기도 한다(Caspi et al., 1993).

최근 국내 청소년 초기 학생들을 대상으로 늦은 성숙군(Late mature group; LG)과 빠른 성숙군(Early mature group; EG)의 성 성숙도, 신체발달, 식습관에 대한 연구 결과, 늦은 성숙군의 평균 신장은 154.7cm이고 평균 체중은 47.4kg으로 나타났다. 그리고 빠른 성숙군의 평균 신장은 161.1cm이고 평균 체중은 52.1kg으로 빠른 성숙군이 늦은 성숙군에 비해 신장이나 체중이 높게 나타났다. 또 여학생의 경우에는 체질량지수(Body Mass Index; BMI)도 빠른 성숙군이 늦은 성숙군에 비해 높게 나타났다. 뿐만 아니라 늦은 성숙군과 빠른 성숙군 간에는 성장 발달과 일부 식습관 차이를 보여, 식생활이 성 성숙에 영향을 미칠 수 있다는 사실을 시사하였다(이유신 · 이심열, 2013). 그러므로 사춘기의 건강한 식생활과 성장 발달을 위하여 적절한 영양관리와 이에 관련된 교육이 필요하다고 볼 수 있다.

(4) 청소년기의 성의 의미와 성역할

성(性)은 크게 두 가지 의미로 문화적 의미인 gender와 생물학적 의미를 지니는 sex로 구별한다. gender가 개인에게 부여된 사회적인 성 역할과 그로부터 내면화시킨 심리적 성이라면, sex는 개인이 선천적으로 타고나는 신체적인 차이나 성기를 포함하여 행해지는 성교의 의미로 사용된다.

한편 성역할(gender role)이란 한 개인이 속해 있는 사회에서 남자 혹은 여자로 특징짓는 행동, 태도, 가치, 특성의 기대치를 의미한다. 인간은 출생 후 아동기와 청소년기를 통해 남자와 여자에게 서로 다른 성역할 고정관념(stereotypes)이 형성된다. 청소년 시기에 성에 대한 인식은 정체성 발달과 사회적 관계 형성에 있어서 가장 중요한 위치를 차지할 뿐만 아니라 문화적 의미의 성역할에 대한 인식과 관념의 기초가 된다. 전통적으로 남성과 여성은 성별대로 고유한 특성의 차이가 있다고 여겨져 왔다. 전통적인 성역할 관점에 따르면 남성적 특성을 독립성, 지배성, 진취성 등으로, 여성적 특성을 양육성, 의존성, 수용성 등으로 구분해 왔다(김경미 · 양혜영, 2005). 그러므로 사회는 개인의 행동 방식 특성과 성격 유형 및 수행해야 하는 각자의 성역할을 요구하고 규정짓는다.

청소년 중기(중학교 2, 3학년~고등학교 1, 2학년)에는 자신의 성적 성숙을 스스로 인정하게 되고 성적 역할에 관심을 갖게 된다. 이성에 대하여 많은 관심을 가지고 교제를 희망하게 되며 성적 정체성이 완성되는 시기라고 할 수 있다. 이어서 청소년 후기(고등학교 3학년~대학생)에는 자아 정체성의 완성을 이루기 위한 변화가 일어나며 또한 이로 인한 불안, 초조 등을 경험하게 된다. 따라서 성적 정체성은 청소년들의 자아 정체성의 형성에 큰 영향을 미치게 된다.

국내 초등학생과 중 · 고등학생을 대상으로 한 연구에서 여학생에 비해 남학생이 전통적 성역할 고정관념에 대한 수용성이 큰 것으로 나타났다(구정화, 2009; 김소정, 2008). 또한 여자에 비해 남자의 경우 전통적인 성역할 고정관념이 크고 유연성이 낮았다. 즉, 성역할 고정관념에 있어서 남자가 여자보다 전통적이고 획일화된 특성이 강하다는 것이다. 왜냐하면 여학생에 비해 남학생이 더 한정적이고 권위적인 성역할 사회화를 지속적으로 이루어왔기 때문이라고 볼 수 있다.

하지만 최근 '미투'를 비롯하여 여성의 권익에 대한 이슈가 부각되어 예전에 비해 사회적 분위기가 바뀌고 있다. 2018년 청소년 통계 결과, 청소년의 95.5%는 「남자와 여자는 모든 면에서 평등한 권리를 가져야 한다」라는 양성평등 의식을 가진 것으로 나타났다. 성별로는 여학생(98.0%)이 남학생(93.3%)보다 양성평등 의식이 더 강한 것으로 나타났다. 최근 양성평등 의식을 가진 청소년은 매년 증가하고 있으며, 특히 남학생의 양성평등 의식은 꾸준히 증가하는 추세이다(통계청, 2018).

기존의 연구들에서 나타난 청소년의 성역할 고정관념에 영향을 미치는 요인으로는 부모의 교육 수준, 가족구조와 같은 가족요인 등이 있다. 이어서 성역할 고정관념의 차이는 연령에 따라, 남녀 간의 성차에 따라서 다르다. 청소년의 연령이 높아질수록 성역할 고정관념이 더욱 유연한 융통성을 갖게 된다. 그 이유는 이들이 성장해 갈수록 현실에 비추어 자신들에게 불리한 것들은 배제시키고 사회의 기대에 무조건적으로 맞추는 태도가 줄어들기 때문이라고 볼 수 있다. 또 성역할 사회화 이론에서는 남성적 역할이 사회적으로 더 가치 있는 것으로 인정받는다. 이는 자신의 성에 부합하지 않는 행동을 하는 경우, 남자가 여자보다 더 엄격히 처벌받기 때문이다(김경미 · 양혜영, 2005).

인간의 발달에 있어서 남녀 성차를 설명하는 이론 중 하나인 성역할 사회화 이론은 사회성원으로서 필요한 성역할을 학습하는 과정을 말한다. 남자와 여자는 각자의 성장과정에서 다른 모양의 사회화 과정을 경험하게 된다. 성역할 사회화를 통하여 사회문화적으로 생물학적 여성 혹은 남성에게 권장되는 행위나 특성은 권장되는 반면, 그렇지 못한 행위는 발달시키지 못하도록 사회에서 제재를 받게 된다(정혜정 외, 2010). 청소년의 사회화에 가장 큰 역할을 하게 되는 부모와 교사 및 또래집단은 남자 청소년일 경우에는 도전적 행동을 부추기고, 여자 청소년에게는 수줍음이나 의존적 행동에 더욱 수용적인 태도를 보인다. 그러므로 각 개인에게는 성 유형화된 행동이 조성되고 더욱 강화된다(Keenan & Shaw, 1997). 즉, 남성적인 혹은 여성적인 자질로서 무엇이 적합할 것인가에 대한 사회적인 기대치가 성역할 사회화 과정을 통해 전달되면서 개인의 성역할이 형성된다(박영숙 외, 1998). 하지만 남녀 청소년에게 각각 획일화된 성역할 고정관념은 청소년의 비행이나 일탈, 우울증이나 섭식장애까지도 초래하여 심리 · 사회적 부적응을 가져온다.

한편 성역할 고정관념에 대한 연구에서 벰(Sandra L. Bem)은 각 개인의 생물학적 성과 관계없이 남성적 특성과 여성적 특성을 모두 공유할 수 있다는 양성성 개념을 도입하여 남성성과 여성성을 분리되어진 독립적 두 차원으로 제안하였다(Bem, 1974).

2. 청소년기의 생물학적 발달과 심리적 변화

1) 신체발달과 심리적 변화

급격한 신체적 성장이 이루어지는 청소년 초기에는 여러 가지 조화롭지 못한 상황을 경험하게 된다. 이 시기의 남자들은 신체 각 부분의 성장 속도가 일정하지 않기 때문에 일시적인 혼란에 빠질 수 있다. 이들은 자신의 신체 크기에 적절할 것으로 기대했던 과업을 수행할 수 없을 때 실망한다. 키의 성장 속도가 최고에 이른 뒤 약 12~14개월 후에야 근육의 힘이 절정에 도달한다. 때문에 그 시기 간격에 청소년들은 자신의 신체에 대해 어색함을 경험하기도 한다. 청소년 초기의 남자들은 비록 일시적인 현상이긴 하지만 이에 따라서 자아존중감이 낮아질 수 있다.

일반적으로 여자가 남자보다 성장급등기를 2년 정도 빨리 맞이하게 된다. 신체적 변화에 대한 여자 청소년의 관심사는 대부분 비만에 있다. 신체의 성장이 급격하게 진행되기 시작하면 많은 여성은 자기의 신체가 둥글게 되어가는 것을 자각한다. 이러한 변화 과정을 2차 성징에 동반하는 필연적인 변화로 생각하지 못하고 체중과다 현상으로 잘못 생각하여 체중 조절을 위해 과도한 다이어트를 시도하기도 한다. 이러한 시도는 시기적으로 적당치 못하다고 볼 수 있는데, 신체적 성장이 급격하게 진행되는 이 시기에는 충분한 양의 균형 있는 식사가 필요하기 때문이다(오윤선, 2007).

2) 성발달과 심리적 변화

내분비선의 발달과 함께 호르몬의 급격한 증가는 청소년들에게 민감하고 감상적이면서도 통제 불가능한 성적 감정을 불러일으키게 된다. 그리고 2차 성징과 신체적 급성장이 그들의 신체적 자아에 대한 불안감과 긴장감 등 정서적 불안감을 심화시키기도 한다. 이어서 사회적 가치의 변화와 자아의식의 발달이 기성세대와 기존 사회에 대한 반발심과 욕구불만을 증가시키는 등 정서적으로 큰 변화를 불러오게 된다. 이러한 심리적 갈등과 욕구불만, 정서적 불안정은 학습과 학교생활 적응, 대인관계까지 영향을 미치게 된다(안은미, 2015).

또한 여자들은 두드러진 생리 현상인 초경을 경험하기 때문에 남자에 비해 사춘기 적응에 어려움이 클 수 있다. 왜냐하면 초경을 경험할 때 성숙해지고 더욱 여성다워진다는 긍정적인 느낌도 있지만, 동시에 자연적인 출혈의 동반으로 인해 연상되는 상처, 질병, 죽음 등의 부정적인 느낌을 가질 수도 있기 때문이다. 이와 함께 불편함과 당혹스러운 감정을 함께 가지기도 한다(Brooks-Gunn & Ruble, 1980; 양동옥 · 윤가현, 2001). 특히 초경에 대한 사전 지식이나 의미 있는 타인의 지지가 없을 경우, 생리 현상에 대해 더욱 부정적인 태도를 보이고 감정적인 동요를 가져올 수 있다. 이에 따라 우울이나 불안 등의 정서적 문제를 동반하기도 한다(Caspi & Moffitt, 1991).

사춘기의 성호르몬 분비의 증가는 뇌신경세포 변화에 의한 부정적인 정서 상태를 유발시킨다(Nelson, Leibenluft, McClure & Pine, 2005). 남자에게는 충동성을, 여자에게는 우울정서를 증가시키는 것으로 나타나며, 공격성과 문제행동의 요인으로서 작용하게 된다(Najman, Hayatbukhsh, McCee, Bor, O'callaghan & Williams, 2009). 이와는 다르게 성호르몬 분비나 뇌신경세포의 변화가 직접적으로 부정적 정서를 유발시키는 것이 아니라, 사춘기에 발생하고 증가하는 가족 및 친구 관련 스트레스로 인한 것이라는 주장도 있다. 다시 말해서 오히려 이러한 스트레스가 사춘기에 일어나는 성호르몬 분비 증가나 뇌신경세포 변화에 영향을 준다는 것이다(Brooks-Gunn, Graber & Paikoff, 1994).

3. 청소년기의 생물학적 발달과 문제점

1) 신체발달과 신체 이미지

청소년 시기에는 균형 있는 신체발육을 위해서 적절한 영양과 운동이 필요하다. 하지만 한국의 청소년들은 특히 외모지상주의 영향으로 인한 열등의식과 왜곡된 신체 이미지를 가지고 있는 경우가 많다. 이상영 등(2016)은 조사 대상자 19~29세 357,758명 중 "외모에 신경을 많이 쓰는 편이다"라고 답한 대상자를 63.8%로 보고하였다. 그리고 통계청(2018) 조사 결과, 청소년의 신체이미지 왜곡 인지율(2017년 소아청소년 성장도표 연령별 체질량지수〈체질량지수(BMI)=체중(kg)/[신장(m)]*2〉 기준 85백분위수 미만인 자 중에서 자신의 체형을 살이 찐 편이라고 인지하는 사람의 분율)은 24.2%로 나타났고 남자(17.9%)보다 여자(30.4%)가 훨씬 높았다. 학급별로는 중학생보다 고등학생이 더 높았다. 하지만 실제로 초·중·고 학생의 비만율[(측정체중−표준체중)/표준체중)×100]은 17.3%로 나타났다. 이는 3년 전(15.0%)보다 2.3%p 증가한 결과이다(통계청, 2018). 학교급별로는 고3 남학생이 22.7%로 가장 높고, 고3 여학생(19.7%), 중3 남학생(18.4%), 초6 남학생(17.7%) 순으로 비만율이 높게 나타났다. 위의 결과와 같이 실제 체질량지수는 정상체중 또는 저체중에 해당하지만 자신의 체형을 '살찐 편'이라고 잘못 인식하고 있는 한국 청소년의 비율은 상당히 높다.

청소년의 비만 또는 저체중으로 인한 문제를 해결하기 위해 적절한 방식으로 살을 빼거나 근육 운동을 하는 것은 개인의 건강을 증진시키는 행동이라고 볼 수 있다. 그러나 객관적으로 정상 체중인데도 불구하고 자신의 체형이 사회·문화적으로 규정된 이상적 기준에 부합하지 않는다고 왜곡하여 인식하는 것은 부적절한 외모 관리 행동을 가져오게 된다. 이러한 행태는 오히려 청소년의 신체 건강에 부정적인 영향을 미칠 수 있다.

최근에는 사회적으로 인정받는 몸매 기준에 부합하는 것이 개인적 노력의 결실이자 사회적 경쟁력을 상징하게 되었다. 이에 따라 신체 건강상의 이유로 체중을 조절해야 하는 집단 외에도 많은 사람들이 일상적으로 다이어트와 몸매 관리를 시도하게 된다(박은정·정명선, 2013). 한국청소년정책연구원(2017)의 조사 결과 남자 청소년의 70% 이상, 여자 청소년의 80% 이상이 체중 조절을 시도한 적이 있다고 대답했다. 이 가운데 남학생의 10%, 여학생의 20% 정도가 단식, 구토, 부적절한 약물 복용 등의 건강하지 않은 방법으로 체중감소를 시도한 적이 있다는 결과가 나타났다. 일부 청소년들은 지나친 몸매 관리로 인해 신체 건강까지 위협받고 있다.

청소년 자신의 외모에 대한 만족은 자기 스스로 형성하는 것이 아니라 환경의 영향을 받거나 타인의 평가, 즉 사회적인 기준의 작용으로 형성되는 경우가 많다. 특히 온라인 매체 및 미디어를 통해 전달된 왜곡된 외모와 과장된 이미지는 인간의 외모에 대한 미적(美的) 기준을 과대 조작하고 기형화시킨다. 이러한 환경을 통하여 습득된 외모에 대한 잘못된 신념을 개인의 당위적 이미지인양 정형화시키는 것은 바람직하지 않다. 그러므로 청소년들은 자신의 건강을 해치면서까지 과도하게 왜곡된 신체 이미지를 형성하려는 태도를 지양해야 할 것이다(김미숙, 2018). 시대적 사회현상 속에서 청소년의 왜곡된 신체 이미지는 이들의 건강뿐만 아니라 체형만족도나 자아존중감과 같은 심리적 안녕에도 부정적인 영향을 미치게 된다(Cash & Smolak, 2011). 그리고 체형에 대한 왜곡된 인식과 불만족은 섭식장애의 문제를 불러오기도 한다. 따라서 청소년이 건강한 인생관과 가치관을 가지고 미래의 건전한 삶을 영위할 수 있도록 사회 환경조성의 노력과 적절한 교육이 요구된다.

2) 성발달과 성 정체성

오늘날 스마트폰이나 각종 매체의 보편화는 성에 대해 불안정한 청소년들을 더욱 혼란스럽게 만들고 있다. 더군다나 사회에서 성적인 것을 접할 수 있는 매체들은 지나치게 상업적이어서 자극적, 시각적, 쾌락적인 면만 강조한다. 이에 따라 청소년들이 성적 욕구의 조절이나 그 의미를 이해하는 것을 더욱 어렵게 만든다.

건전하지 못한 성 정체성과 성의식은 관련 행동이나 정서적인 반응에 큰 영향을 미치기 때문에 성적 일탈행동, 성에 대한 비정상적인 개념과 태도를 초래한다. 청소년 시기에 성적 정체성이 불확실하고 건강한 성의식을 가지지 못하게 되면 성을 완전히 부정해 버리려는 생각이나 일탈행동을 할 수 있다. 또한 성 정체성이 불분명하기 때문에 오히려 이성친구와 더 많이 사귀게 되고 자발적이 아니더라도 호기심의 일부로 성적인 접촉이나 행동을 하게 되는 경우도 있다. 특히 부모와의 관계가 매우 부정적일 때 부모에 대한 저항과 반항의 한 방편으로 일탈적인 성 행동이 일어날 수 있다. 실제 성적인 관계를 갖는 청소년의 경우, 부모에 대한 반항이나 혹은 부모에게서 받지 못한 관심과 사랑을 받아보려는 수단으로써 이성과의 성적인 관계를 갖게 되기도 한다. 따라서 대부분의 첫 성경험이 황급하게 또는 허용이 안 된 장소에서 애정이 부족한 상대와 이루어지는 경우가 많다. 뿐만 아니라 이로 인해 육체적 · 심리적인 상처와 성적 관계에 대한 불안과 공포를 초래할 수 있다. 그러므로 여러 가지 성 일탈행동을 예방하기 위하여 성에 대한 올바른 의식과 행동규범 등의 성 교육을 통해 청소년들로 하여금 육체와 정신의 건강한 조화를 이룰 수 있도록 돕는 것이 중요하다(오윤선, 2010).

학습정리

청소년기에는 신장과 체중, 골격과 근육 등이 급격히 성장하는 '성장폭발(growth spurt)'을 경험하게 된다. 또 청소년기에는 2차 성징이 발현되어 남녀의 분명한 변화가 생기고 성장 속도 증가와 생식 능력이 갖추어지며, 심리적으로도 많은 변화가 일어난다. 이 시기에는 생식기관과 호르몬 등이 급격히 변화하는데, 성장에 활발한 작용을 가져오는 두 가지의 호르몬으로는 안드로겐(androgen, 남성호르몬)과 에스트로겐(estrogen, 여성호르몬)이 있다. 이러한 급격한 신체변화와 성적인 발달과 함께 청소년들은 격심한 심리적 변화에 따르는 문제를 초래할 수 있다.

연습문제

1. 청소년기 신체발달과 호르몬 변화의 특징에 대해 설명하시오.
2. 청소년기 성발달에 따른 성 역할에 대해 논하시오.
3. 청소년기 생물학적 발달에 따른 심리적 변화에 대해 설명하시오.

Chapter 04

청소년기의 인지발달

▶▶ 개요

청소년기 인지발달 특징과 사회인지발달에 대해 알아본다. 그리고 이에 따르는 심리적 변화와 시기적 특성에 대해 논의한다.

▶▶ 학습목표

1. 일반목표

청소년기 인지발달의 특징과 이 시기의 사회인지에 대해 이해하고 이에 따르는 심리적인 변화에 대해 설명할 수 있다.

2. 세부목표

1) 청소년기 인지발달의 특징을 알 수 있다.
2) 청소년기 사회인지발달에 대해 설명할 수 있다.
3) 청소년기 인지발달에 따른 심리적 변화를 이해할 수 있다.

▶▶ 주요용어

인지발달, 사회인지, 형식적 조작기, 자기중심적 사고

▶▶ 지식

- 청소년기 인지발달 특징에 대한 관점
- 추상적·논리적 추론, 자기중심적 사고에 대한 이해
- 청소년기 사회적 인지에 따른 심리적 변화에 대한 통찰

▶▶ 기술

- 청소년기 인지발달을 증진시키는 능력
- 균형 잡힌 자기중심적 사고를 확립하는 능력
- 청소년기 사회인지발달에 따른 심리적 변화를 수용하는 능력

▶▶ 태도

- 청소년기 인지발달을 통찰하는 태도
- 지나친 자기중심적 사고를 탈피하도록 돕는 태도
- 청소년기 사회인지 발달 촉진을 도모하는 태도

1. 청소년기 인지발달의 특징

1) 가능성에 대한 사고

아동에 비해 청소년의 사고 능력은 구체적인 사건에만 국한되지 않는다. 즉, 아동의 사고는 자신이 직접 관찰할 수 있는 사건에 초점을 맞추고 있지만, 청소년의 사고는 현재 보이지 않는 가능성을 예측할 수 있다. 체계적으로 가능성을 추론할 수 있는 능력은 문제해결 상황에서 과학적이고 논리적으로 적용되어 고차원적인 사고를 할 수 있게 한다. 이러한 가능성에 대한 사고능력의 증가는 가설적 사고(hypothetical thinking)의 발달과 관련된다.

청소년기에는 가설 위에 그것을 검증할 수 있는 능력도 발달한다. 이글과 슈와르츠(Eagle & Schwartz, 1994)에 의하면 14세와 16세 사이에서 인지발달의 두드러진 특징은 '검증(testing)'이다. 이 시기의 청소년들은 자신의 생각, 아이디어, 가치, 흥미 그리고 목표를 성인의 기준에 비추어 검증하며, 논리적 사고능력과 이차적 추론능력이 발달하면서 인지능력의 일관성과 통합성(integrity)이 확고해진다. 이러한 인지발달에 대해 다니엘 키팅(Daniel P. Keating)은 사춘기 때(여자 12, 13세; 남자 14, 15세) 뇌의 물리적 발달이 빠르고 획기적인 역치성장과정(threshold, 급격한 도약적 성장)을 거치게 된다고 설명했다(Keating, 1990). 청소년기에는 타인의 입장에서 상대가 어떻게 생각하고 느끼는가를 고려함으로써 타인에 대하여 잘 이해하고 원만한 대인관계를 유지할 수 있을 뿐만 아니라 합리적이고 객관적인 의사결정이 가능하다.

2) 추상적·논리적 추론

청소년기에는 형식적 조작 사고 능력이 생기면서 추상적 사고가 가능하게 된다. 청소년의 인지발달에 대한 피아제의 모델은 추상적인 논리적 추론(형식적 조작)의 발달을 강조한다. 구체적인 사고로부터 추상적인 사고로의 변화는 아동기에서 성인기로 전환하는 동안 이루어진다. 또 청소년들은 아동에 비해 은유적인 표현이나 추상적인 현상과 이들의 관계성을 보다 잘 이해한다. 포스터와 스프린탈(Foster & Sprinthall, 1992)은 청소년의 추상적인 사고가 17~18세까지 점진적으로 발달한다고 보고했다. 이러한 추상적 사고 능력의 향상은 사회적이고 이념적인 문제에 대해 논리적이고 진보된 추론을 할 수 있도록 돕는다.

3) 초인지적 이해능력

초인지적 이해능력이란 스스로의 사고 과정에 대한 이해 혹은 '이해 과정에 대한 이해'를 의미한다. 플라벨(John H. Flavell)은 인지적 유능성의 지표로서 '초인지적 이해능력(metacognitive understanding)'을 설명했다(Flavell, 1979). 이 능력은 사람에 대한 지식(person knowledge), 과제에 대한 지식(task knowledge) 그리고 전략에 대한 지식(strategy knowledge)으로 구성된다(Flavell & Wellman, 1977). 예를 들어, '차분함'과 같이 합리적인 판단을 잘하는 사람의 성격특질(사람), 간단히 내릴 수 있는 결정과 심사숙고해야 하는 결정의 차이점(과제), 혹은 합리적인 판단을 위해서 거쳐야 할 절차와 필요한 사항(방략) 등을 아는 것이 '이해 과정에 대한 이해'로 작용한다. 이러한 능력에 의해 청소년들은 아동기 때보다 자신의 사고를 보다 잘 통제하며, 자신의 인지적 과정을 타인에게 쉽게 설명할 수 있다. 또한 자기의 정서에 대해 더 많이 생각하고(introspection) 타인이 자신을 어떻게 생각할까에 대해 사고할 수 있다(self consciousness). 그리고 지적인 사고(intellectualization)를 함으로써 청소년들의 심리적 성장, 특히 자아정체성의 형성에 중요한 역할을 하게 된다.

이처럼 청소년의 인지능력에는 필요 사항을 충분히 생각하는 사고의 풍부성이 포함된다. 오몬드(C. L. Ormond) 등은 청소년들의 초인지적 이해능력을 비교해 본 결과, 13세 청소년은 초인지적 이해능력을 위한 지식들을 많이 가지지 못하지만 15세 청소년은 그러한 지식을 성인의 수준만큼 가지고 있다는 것을 발견하였다(Ormond et al., 1987).

4) 자기중심적 사고

청소년기 인지의 중심은 자기 자신과 당시 처한 상황이나 명백한 이익과 손해 등이다. 그러므로 청소년들은 자신의 사고를 가장 중요하게 생각하는 자기중심성(egocentrism)을 기초로 사고하고 행동하게 된다. 자기중심성이란 청소년의 급격한 신체적 · 정서적 변화로 자기의 외모와 행동에 관심이 집중되어 있으므로, 타인들도 마찬가지로 자신에게 관심이 많다고 생각하게 되는 성향을 말한다. 따라서 이 시기에는 남의 생각과 내 생각을 구분하지 못하기도 하고 남의 입장이 내 입장과 같을 것으로 확신하는 자기중심성이 나타난다. 자기중심성은 이기성과는 달리 도덕적 판단을 내포하지는 않는다. 남의 생각은 간접적으로 추론되지만 자신의 생각은 직접 경험되므로 훨씬 뚜렷하고 명료할 수밖에 없다. 청소년들뿐만 아니라 성인들도 때로는 자기중심적으로 생각하는 오류를 범하게 되기도 한다(Flavell & Wellman, 1977).

청소년기의 자기중심성은 11세 무렵에 나타나기 시작하여 15세 무렵에 정점에 도달하고 다양한 대인 관계 경험을 통해 자신과 타인에 대한 객관적인 이해가 이루어지면서 점차 사라지게 된다(Lapsley, 1991). 이후 판단의 성숙을 이루게 되면 자기중심성에서 탈피되는 탈중심화가 이루어진다. 청소년의 추상적인 사고의 발달과 자기중심성을 탈피하는 탈중심화는 성숙한 판단과 의사결정까지 이어진다.

(1) 상상의 청중

상상의 청중(imaginary audience)은 실제 상황이 아니라 상상 속에서 자신을 주인공으로, 타인은 관중으로 만들어 행동하고 반응하는 성향이다. 이와 같이 청소년들은 자신이 타인들 관심의 초점이 된다고 생각하기 때문에 강한 자의식을 갖게 된다.

(2) 개인적 우화

엘킨드(David Elkind)는 개인적 우화(personal fable)를 '청소년이 이야기하는 사실이 아닌 이야기'라고 정의하였다(Elkind, 1981). 자신이 타인의 관심의 대상이 된다고 생각하는 청소년들은 스스로에게 지나치게 몰두한 나머지 자신을 대단히 중요한 존재로 자각하는 경향이 있다. 이에 따라 청소년들은 자신의 감정이나 욕구는 타인과 비교될 수 없는 독특한 것이라는 개인적 우화를 만들어 낸다. 이들은 자신들이 남들과 다르다고 특수성을 부여하는 동시에 이상적 기대를 현실화시켜서 타인들이 이해할 수 없는 존재로 인식하기도 한다. 이러한 경향으로 인하여 자신에게 일어나는 모든 사건과 떠오르는 생각까지도 타인과는 많이 다르고 독특하다고 여기게 된다. 그러므로 청소년 자신의 생각은 성인들과 비교될 수 없으며 성인들이 자신을 이해하는 것은 불가능할 것이라고 단정짓기도 한다.

5) 상대적 사고

상대적 사고란 모든 지식에 대해 보다 많은 주제와 의견의 다양성을 알고 절대적 진리가 아닌 상대적인 여러 개의 진리가 존재하는 것으로 생각하는 것이다. 일반적으로 아동은 흑백논리와 같이 절대적 관점에서 사물을 판단한다. 그렇지만 청소년기에는 아동기에 비해 타인의 주장에 대해 의문을 가지며, 어떠한 사실을 절대적인 진리로 인정하려는 경향이 감소하게 된다. 윌리엄 페리(William. G. Perry)는 그의 연구에서 성인기 이전에 이원적 사고를 하다가 성인기가 가까워지면 상대적 사고를 하게 된다고 주장했다. 성숙한 사람일수록 상대적 사고의 발달을 이루게 되는데, 이것은 서로 반대되는 두 관점 중에서 하나를 택하는 대신 반대되는 구관점을 통합하여 보다 만족스러운 조망을 공식화하려는 노력이다. 따라서 인간은 상호작용과 숙고(熟考)의 과정을 통한 문제해결을 추구한다(Berk, 2009). 즉, 이원적 사고에서 상대적 사고로 변화하는 시기가 청소년기이며 이때 상호작용과 숙고의 과정을 통해서 사고의 정보처리를 할 수 있게 된다.

6) 조망능력의 발달

조망(perspectives)이란 청소년들이 아동기에 비해 더 큰 범주 내에서 의사결정을 하는 특성을 말한다. 조망능력은 크게 세 가지로 나뉜다. 장기적 결과와 단기적 결과를 모두 볼 줄 아는 능력(시간적 조망), 자신의 행동이나 결정이 다른 사람에게 미칠 영향을 볼 줄 아는 능력(역할 습득 또는 조망 습득), 그리고 한 가지 결정을 할 때 다른 것을 고려하는 능력(비용과 이익을 동시에 계산하는 능력)이 이에 속한다. 일반적으로 청소년들은 성인들보다 비교적 미래에 대한 걱정이 적고 의사결정의 장기적 결과보다는 단기적 결과를 중요하게 여긴다. 그래서 청소년은 성인에 비해 10년이나 20년 후 자신에게 미칠 영향까지 고려하기가 어려울 수 있다(김의철, 2000).

2. 청소년기 사회인지의 발달

1) 타인에 대한 판단

사회인지(social cognition)란 사회적 관계를 이해하는 능력이다. 즉, 사람, 사회적 관계, 제도 등에 관한 생각 또는 인지적 활동을 의미한다(Lapsley, 1990). 청소년기의 인지발달은 사회적 기술과 대인관계 기술의 발달을 가져오게 된다. 이 시기에는 인간관계에 대한 추론능력이 갖추어지고, 인간관계에서 발생하는 갈등과 문제들을 이해하는 능력이 생기며 동시에 자신에 대한 이해능력(자아정체감)이 갖추어진다(Selman, 1980).

따라서 청소년들은 타인을 판단할 때 아동과는 몇 가지 다른 특성을 보인다(Hill & Palmquist, 1978). 첫째, 청소년들은 아동에 비해 자신이나 타인을 보다 상세하게 묘사한다. 아동은 타인을 묘사할 때 성별이나 연령 등과 같은 포괄적인 특성으로 표현하지만, 청소년들은 개인적인 특성이나 흥미 등과 같은 구체적인 특성으로 묘사한다. 둘째, 청소년들은 아동에 비해 상대적으로 자기중심성이 약해진다. 이들은 친구에 대한 개인적인 견해가 타인과 다를 수 있다는 것을 알게 된다. 셋째, 청소년들은 타인을 평가할 때 외모나 재산과 같은 물리적인 특성에 근거하기보다는 태도와 동기 같은 추상적인 특징에 근거해서 평가한다는 사실이다. 다시 말해서 청소년들은 아동에 비해 외형적인 행동이나 현상보다는 그 이면에 있는 감정이나 태도, 동기 등에 대한 추론적 사고에 능숙하다. 넷째, 청소년들은 아동보다 체계적인 판단을 하게 된다. 이에 청소년들은 타인을 평가할 때 타인의 성격 특성과 상황적인 요인을 동시에 고려하는 경향이 있다.

2) 사회적 조망획득

청소년들은 타인의 견해에 대한 자신의 입장뿐만 아니라, 반대로 자신의 견해에 대한 다른 사람의 생각도 보다 잘 이해하게 된다. 피아제의 인지발달 모델로부터 발전한 셀만(Robert L. Selman, 1980)의 사회적 조망획득이론은 청소년의 인지발달에 대하여 언급하고 있다. 셀만은 아동이 점차 청소년으로 성장함에 따라 자신의 입장에서 한 발 물러나 타인의 입장을 생각할 수 있게 되며, 타인의 견해가 자신의 견해와 다를 수 있고 또한 타인의 견해를 이해할 수 있도록 발달한다고 보았다. 그는 청소년의 사회적 인지의 발달이 사려 깊고 성숙한 양상으로 판단하고 행동하게 만들 수 있다고 말한다. 여기서 청소년기의 사회적 조망획득 발달은 '상호적' 조망획득 단계와 그 다음 '사회적' 조망획득의 단계로 전이되는 과정을 포함한다.

자세히 살펴보면, 먼저 상호적 조망획득은 청소년이 객관적인 제3자의 입장에 설 수 있도록 해 준다. 또한 이들의 사고나 행동이 타인의 사고 및 행동에 미치는 영향을 알게 해 준다. 다음으로 청소년들의 사회적 조망획득은 성숙한 판단에 영향을 미친다. 이때 상호간의 조망이 매우 복잡하고 개인이 통제할 수 없는 어떤 힘에 의해 영향을 받는다는 사실을 이해하게 된다. 청소년들의 의사결정 상황에서 조망획득의 수준에 따르는 결정은 다른 사람에게 그 자신이 어떻게 보일지 이해할 수 있도록 돕는다. 때문에 처음에는 자신의 의사결정에 직면한 충고에 반감을 가진 청소년이 시간이 지나면서 사회적 조망의 수준에서 그들 각각(그 청소년과 충고해주는 사람)이 다른 시각을 지닐 수 있다는 사실을 이해할 수 있게 된다. 그뿐만 아니라 충고를 해주는 사람의 시각과 자신의 역할 간의 관계에 대한 평가를 하게 된다.

사회적 조망획득에 대한 연구에서 나타나는 결과의 형태는 자아발달에서 나타나는 형태와 유사하다. 즉, 연령과 관련된 조망획득의 차이는 16세 이전에 나타나고 16세 이후의 조망획득의 변화는 개인차(예: 지능, 교육)에 기인하는 것으로 설명된다. 이런 결과는 결국 16세 이전의 청소년의 경우 조망획득에서 성인과 차이가 나며 미성숙한 조망 때문에 미성숙한 판단을 할 수 있을 것이라고 본다(Selman, 1980). 하지만 사회인지의 발달은 모든 청소년에게 동일한 속도와 과정으로 이루어지지 않는다. 왜냐하면 사회인지의 발달은 개인적 요인과 각 청소년의 환경에 따라 다르게 나타날 수 있기 때문이다.

3. 청소년의 인지발달과 심리적 변화

청소년들은 자신이 모든 사람의 주목을 받는 대상이 될 것이라고 믿고 타인 앞에서 지나치게 자기도취적인 행동을 할 수 있으며 반대로 지나치게 자기비판적인 사고에 빠지기도 한다. 청소년들의 특성 중 개인적 우화의 또 다른 측면은 청소년들이 스스로를 불멸의 존재, 전능한 존재로 여기고, 자기는 결코 다치거나 죽지 않는다고 생각할 수 있다는 것이다. 이것은 청소년기에 발달하는 추상적인 사고 능력과 이상주의적인 경향이 복합적으로 작용하면서 현실과 동떨어진 정신세계에 몰입하는 데서 나타나는 현상이다. 청소년들은 죽음을 남에게나 일어나는 일이고 자기에게는 일어나지 않는다고 생각함으로써 과격하고 위험한 행동을 쉽게 저지를 수 있다. 그렇기 때문에 청소년 시기에 갑작스러운 사고로 인한 부상과 사망률이 높게 나타난다.

그리고 청소년들의 자기중심성은 대인관계에도 영향을 미친다. 그들은 특정 타인을 우상화하기도 하지만 자주 그 대상을 바꾸기도 한다. 또한 자신의 흥미와 관심에 집중되어 있어서 타인의 관심과 흥미에는 별 관심을 가지지 않는다. 그러나 점차 성숙해지면서 사회적 상호작용으로 타인을 이해하게 되고, 자신이 경험했던 생각이나 체험이 다른 사람들도 비슷하게 가지고 있던 사실이라는 것을 알게 된다.

아울러 상대적인 사고의 증가로 청소년들은 아동기와는 달리 부모의 의견이나 생각에 절대적인 순종을 하지 않게 된다. 때문에 종종 부모와의 갈등을 일으키며 부모의 입장에서는 이러한 자녀의 모습을 반항적이라고 오해할 수 있다. 그러나 이러한 현상은 인지발달로 인한 자연스러운 것으로 볼 수 있다. 그리고 이들은 상대적인 사고능력의 증가로 인하여 다른 부정적인 결과를 유발하기도 한다. 극단적으로 세상의 모든 일이 상대적이라고 생각하는 청소년들은 모든 세상사에 관심을 잃고 회의를 느끼기까지 한다(Chandler, 1987). 이때 이들은 과거에 가지고 있던 신념에 대해 의심하기 시작하면서 모든 것이 불확실해지고 세상에 완벽히 신뢰할 수 있는 것이 아무것도 없다고 생각할 수 있다.

학습정리

청소년 심리학에서 인지발달에 관한 연구는 정신구조가 정신적 성숙과 경험의 상호작용으로 말미암아 연령에 따라 어떻게 변하는가를 알아보는 것이다. 발달 단계에서 보면 청소년은 형식적 조작기에 해당되기 때문에 가설적 사고와 조합적 사고를 할 수 있으며, 상상과 추리를 통해 문제를 해결할 수 있게 된다. 그러나 이 시기에는 남의 생각과 내 생각을 구분하지 못하고 남의 입장이 내 입장과 같을 것으로 확신하는 자기중심성이 나타난다. 또 이 시기의 가능성에 대해 체계적으로 추론할 수 있는 능력은 과학적이고 논리적인 문제해결 상황에서 다양하게 적용되어 고차원적인 사고를 할 수 있게 한다.

연습문제

1. 청소년기 인지발달의 특징에 대해 설명하시오.
2. 청소년기 자기중심적 사고에 대해 예를 들어 설명하시오.
3. 아동기와 청소년기의 타인에 대한 사회적 태도에 대해 비교하시오.

Chapter 05

청소년기의 정서발달

▶▶ **개요**

청소년기 정서발달과 그 특징에 대해 알아본다. 청소년 초기부터 후기까지 발달하는 각 단계별 다양한 정서적 변화와 그 요인 및 심리적 변화에 대해 자세히 설명할 것이다.

▶▶ **학습목표**

1. 일반목표

청소년기 정서발달의 특징과 발달 과정에 대해 알 수 있다. 또 정서발달에 영향을 주는 요인들과 정서의 형태에 대해 이해하고 이에 따르는 심리적 변화에 대해 알 수 있다.

2. 세부목표

1) 청소년기 정서발달의 특징을 알 수 있다.
2) 청소년기 정서발달 각 단계의 차이점을 명확히 구별할 수 있다.
3) 청소년기 정서발달의 요인과 심리적 변화를 이해할 수 있다.

▶▶ 주요용어

정서발달, 독립성, 방어기제, 부정 및 긍정 정서

▶▶ 지식

- 청소년기 정서발달 특징에 대한 지식
- 청소년기 정서발달 각 단계의 차이점에 대한 관점
- 청소년기 정서발달의 요인에 따르는 심리적 변화에 대한 통찰

▶▶ 기술

- 청소년기의 긍정적 정서발달을 증진시키는 능력
- 균형잡힌 청소년기 독립성과 충동성을 조절하는 능력
- 청소년기 부적응적 방어기제를 수정하는 능력

▶▶ 태도

- 청소년기 적절한 정서를 수용하는 태도
- 지나친 감각추구 경향성을 이해하는 태도
- 청소년기 적응적 방어기제를 촉진시키는 태도

1. 청소년기 정서발달의 특징

1) 충동성

청소년들의 정서는 충동적이고 쉽게 동요하는 속성이 있다. 청소년은 부모, 교사, 동료 등에 대하여 쉽게 분노하고 얼굴을 붉히며 자주 슬픔에 잠긴다. 그리고 강렬한 감정과 열등감으로 인해 갈등하고 감정의 기복을 나타낼 수 있다. 동일한 조건에서도 수시로 감정의 변화가 상이한 경우도 발생한다. 격차가 심한 정서들을 스스로 통제할 수 없을 때 이들은 충동적이고 탈선적인 행동을 표출한다. 15세 이전에는 정서의 변화가 거의 나타나지 않지만 청소년 중기부터 성인기 사이에는 그 차이를 나타낸다. 그 이유는 청소년 시기의 스트레스와 호르몬 변동 때문으로 볼 수 있다(오윤선, 2007).

2) 독립성

청소년기에는 정서적 · 사회적인 독립성의 발달이 이루어진다. 정서적인 독립은 부모나 다른 사람에게 정서적으로 의존하던 아동기와는 달리, 친밀한 정서적 유대와 함께 독립적으로 변화되는 것을 말한다. 즉, 정서적으로 부모에게 지배를 받거나 압도되지 않으면서 수용하고 나누며 서로 의존하는 것을 의미한다. 이때 사회적 독립은 타인지향이 아닌 자기지향적인 것을 뜻한다. 자기지향적인 사람은 스스로 사고하고 자기가 이해하는 대로 그에 따라 결정한다. 하지만 여기서 말하는 사회적 독립은 이기성을 뜻하는 것은 아니다 (Zastrow & Kirst-Ashman, 2001).

3) 감각추구 경향성

감각추구 행동은 위험행동에 영향을 미치는 발달 요인 중 하나이며, 청소년기에 가장 크게 나타나는 심리적 특성 중 하나이다(Arnett, 1992). 감각추구 성향이 높은 사람들은 충동적이고 반사회적이고 비동조적 행동이 강하게 나타난다(Zuckerman & Link, 1968). 청소년과 성인을 비교했을 때 위험에 대한 지각 및 태도가 다르다는 주장이 있다. 그 원인으로는 청소년기의 감각추구(sensation seeking) 경향성을 들고 있는데 감각추구란 강렬하고 다양한 새로운 활동을 추구하는 경향이다(Zuckerman, 1979). 주커만 등(Zuckerman et al., 1978)의 연구에서 16~19세 청소년 집단의 감각추구 동기 수준이 가장 높았고 그 후 연령이 증가할수록 점차 감소한다는 결과가 나타났다. 그렇다면 충동성은 아동기에는 안정적이었다가 청소년기가 되면서 점점 증가했다가 성인기에 들어가면서 점차 감소하는 것으로 이해할 수 있다.

4) 내면적 영속성

청소년의 정서를 아동의 정서와 구별할 수 있는 특징 중의 하나는 정서의 내면화이다. 아동기와 달리 청소년의 정서 표현은 내면적이고 영속적으로 진행되어 기분과 정조로 발전하는 경우가 많다. 아동의 정서표현은 직접적이고도 일시적이어서 오래 지속되지는 않는다. 그러나 청소년이 되면 그들의 정서가 외부에 표출되기보다는 내부에 숨겨지거나 방어기제에 의해 변용되어 외부에서는 쉽게 알 수 없게 된다. 다시 말해서 청소년의 정서는 아동기보다 영속성을 지니고 있어서 기분이나 생활감정이라는 것으로 발전된다.

5) 자극 대상의 변동

청소년기는 감정이나 정서를 자극하는 대상이 다른 연령기와 구분되는 특징이 있다. 즉, 아동기에 있어서 불쾌한 경험은 주로 부상, 질병, 체벌, 징계, 의사에게 가는 것 등이다. 하지만 12~18세경의 청소년들은 학교에서의 실패, 자기가 원하는 것이 거부되는 것, 부모와의 갈등, 죄에 대한 감정, 친구를 잃는 것 등으로 인해 불쾌한 감정을 자극받는다(Crow & Crow, 1956). 이처럼 청소년기의 대인관계 문제는 정서를 자극하는 중요한 사건이 된다.

2. 청소년기 정서발달의 단계

1) 청소년 초기

이 시기의 정서는 일관성이 없고 불안정하며 정서의 기복이 아동기에 비해 크고 격심하다. 청소년 초기에는 급격한 신체적·성적 성숙과 더불어 성에 대한 의식과 이성에 대한 관심이 높아지게 된다. 하지만 수치심을 강하게 보일 때가 있고 이성에 반발하며 주위 사람들에게 허세적인 반항을 하는 등 이중적인 정서를 표출하기도 한다. 이 시기에는 성적 충동을 강하게 경험하게 되면서 청소년기 초기의 지적 발달과 자아의식 변화에 큰 영향을 준다.

한편 청소년들은 지식을 구하려는 열정은 높으나 아동기적인 요소도 남아 있다. 때문에 아직 논리적인 문제해결에 미숙할 경우가 많고 공상적 이상과 동경에 몰입하기도 한다. 그리고 주위 사람에 대해서는 부정적인 태도를 나타내거나 자신의 공상 속에서 만족을 추구하려고 한다. 그뿐만 아니라 자아의식이 높아지면서 고독을 원하고 또한 고독에 빠지기를 즐길 수 있다. 외부를 지각할 때도 민감한 정서로 인하여 너무 세밀한 것까지 의식하게 된다. 결국 스스로도 어떻게 할 수 없는 불안과 초조에 사로잡히게 되며 이들 중 일부는 부적응 행동을 야기할 수 있다.

2) 청소년 중기

청소년 중기의 정서는 성적인 것이지만 다른 정서에 의해 의식적인 억압작용이 활발하게 나타난다. 즉, 초기보다 정서는 더욱 강렬해지지만 직접적인 표출은 오히려 억제하려는 경향을 보인다. 하지만 이러한 억압으로 인하여 자기혐오와 열등감을 가질 수도 있고, 이로 인하여 내면적인 침울이나 정서의 불안정성을 고조시킬 수 있다. 한편 자아의식이 더욱 높아지면서 독선적이고 우월을 과시하며 현실을 부정하고 혐오하는 경향을 보이기도 한다. 그리고 사회의 도덕과 법률에 대해서는 의혹을 품고 자기 나름대로 독특한 비판과 논리를 전개하면서 급진적인 사고를 할 수 있다.

청소년들의 이러한 사고와 사회에 대한 태도는 정서발달과 밀접한 관련성을 갖고 있다. 이들은 기성세대와 기존의 사회구조를 부정적이거나 회의적으로 인식함과 동시에 자신의 인생을 낭만적이고 화려하게 계획하면서 이상과 현실의 부조화를 경험하게 된다. 이에 따라 높은 이상을 가지며 이성에 대해서도 낭만적이고 감상적인 생각을 갖는다.

3) 청소년 후기

청소년 후기의 정서는 주관과 객관의 결합, 자기와 사회와의 타협, 현실과 이상과의 조화를 발전시키고 완성된 자아의식을 갖게 되면서 사회적으로 안정을 찾는다. 이상을 추구하지만 현실 적응을 위해 노력하며 자신을 합리적으로 통제하게 된다. 이와 더불어 이성에 대한 호기심과 이성교제 체험은 이들의 정서를 더욱 풍부하고 윤택하게 만드는 계기로 작용한다. 또한 정서적 안정과 발달은 그들 나름대로의 인생관과 세계관 형성에 기여한다.

청소년 후기는 아동기 때와 달리 자신의 정서적인 경험을 자각하고 그것이 어떠한 감정인지를 명명하고 설명하는 기술이 발달한다. 즉, 자기 자신의 감정을 개념화하고 그것을 타인에게 표현하는 기술이 점차적으로 발달하는 것이다. 청소년들이 경험하는 감정의 종류는 전기부터 후기까지 별 차이가 없다. 하지만 이처럼 감정을 스스로 관찰하고 분석함으로써 자각할 수 있는 능력은 후반기로 갈수록 발달하게 된다. 이러한 능력은 이후 성인기에서도 계속 발전하면서 자기 자신에 대한 전반적인 이해 수준을 높이게 된다. 후기 청소년들은 사건 자체와 그에 대한 자신의 정서적 반응의 차이를 완전히 이해하며 감정적 반응과 연관된 생각, 환상, 행동들의 차이도 식별할 수 있게 된다(Booth & Booth, 1998).

3. 청소년기 정서발달의 요인

1) 내부적 · 외부적 변화

청소년기의 정서적 변화에 가장 크게 영향을 미치는 요인으로는 신체적 · 생리적 변화와 심리적 · 사회적 변화 등을 들 수 있다. 청소년기의 생리적 변화 중에 내분비선의 활동과 신경계의 변화, 즉 호르몬의 급상승을 비롯한 교감과 부교감 신경계의 변화는 가장 큰 변화이다. 청소년기의 강렬한 정서 동요를 비롯하여 신경질적인 조급성, 흥분성, 주의산만, 갑갑증 등의 기저에는 이러한 생리적 변화가 자리 잡고 있다. 그리고 급속하게 성장하는 신체적 변화와 함께 수반되는 동작의 어색함과 2차 성징 또한 그들에게 불안과 수치심을 자극하는 요인이 된다.

정신역동적 관점에서 보는 청소년기는 사춘기의 결과로 나타나는 본능이 급증하는 시작점이다. 이 시기에 나타나는 본능의 갑작스런 증가는 아동기 후기의 심리적 균형을 깨고 정서적인 변동을 가져오게 한다. 이러한 청소년 시기의 정서 변화는 프로이트가 '해방(disengagement)'이라고 명명한 개인의 성적인 각성과 관련이 있는 것으로 보인다. 청소년들은 이 시기가 되면 가족 내 머물던 관심이 가족 이외의 적절한 대상으로 바뀌면서 유아기 때부터 유지해 오던 부모와의 정서적 유대관계가 약화된다(오윤선, 2010).

이와 더불어 청소년들의 심리적 · 사회적 조건도 정서적 변화에 큰 영향을 준다. 청소년들은 부모나 교사로부터의 압박감과 부당한 간섭을 받기도 한다. 자유의 구속, 몰이해 등에 대한 반응으로서 반항성이 증가하면서 내적 · 외적인 갈등을 겪는 경우가 많다. 때때로 이들은 욕구를 저지당하거나 불만과 갈등의 경험이 빈번해지고 문제처리 능력의 결핍을 나타낸다.

2) 부적응적 방어기제

청소년기 정서 변화의 특성상 본능과 불안에 대처하기 위해 이전 발달 단계의 행동으로 퇴행하거나 양가감정 등의 부적응적인 심리적 방어기제가 나타날 수 있다. 어른들이 보기에 이해하기 힘든 행동들은 양가감정으로 설명할 수 있다. 예를 들어 관계의 측면에서 보이는 정서적 불안정성, 사고와 감정의 모순, 사랑과 증오, 수용과 거부, 관여와 비관여 사이에서의 혼동 등이 그것이다. 그러한 정서와 행동상의 변화가 종종 성장에 대한 태도에 있어서 지표가 되기도 하는데, 가장 신나는 목표로 자유를 설정하고 현실이 괴로울 때는 독립성과 투쟁의 필요성이 줄어들게 된다. 이들은 어떤 일에 대한 불확실성이 증가하고 자신 스스로를 의심하게 되는 경우에는 아동과 같이 의존성을 선택할 수 있다.

정신분석적 입장에서 청소년들에게서 반항이 나타나는 이유는 바로 이 양가감정 때문인 것으로 본다. 예를 들면, 부모에게 양가감정이 있을 때 반항을 함으로써 해방(disengagement)되고자 한다는 것이다. 자녀의 판단으로 부모가 시대에 뒤떨어진 것으로 느껴지면 부모와의 정서적인 유대관계를 끊는 것이 더 쉬워진다. 가정으로부터 공급받는 모든 것을 안전하게 거부할 수만 있으면, 그것의 포기로 잃는 것이 아무것도 없다고 생각하는 것이다(김의철, 2002).

청소년이 강력한 정서적 경험에 대처할 수 있는 새로운 적응전략으로는 스포츠, 친구 혹은 신뢰할 만한 성인들로부터 받는 위로 등을 들 수 있다(Booth & Booth, 1998). 또한 신체적인 활동, 타인들과 대화하기, 유머를 사용하기, 자기 자신의 행동에 대해 타인의 해석을 구하기 등의 방법도 도움이 된다(Offer, 1969). 뿐만 아니라 청소년기에 자신의 감정에 대해 적절히 묘사하고 표현하는 것도 강도 높은 정서적 경험들을 다루는 좋은 방법으로 제시되고 있다.

4. 청소년기 정서의 형태

1) 불안 및 공포

불안은 대부분의 사람들이 가지고 있는 부정적 정서로서 심각한 상황이 아닌데도 힘들어하며 별 다른 이유 없이 민감하고, 두려움, 공포 등의 감정을 갖는 것을 말한다. 불안증은 부정적 정서와 더불어 심장박동의 증가나 근육긴장, 발한 등과 같은 생리적 증상을 동반하게 된다. 또한 만성적으로 발전되면 일상생활에서 적응장애를 초래한다. 불안증이 지나치게 계속되면 공황장애 혹은 불안 신경증으로 발전하여 갑자기 죽을 것 같은 두려움을 느끼고 심장박동의 항진, 숨이 가빠지거나 기절하는 증상 등 발작적 불안을 일으키기도 한다. 청소년들은 불안 상황이 해소되지 않고 빈번하게 지속될 때 깊은 고민에 빠질 수 있다.

2) 분노

분노는 어떠한 형태로든 개인의 욕구가 방해를 받고 있을 때 나타나며 불쾌감과 함께 나타나는 정서적 반응이다. 아동기는 완구나 책 등의 자기 소유물 침해를 당했을 때나 불편한 옷을 입어 자유로운 활동이 저해되었을 때 나타나기 쉽다. 그러나 청소년기는 특히 자신의 생각과 표현이 제재당했을 때 분노를 나타낸다. 즉, 자기주장의 방해, 간섭, 압박, 이유 없는 꾸중, 불공평한 취급, 흥미 없는 충고, 무시당하거나 개인의 자유를 구속당했을 경우에 분노를 표출한다.

또한 청소년기에는 욕구실현의 실패 원인을 자신에게서 찾게 되면 분노를 스스로에게 느낀다. 이는 실패의 원인을 자기 내적으로 귀속시키려는 귀인이론의 특성과 관련성을 가진다. 이러한 경우 청소년들은 자기 고독에 휩싸이고 이를 즐길 뿐만 아니라 스스로 울기도 하고 비웃으면서 자신에게 화풀이하는 등 자기 파괴적 · 퇴행적 행동을 보일 수 있다.

3) 기쁨과 애정

기쁨은 요구한 것이 충족되었을 때 경험할 수 있는 정서이다. 유아에게는 주로 신체적인 조건과 관련된 정서이지만 성장하면서 질적인 분화가 이루어져 사회적인 요인에 의해서도 기쁨이 생기게 된다.

또 애정은 사물, 동식물, 인물에 대한 기쁨의 경험을 지속하려고 하는 감정이다. 애정행위는 그 동기나 결과 면에서 다른 도구적 행동과는 구별된다. 애정행위는 애정 그 자체를 목적으로 하는 것인데 이때 건전함을 배제시켜서는 안 된다. 다시 말해서 애정행위란 사랑하는 상대방의 성장과 행복을 증진시키는 일체의 활동을 뜻한다. 상대방에게 억지로 좋은 인상을 주어 그를 이용하는 경우는 이미 애정이 아니라고 볼 수 있다. 애정 또는 사랑이란 말에는 '준다'라는 의미가 포함되어 있기 때문이다.

유아기나 아동기에는 가족, 완구, 반려동물, 꽃 등의 주변 대상에 주로 애정을 느낀다. 이어서 청소년기 이후에는 신체적 · 지적 발달에 따라 애정의 대상이 광범위할 뿐만 아니라 선택적이며 강렬해지는 경향성을 보인다. 특히 청소년기에는 성적 발달과 함께 이성에 대한 애정이 크게 증가하며, 생애 전반에 큰 영향을 미친다. 청소년들의 경우 이성과의 신체적 접촉은 사회적으로 제한되는 일이 많기 때문에 상대방을 모방하고 언어로 애정을 표현하게 된다. 그리고 사랑하는 이성에게서 자신의 정서적 안정을 발견하려고 끊임없이 노력하며 이 과정 가운데 갈등과 기쁨을 함께 얻기도 한다.

4) 질투

질투는 분노, 공포, 애정, 자존심, 경쟁의식 등이 결합되어 나타나는 하나의 정서적 상태 또는 반응이다. 구하고 있었던 애정이나 간절히 바라고 있던 명예나 지위, 목표 등을 타인에게 빼앗길 수도 있다는 우려가 있을 경우에 생긴다.

청소년에게 있어서 질투는 특히 남녀관계에서 많이 발생한다. 자기가 관심을 갖고 있는 이성이 자신의 존재를 무시하는 듯한 행동을 하거나 다른 사람에게 주의를 집중한다고 느꼈을 때 자존심이 손상되어 질투가 유발되는 것이다. 질투심은 대체로 내향적인 사람보다 외향적인 사람일 경우 더 많고 지능이 높은 사람에게서 많으며 여학생이 남학생보다 많은 경향성을 가지고 있다.

5) 호기심

호기심이란 새로운 것, 진귀한 것, 미지의 것을 탐색하려는 욕구를 말하며, 아동기에서부터 청소년기에 걸쳐 매우 강하게 나타난다. 탐색적인 호기심은 그들이 이미 많은 사물을 경험했고 학습하고 있기 때문에 어느 정도 통제된 형태를 취할 수 있다. 그리고 사물이 가진 감각적인 신기함보다도 지적인 인과법칙에 대한 탐색을 주로 하게 된다. 그리고 청소년기에는 이성적, 신체적, 생리적 성숙과 변화에 대한 호기심을 가진다. 특히 이성의 신체적, 생리적 호기심은 자칫 자신의 성적 흥분과 쉽게 결합되면서 이성에 대한 탐색에서 그치지 않고 이성을 자기 성적 욕망의 대상으로 인식할 수 있다. 이럴 경우 성적 만족을 통해 이성에 대한 호기심을 충족시킬 수 있다는 그릇된 신념이 확대될 수도 있다. 이 때문에 일부 청소년들에게 있어서 성범죄의 원인이 되기도 하고 성적으로 좋지 못한 습관을 고착시킬 수 있다. 이를 방지하기 위하여 청소년들에게 올바른 성교육을 실시함으로써 성에 대한 호기심이 부정적인 방향으로 비약되지 않도록 지도해야 할 것이다(오윤선, 2007).

5. 청소년기 정서발달과 심리적 변화

1) 탄력성

청소년기의 정서는 크게 긍정적인 정서와 부정적인 정서로 나누어 설명할 수 있다. '긍정적인 정서'는 열광적이고 활동적인 정도를 나타내며 높은 에너지와 집중, 즐거운 일 등의 상태를 의미한다. 반면에 '부정적인 정서'는 분노, 경멸, 죄의식, 공포 등의 혐오스러운 정서 상태를 포함하는 주관적 고통과 불쾌한 일의 상태를 나타낸다(Watson, Clark & Tellegen, 1988). 긍정정서의 확장-수립 이론(broaden and build theory)에서 정서는 개인의 탄력성에 영향을 미친다고 설명된다. 부정정서는 사고와 행동 경향성을 축소시키는 반면 긍정정서는 사고를 확장시킴으로써 다양한 가능성과 낙관적인 사고를 가능하게 한다. 즉, 긍정정서는 부정정서보다 역경에 대처하는 능력과 탄력성에 효과적이므로 우울장애와 같은 부정정서에 대항하여 완충 작용을 할 수 있다(김미숙, 2017; Fredrickson & Losada, 2005).

2) 타인에 대한 지각

정서는 청소년의 대상에 대한 지각이나 인식 및 판단, 선호도에 영향을 미친다. 대인관계의 호감도에 관한 연구에서 피험자의 호감도는 그들에게 유발된 긍정 및 부정 정서로부터 영향을 받는 것으로 나타났다(양광모, 2011).

3) 사고-행동 목록의 확장 및 축소

정서는 청소년의 사고-행동 목록의 확장 및 축소에 영향을 주게 되는데, 먼저 긍정정서는 일부분에만 집중하는 것이 아니라, 주변으로 시야를 확장시키고 사고의 융통성을 증가시킨다. 반면, 부정정서는 사고를 축소시켜서 세부사항은 잘 기억하지만 환경이나 상황은 잘 기억해내지 못하도록 만든다(Adolphs, Denburg & Tranel, 2001).

4) 신체적 · 지적 · 사회적 자원의 수립

정서는 청소년의 신체적 · 지적 · 사회적 자원의 수립과 관련성을 가진다. 긍정 및 부정 정서로 인한 사고-행동 목록의 확장 및 축소는 다양한 개인적 자원의 수립에 영향을 미친다. 특히 신체적 건강, 지식과 문제해결, 대인관계 및 사회 기술의 수립과 높은 관련성을 가진다. 부정정서보다는 긍정정서가 조성되면 심혈관계 및 근육강화 등의 신체적 건강과 학습의 속도와 수행 능력이 증가된다(Fredrickson, 2000).

5) 부정성 효과

청소년의 정서는 '부정성 효과(negativity effect)'라고 하는 특별한 작용에 영향을 미친다. 긍정적인 것(good ones)과 부정적인 것(bad ones)이 동일하게 감지된 경우, 부정적인 정서를 더 강하게 느끼게 되어 다른 긍정정서와 관련된 지각이나 판단을 흐리게 할 수 있다(Baumeister et al., 2001). 따라서 사회적 관계에서 특정 대상에 대한 개인의 지각은 긍정적 특성보다 부정적 특성에서 일치도가 더 높다. 반면에 부정정서의 유용성을 주장한 타일러(Taylor, 1991)는 부정정서의 강력한 영향력에 대한 원인을 설명했다. 부정정서가 정보처리에 보다 더욱 주의를 기울이게 함으로써 인간의 상황적 위험에 대응하게 하며 신중을 기하게 한다는 것이다(이수민, 2014).

6) 긍정정서와 부정정서의 독립성

긍정정서와 부정정서는 독립적으로 작용하게 된다고 보는 것이 최근 심리학의 동향이다. 이전의 심리학은 이 두 정서를 단순히 반대 개념으로 생각했었다. 따라서 부정정서를 제거하면 자동적으로 긍정정서가 생겨날 것이라고 추측하였다. 하지만 최근 심리학 연구들은 부정 · 긍정적 정서는 서로 독립된 관계에 있다는 결과를 나타낸다. 또한 부정정서가 제거되어도 자동적으로 긍정정서가 발생되는 것이 아니라고 보고 있다. 이러한 입장에서 셀리그만(Seligman, 2006)은 긍정정서와 부정정서는 각각 독립적으로 조절되며, 이는 부정정서의 감소와 긍정정서의 증진은 서로 다른 독립적인 과정을 가지고 있기 때문이라고 설명했다.

학습정리

정서(emotion)는 기쁨, 쾌감, 두려움, 화냄, 우울 등의 느낌이나 감정이 표정, 태도, 행동 등으로 나타나는 것을 말한다. 인간의 정서발달은 아동기에 비해 청소년기에 확연히 달라진다. 청소년의 정서는 충동적이고 독립적이며 감각추구적이고 내면적, 영속적이다. 또 청소년기는 감정이나 정서를 자극하는 대상이 다른 연령기와 구분된다. 정서발달의 요인으로는 내부적·외부적 변화, 부적응적 방어기제 등이 작용하게 된다.

연습문제

1. 청소년기 정서발달의 특징에 대해 설명하시오.
2. 청소년기의 긍정적 정서의 함양을 위해 구체적인 방법을 제시하시오.
3. 성인기와 청소년기의 정서의 차이에 대해 비교하시오.

Chapter 06

청소년기의 사회성 발달

▶▶ 개요

청소년기의 사회성 발달과 그 특징 요인에 대해 알아본다. 청소년기에 이루어지는 사회적 변화에 대해 알아보고 가족관계에서 또래관계로 이동하는 사회성의 확대에 대해 설명할 것이다.

▶▶ 학습목표

1. 일반목표

청소년기 사회성 발달의 특징과 그 요인에 대해 알 수 있다. 또 사회성 발달에 필요한 사회적 관계에 대해 설명하고 적응력을 높이기 위해 가족관계, 또래관계, 이성관계에 대해 잘 이해할 수 있다.

2. 세부목표

1) 청소년기 사회성의 특징과 요인을 알 수 있다.
2) 청소년기 사회관계의 확대에 대해 명확히 이해할 수 있다.
3) 청소년기 또래관계의 발달과 동조성 및 심리적 변화에 대해 설명할 수 있다.

▶▶ 주요용어

사회성 발달, 또래관계, 이성교제, 동조성, 적응과 부적응

▶▶ 지식

- 청소년기 사회성의 특징에 대한 관점
- 청소년기 사회적 관계의 차이점에 대한 이해
- 청소년기 또래관계의 중요성과 이에 따른 심리적 변화에 대한 통찰

▶▶ 기술

- 청소년기 사회성 발달을 위한 적응력을 향상시키는 능력
- 또래관계의 균형과 동조성을 조절하는 능력
- 청소년기 적절한 이성교제의 역할을 이해하는 능력

▶▶ 태도

- 청소년기 적응적 사회성 발달을 도모하는 태도
- 청소년기 사회적 관계의 확대를 수용하는 태도
- 청소년기 적절한 또래관계를 유도하는 태도

1. 청소년기 사회성 발달의 특징

1) 사회적 관계의 확대

사회성은 한 개인이 다른 사람이나 주변 환경과 관계를 맺으면서 발달하는 능력이다. 그리고 사회화 과정은 개인이 속한 집단의 가치와 규범을 내면화하는 과정이다. 그러므로 사회적인 측면으로 볼 때 이것은 그 사회의 문화를 전달해 가는 과정이며 개인적인 측면에서는 자신의 성격을 형성해 가는 과정이다. 청소년은 사회적으로 타인과의 친밀한 관계를 통해서 심리적 욕구를 충족시키고 정서적 안정을 얻게 된다. 이들의 사회성은 부모와의 관계에서 처음 형성되기 시작하고 성장하면서 형제자매나 친구, 동료와의 관계를 통해서 발달한다.

하나의 사회 안에 포함되어 있는 청소년은 그 사회의 문화나 규범 등을 경험한 뒤에 다시 그것을 자신의 것으로 재생산하는 사회화의 과정을 경험한다. 이러한 사회화를 담당하는 기관으로 가장 중요한 공동체는 가족이다. 개방된 현대사회에서는 가족뿐만 아니라 생활과 밀접한 관계를 가지고 있는 대중매체, 교육기관, 또래집단, 직업집단, 이익집단과 다양한 과정을 통하여 개인의 사회화 과정을 이루게 된다.

청소년들은 여러 가지 측면에서 일어나는 심리적·사회적 변화와 발달 그리고 환경으로 인해 각자 다른 대인관계 특성을 나타낸다. 청소년들의 사회성은 아동기 때보다 더 확장되고 부모와의 관계형성을 넘어서 친구, 동료와의 관계에 더 많은 관심을 가지게 된다. 이들은 그동안 가족 안에 한정되었던 관계성을 초월해서 동성이나 이성 친구들까지 그 범위를 확장시킨다. 특히 주변 환경이나 누구와 인간관계를 맺느냐에 따라 사회성이 유동적으로 다양하게 변화할 수 있다. 그러므로 이 시기 사회성 발달을 위해서는 청소년 자신이 가지고 있는 관계성의 강점과 약점을 파악할 필요가 있다. 그리고 대인관계의 성숙한 기술을 확보하고 효율적, 생산적 인간관계를 유지하는데 도움이 되는 교육과 지침이 필요하다.

2) 적응과 부적응

청소년기는 사회적 범위의 증가와 확장된 인간관계 가운데 경험하는 다양한 혼란과 갈등으로 인해 개인적·사회적 부적응 현상이 발생할 수 있다. 반면에 이 과정에서 확장된 관계들을 통하여 대인관계 기술을 습득하고 발전시키며 일상에서 만족과 기쁨을 경험할 수 있다.

청소년들 중 일부는 가정이나 사회에서 받는 기대나 인정을 받지 못할 때 거절감을 느낄 수 있다. 청소년들은 이러한 사회적 거부감으로 인해 공격성, 돌발적 행동, 부적응을 초래하기도 한다.

3) 상호 유대감에 대한 욕구

설리반(Harry Stack Sullivan)은 인간의 각 발달 단계마다 대인관계 욕구가 변화한다고 보았다. 그는 이 과정을 유아기부터 후기 청소년기까지 6단계로 구분하였고 그 가운데 발생되는 부적응적 현상을 분석하기 위한 시도로 대인관계 원형모델을 제시하였다(Sullivan, 1953). 벤자민(Lorna S. Benjamin)은 이를 더 세밀하게 조합한 사회적 행동의 구조 분석(Structural Analysis of Social Behavior; SASB)을 만들었다(Benjamin, 1974).

벤자민의 SASB모형에서 가장 중요한 단위는 '관계'이다. 이 모형은 대인관계와 관련된 인간의 반복적인 행동이나 태도를 우호성(affiliation)과 독립성(independence)으로 구분하였다. 관계의 종류로는 자기와 자신 스스로의 자기 내적 관계, 나와 타인과의 관계, 나와 부모와의 관계, 부모 상호 간의 관계 등이 있다. 타인 측면은 타인의 행동에 초점이 있으며 이때 타인은 발달 단계에 따라 유아기에는 어머니, 아동기에는 부모나 교사, 청소년기에는 부모나 교사, 또래 등이 포함된다.

이 모델의 전제는 세 가지로 설명된다. 첫째, 인간의 일차적 욕구로서 대인간 유대감이 있다. 이 욕구에 대한 부적응적인 대처는 개인에게 심리적·행동적 문제를 야기하며 병리적일 수 있다고 전제한다(Bowlby, 1982; Masterson, 1972). 둘째, 우호성과 독립성의 축을 기준으로 건전한 관계의 정도를 분류한다. 셋째, 건강한 관계의 여부를 대인적(interpersonal) 과정과 대내적(intrapersonal) 과정으로 나누어 대인관계 역동을 설명한다.

2. 청소년기 사회성 발달의 요인

청소년기에 사회성 발달이 이루어지는 근거를 네 가지로 설명할 수 있다. 첫째, 급격한 신체적 변화로 인한 새로운 사고체계의 변화, 즉 자아의식이 확립된다는 것이다. 둘째, 청소년기가 되면 아동기에 비해 보다 많은 것을 경험할 수 있다. 때문에 청소년들이 강한 사회적 접근성을 보유하고 부모나 사회로부터 승인되는 자유와 책임감을 경험하면서 사회성을 발달시키게 된다. 셋째, 이 시기에는 부모에게서 점차 분리되고 독립하는 반면 또래 집단의 중요성은 상대적으로 커지게 된다. 넷째, 청소년기에는 동성보다는 이성에 대한 관심이 증폭되면서 이성을 탐색하고 학습하게 된다.

3. 청소년기 가족관계

1) 부모와의 관계

(1) 관심의 변화

부모-자녀의 관계는 인간의 생애 중에서 가장 먼저 형성되는 대인관계이며 상호적인 관계이다. 이는 일방적이 아닌 양방향적인 관계로 서로 영향을 주고받게 되며, 자녀에게는 사회화 과정을 처음 시작하는 발달 환경으로 작용한다.

청소년기는 새로운 사회 및 공동체 속에서 적응하고 그에 따르는 행동을 해야 하는 시기이다. 일상에서 많은 부분을 부모에게 의존하고 동일시하여 통제와 간섭을 받던 아동기와는 달리 청소년기에는 이와는 다른 국면을 맞이하게 되며, 부모–자녀 관계를 재수정해야 하는 갈등 상황이 발생한다. 이 시기에는 부모로부터 독립하고자 하는 욕구가 커지기 시작하면서 자율성을 획득해야 하는 심리적 이유기(psychological weaning)의 과업이 생긴다. 그러나 이때 청소년기의 자율성과 독립성이 반드시 이루어져야만 하는 것은 아니다. 또 다른 관점에서 더 많은 삶의 경륜과 정보가 필요한 분야를 부모로부터 계속적으로 조언받고 안정된 부모와의 애착관계를 유지하는 것이 오히려 도움이 되기도 한다.

가정 내에서 부모와 강한 애착과 의존성을 가졌던 아동기와는 달리 청소년들은 가정 밖의 친구나 학교 및 다른 사회로 관심을 집중하게 된다. 더불어 부모와의 관계에 있어서 강한 의존성과 소속감이 상대적으로 약해지게 되고 독립하려는 경향이 강하게 나타나게 된다. 그 과정에서 부모는 기존의 방식대로 자신들의 권위와 테두리 안에 자녀들을 고정시켜 두려는 욕구를 강하게 발산한다. 그러나 자녀들은 그것을 거부하고 부모의 통제와 간섭 안에서 외부로 독립하려는 의지를 가지게 되면서 여러 가지 갈등을 겪게 된다. 이에 따라 청소년들은 부모의 잔소리나 간섭을 듣기 싫어하게 되고 짜증스러운 반응 등을 보이기도 하며 점차적으로 관계성에 어려움을 겪게 된다. 더군다나 청소년들에게 있어서 부모는 스마트폰이나 또래친구들에 비해 별로 흥미 있는 대상이 아니기 때문에 관심 밖으로 제외될 수 있다.

(2) 부모의 양육태도

부모–자녀 관계에 큰 영향력을 미치는 부모의 양육태도는 전통적 또는 사회적 · 문화적인 영향을 많이 받을 수밖에 없다. 부모가 자녀를 어떻게 양육시키고 상호 간에 어떠한 반응 양식을 보이는가에 따라 청소년의 사회성의 발달 양상은 다르게 나타난다. 따라서 부모의 양육태도는 자녀의 인성 및 행동 발달에 결정적인 영향을 미치는 중요한 환경으로서 보다 바람직한 방향으로 개선시키려는 노력이 필요하다.

부모-자녀 간의 원만한 관계는 조화로운 부모의 요구와 인정을 확보하고 자녀의 사회적 발달 형성을 도울 수 있다. 또 부모의 자녀에 대한 수용적인 사랑과 적절한 통제와 지원은 자녀의 사회적 발달을 원활하게 만든다. 가족이 함께 공감하며 긍정적인 정서 분위기를 조성하고 부모와 자녀 간의 건강한 의사소통과 상호작용이 이루어진다면 이들의 사회성 발달은 바람직하고 조화롭게 이루어질 수 있다. 즉, 청소년이 성장하면서 경험하는 타인과의 원만한 관계와 상호작용을 이룰 수 있다. 이러한 과정을 통하여 대인관계에서 발생할 수 있는 갈등 상황을 적절하게 조절하고 해결하는 사회적 기술을 습득할 수 있게 된다.

바움린드(Diana Baumrind)는 부모의 양육태도를 애정과 통제라는 두 축으로 구분하고, 이것은 자녀의 사회적 행동과 책임감 및 자신감과 사회성 등에도 영향을 준다고 보고하고 있다. 또한 쉐이퍼(Schaefer)는 신생아기부터 초기청년기까지의 발달과 부모의 양육태도를 30여 년간 종단연구한 '버클리 성장에 관한 연구(Berkely Growth Study)'를 시행했다. 이 연구에서는 부모의 양육태도를 애정-통제의 두 개 축으로 나누고 있다. 이 두 개의 축을 기초로 부모의 양육태도를 다시 네 가지 유형으로 나눈다(최인자, 2005 재인용).

① 애정적-자율적 태도

부모의 애정적-자율적 태도는 자녀에게 관심을 갖고 대화를 나누며 복종과 통제를 피하고 부정적인 감정도 마찬가지로 표현하도록 허용한다. 이러한 부모에게서 성장하는 자녀들은 능동적이고 외향적이며 독립적이다. 또 이들은 사회적응을 잘 하고 사교적이고 창조적이며 자신이나 타인에 대한 적대감도 없다.

② 애정적-통제적 태도

애정적-통제적 태도는 애정을 주기는 하지만 자녀의 행동에 대해 부모가 통제를 많이 한다. 이때 체벌을 사용하여 통제는 하지 않지만 심리적인 통제를 사용할 수 있다. 이러한 가정에서 성장한 자녀들은 보다 의존적인 경향이 있다. 이들은 사교성과 창의성이 부족하고 상상적인 적대감정을 품을 수 있고 불안정한 정서를 갖기 쉽다.

③ 거부적-자율적 태도

거부적-자율적 태도는 자녀를 수용하지 못하는 동시에 자녀가 마음대로 행동하도록 방치하는 태도이다. 이러한 부모에게서 자라는 자녀들은 공격적이거나 자신의 행동을 조절하지 못하게 된다.

④ 거부적-통제적 태도

거부적-통제적 태도는 부모가 자녀를 따뜻하게 용납하지 않고 여기에 체벌과 심리적 통제로 규제하는 태도이다. 이러한 부모에게서 자란 자녀들은 자아에 대한 분노가 발생하기 쉽고 내면화된 갈등과 고통을 심하게 겪을 수 있다. 경우에 따라서 자학적이거나 퇴행적이 되기도 한다.

2) 형제자매 관계

(1) 복합적 기능

형제자매 관계는 부모-자녀 관계의 수직적 특성과 또래관계와 같은 수평적 특성이 복합된 관계로서 청소년이 사회성을 연습할 수 있는 매우 중요한 경험이 된다(김윤희, 1989). 청소년은 다른 형제나 자매와의 경험을 통해서 사회적 기술 등을 습득하고 긍정적 사회적응을 하며 성장해 나간다. 이때 동료애, 도움, 정서적인 지원 등으로 서로 상호작용을 하게 된다. 그리고 타인의 느낌과 의도, 사회적 규칙 등 중요한 사회적·인지적 기술 습득에 유익을 준다(Dunn, 1983). 이처럼 형제자매관계는 인간의 생애 중 가장 오랜 시간 지속되는 관계로서 복합적인 기능을 가지고 있다.

(2) 상호작용

형제자매 관계는 긍정적·부정적인 상호작용을 다 포함하고 있다. 긍정적 상호작용뿐만 아니라 부정적 상호작용을 조절 및 해결하는 과정 가운데 개인의 사회적 문제해결 능력을 성장시킬 수 있다. 이러한 상호과정 중 협상기술과 타인에 대한 조망수용 능력을 습득하게 된다(Vespo, Perdersen & Hay, 1995). 또한 손위 형제자매의 개인적인 품성, 형제와의 연령차, 형제의 수동성 여부, 형제들에 대한 부모의 반응 등에 따라 다른 효과가 발생한다(한국청소년개발원, 2004).

형제자매 관계의 상호 간 역할은 크게 세 가지로 나눌 수 있다. 첫째, 부모나 교사의 역할로서 돌봄이나 보호, 교육의 기능을 한다. 부모의 자리를 대신하는 역할을 하기도 하고, 상호관계 속에서 돌보고 의지하고 보호받는 기능을 수행한다. 또 교육적인 역할로 손위의 형제가 아래 형제의 지적 발달에 도움을 주게 된다. 이러한 과정을 통하여 가족 질서와 예의범절이나 사회적 규율을 습득하게 된다.

둘째, 친구로서의 역할이다. 형제자매는 서로 공통된 화제로 자주 대화를 나누게 되고 의견을 교환하며 공감대를 형성하기가 쉽다. 공통된 주제나 흥미의 대상을 찾으면 쉽게 동조하므로 친구의 역할을 충분히 수행할 수 있다. 이 과정에서 때로는 상호 간에 자신들의 권리를 주장하는 기술을 습득하게 된다.

셋째, 서로 경쟁자의 역할을 수행하게 된다. 형제자매 간의 상호 경쟁은 유아기부터 시작되어 청소년기에도 연장되며 길게는 평생 지속될 수도 있다. 청소년 시기에 형제와의 갈등은 특별한 친밀감과 독특한 경쟁 구도 속에서 나타나게 된다. 이때 서로의 갈등 상황 속에서 문제를 해결하고 회복시켜 나가는 방법들을 습득하기도 하며 친밀감을 증가시키고 협동적인 관계로 발전된다. 형제자매 간의 경쟁 구도는 상호 간에 발전을 가져오는 긍정적인 성장의 계기가 될 수 있다. 하지만 때로는 부모의 편애나 형제간 갈등으로 인한 가족관계의 균열 등 부정적인 결과를 초래할 수 있다. 따라서 형제간의 갈등 속에서 학습된 다양한 사회관계 기술은 이후 또래나 사회적 관계 기술과 중요한 관련성을 가지게 된다.

4. 청소년기 또래관계

1) 또래관계의 이해

최근의 많은 연구들은 사회적 맥락 안에서 또래를 이해하고자 한다. 또래는 일반적으로 연령이 같고 공통의 관심사를 가지며 정규적으로 만나는 친구라고 정의한다(Santrock, 2006). 쉐이퍼(H. R. Schaffer)는 또래에 대해 나이, 성, 학년 등 모든 영역에서 동등한 지위에 있는 동년배를 말하고 정신 · 신체적 발달과 행동이 유사하며, 사회적으로 동일시되는 대상을 의미한다고 설명했다(Schaffer, 2000). 그러므로 또래란 심리적 · 사회적 나이와 흥미 그리고 관심사가 상호 간에 유사한 공동체로 정의할 수 있을 것이다. 그리고 또래관계란 가족 이외의 다른 사람과 관계를 맺어가며 형성된 사회적 관계를 의미한다.

근래들어 점차적으로 가정의 기능이 약화되면서 청소년의 사회성 발달을 위한 또래관계의 중요성은 날로 증가되고 있다. 청소년 시기에는 자주 변화하는 심리 · 사회적 환경에 자신들만의 세계를 이해해 주고 동참할 만한 비슷한 또래친구들을 찾게 된다. 청소년은 과도기적 발달 과정으로 불안정한 상태가 잦기 때문에 가정에서 받지 못하는 지지와 안정감을 또래들이나 또래집단에 의해 공급받게 된다. 또래관계에서는 가족구성원이 이해해 주지 못하는 부분도 자기노출을 할 수 있다. 따라서 그 내용을 친구를 통해 공감받기도 하고 서로 지지를 받음으로써 상호 간 신뢰와 위로를 얻게 된다. 따라서 청소년기에는 문제와 고민을 함께 공유하는 동시에 의사결정을 하는 상황에서도 부모보다는 또래집단이 더 많은 영향력을 가지게 된다.

하지만 청소년의 또래관계는 가족관계와는 달리 자신의 욕구를 조절하고 정서적 · 행동적으로 통제할 것을 요구한다. 이때 청소년 자신이 스스로 노력하고 감정이나 언행의 조절을 더 신중하게 해야 하는 상황이 자주 발생하게 된다. 따라서 이들은 또래친구로부터 인정과 신뢰를 얻기 위해 노력하게 되고, 각각의 상황에 따라 적절한 사회적 능력과 기술을 필요로 하게 된다. 이러한 과정을 통해 청소년은 올바른 자아개념과 자아존중감을 키우게 되며, 삶의 만족감과 자아정체성을 확립시킬 수 있는 상호적 관계를 맺는다.

청소년기의 중요한 과업은 심리 · 사회적 발달 과정으로 자율성과 친밀감의 획득인데 이것은 성공적인 분화와 개별화 과정을 경험해야 이룰 수 있다. 이 시기의 원만한 분화를 위해서는 부모와 형성된 의존관계에서 또래와의 의존관계로 변화해야 하고, 개별화를 위해서는 상호적으로 동등한 관계로서 발전이 이루어져야 한다(임한나, 2008). 이것은 위계적이고 수직적 관계로 귀속되어 있는 부모-자녀 관계와는 다르며, 자율적이고 서로 평등한 수평적 관계를 맺는 사회적 관계이다. 그러므로 또래관계는 상호 간의 신념이나 감정 또는 가치관 등을 서로 나눌 수 있고, 그 과정에 나타나는 타인의 반응이나 생각 등을 서로 교환할 수 있는 기회로 작용한다. 이때 청소년은 다른 사람과 함께 공감할 수 있는 능력과 정서조절능력을 키울 수 있다.

2) 또래의 기능

청소년들은 또래관계를 통해서 상호 비슷한 삶의 경험을 공유하게 된다. 이들은 믿을만한 타인과의 관계에서 자유로운 의사표현과 각자 다른 상황들을 나누면서 또 다른 성숙의 기회를 갖게 된다. 뿐만 아니라 또래들과의 관계에서 부모나 교사로부터 배울 수 없는 정보나 기술을 서로 공유하고 사회적 행동을 배울 수 있다. 그러므로 또래관계는 청소년의 사회적 발달에 직접적인 영향을 주는 핵심요인이다. 즉, 또래는 상호 간에 중요한 기능을 수행하여 역할모델, 강화자 그리고 사회적 비교대상으로서 기능할 뿐만 아니라 사회적 지지자의 역할을 한다(Shaffer, 2000). 청소년들은 또래관계에서 시대나 환경적인 도덕 규범과 가치관들을 형성하기 위한 사회적 자원을 얻는다. 다음에서는 또래관계의 긍정적인 기능을 네 가지 측면으로 나누고 있다(송명자, 2008).

첫째, 또래는 서로 중요한 역할모델의 기능을 갖는다. 자신과 비슷한 특성을 가진 또래의 행동에 관심을 가지고 관찰하고 모방하며 서로에게 영향을 준다. 언어나 행동과 가치관까지도 이들은 서로 영향을 주고받으며 시간이 갈수록 더욱 비슷해지는 경향이 있다.

그리고 다양한 측면에서 또래 모델을 통해 자신이 해야 할 행동과 해서는 안 될 행동을 구별하게 된다(Eckerman, Davis & Didow, 1989). 이때 또래로 인해 긍정적인 영향을 받기도 하지만 부정적인 기능도 간과할 수 없다. 많은 학자들은 청소년기의 반사회적 · 파괴적 행동에 대해 또래의 역할을 중요한 요소로 고려한다. 역할모델로서 기능하는 또래는 친사회적 행동의 모델이 되거나, 아니면 사회 반항적 경향이 있을 경우 반사회적이고 파괴적인 행동을 주변 또래들에게 전가시키게 된다.

둘째, 또래는 서로에게 중요한 강화자가 된다. 청소년은 또래가 자신의 행동에 보여주는 칭찬과 인정, 비난에 민감한 반응을 나타내며 이에 따라 자신의 행동을 수정하게 된다.

셋째, 또래는 상호 간에 스스로를 평가할 수 있는 기준을 제공하는 사회적 비교준거(social comparison)의 기능을 갖는다. 이들은 자신이 속한 또래집단에 비추어 자신의 성격과 가치 그리고 행동, 능력들을 객관적으로 비교하고 평가하여 자아개념과 자아존중감을 형성하는 데 중요한 준거를 삼는다.

넷째, 또래는 사회적 지지기능을 가지고 있다. 사회적 지지란 어렵고 힘든 상황에서 다른 사람이 주는 실제적 · 정신적인 지원을 뜻한다. 이러한 사회적 지지는 흔히 감정적인 위안을 받는 정서적 지지, 실제적인 도움을 받는 도구적 지지, 충고나 조언을 받는 정보적 지지, 함께 있어 주거나 경험을 공유해 주는 동반적 지지를 포함한다. 청소년들은 긍정적 사건이나 부정적 사건 모두를 또래와 함께 공유하고 동일한 경험을 통해 위로받음으로써 정서적인 안정감과 소속감을 갖게 되고 사회성 발달을 이루게 된다.

이러한 또래의 사회적 지지는 청소년의 적응에 영향을 미치는 중요 요인이다(이영주 · 류진아, 2013). 크로켓 등(Crockett et al., 2007)의 연구에서는 또래의 사회적 지지가 청소년의 심리적 적응에 영향을 주는 것으로 나타났다. 하지만 부모의 사회적 지지는 직접적인 영향이 나타나지 않았다. 그리고 또래의 지지로 인하여 부모나 교사를 포함한 성인들의 지지가 청소년의 심리적 안녕감을 높이는데 효과적인 것으로 나타났다(안지영 외, 2011; Buchanan & Bowen, 2008).

그뿐만 아니라 또래관계에 대한 유능감은 학문적 자기개념, 자기가치 등 학교 적응과 관련성을 가지고 있다(Davidson, Gest & Welsh, 2007). 또래와 긍정적인 경험이 상실된 청소년은 학교적응력과 사회적응력까지 부족한 경우가 많다. 그 시기에 또래를 통한 모방이나 학습으로 습득할 수 있는 기회가 부족한 경우, 인간관계 기술이나 사회성 발달에 문제를 보일 수 있다.

그러므로 또래관계에는 많은 친구를 사귀는 양적 측면뿐만 아니라 우정의 질적 측면이 모두 관련된다고 볼 수 있다. 또래 우정의 질(quality)에 대한 종단적 연구 결과, 양질의 우정을 형성한 청소년들은 사회적 성공률이 높게 나타났다. 반면에 질적으로 낮은 우정을 가진 아이들과 우정을 형성하지 못했던 아이들은 사회적 성공률이 낮게 나타났다(Ladd et al., 1996). 파커와 애셔(Parker & Asher, 1993)는 우정관계의 질적인 특성으로 인정 및 돌봄, 갈등 해소, 갈등과 배신, 도움 및 지도, 교제 및 오락, 친밀감 교환을 제시하였다. 그러므로 진정한 우정은 상호 간에 이해와 호감을 가지고 능동적이고 동반적인 관계를 지속할 수 있도록 만드는 중요 요소라고 볼 수 있다.

3) 또래집단과 동조성

(1) 또래집단

청소년 초기에는 가족으로부터 개별화되기 시작하면서 소속감이 결여되고 불안감을 경험하게 된다. 환경과 변화에 대한 그들만의 신념이나 가치관을 가족에게 지지나 인정 받지 못하는 경우, 또래집단을 통해 대신 공감과 인정(peer approval)을 얻게 된다. 이들은 현재 유사한 단계에서 비슷한 경험과 변화에 적응하고 있는 또래집단(group membership)에 소속되어 가족에게서 벗어난 소속감의 욕구를 만족시키고 자아정체감과 안정감을 확보하게 되는 것이다.

또래집단은 연령, 신분, 흥미가 서로 유사하며 공유 가능한 정서와 행동을 하기 때문에 '우리'라고 하는 공동감정(we-feeling)을 경험한다. 그들은 자신들만의 규칙, 조직, 성원에 대한 기대와 인정 수준이 있고, 평등과 대등한 관계를 유지하며 동지적 감정으로 모일 수 있는 특징을 가지고 있다(구광현 외, 2002). 청소년기에는 또래집단에 소속됨으로써 사교성이 증진되고 지도력이나 복종적 태도를 터득하며 외로움에서 벗어날 수 있다. 때로는 가족구성원으로부터 고통을 받을 때도 청소년들은 또래집단에서 위로를 얻게 된다(정옥분, 2015).

(2) 또래동조성

또래동조성이란 개인이 추구하는 신념이나 가치 또는 행동 양식이 또래집단과 동일하지 않을지라도, 그것에 소속되기 위해서 집단이 원하는 방식을 스스로 선택하여 관계성을 유지하려는 행동 경향을 말한다. 또래동조가 청소년기에 두드러지게 나타나는 이유는 시기적으로 다른 사람으로부터 받는 인정이나 반응에 더욱 과민해지기 때문이다. 이러한 또래동조성은 또래집단으로부터 관심과 인정을 받고 자신의 소속감을 유지하여 사회적인 유능성을 향상시키는 역할을 한다. 청소년 초기는 동조하는 경향이 특별히 강한 시기로서 또래집단에서 나타나는 지위는 동조의 정도에 영향을 주게 된다.

페스팅거(Leon Festinger)의 사회비교이론(social comparison theory)에 따르면 대부분의 인간은 자신의 의견에 대해 검증받고 싶어 하는 욕구를 가지고 있다(Festinger, 1954). 이 때문에 다른 사람의 의견이나 태도 등을 기준으로 다수의 사람들이 동의하는 의견을 옳은 것으로 판단하고 이것에 동조하게 된다. 청소년들은 사회적 비교를 통하여 타인의 행동을 자신의 지표로 삼는다. 이와 같은 행동이나 태도는 아직까지 자신의 정체성이나 가치관이 확실하지 않은 청소년기에 강하게 나타난다. 청소년 자신이 어떤 일이나 사건에 대하여 부정적인 판단을 내리더라도 다수의 의견이라면 동조하게 된다. 그 이유 중 하나는 이에 동조하지 않았을 경우 다음에 자신에게 닥칠 또래집단의 따돌림이나 괴롭힘 또는 외로움에 대해 불안감과 두려움이 있기 때문이다. 이러한 또래동조성은 일반적으로 후기 아동기에서 초기 청소년기에 급속도로 증가하고 이후에는 감소 혹은 일정수준을 유지하는 것으로 보고 있다(Brown et al., 1996).

4) 청소년의 이성관계

(1) 청소년 이성교제의 의미

청소년기의 독특한 발달 과정 중 한 가지는 동성친구와의 우정으로부터 이성에 대한 관심과 우정, 애정으로의 변화이다. 청소년기에는 특히 이성관계에 대한 관심이 증가하게 된다. 왜냐하면 신체적 · 생리적 성숙에 따라 성적인 에너지가 많아지고 2차 성징 등의 두드러진 변화가 나타나기 때문이다(Dornbusch et al., 1981). 청소년기의 이성관계는 이들의 자기정체성 및 친밀감 발달에 중요한 의미를 지닌다(Erikson, 1968). 그리고 이성교제는 이성과의 사회화를 통한 인격적 성숙에 도움을 준다. 청소년은 남녀교제를 통해 사회적으로 더 나은 태도를 가지게 되며 자신의 경험을 통해서 사회적 행동을 배우게 된다. 또 이성에 대한 신비감이나 지나친 성적 흥분을 절제하고 자신의 개성(personality)을 점검하는 기회가 될 수 있다. 따라서 사회적 적응능력을 획득할 수 있으며 자신의 감정을 개발시키고 대인관계의 요령이나 방법, 기술 등을 터득하게 된다.

청소년기 이성교제를 처음 시작할 때는 동성친구들과 그룹에 섞여서 여러 사람과 자유롭게 교제하고 주로 취미나 오락 목적을 위해 만나게 된다. 그 후 점진적으로 어느 한 사람에게 집중하게 되고 단 두 사람만의 시간을 가지기를 원하게 된다. 이러한 이성교제는 배우자 선택을 준비하는 중요한 과정이 되며 인간관계의 기술을 더욱 성숙시키는 계기로 작용할 수 있다. 에릭슨(1963)은 청소년기의 안정성과 건전성에 대한 이성교제의 신뢰와 지지에 대하여 다음과 같이 말했다.

"이 단계는 사랑에 빠지는 단계이기도 하다. 그러나 이 단계의 사랑에서는 성적인 것만이 전적으로 문제되는 일은 결코 없으며, 성적인 것이 가장 중요시되는 경우조차도 없다 ...(중략)... 대개의 청소년기의 사랑은 애매한 자아상을 다른 한 사람에게 투사하고 그 상이 반영되어 점차 분명해지는 것을 봄으로써 자신의 정체감의 정의에 도달하려는 시도이다. 많은 젊은 연인들의 연애행위가 주로 대화인 이유가 바로 이 때문이다."

(2) 청소년 이성교제의 기능

① 유희(recreation)의 측면을 갖는다.

② 또래들로부터 자신의 지위(status)를 인정받는다.

③ 청소년들은 일종의 학습의 과정으로서 데이트를 통하여 타인에 대해 배우고 적절하게 행동하는 사회적인 기술을 습득한다.

④ 이성과의 관계에서 친밀감을 형성하며 의미 있는 관계를 시작하고 유지하는 방법을 배울 수 있다.

⑤ 이성에 관한 실습, 탐색을 할 수 있는 기회를 얻게 된다.

⑥ 청소년들은 이성과 상호작용하고 활동을 함께 함으로써 교제의 기회를 갖는다.

⑦ 청소년들의 정체감 형성에 도움을 주어 자신을 가족들과 분리하여 생각할 수 있도록 해 주고 내가 어떤 사람인가에 대해 명료화할 수 있는 기회가 된다.

⑧ 장차 자신의 배우자를 선별하고 선택할 수 있는 기회를 얻게 된다(Santrock, 1987).

학습정리

사회성은 한 개인이 다른 사람이나 주변 환경과 관계를 맺으면서 발달하는 능력이다. 사람은 타인과의 친밀한 관계를 통해서 심리적 욕구를 충족시키고 정서적 안정을 얻는다. 사회성은 처음에는 부모와의 관계에서 형성되기 시작하여 점차 성장하면서 형제자매나 친구, 또래와 이성친구와의 관계를 통해서 발달한다.

연습문제

1. 청소년기 사회성 발달의 요인과 특징에 대해 설명하시오.
2. 청소년기 사회관계의 확대에 대한 장점 및 주의해야 할 요소들에 대해 논하시오.
3. 청소년기의 또래관계 중요성과 기능 및 동조성에 대해 설명하시오.

Chapter 07

청소년기의 자아정체성 발달

▶▶ 개요

청소년기의 자아정체성 발달과 그 특징에 대해 알아본다. 이를 위하여 자아정체성의 개념과 종류 및 형성의 영향 요인에 대해 설명할 것이다.

▶▶ 학습목표

1. 일반목표

청소년기 자아정체성 발달의 특징과 그 요인에 대해 알 수 있다. 이에 따르는 심리적 변화와의 상호작용을 설명할 수 있다.

2. 세부목표

1) 청소년기 자아정체성 발달의 특징을 알 수 있다.
2) 청소년기 자아정체성 발달의 개념과 종류에 대해 잘 이해할 수 있다.
3) 청소년기 자아정체성 발달의 요인을 이해할 수 있다.

▶▶ **주요용어**

자아정체성, 에릭슨, 결정적 시기

▶▶ **지식**

- 자아정체성의 개념에 대한 이해
- 청소년기 자아정체성 발달 특징과 요인에 대한 관점
- 청소년기 자아정체성 확립 또는 혼동에 대한 통찰

▶▶ **기술**

- 청소년기 자아정체성 확립을 돕는 기술
- 청소년기 자아발달을 촉진시키는 능력
- 청소년기 적절한 역할습득을 돕는 능력

▶▶ **태도**

- 자아정체성 확립의 중요성을 인식하는 태도
- 청소년기 자아발달의 개인차를 수용하는 태도
- 청소년기 균형감 있는 역할의 변화와 확대를 도모하는 태도

1. 청소년기 자아정체성 발달의 특징

1) 자아발달의 개별화

정신역동적 이론에 기초한 자아발달은 청소년 초기의 발달과업이기도 하다. 이것은 개별화된 자아감으로서 아동 시기에 부모와 결합된 것이 아니라 자신만의 내면화된 가치와 기준을 가진 독립적인 자아로 분리시켜 나가는 것을 뜻한다(Blos, 1979). 자아감은 전적으로 부모에 대한 애착을 통하여 정의되고 초기 청소년기가 되면 개인은 부모로부터 분리를 적극적으로 추구한다. 이 분리는 반대, 반항, 부모에 대한 거부 등으로 표현될 수 있다.

이러한 이유로 부모-자녀 관계는 청소년기 시기의 정체성 수준과 밀접한 관련이 있다. 예를 들면, 부모와 지나칠 정도로 가까운 관계에 있거나, 부모의 지나친 통제와 과보호 속에 있는 청소년들은 자아정체성 유실 상태에 놓이게 된다. 그리고 정체성 확산이나 혼란에 빠진 청소년들은 대부분 부모와의 관계가 소원했거나, 부모로부터 무시를 당하거나 거부를 당해온 경우가 많다. 이에 반해 정체성을 성취하였거나 유예시기에 있는 청소년들은 부모의 애정이 뒷받침되어 원만한 관계를 유지하고, 자신의 인생에 대해 스스로 고민하고 결정하는 자유를 지니고 있다. 따라서 정체성 발달은 부모의 양육 형태(parenting styles)와도 긴밀하게 연결되어 있다고 볼 수 있다.

청소년들은 이전보다 더 독립적으로 보이기는 한다. 그러나 의사결정에 있어서는 부모에게 반항을 해도 여전히 간섭 받고 결정되기 때문에 이는 청소년 스스로 내린 판단의 결과라고 볼 수 없다. 의존적이거나 지나친 통제적 현상을 벗어나 청소년들은 개별화 과정을 통해 스스로 작용할 수 있어야 한다. 그래야 비로소 부모의 감정을 무조건 따르거나 무조건 도전하기 위한 것이 아니라 독립적인 발달을 성취할 수 있다. 청소년이 건강한 개별감을 발달시키면 더욱 독립적으로 사고하고 행동할 수 있고 부모의 기대에 자유롭게 찬성하거나 반대할 수 있게 된다.

2) 사회화 역할 변화

정신역동적 관점에서는 각 개인의 내적 요인을 중심으로 청소년들의 특성을 설명하지만 사회학적 관점에서는 개인의 외적 요인인 사회화와 역할에 중점을 둔다. 아동기에는 자신의 역할이 가족이나 타인에 의해 결정되지만, 청소년기에는 안정된 자아정체감을 형성하기 위해서 스스로 역할을 선택해야 하는 경우가 발생한다.

청소년기의 역할과 관련된 어려움은 크게 세 가지로 볼 수 있다(김의철, 2002). 첫째, 역할 갈등이다. 개인이 두 가지 역할을 동시에 해야 하는 상황에서 어떤 역할에 충실해야 하는지 그것이 문제이다. 예를 들어 한 청소년은 부모님의 아들인 동시에 자신의 여자친구의 남자친구가 될 수 있다. 이런 경우 두 가지 역할로 인해 갈등을 겪을 수도 있다. 집에서는 착한 아들이 되기를 요구할 것이고 여자친구는 집으로부터 좀 더 독립적으로 행동하기를 기대할 것이다. 둘째, 역할 단절(role discontinuity)로, 한 역할에서 다른 역할로 전이하는 순서가 부족한 경우이다. 역할 단절은 한 단계에서 다음 단계로의 순차적 과정이 없는 경우, 기존 단계의 행동이 앞 단계에서 학습하지 않은 것을 요구할 수도 있고 때로는 배운 것 모두를 요구할 수도 있다. 셋째, 역할 불일치이다. 이것은 개인이 적절하지 않은 위치에 있게 되는 경우를 의미한다. 즉, 타인이 개인에게 부여한 역할이 개인의 선택이 아닌 경우를 말한다. 예를 들면, 부모가 자녀에게 지나치게 높은 기대를 하거나 지나치게 유아적인 역할을 기대하는 경우를 들 수 있다.

청소년들은 사회에서 다양한 역할 실험을 통하여 자신만의 특성을 알고 타인의 의견을 이해하며, 세상에 대한 지식을 습득하는 과정을 필요로 한다. 또한 개인의 신체적·성적 성숙과 더불어 추상적 사고능력의 발달과 정서적 안정성의 확보 그리고 부모나 또래집단으로부터 자율성도 확보할 수 있어야 한다. 이러한 자아정체감 형성은 타인들의 정서, 가치관 또는 태도나 행동을 자신의 것으로 수용하여 조합하고, 이것을 다시 자기만의 방식으로 재해석하고 통합시키면서 이루어진다.

3) 또래집단의 영향

청소년기는 부모의 영향도 중요하지만 또래집단의 영향력이 점차 강해지는 시기이다. 청소년들은 자신뿐만 아니라 또래들도 존재적 의문과 미래에 대한 불확실 등으로 인해 고민하고 있다는 것을 알게 된다. 그래서 이들에게는 부모와의 갈등, 자신의 고민, 진로탐색, 대화를 위해 또래집단이 중요한 역할을 하게 된다. 정체감 형성 과정은 아동기와 청소년기를 거쳐 성인기까지 지속된다. 특히 청소년 후기가 가장 중요하다고 할 수 있다. 건전한 자아정체감을 형성한 청소년은 신념이나 가치관 또는 진로 등에 대해서 스스로 의사결정을 할 수 있다(곽형식 외, 2000).

4) 성역할 정체감 확립

성역할 정체감(sex-role identity)은 사회가 특정 성에 적절하다고 인정하는 특성이나 태도, 흥미와 동일시하는 과정으로 성에 따른 사회의 역할 기대를 내면화하는 과정이다. 성차에 따라 성역할 정체감의 발달은 서로 다른 특성을 지니고 있고 이것은 아동기부터 형성되기 시작한다. 남자의 경우 아동기에는 신체적 힘과 공격성, 정서 표현의 억제 등과 같이 전통적인 남자다움과 동일시하려고 노력한다. 하지만 청소년기부터는 고형화된 성역할과 더불어 내부적으로 많은 갈등과 긴장을 경험한다. 여자의 경우 아동기에는 성과 관련된 제약을 약하게 받지만 청소년기에 이르게 되면 여자로서의 엄격한 성역할을 강요받기도 한다(김동배 · 권중돈, 2006). 따라서 청소년기의 이러한 자아정체성의 발달은 남녀에 따라 다른 양상으로 나타난다. 남자 청소년의 정체성은 이념이나 직업선택이 핵심이 되는 반면, 여자의 정체성 발달에는 친밀감이나 인간 상호관계 등이 보다 중요한 역할을 한다(Adams & Gullotta, 1989).

2. 에릭슨의 자아정체성 발달이론

1) 자아정체성의 개념

에릭슨(1968)이 말한 자아정체성(ego identity)의 정의는 네 가지로 나눌 수 있다(이형득 · 한상철, 1995). 이 네 가지 정의는 자아정체성의 폭넓은 해석을 보여주는 것으로서 상호 보완적인 개념으로 볼 수 있다. 첫째, 자아정체성은 여러 방면에서 '~로서의 나'의 통합감을 의미한다. 한 개인은 다양한 지위와 역할을 부여받고 있다. 정체감은 바로 이런 다양한 지위에 따르는 역할들 간의 통합을 의미한다. 둘째, 자아정체성은 과거의 나, 현재의 나, 미래의 나, 이 세 가지의 연속감 또는 일관성을 의미한다. 즉, 인간이 과거와 현재 그리고 미래를 살아가면서 일관된 '나'를 유지해나가는 것을 말한다. 자신의 행동에 신뢰감을 느낄 수 있는 자아의 시간적 연속감은 자신과 타인에게 믿음을 주고 정신적 안정감을 준다. 또 이것은 삶의 가치를 명료하게 할 수 있는 요인이라고 할 수 있다. 셋째, 자아정체성은 주체적 자아(I)와 객체적 자아(Me) 간의 조화를 의미하며 자신의 존재감을 인식하고 동시에 타인과의 원만한 관계를 발전시킬 수 있는 상태를 말한다. 다시 말해서, '나와 너의 관계'를 확립하는 것으로서 이 두 가지의 조화로운 균형이 필요하다. 주체적 자아가 지나치게 발달된 사람은 다른 사람을 의식하지 못하고 자신에게만 몰입되는 자기도취적인 사람이 될 수 있다. 반면에 객체적 자아가 지나치게 발달하면 타인의 눈치만 보게 되고 자아를 상실하여 타인의 생각과 행동 및 생활까지도 모방하고 추종하는 존재가 된다. 넷째, 자아정체성은 '나는 나다'라는 실존의식을 의미한다. '나'라는 존재는 생물학적으로는 부모의 자녀이지만, 실존적 의미로는 '누구로부터의 존재가 아닌 오직 나'인 것이다.

그러므로 정체성(identity)이란 '나는 누구인가?'에 대한 생각이나 느낌이다. 자아정체성은 광범위한 개념으로서 자기 동질성과 연속성의 자신감과 함께 사회 환경의 자극과 내적인 욕구 및 가치를 자기만의 방식으로 재통합하여 자신이 누구인지 아는 것을 말한다(오윤선, 2007). 즉, 자아정체성이란 자신이 진정 누구인지 아는 것으로서 자신의 생각이나 감정 혹은 행동의 변화에도 불구하고 안정되어 있는 자신만의 독특성에 대한 느낌이라고 할 수 있다.

2) 자아정체성의 종류

에릭슨(1968)은 청소년기에 대해 자아정체감을 확립하려는 욕구가 충만한 시기라고 설명하면서 자아정체성을 심리·사회적 정체성(psychological identity)과 개별적 정체성(individual identity)으로 각각 나누어 설명하였다. 심리·사회적 정체성은 개인이 속해 있는 사회나 집단에 대한 소속감을 의미한다. 에릭슨은 인간관계, 사회화 과정 그리고 사회와 연관성을 통하여 자아정체감이 확립된다고 보았다. 그는 건전한 자아발달과 확고한 자아정체감 형성을 위하여 주변 사회의 보다 지지적이고 양생적인 기능을 강조하였다. 특히 한국에서는 고학력 위주의 학교교육 기간의 장기화와 취업연령의 지연 등으로 인해 청소년들이 학교나 직장에 소속되지 못하게 되면 일시적으로 심리·사회적 정체성이 흔들리는 경우가 발생할 수 있다.

개별적 정체성은 자신이 타인과 다른 고유한 존재라는 의식으로 개인적 정체성(personal identity)과 자아정체성으로 나눌 수 있다. 개인적 정체성이란 시간이 지나도 변하지 않는 자신에 대한 자각이다. 예를 들면, '나는 K이다'라든지 '나는 K의 큰딸이다'와 같은 인식은 자기동질성(self-sameness)과 자기연속성(self-continuity)의 특징을 가진다.

3) 청소년기의 자아정체성

에릭슨은 청소년기의 발달과업과 위기를 설명하며 자아정체성(ego identity)이란 용어를 사용하였다. 그는 청소년 시기에 혼동과 위기를 경험하고 극복하면서 안정된 자아정체감을 확립해간다고 보았다. 청소년기의 주요 발달과업이 자아정체성의 확립이며, 청소년기가 정체성을 형성하는 결정적 시기(critical period)라는 의견은 대부분의 심리학자들이 인정하는 부분이다. 청소년은 자신이 속한 환경이나 사회와 관계를 맺는 과정에 여러 가지 긴장과 갈등으로 인하여 위기와 혼동을 경험하게 된다. 이때의 위기를 어떻게 극복하느냐에 따라 정체감이 형성되기도 하고 역할혼란을 맞이하기도 한다.

하지만 다수의 연구들은 이러한 주장과 다른 의견을 도출하고 있다. 청소년기의 자아개념에 어느 정도 변화가 있는 것은 사실이지만 그것이 심각한 정체감 위기를 경험하게 한다는 증거는 없다고 주장하기도 한다. 또 대부분의 경우 부모와의 관계는 긍정적이고 건설적이며 청소년들이라고 해서 어른들의 가치를 무조건 거부하지도, 동료집단의 가치를 더 선호하지도 않는다는 주장도 있다. 사실상 대부분의 동료집단이 가진 가치는 청소년 자신에게 중요한 어른의 가치와 대치되기보다는 일치하는 경우도 많기 때문이다(Coleman & Hendry, 1990). 그리고 정체성 위기의 경험은 청소년기뿐만 아니라 개인의 전생애에 걸쳐 다양하게 나타나기도 한다. 따라서 자아정체성 형성은 청소년기에 끝나는 것이 아니라 전 일생을 통해 계속 진행되는 과업이라고 볼 수 있다.

3. 청소년기 자아정체성 형성 요인

1) 내적 · 심리적 변화

청소년기에는 내적으로나 심리적으로 질적인 변화뿐만 아니라 양적인 변화를 겪는다. 청소년들은 사춘기를 시작으로 내적인 충동과 성적인 성숙의 정도가 활발해진다. 정신역동적인 측면에서 보면 아동기까지 비교적 균형을 이루었던 원초아(id), 자아(ego), 초자아(superego)가 신체적 · 성적인 성숙으로 인해 불균형한 상태로 바뀌는 것으로 볼 수 있다. 즉, 심리적 역동으로 인해 원초아의 활동이 강해지고, 자아는 원초아의 심리적 역동을 조절하고 통합해야 하는 시점을 맞이하게 된다. 이때 청소년들은 자아의 통합능력으로 내적인 욕구를 현실에 맞게 중재하는 것이 필요하기 때문에 자아정체성 형성에 더욱 관심을 갖게 된다.

2) 인지능력의 발달

청소년기의 한층 더 발달된 인지능력은 자아정체성 확립에 큰 역할을 하게 된다. 이 시기의 청소년들은 형식적 조작능력을 획득하게 된다. 그 결과, 과거와 현재 그리고 미래까지, 또 그 원인부터 가능한 결과까지 논리적으로 검토할 수 있는 능력을 지니게 된다. 청소년들은 자신의 존재에 대해 숙고하며 자신의 능력, 가치관, 진로 등을 점검하고 방황하며 자기 탐색을 할 수 있다. 이것으로 인해 고통과 갈등을 야기하기도 하지만 긍정적으로는 자아정체성 확립에 필수적인 과정이다.

3) 역할의 혼란

청소년기는 사회적 역할의 상충으로 인해 혼란스러운 시기이다. 청소년들은 아동과 성인 사이의 중간에 놓여 있다. 특히 후기 청소년의 경우 신체적으로는 성인이지만 정서적으로나 경제적으로는 여전히 부모에게 의존할 수밖에 없는 주변인(marginal man)이다. 이런 양가적인 상황(ambivalent situation)에서 이들은 자신의 역할에 혼동을 경험하게 된다. 환경적으로 이들에게 다가오는 자극은 상충적일 수 있다. 성인다운 책임과 역할 수행을 요구받지만, 한편으로는 독립하기에는 많은 한계점에 부딪힐 수밖에 없는 반의존적인 상태이기 때문이다.

4) 결정적 시기

청소년기는 인생의 중요한 결정을 내려야 하는 시기이다. 자신의 진로에 대한 선택이나 또 이성교제를 하면서 배우자를 선택하고, 새로운 인생에 대한 준비를 할 수 있다. 이에 따라 청소년들은 혼자만의 능력이나 판단으로 이러한 문제에 대한 결정을 내리기 어렵다는 것을 경험하게 된다. 그리고 이들은 부모나 다른 사람에게 도움을 받더라도 궁극적으로는 자신의 삶에 대한 책임감을 자각하게 된다. 때문에 청소년들은 가능한 한 자신의 다양한 면모를 탐색하고 검토하면서 사회적인 대인관계와 각 역할에서의 자신을 이해하고 정의를 내리고자 한다. 이러한 과정을 통해 내린 결정은 자아정체성의 핵심을 이루게 된다.

5) 동일시

자아정체성의 형성은 자신과 다른 사람의 행동과 가치를 내면화하는 메커니즘인 '동일시(identification)'에 기초를 둔다. 유아나 아동기에는 주로 자신의 부모와 같은 '의미 있는 타인'이 동일시의 주된 대상이었으나, 청소년기가 되면 그 대상이 확대되거나 바뀐다. 청소년들은 과거에 자신이 동일시했던 내용에 의해 자신을 정의하고 해석하는 체계를 더 이상 유지하기 어렵게 된다. 그러므로 청소년들은 기존의 동일시 내용의 일부는 보유하기도 하지만 과감하게 해체를 시도할 수 있다. 청소년기는 자아정체성의 형성을 위해서 과거의 참조 체제를 선택하고 현재 새롭게 내면화한 내용과 함께 미래에 대한 계획과 포부를 역동적으로 통합하고 재조직화시키는 일이 필요하다. 만약 이것에 실패한다면 자아정체성 혼란을 야기할 수 있다.

6) 문화적 차이

이 외에도 청소년 자아정체성 형성에 영향을 주는 변인으로 문화적인 배경의 차이를 들 수 있다. 상당히 많은 문화권에서 청소년(특히 가난한 계층)들은 어린 시절부터 노동을 해야 하기 때문에 심리적 유예기간을 경험할 수 없다는 결과도 있다. 이러한 경우 청소년은 독특한 자기만의 자아정체성 형성을 위해 다양한 역할, 신념, 느낌 등을 시험해 볼 시간이 없다는 것이다(Enker, Paloyan, & Kirsner, 1977). 또한 자아정체성의 확립은 서구의 중산층 청소년에게만 적용될 수 있는 발달과업으로 보는 견해도 있다(Baumrind, 1975). 즉, 서구 청소년들의 세계는 다른 문화권의 청소년들과는 경험세계가 다른 것으로 나타날 수 있다.

다수의 국가들은 만 13세가 되면 성인의 책임을 수행하고 심리적 성인 의식 등을 가진다. 이와 다르게 유일한 이념만 허용되는 사회에서는 청소년들이 자아정체성 확립의 필요성을 느끼지 못할 수도 있다. 이러한 이유로 서구 청소년들의 경험을 다른 문화권의 청소년들에게까지 일반화시키는 데에는 무리가 따를 수 있다. 따라서 청소년의 발달과업이 얼마나 보편적인 것인가에 대해서는 더 많은 연구가 필요할 것으로 보인다.

4. 청소년기 자아정체성 발달과 심리적 변화

정체감을 획득한 것으로 분류된 청소년들은 우수한 도덕적 추론, 반영(reflectiveness)과 함께 직업적 성숙도 등에서 높은 점수를 가지고 있다. 한편, 아직 유예기에 머물러 있는 청소년들은 높은 불안과 함께 권위에 대한 갈등수준 또한 높은 것으로 나타났다. 그리고 정체감 형성 과정이 상실된 이들은 권위적인 면과 사회적 인정 욕구가 가장 강하며 낮은 자기신뢰성을 지니고 있다. 게다가 정체감 위기를 겪는 이들은 심리적 대인관계 문제를 가진 것으로 나타났다(Adams, 1992).

최근 청소년들의 자아정체성 혼란을 가져오는 가장 큰 문제는 이상(사이버상)과 현실 사이에서 발생하는 자아정체성 혼란이다. 이 때문에 나타나는 청소년들의 심각한 문제가 인터넷 관련 중독이다. 이와 같은 현상은 현실공간에서 충족하지 못하는 욕구를 사이버 공간에서 대리 만족하는 것으로 해석될 수 있다. 이들은 자아정체성이 확립되지 않은 상태로 사이버 공간에서 나타나는 자신의 모습에 치우쳐 실제 세계와 혼돈스러워 할 수 있다. 청소년들은 사이버 공간에서라도 자신의 정체성을 탐색하게 되고 그 안에서 이뤄지는 여러 가지 활동을 하면서 오히려 현실세계보다 더 중요한 공간으로 여기기도 한다.

사이버 공간에서는 한 사람이 여러 가지 성격과 정체성을 가지고 활동할 수 있기 때문에 현실과는 다른 정체성을 만들어가면서 정체성 해체 또는 형성의 자유를 즐길 수 있다. 하지만 이러한 역할 놀이는 현실 공간의 억압과 좌절감을 자신의 다른 정체성으로 바꾸어 폭력적 행동이나 저속한 행동을 함으로써 해소하려는 목적을 가지고 있다. 게다가 이를 통하여 일탈이나 범죄를 저지를 가능성을 높이게 된다. 현실 공간이 아닌 사이버 공간에서 만들어지는 자아상은 진정한 자아가 아닌 사이비 자아(Pseudo-self)이다. 이 같은 사이비 자아들의 복합정체성은 자아정체성의 혼란을 가중시키게 된다. 청소년들은 사이버 공간을 정체성을 찾아가는 긍정적인 장(field)으로 활용하는 것이 바람직하다. 그렇지 않을 경우 익명성과 복합정체성의 특징은 청소년들의 정체성 혼란을 가중시키고 일탈과 좌절감 해소 등의 부정적인 욕구들을 해결하기 위한 수단으로 사용될 수 있기 때문에 각별한 주의가 필요하다(김대군, 2012).

학습정리

에릭슨은 자아정체성의 기초는 인생의 초기에 이미 형성된다고 하였다. 그리고 자아정체성 형성이 청소년기에 시작되고 끝나는 것이 아니라 전 일생을 통해 계속적으로 진행되는 과업이라고 주장했다. 청소년기의 주요 발달과업이 자아정체성의 확립이며, 청소년기가 정체성을 형성하는 결정적 시기(critical period)라는 데는 대부분의 심리학자들이 의견의 일치를 보인다. 청소년기 자아정체성 발달의 특징으로는 자아발달의 개별화, 사회화 역할 변화, 또래집단의 영향, 성역할 정체감 확립이 있다. 이 시기 자아정체성 형성 요인으로는 내적·심리적 변화, 인지능력의 발달, 역할의 혼란, 결정적 시기의 작용, 동일시와 각 문화적 차이 등이 있다.

연습문제

1. 청소년기 자아정체성 발달의 특징에 대해 설명하시오.
2. 에릭슨의 자아정체성 발달이론에 대해 설명하시오.
3. 청소년기의 자아정체성 발달에 영향을 주는 형성 요인과 이에 따르는 심리적 변화에 대해 설명하시오.

Chapter 08

청소년기의 도덕성 발달

▶▶ 개요

청소년기의 도덕성 발달과 그 특징에 대해 알아본다. 그리고 올바른 도덕성 발달을 위한 도덕성 교육에 대해 논할 것이다.

▶▶ 학습목표

1. 일반목표

청소년기 도덕성 발달의 특징과 영향을 미치는 중요 요인과 이에 따르는 심리적 변화를 잘 설명할 수 있다. 이어서 적절한 도덕성 발달을 위한 교육에 대해 이해할 수 있다.

2. 세부목표

1) 청소년기 도덕성 발달의 특징을 알 수 있다.
2) 청소년기 도덕개념 형성과 도덕적 표준의 확장에 대해 잘 이해할 수 있다.
3) 청소년기 도덕성 발달에 중요한 영향을 미치는 요인을 이해할 수 있다.

▶▶ 주요용어

도덕성, 도덕적 표준, 도덕적 행동, 사회·도덕성

▶▶ 지식

- 도덕적 개념과 형성에 대한 관점
- 청소년기 도덕성 발달 특징과 요인에 대한 관점
- 청소년기 도덕적 표준과 그에 따르는 행동에 대한 관점

▶▶ 기술

- 청소년기 도덕 개념을 설명할 수 있는 능력
- 청소년기 도덕성 발달의 외적 요인을 탐색하는 능력
- 청소년기 적절한 도덕성 발달 교육

▶▶ 태도

- 개인의 도덕성 발달 요인에 대한 분석적 태도
- 올바른 도덕적 개념과 도덕 표준으로의 변화를 위한 탄력적 태도
- 청소년기 도덕성 발달 교육에 대한 중요성 인식

1. 청소년기 도덕성 발달의 특징

1) 새로운 도덕적 개념 형성

청소년기에 이르면 아동기와 달리 개인적인 이해나 욕구를 극복하고 순응해야 할 새로운 도덕개념과 행동적 요구를 받게 된다. 청소년들은 인지적 성숙과 자아의 발달로 인하여 자기 자신의 도덕적 개념을 스스로 형성해 나간다. 이 과정에서 다른 사람, 특히 성인의 선악에 대한 개념을 그대로 받아들이기보다 자기 나름대로 선악의 개념을 형성해 나간다. 그들은 높은 이상을 가지고 자신의 이상을 타인으로부터 인정받고 싶어하며 스스로 설정해 놓은 자신의 표준에 따라서 행동하고자 한다. 그러므로 이 시기의 도덕성 발달은 인지적 성숙과 사회·환경적 역할 변화로 인하여 크게 영향을 받고 도덕적 사고와 행동은 아동기 또는 성인기와 상당한 차이가 생긴다(오윤선, 2007).

2) 도덕적 표준의 확장

청소년들은 자신이 설정한 도덕적인 표준에 도달하고자 강박적으로 행동할 수 있다. 더군다나 다른 사람과 사회 또한 자신의 표준에 도달하여야만 이에 만족하게 된다. 대부분의 경우 그러한 표준의 적용은 타인보다 자신에 대해 더욱 엄격하다. 만일 스스로가 설정한 표준에 미치지 못한다고 느꼈을 경우, 즉 자신의 행동이 수준 이하라는 것을 스스로 깨달았을 때 자기 경시, 자아의 축소, 가상 세계로의 도피 등의 경향을 보인다.

또한 성인들의 도덕적 표준과 사회적 규준이 자신의 도덕적 표준 혹은 이상에 비추어 모순된다거나 성인들이 이를 인정해주지 않는다면, 청소년들은 성인사회에 강한 반항과 도전의식을 가지게 된다. 그리고 자신들이 사회를 재건하여야 한다는 강박적인 생각을 가질 수 있다.

2. 청소년기 도덕성 발달의 요인

1) 부모의 영향

도덕적 개념 및 행동은 환경적 영향의 산물로서 개인이 학습한 것이지만 어느 정도는 유전에 의해서 형성된다. 심리학적 입장에서는 대체로 도덕적 행동은 모방과 강화를 통해 발달되고 도덕적 성격은 초자아(Superego)의 발달과 밀접한 관계가 있으며 도덕적 사고는 인지적 성숙에 따라 발달하는 것으로 볼 수 있다. 따라서 도덕적 행동과 성격은 환경의 영향을 크게 받고 도덕적 사고는 유전의 영향을 더 많이 받는다고 볼 수 있다.

청소년기의 도덕성 발달에서 가장 중요한 요건 중의 하나는 부모의 양육태도이다. 부모가 자녀에게 일관성 없는 기대와 애매한 환경을 제공하는 경우, 자녀에게 도덕학습의 부실과 혼동 및 불안정을 가져오게 된다. 결국 이로 인하여 청소년의 공격성과 비행을 초래할 수 있다. 그러므로 청소년은 부모와 서로 신뢰하고 존중하는 수용적인 관계를 형성하는 것이 중요하다. 부모에게 정서적으로 의존적이고 강한 정서적 애착을 지닌 청소년은 도덕성 발달이 잘 이루어지지만, 그렇지 못한 경우 도덕 발달의 결핍 현상이 일어날 수 있다.

아동기의 도덕적 행동의 모델은 주로 양육자인 부모나 교사에 한정된다. 이후 청소년기에는 사회적 모델의 범위가 확장되면서 이전보다 비중이 약해지기는 하지만 이들에게 부모는 여전히 중요한 도덕적 모델이 된다. 그리고 부모와 자신이 선택한 다른 모델의 도덕적 행동규범이 일치할 때 청소년들은 안정된 도덕적 행동을 습득할 수 있다. 아니면 도덕적 행동규범이 서로 달라서 갈등을 느낄 때 양자를 통합하는 중도적인 입장을 취할 수 있다. 부모가 자녀들에게 좋은 역할모델이 되려면 먼저 부모 자신이 도덕적인 사람이 되어야 한다. 역할모델이론에서 부모와의 동일시 정도는 아동과 부모 간에 얼마나 상호작용을 할 수 있느냐에 따라 달라진다고 본다. 부모의 민주적인 상호작용이 원활한 경우, 의미 있는 가치와 규범에 관한 대화 기회를 제공하게 된다(오윤선, 2007).

2) 또래의 영향

청소년기에 다른 사람들과의 사회적 접촉은 도덕 발달을 촉진시킬 수 있다. 특히 부모의 영향력이 줄어들고 또래의 영향력이 증가하여 여러 개의 공식적 조직의 구성원이 될 수 있다. 이 시기의 청소년은 각 조직뿐만 아니라 이웃 집단이나 주변의 일반적 문화 환경에 영향을 받을 가능성이 매우 높다.

청소년기에 특히 증가되고 강화되는 또래 간의 동조성은 중립적 또래동조성과 반사회적 또래동조성으로 나눌 수 있다. 먼저 중립적 또래동조성은 긍정적이거나 중립적인 활동에 대한 동조로서, 자신의 신념과 가치관과 유사한 것을 친구가 제안했을 때 동조하는 경향을 나타낸다. 반면에 반사회적 또래동조성은 도덕적 가치 판단이 내재된 부정적인 행동에 관한 것이다. 이는 타인에게 피해를 줄 수 있는 일이거나 규칙 위반 등 자신이 꺼리는 행동을 또래가 제안했을 때 이에 동조하는 경향을 뜻한다. 이러한 반사회적 또래동조는 비행이나 타인을 해치는 범죄로까지 이어질 수 있기 때문에 각별히 지양되어야 한다. 아울러 부정적인 또래집단과의 경험은 청소년의 사회적 부적응 문제를 일으키게 된다. 한편 비행이나 범죄와 같은 반사회적인 행동에서는 청소년들의 동조경향성이 크게 나타나지만 사회에 이득이 되는 행동에서는 동조현상이 거의 나타나지 않는다(Berndt, 1979).

3) 모바일 및 대중매체의 영향

청소년들이 자주 접하는 모바일이나 인터넷 게임 또는 영상물은 이들의 가치체계와 행동 형성에 큰 영향을 미칠 수 있다. 이들은 다양한 매체를 통하여 역할모델을 관찰함으로써 태도나 가치를 배우기도 하고 정서적 반응이나 새로운 행동들을 학습한다. 즉, 이러한 모델을 통해서 도덕적 판단이나 도덕적 행동들을 배우게 되는 것이다. 때로 청소년들은 온라인 게임이나 TV, 영화를 통해 반사회적 행동이나 사회적으로 용납될 수 없는 행동을 학습할 수 있다. 이렇게 모바일 및 대중매체는 부정적 기능을 가지고 있지만 다른 한편으로는 긍정적 기능을 할 수 있다. 청소년들의 인지발달을 도울 수 있고 친사회적 행동과 같은 바람직한 태도나 행동 교육 및 학습 역할도 한다.

3. 청소년기 도덕 판단과 행동

1) 도덕적 행동의 판단

도덕성은 주로 인지발달이론과 정신분석 그리고 행동주의적인 세 가지 관점으로 나누어 볼 수 있다. 인지발달이론에서는 도덕적 사고를 강조하고 정신분석에서는 도덕적 정서를, 그리고 행동주의이론에서는 도덕적 행동에 중점을 둔다.

도덕적 행동은 도덕교육의 중요한 요소이자 목표이기도 하다. 청소년들은 성숙해지면서 타인이나 사회적 규준과 갈등을 일으킬 수 있는 활동을 추구하기 시작한다. 이때 사회·문화적으로 가치 있는 행동을 위한 사회적 반응을 도출시키게 된다. 사회적 승인들이 점차적으로 물리적인 승인들을 대체하면서, 다양한 상황에서 어떻게 행동해야 할지를 알 수 있게 된다. 즉 부모나 다른 성인들을 통해 표준적인 행동과 추론을 할 수 있게 된다. 그리고 위반 행위를 인정하지 않고 가치 있는 행위를 하게 하는 사회적 승인들이 청소년에게 행동 기준이 된다. 이어서 청소년들은 승인되는 행동과 그렇지 않은 행동을 구분할 수 있게 되고, 자신들의 행동을 사회적 결과에 근거하여 조절할 수 있게 된다.

하지만 도덕적 판단능력이 인지적 측면에서 자극되었다고 할지라도 그것이 곧 올바른 도덕적 행동을 가져온다는 보장은 없다. 이는 도덕적 판단능력이 잘 발달된 경우에도 인습적 도덕에 어긋난 행동을 한 것에 대해 오히려 논리적으로 정당화 시킬 수도 있기 때문이다. 도덕적 행동을 강조하는 도덕교육에서는 올바른 행동에 대한 정당화뿐만 아니라 행동을 수행하는 수단, 받아들이고자 하는 책임감 정도, 행동이 가져오는 사회적 결과들, 행동을 하는데 수반되는 심리적 · 사회적 장애들도 충분하게 고려해야 할 것이다.

2) 인지 · 정서 · 행동적 도덕성의 통합

피아제와 콜버그의 도덕성 발달이론은 인지적 입장에서 도덕적 사고 수준을 발달 단계의 위치로 설명하려고 시도했다. 콜버그가 도덕적 행동을 산출하기 위한 충분조건으로 강조하는 '선에 대한 지식'은 플라톤의 사상에서 영향을 받은 것이다. 즉, '선에 대한 지식'은 곧 도덕적인 행동을 이끌어 낸다는 지적인 의지(intellectual will)를 강조하는 인지결정론적 입장을 취한다.

이러한 '극단적 이성주의'를 지향하는 입장에서 더 나아가 인지 · 정서 · 행동적 측면의 통합적 관점을 취한 학자는 리코나(Thomas Lickona)와 레스트(James Rest)가 있다. 리코나는 도덕성을 인지적 도덕성, 정서적 도덕성, 행동적 도덕성으로 나누어 설명하고 있으며, 이러한 도덕성 요소들이 결합되어 궁극적으로 통합적인 인격을 형성하게 된다고 주장했다(Lickona, 1991).

레스트는 콜버그의 관점과는 다르게 어느 한 가지 관점만으로는 도덕적 행동의 문제를 설명하기 힘들다고 보고 인지와 정서, 행동을 통합적으로 설명하려고 했다(Narvaez & Rest, 1995). 그는 도덕적 사고(인지)보다 도덕적 행동을 주목해서 보았다. 이러한 도덕적 행동을 레스트는 4가지의 심리적 과정(psychological process)으로 나누었다. 청소년의 도덕적 발달과 그 행동을 가능케 하는 내부의 과정이나 요소들에 중점을 둔 '4-구성요소 모형(Four Component Model: Four Part Framework)'은 이들의 도덕적 행동의 표출을 이해하고 설명하는 데 유용하다.

구체적으로 살펴보면 도덕적 판단이란 상황해석, 행동할 가장 좋은 경로를 결정하는 일 그리고 실제로 행할 것을 결심하는 일, 행동계획을 실행하는 일을 포함하여 4가지의 구성으로 나눈다. 또한 4-구성요소는 인성의 일반적인 특성이 아니라 도덕적 행위 표출에 해당하는 여러 과정을 의미한다. 아울러 특정 상황에서 도덕 행동을 산출하는 각 구성 요소들 사이의 조화 과정을 기술한 것이다. 특히 여기서 제1,2,3,4의 구성요소가 순서대로 진행되는 것은 아니며 네 가지 심리적 과정은 각각 개별의 과정으로 볼 수 있다. 그리고 이 모형은 실제적으로 직선적 관계의 계열성을 의미하는 것이 아니라 각 구성요소들의 복잡한 상호작용을 나타내고 있다. 레스트의 4-구성요소는 다음 그림과 같다(Rest, 1986).

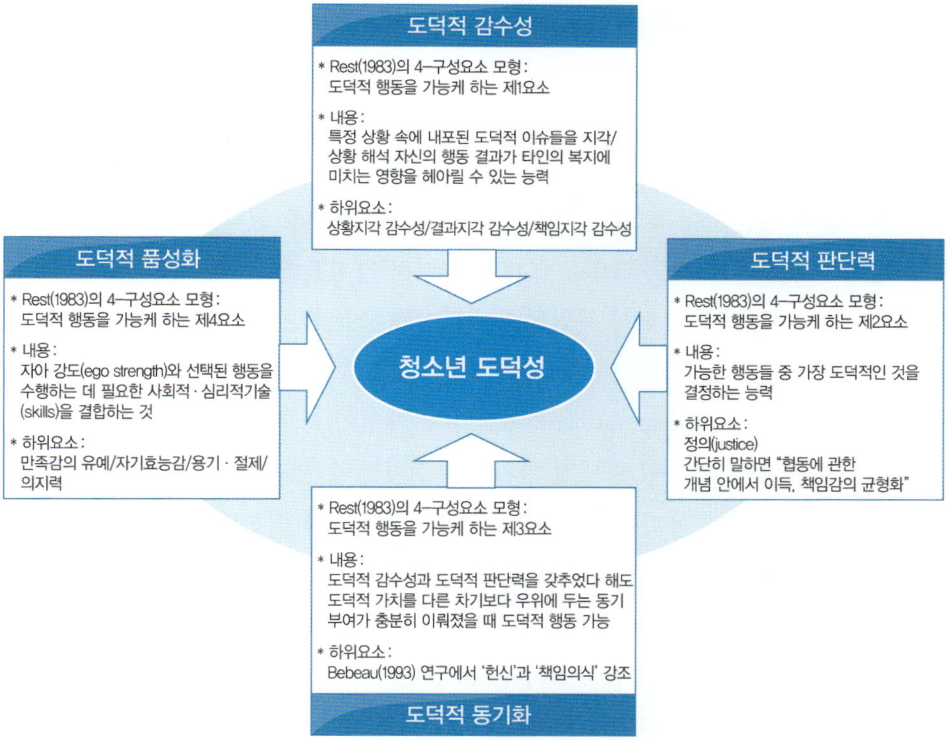

[그림 8-1] 도덕성 하위영역의 개념 및 구성요소(최창욱, 2011, p. 57)

도덕적 행동의 표출 과정에서 필요한 제1요소는 도덕적 감수성(moral sensitivity)이다. 이것은 특정 상황 속에 내포된 도덕적 이슈들을 지각하고 상황을 해석하며, 자신의 행동이 타인에게 미치는 영향이나 결과를 미리 예측할 수 있는 능력이다. 어떤 상황을 도덕적 사태로 지각하거나 또는 해석할 수 없다면 도덕적 행동은 일어날 수 없게 된다. 또한 타인의 필요와 복지에 대한 심각성이 부족해도 도덕적 행동은 일어나지 않는다.

제2요소는 도덕적 판단력(moral judgment)이다. 제1요소에서 가능한 행동의 경로들과 그것이 타인에게 미칠 영향이나 결과에 대한 인식(지각)이 이루어지고 난 후, 제2요소에서는 그 행동이 도덕적으로 정의로운 것인가를 판단하게 된다. 이 요소는 도덕적 사고(인지)를 지칭하는 것으로 콜버그의 이론체계에서 도덕성으로 간주되지만, 레스트의 모형에서는 단지 도덕적 행동의 표출을 설명하는 여러 요소들 중 하나에 불과하다.

제3요소는 도덕적 동기화(moral motivation)이다. 제1요소에서 특정 상황의 도덕적 이슈를 분별하며 그것의 해결이 타인의 복지에 미치는 영향을 헤아릴 수 있고, 이어서 제2요소에서 문제해결을 위한 행동의 경로들이 정당한지를 판단할 수 있다고 해서 도덕적 행동이 바로 표출되는 것은 아니다. 제3요소에 의해 도덕적 가치를 또 다른 가치, 예컨대 경제·사회·종교적 가치들보다 우선시 하려는 동기부여가 충분히 이루어졌을 때 도덕적 행동이 가능하다.

제4요소는 도덕적 품성화(moral character)이다. 개인이 아무리 도덕적으로 민감하고 바람직한 도덕적 판단을 잘 하며 도덕적 가치를 우선시할 수 있더라도, 그 사람이 만일 외부 압력에 쉽게 굴복하거나 용기를 잃고 좌절한다든가 의지가 약하면 도덕적 행동을 할 수 없게 된다. 이 요소는 자아 강도(ego-strength)와 인내심, 용기 등의 하위 특성들을 포함한다. 이와 관련하여 유의할 점은 그것이 일종의 심리적 힘이나 기술(skills)로서 이해되기 때문에 가치중립적인 성격을 띤다는 점이다.

레스트(1983)는 이러한 4-구성요소 때문에 인간의 도덕적 행동이 야기되며 도덕적 행동의 실패는 네 가지 중 한 가지 또는 두 가지 이상의 요소에 문제가 있을 때 나타난다고 보았다.

3) 사회 · 도덕성 발달

뒤르켐(Emile Durkheim)은 도덕성을 사회에 존재하는 것으로 보았다. 그는 청소년의 타고난 이기심(egoism) 억제에 필요한 요소로서 사회화 과정을 강조하였다. 사회는 협력적이고 결합력을 가진 사회적 구조를 유지시키기 위해 청소년에게 이기적 욕구를 통제할 것을 강요할 수 있다. 이에 사회 · 도덕성 발달은 보상과 처벌을 통해 청소년의 행동을 사회적 규준들과 가치들에 적합하도록 조성시키는 일방적인 과정이라고 본다(Durkheim, 2012). 이러한 관점은 성격 교육에 대한 전통적인 접근을 반영한다. 교사는 도덕적 권위를 포함하여 교실에서 모든 권위의 근원이며, 성격 교육은 교훈적(설교적) 지시와 도덕적 깨우침의 과정이다. 이때 도덕적 훈련의 목적은 사회적 권위에 대한 청소년의 존중심, 규율의 수용 그리고 사회 복지를 위해 희생할 의지를 주입시키는 것이다.

사회화에 대한 전통적인 성인-지향적 관점과는 다르게, 인지-발달적 이론은 도덕성 수립에서 청소년의 능동적 역할을 강조한다. 도덕적으로 행동하려는 동기는 사회적 이해에서 사회적 협력에 대한 공정한 관점들을 수립하고자, 상호 이익을 이해하며 관찰하는 것으로부터 나온다. 청소년들은 이기적일 수 있지만 조화로운 사회적 관계에서 개인적 이익을 얻을 수도 있다는 사실을 깨닫기도 한다. 또래와의 상호작용은 이러한 관점에서 매우 중요하며 타인의 다양한 관점을 이해하고 의사 결정 참여를 발달시키는 데 유익하다.

4) 도덕성 발달 교육

콜버그(1976)의 도덕성 판단을 중심으로 하는 발달이론 및 훈련방법은 도덕교육의 가장 대표적인 모델이라고 할 수 있다. 그의 이론은 도덕적 판단의 수준에 대한 기술과 평가방법을 제시하고 있다. 이는 도덕적 내용을 가르치거나 덕목들을 훈련하는 기존의 방식과 다르다. 그리고 발달적 측면에서 더 나아가 다음 수준의 도덕적 판단에 도달하도록 도와주는 변화 과정을 중요시한다.

콜버그는 학교가 사회적 · 도덕적 기능을 수행하는 데 있어서 청소년의 참여를 촉진시키는 역할을 중요시하였다. 이것은 교육적 민주주의 실행을 의미한다. 즉, 적합한 교육환경 구성을 위한 학생과 교사의 역할은 협동적인 노력을 비롯하여 학교의 운영과 구성에 동등하게 참여하는 것이다. 공동체 모임은 학생들로 하여금 민주적인 참여 습관을 배우고 공정하고 정의롭게 문제를 다루는 기술을 발달시킬 수 있다. 공동체 모임은 가상 딜레마보다는 실생활의 딜레마를 적용하는 것이 청소년의 도덕발달에 더욱 효과적이다.

이를 위하여 학교 교육은 다양한 갈등 상황들을 설정하여 청소년들로 하여금 여러 상황에서 타인의 입장이나 관점을 생각해볼 수 있는 기회를 제공할 수 있어야 한다. 예를 들어 학교에서 또래 간 갈등이나 학급 규칙 등과 관련하여 갈등 상황이 발생하는 경우, 학교급에 따라 토론이나 자치회의, 자치법정 등 교과 및 자율활동을 통하여 해결 방법을 터득할 수 있도록 돕는 것이다. 아울러 모둠별 활동 등 협동학습을 일반 교과수업에 적용하여 타인의 의견에 대한 경청과 배려, 타협, 민주적 의사결정 등을 함양할 수 있는 기회를 만들어 줄 수 있다. 이에 더하여 적절하게 평가하는 방안까지 고려할 수도 있다. 이와 같이 비도덕적 욕구가 야기되는 상황에서 청소년들로 하여금 바람직한(양심적인) 행동을 유도할 수 있는 체계적인 교육 프로그램 개발 등이 필요할 것이다(한국교육개발원, 2013).

가상의 도덕적 상황에 대한 토론은 개인에게 제기된 문제에 대한 타인의 시각이나 견해를 알 수 있는 기회가 된다. 그렇다고 해서 타인의 생각을 자신의 생각과 모두 통합하지는 못한다. 그렇기 때문에 당장 실제 갈등 상황에 처할 경우, 기존에 가졌던 자신의 생각이나 태도에서 벗어나 다른 사람의 입장을 취하는 것은 어려울 수 있다. 그러므로 도덕적 토론은 합리적 토론의 논리를 중점으로 다루는 것이 아니라 다양한 가능성, 가설, 전제, 행동을 위한 대안 중심으로 이루어져야 한다. 이에 따라 타인이 가지고 있는 사고와 토론의 가능성들을 깨닫게 하는 것이 중요하다. 이러한 공감능력의 향상을 통해서 청소년들은 타인의 욕구 및 감정에 대한 민감성을 증진시킬 수 있다. 더불어 자신이 타인의 입장이 되어 유사점과 차이점을 생각함으로써 의미 있는 대인관계적 사고를 발달시킬 수 있게 된다.

학습정리

청소년기에 이르면 아동기와 달리 개인적인 이해나 욕구를 극복하고 순응해야 할 새로운 도덕 개념과 행동을 요구받는다. 청소년들은 인지적 성숙과 자아의 발달로 인하여 자기 자신의 도덕적 개념을 스스로 형성해 나간다. 이들은 높은 이상을 가지고 있고 자신의 이상을 타인으로부터 인정받고 싶어하며, 스스로 설정해 놓은 자신의 표준에 따라서 행동하고자 한다. 대부분의 경우 그러한 표준은 다른 사람에게보다도 자신에 대해서 엄격하다. 만일 스스로가 설정한 표준에 미치지 못한다고 느꼈을 경우, 즉 자신의 행동이 요구 수준 이하라는 것을 깨달았을 때에는 자기 경시, 자아의 축소, 가상 세계로의 도피 등이 나타난다.

도덕적 판단의 수준에 대한 기술과 평가방법을 제시하고 있는 콜버그 이론은 도덕적 내용을 가르치거나 덕목들을 훈련하는 기존의 방식과 달리, 발달적 측면에서 더 나은 수준의 도덕적 판단에 도달할 수 있도록 도와주는 변화 과정을 중요시 한다.

연습문제

1. 청소년기 도덕성 발달의 특징에 대해 설명하시오.
2. 개인의 도덕적 개념과 도덕 표준의 변화 가능성에 대해 논하시오.
3. 청소년기의 도덕성 발달에 영향을 주는 요인과 이를 위한 올바른 교육 방법에 대해 설명하시오.

PART 2
청소년 상담의 기초 이해

Chapter 09

청소년 상담의 기초 이해

▶▶ 개요

청소년 상담의 기초적인 이해를 돕기 위해 한국 청소년 상담의 역사와 청소년 상담의 의미에 대해 논할 것이다. 또 청소년 상담의 다양한 유형과 분류 및 원리에 대해 설명하고 적절한 상담자의 자질과 상담의 기법에 대해 알아본다.

▶▶ 학습목표

1. 일반목표

한국 청소년 상담의 역사에 대해 잘 이해하고 청소년 상담이 무엇인지 설명할 수 있다. 청소년 상담방식에 따른 유형과 상담형태에 따른 분류에 대해 이해할 수 있다. 그리고 청소년 상담의 기본원리와 기법 및 청소년 상담자의 자질에 대해 알 수 있다.

2. 세부목표

1) 청소년 상담의 개념에 대해 설명할 수 있다.
2) 청소년 상담의 분류 및 각 상담의 장단점에 대해 잘 이해할 수 있다.
3) 청소년 상담의 기본원리와 기법을 잘 습득하고 청소년 상담자의 자질에 대해 논할 수 있다.

▶▶ 주요용어

청소년 상담, 상담의 원리, 상담의 기법, 상담자의 자질

▶▶ 지식

- 청소년 상담에 대한 개념
- 청소년 상담의 유형에 대한 관점
- 청소년 상담의 기본원리와 기법 및 상담자의 자질에 대한 지식

▶▶ 기술

- 청소년 상담 특성에 따른 개념화 능력
- 적절한 청소년 상담 유형에 대한 선별 능력
- 청소년 상담 기법의 숙련

▶▶ 태도

- 청소년 상담에 대한 신중한 태도
- 청소년 상담의 기법에 대한 다각적 태도
- 청소년 상담자의 자질에 대한 정확한 판단

1. 한국 청소년 상담의 역사

한국에서 체계적이고 과학적인 청소년 상담이 논의된 것은 1952년 미국 교육사절단이 활동한 시기부터이다(이창호 외, 2005). 피바디대학(Peabody College of Education and Human Development)사절단을 포함해서 미국교육사절단은 1952년부터 1962년 사이에 총 4회 내한하여 한국의 교육을 지원하게 되었는데, 그 가운데 상담전공자가 포함되어 생활지도와 상담, 각종 심리검사방법 등을 소개하였다.

미국교육사절단과 유네스코-운크라(UNESCO-UNKRA) 등의 영향을 받은 한국교육계는 1957년 서울특별시 교육위원회에서 교육정책요강 6항에 "중학교, 고등학교에 카운슬러(counselor) 제도를 둔다"라는 규정을 마련하고 1958년부터 구체화시켰다. 그 후 서울특별시 교육위원회에서 1958년부터 1961년까지 총 5회에 걸쳐 일선 교사를 대상으로 '교도교사 양성강습회'를 실시하여 170명의 교도교사를 배출하였다(김규식 외, 2013). 이외에도 당시 문교부와 중앙교육연구소 공동 주관으로 1958년 8월부터 고등학교 생활지도 담당자 연수를 개최하여 청소년 상담사의 자질 함양을 돕게 되었다.

1960년 4.19혁명 이후에는 학생지도에 관한 연구가 활발히 진행되면서 1961년에는 중·고등학교 교도교사 100명이 '전국 중·고등학교 카운셀러연구협회'를 설립하였고, 이어서 1962년 12월 한국 최초로 서울대학교와 경북대학교 등에 학생지도연구소가 설립되었다. 그리고 1964년에는 새로 제정된 「국가공무원법」에 중·고등학교 교도교사 자격증 규정이 포함되면서 전담 교도교사제가 시행되었다. 1970년부터는 청소년 상담과 관련된 각종 형태의 연수와 워크샵이 개최되었고, 각 대학에 교육대학원을 통해서 상담심리관련 전공을 개설하여 상담교사 1·2급 자격증을 받게 하였다. 그리고 1973년에는 교육법 시행령을 개정하여 18학급 이상의 중등학교에 교도주임을 둔다는 조항이 신설됨으로써 학교업무에서 교도교사의 전문성이 공식적으로 인정받게 되었다.

1980년대에 이르러서 한국 사회의 급격한 변화와 청소년들의 건강한 성장을 저해하는 여러 가지 유해환경들이 증가하였다. 이로 인해 청소년 일탈 및 범죄가 증가하면서 1983

년 한국청소년연맹 상담실과 1984년 YMCA 청소년 성교육 상담센터가 설치되었다. 그리고 1985년 제34회 유엔총회에서 국제청소년의 해가 지정되어 청소년 국제교류가 확대되었으며 1987년 「청소년육성법」 제정으로 지역사회 내 청소년 상담의 법적 근간이 마련되었다.

1990년에는 체육청소년부 산하 '청소년종합상담실'을 설치하고 광주와 대구에 '청소년종합지원센터(현, 청소년상담지원센터)'를 시범적으로 운영함으로써 국가가 주도하는 청소년상담서비스가 처음 시작되었다. 또한 1991년 「청소년기본법」을 제정하여 청소년들이 건전하게 성장할 수 있도록 청소년 상담에 대한 법적 · 제도적 장치를 마련했다. 1993년 「청소년기본법」 시행과 더불어 문화체육관광부의 청소년상담정책기관으로 '청소년 대화의 광장'을 신설하였다.

1990년대 이후 지역사회 청소년 상담은 크게 활성화되어 16개 시 · 도에 청소년종합지원센터를 모두 설치하여 명칭을 '시 · 도 청소년종합상담실'로 개정하였고 시 · 군 · 구 지역에도 '청소년상담실'을 설치하여 확대, 운영하였다. 또한 지역 청소년 상담의 활성화 차원에서 중앙청소년종합상담실을 강화하고자 1999년에 '청소년 대화의 광장'을 '한국청소년상담원(현, 한국청소년상담복지개발원)'으로 명칭을 바꾸었고, 2000년에는 사이버상담센터도 열게 되었다. 그리고 2003년부터는 청소년상담사 자격제도를 운영하게 되어 청소년 전문상담사를 체계적으로 양성하게 되었다.

2005년에는 정부에서 국무총리 소속 국가청소년위원회를 구성하고 청소년 관련 업무를 통합, 관리하였다. 이에 보다 전문적이고 효율적인 운영을 도모하기 위해 위기청소년들을 위한 상담지원 네트워크 구축 사업(청소년전화 1388 개통 등)에 큰 비중을 두었다. 이때 시 · 도 및 시 · 군 · 구 청소년(종합)상담실의 명칭이 개정되어 시 · 도는 '청소년상담지원센터'로 시 · 군 · 구는 '청소년지원센터'로 명칭이 바뀌었다. 이로써 청소년 상담은 단순한 심리상담에서 벗어나 위기청소년 긴급구조, 위기청소년 보호지원을 위한 사회안전망 운영, 경제적 취약계층 청소년을 위한 자립지원사업 등 복지적 개념의 공적서비스로 확대되었다.

2008년 새로운 정부의 조직개편이 있은 후 청소년 관련 업무는 보건복지가족부로 이관되어 통합적 아동 · 청소년 정책을 계획하고 관련법 개정을 추진하게 되었다. 그리고 2010년에는 한국청소년상담원이 보건복지가족부에서 여성가족부 소관 부처로 이동하였고, 2012년 '한국청소년상담원'은 '한국청소년상담복지개발원'으로 명칭을 변경하였다. 2014년 국가균형발전특별법과 정부의 지방 분권화 정책의 일환으로 한국청소년상담복지개발원은 부산광역시로 이전하였다. 2019년 현재 한국청소년상담복지개발원은 전국에 위치한 전국 400여개의 청소년상담복지센터와 학교밖청소년지원센터(청소년지원센터 꿈드림)를 총괄하며 청소년 문제에 대응하는 다양한 사업들을 구축 · 운영 중이다.

2. 청소년 상담의 의미

1) 상담의 의미

오늘날 우리가 사용하는 상담이란 말은 윌리엄슨(E. G. Williamson)의 저서인 ≪학생상담의 기법(How to Counsel Students)≫(1939)에서 처음으로 사용되었고, 그 이전에는 치료, 처치(treatment) 등의 용어를 사용했다(민영순, 2003). 상담(counseling)이란 용어는 라틴어의 'consulere'에서 유래된 것으로서 그 의미는 고려하다(to consider), 조언을 받다(to ask counsel) 그리고 조언을 구하다(to ask counsel of) 등의 뜻을 가지고 있다. 이외에도 현대적 의미의 상담은 심리치료, 태도변화, 행동수정, 의사결정, 문제해결, 정보제공 등 전문적 기법에 의한 새로운 기능들을 보유하고 있다(김계현 · 하혜숙, 2000).

일반적으로 사용하고 있는 상담(相談)이란 한자의 의미를 살펴보면, 먼저 나무 목(木)과 눈 목(目)으로 이루어진 '서로 상(相)'은 두 그루의 나무가 눈을 맞대고 마주한다는 의미를 가지고 있다. 또한 말씀 언(言)과 태울 염(炎)이란 두 글자로 조합된 '이야기 담(談)'은 마치 활활 타오르는 불과 같이 서로 말을 주고받는다는 의미를 지니고 있다. 따라서 글자 그대로 풀이하면 상담이란 두 사람이 마주 보고 열심히 대화를 나누는 행위를 뜻한다. 즉, 두 사람이 마주 보고 나누는 대화 가운데 한 사람은 도움을 받기 위해, 다른 한 사람은 도움을 주기 위해 대화를 나누는 조력적 면담을 의미한다고 볼 수 있다.

상담의 정의는 학자들에 따라 다소 차이가 있지만 대표적인 몇몇 학자들의 정의를 살펴보면 다음과 같다. 이장호(1996)는 상담이란 '전문적인 훈련을 받은 상담자가 도움을 필요로 하는 내담자와의 대면관계에서 사고, 행동 및 감정과 생활 과제의 해결을 통해 더 나은 삶을 위해 노력하는 학습 과정'이라고 정의하였다. 또 로저스(Rogers, 1952)는 '상담자와의 안전한 관계에서 내담자가 과거에 부정했던 경험을 다시 통합하여 새로운 자기로 변화하는 과정'으로 설명하였고, 정원식 등(1988)은 '도움을 필요로 하는 사람과 도움을 줄 수 있는 사람과의 개별적인 관계를 통하여 새로운 학습이 이루어지는 과정'이라고 정의하였다.

여러 학자들이 제시한 상담의 정의를 종합해 보면 다음과 같이 개념화 할 수 있다. 상담이란 도움을 필요로 하는 내담자가 전문적 훈련을 받은 상담자와의 안전한 대면관계 속에서 언어라는 매체를 통해 문제해결, 새로운 학습 그리고 인간적 성장을 경험하는 과정이라고 할 수 있다.

2) 청소년 상담의 의미

청소년 상담에 대하여 구체적으로 살펴보면 첫째, 청소년 상담활동의 대상은 청소년 자신과 청소년 관련인(부모, 교사, 청소년 지도사)과 청소년 관련기관(가정, 학교, 청소년 고용업체, 청소년 수용기관, 청소년 봉사기관 등)을 포함한다. 다시 말해서 청소년 문제는 청소년 발달 과정상의 문제도 있지만, 환경과의 관계에서 발생하는 경우가 많다. 때문에 청소년 상담 대상은 청소년 자신뿐만 아니라 청소년 관련인 및 관련 기관도 그 대상이 될 수 있다(이형득, 1992). 둘째, 청소년 상담은 청소년들이 현재 당면하고 있는 정신적 질병의 치료 및 문제해결뿐만 아니라 정신적 질병의 예방 및 건전한 발달과업을 충실히 달성하여 개인적 성장과 발달을 도모한다(박재황 외, 1993). 셋째, 청소년 상담은 방법적인 측면에서도 성인 상담보다 다양한 방법을 사용하여 개인상담, 집단상담, 가족상담 등을 활용하는 경우가 많다. 그리고 교육과 훈련, 자문, 매체활용 등의 다양한 접근이 용이하다.

청소년 상담은 대부분 청소년 문제와 관련되어 있으므로 일반 상담과는 달리 좀 더 포괄적으로 접근해야 할 필요가 있다. 따라서 청소년 내담자의 고유한 발달적 · 환경적 특성에 맞는 차별화된 다양한 접근을 필요로 한다(김홍순 · 김청송, 2011).

그러므로 청소년 상담의 개념을 종합해 보면 다음과 같이 정의할 수 있다. 청소년 상담이란 도움을 필요로 하는 청소년 및 청소년 관련인과 청소년 관련기관을 대상으로 전문적 훈련을 받은 상담자와 안전한 대면관계 및 각종 매체를 통하여 청소년이 직면하고 있는 문제해결, 새로운 학습 그리고 바람직한 발달 및 인간적 성장을 경험하는 과정이라고 할 수 있다.

3. 청소년 상담의 유형

1) 상담방식에 따른 분류

(1) 대면 상담

대면 상담은 여러 유형의 상담 중에서 가장 일반적이고 전통적으로 실시해 온 상담진행 방식이다. 대면 상담이란 상담자와 내담자가 직접 만나서 얼굴을 맞대고 언어로 대화하며 내담자의 성장과 발달을 도와주는 과정이다.

이 경우 상담자는 대화를 통해 내담자를 이해하며 변화시킨다. 즉, 대화는 내담자를 이해시키는 핵심수단이며 문제를 해결하고 성장을 촉진시키는 가장 유력한 상담 도구라고 할 수 있다. 이 방법은 상담자가 내담자를 직접 만나서 관찰할 수 있기 때문에 내담자가 이야기하는 내용 이외에도 다른 중요한 정보들을 상담에 활용할 수 있다. 예를 들어, 어떤 내담자는 '아무렇지도 않다'라고 말하면서 얼굴은 붉어지고 눈물을 글썽이는 경우가 있다. 이러한 언어적 정보와 비언어적 정보 간의 불일치는 얼굴을 직접 대면하지 않고는 확인할 수 없는 과정이다.

하지만 대화 이외의 다른 수단을 통해 진행하는 경우도 있는데 놀이치료, 음악치료, 미술치료, 무용, 연극 등을 상담의 주요 방법으로 활용하기도 한다(이장호, 2001). 2019년 현재 한국 청소년들은 1:1 면접상담(09~18시)을 원하는 경우 전국 228개 청소년상담복지센터를 통해 거주지와 가까운 곳에서 전문상담사의 상담을 받을 수 있다.

(2) 매체 상담

매체 상담은 커뮤니케이션의 발달과 함께 송신자와 수신자 사이에 메시지(message)를 전달하는 매개체의 방법론적인 측면까지 포함하는 광범위한 개념이다. 매체 상담은 전화, 인터넷 그리고 신문, 잡지, 라디오, TV, 영화 등의 매스미디어를 매개체로 하여 상담을 진행한다. 최근 전화 상담과 사이버 상담이 대표적인 매체 상담으로 활용되고 있다.

① 전화 상담

전화 상담은 상담자와 내담자가 전화로 대화를 나누면서 상담을 진행하는데 한국의 많은 상담기관에서 활용하고 있다. 특히 한국청소년상담원을 비롯하여 전국 시·도, 시·군·구에 있는 청소년상담지원센터에서 청소년 관련 문제를 전화로 상담하는 '헬프 콜! 청소년전화 1388'을 운영하고 있다. 2017년 청소년전화 1388 상담건수는 86만3천건이며, 주된 상담 주제는 정보제공이 제일 많았고 다음으로는 대인관계, 정신건강, 학업, 진로 순으로 나타났다(통계청, 2018).

전화 상담은 내담자가 도움이 필요한 경우 언제든지 상담이 가능하기 때문에 접근성이 높다는 장점이 있다. 그리고 필요할 때 직접 찾아가지 않아도 상담이 가능하기 때문에 특히 위기상황의 내담자들에게 도움을 줄 수 있다. 또 전화 상담의 중요한 장점은 익명성이다. 물론 대면 상담에서도 내담자의 개인 신상에 대한 정보는 철저하게 비밀보장이 되지만 신분이 노출되지 않으면서도 도움을 받고자 할 경우에는 전화 상담이 적절하다고 볼 수 있다.

전화 상담의 여러 장점에도 불구하고 몇 가지의 한계점도 있다. 내담자가 자발적으로 전화를 걸어야만 상담이 시작되기 때문에 여기에는 내담자의 적극성과 동기가 요구된다. 또한 전화 상담은 내담자가 다시 전화를 걸지 않는 한 상담이 지속되기 어려워 일회성으로 끝나기 쉽다. 따라서 전화 상담은 자살, 가출, 폭력 등의 위기개입, 진로, 성, 학업 등에 대한 각종 정보제공이나 특정요구와 문제, 면접상담의 보조 기능을 한다.

② 사이버 상담

사이버 상담은 의사소통의 매개 수단으로 컴퓨터 및 스마트폰을 활용하여 인터넷이라는 공간에서 상담이 이루어지는 것을 말한다. 사이버 상담은 온라인 상담, 웹 상담 등의 용어로 사용된다. 요즘처럼 온라인을 많이 이용하는 청소년들에게 사이버 상담은 매우 유용한 상담적 접근방법이라고 할 수 있다. 사이버 상담은 다른 상담에 비해 접근성과 내담자의 객관화, 익명성, 과정의 용이함 등 여러 가지 특징을 가진다. 구체적으로 살펴보면 다음과 같다.

첫째, 시간이나 공간적인 제약을 받지 않기 때문에 접근성에 있어서 자유롭다. 전화 상담과 마찬가지로 사이버 상담의 경우 언제, 어디서나 상담이 가능하다. 사이버 상담만의 편리한 점은 내담자와 상담자가 각각 다른 시간에도 상담이 가능하다는 것이다. 내담자는 자신이 원하는 시간에 자유롭게 상담을 신청할 수 있다. 상담자 역시 의뢰된 상담내용을 자신에게 편리한 시간에 확인하고 답변할 수 있다.

둘째, 내담자의 마음을 객관적으로 정리해 볼 수 있는 기회를 제공하기도 한다. 사이버 상담에서는 내담자가 자신의 문제를 문자로 표현하는 과정에서 스스로의 문제와 심정에 대해 객관적으로 정리해 볼 수 있는 기회를 가질 수 있다.

셋째, 익명성으로 상담 과정에 자신을 밝히기 힘들어하는 내담자들의 부담을 줄일 수 있다. 따라서 내담자 자신에 대한 정보를 원하는 정도만 드러내도 상관없다. 익명성이 보장되기 때문에 어색함이나 두려움을 갖지 않고 자신에 대한 정보는 원하는 정도만 공개하면 된다. 하지만 상담 진행 과정에 요구되는 필수적인 신상정보까지 감추는 경우에는 효과적인 상담에 방해가 될 수 있다. 사이버 상담에서는 신체적 특징, 인상, 용모 등이 전혀 제시되지 않으며, 사회적 지위나 권위를 나타내는 사회적 단서 역시 제한되기 때문에 상대의 권위에 영향을 받지 않고 이야기 내용에만 집중할 수 있다. 그리고 온라인상에서 사람들은 타인에게 우호적인 경향성을 보이기도 한다. 이는 개인의 사회적 조건들, 예를 들면 사회적 지위, 연령, 종교, 학벌, 재산 등에 대한 정보가 제한되어 쉽게 친밀해질 수 있기 때문이다.

넷째, 대면 상담에 비해 상담의 신청과 종결이 쉽게 이루어진다. 관계에 대한 강제력이 없기 때문에 언제든지 쉽게 상담을 신청하고 또한 그만두고 싶을 때 자유롭게 종결할 수 있다. 그러나 이러한 유동성은 효과적인 상담에 한계로 작용할 수 있다. 대다수의 내담자는 자신에게 필요한 간단한 정보나 조언만을 원하는 경우가 많다. 하지만 이러한 경우에는 충분한 시간동안 진행되었을 때 얻을 수 있는 중요한 상담적 효과를 경험하지 못하고 종결하게 된다. 보다 깊이 있는 자기이해와 문제에 대한 정확한 통찰을 위해서는 내담자가 좌절과 저항을 극복해 가는 과정이 필요한데, 이러한 과정은 단기간에 이루어지기 어렵다.

사이버 상담은 위에 열거한 여러 장점들에도 불구하고 제한점을 가지고 있다. 면접상담과는 달리 문자로만 의사소통을 하기 때문에 내담자의 특징적인 비언어적 단서들, 예를 들면 목소리, 행동, 몸짓, 안색, 자세 등 상담에 필요한 중요한 정보들을 얻을 수 없다. 따라서 상담 진행 과정 중 활용 가능한 단서들이 제한적일 수 있다. 그리고 내용 전달에 있어서 도움 받고 싶은 사연을 충분히 전달하기에 미흡한 점이 있다. 말로 표현하는 것에 비해 내담자가 원하는 내용을 분명하고 정확하게 문자로는 모두 표현해 내지 못하는 경우가 많기 때문이다. 상담자 입장에서도 깊은 정서적 체험을 이끌어 내기 어렵고 공감과 조언 위주의 상담에 그칠 수 있어서 본래 상담의 깊이와 장점을 충분히 활용하기에는 무리가 따른다.

2) 상담형태에 따른 분류

(1) 개인상담

개인상담이란 개인이 일상생활에서 당면한 심리적 · 정서적인 어려움을 전문적인 상담자와 1:1 관계를 통해 자신의 문제를 제시하고 함께 풀어가는 상담 과정이다. 개인상담은 내담자의 필요와 상황에 따라 다양한 상담기법들을 활용할 수도 있다. 또 내담자의 언어적 표현뿐만 아니라 비언어적 메시지와 그밖의 상황에 대한 관찰이 가능하기 때문에 효율적 상담이 될 수 있다. 따라서 개인상담은 도움을 주고자 하는 상담자와 도움을 받고자 하는 내담자의 개인 대 개인의 관계에서 이루어지는 학습지향적인 과정이다.

그리고 개인상담은 전문적인 지식과 기술을 가지고 있는 상담자가 내담자 자신과 환경에 대한 이해를 증진시키고 합리적인 의사결정을 내리거나 행동양식을 증진시킬 수 있도록 도울 수 있다. 개인상담은 내담자가 직접 자신의 문제를 상담자 앞에서 노출해야 하는 부담이 있고 상담자 또한 내담자의 기대에 만족할 만한 상담을 해야 한다는 부담이 따르기도 한다. 개인상담의 특징을 살펴보면 다음과 같다.

① 개인상담은 비밀이 보장되고 인간적인 접촉과 심층적인 이해가 이루어지는 상황에서 상담자가 내담자를 만남으로써 이루어진다.

② 개인상담은 내담자에게 무엇이 잘못되었다고 말해 주기보다는 내담자 스스로 문제를 깨닫도록 도와주는 것이다.

③ 개인상담은 상담자의 입장이 아니라 내담자의 입장에서 문제를 보고 해결책을 모색하는 것으로 문제해결을 위한 결정은 내담자에게 주어진다.

④ 개인상담은 언어적인 표현을 중심으로 이루어지며 감정, 태도, 사고 등의 내용이 언어화될 수 있도록 한다.

⑤ 개인상담은 단순한 정보제공이나 사교적 대화충고, 훈화 등과는 달리 장기간에 걸쳐 상담목표가 이루어질 때까지 계속된다.

⑥ 개인상담의 궁극적인 목표는 내담자의 성장과 발달을 돕고 새로운 학습이 이루어질 수 있도록 하는 것이다.

⑦ 개인상담은 인간에 대한 이해와 사랑 그리고 인도주의적인 태도를 갖춘 상담자에 의해서 성공을 거둘 수 있다. 따라서 상담자는 인간에 대한 성숙한 태도와 내면세계에 대한 민감한 이해를 할 수 있어야 한다.

(2) 집단상담

집단상담은 한 명 또는 그 이상의 상담자와 여러 명의 내담자가 함께 모여 일정기간 동안 정기적으로 만나면서 참여자의 관심사에 대하여 각자의 느낌, 반응, 행동, 생각들을 대화로 서로 교환하는 상담이다. 다시 말해서 집단상담은 집단의 응집력과 치료적 분위기를 통한 상호 이해의 촉진으로 긍정적 변화를 모색하기 위한 집단 활동이다.

집단상담은 개인상담과는 달리 집단원들 간의 역동적인 상호작용을 치료적으로 활용할 수 있다. 이에 내담자가 다른 참여자들로부터 도움을 받을 뿐만 아니라 도움을 제공하는 경험도 체험할 수 있다. 집단상담의 한 형태로서 내담자들이 한 가족으로 구성되어 개개인의 내면세계를 이해하기 위한 가족상담도 있다.

내담자가 타인에 대한 이해능력이 부족하고 타인의 시선에 민감한 반응을 보일 경우 개인상담보다 집단상담이 유용하다. 특히 다른 사람들에 대한 배려와 존중감이 필요한 내담자, 타인과 대화를 포함하여 사회적 기술의 습득이 필요한 내담자, 대인관계에서 자신감이 필요한 내담자나 자기 공개에 대해 지나친 위협을 느끼는 내담자 등에게 사용할 수 있다. 내담자들은 타인을 대하는 바람직한 태도나 행동반응을 집단 내에서 시도하고 그 결과를 확인해 볼 수 있다(오윤선, 2007).

청소년들은 집단치료 프로그램에 참여하는 그 자체만으로도 타인들과 조화를 이루고 흥미와 활력을 얻을 수 있다. 비슷한 시기에 거의 동일한 어려움을 겪는 청소년들이 함께 상호 대화 속에서 자기 혼자만 겪고 있는 어려움이 아니라는 위로와 함께 실제적이고 경험적인 조언과 지지를 얻을 수 있다. 이들이 서로에게 주는 위로와 격려는 전문 상담사들이 주는 것과는 또 다른 것으로 상호 입장을 존중하고 공감하며 지지하는 기대 이상의 시너지 효과를 발휘하게 된다.

4. 청소년 상담의 기본원리

1) 개별화의 원리

상담자는 내담자 각자의 개성과 개인차를 고려하여 상담에 임하여야 한다. 청소년 상담에서 개별화의 원리는 개개인의 욕구와 발달 특성 및 상황 등을 고려하여 각 개인을 이해하고 보다 나은 적응을 위해 조력하는 것을 말한다. 이는 상담방법 또한 개인의 차이에 따라 달라져야 함을 의미한다. 청소년 상담에서 개별화 원리를 적용하기 위해서는 다음과 같은 전제가 필요하다.

① 청소년 상담자는 내담자에 대한 편견이나 선입관으로부터 탈피해야 한다.
② 청소년 내담자의 행동 유형과 원리에 대해 전문적으로 이해하려고 해야 한다.
③ 청소년 내담자의 말을 경청하고 세밀히 관찰해야 한다.
④ 청소년 내담자의 보조에 맞추어 진행할 수 있어야 한다.
⑤ 청소년의 감정변화를 민감하게 알 수 있어야 한다.
⑥ 청소년 내담자의 견해차가 있을 때는 거시적 통찰력을 가지고 적절한 선택을 해야 한다.

2) 의도적 감정표현의 원리

의도적 감정표현의 원리란 상담자는 내담자로 하여금 감정을 솔직하게 표현할 수 있도록 모든 노력을 기울여야 한다는 것을 의미한다. 내담자가 자신의 문제와 관련된 감정이나 상담 과정에서 느낀 감정을 솔직하게 표현할 수 있을 때 상담은 성공할 가능성이 높아진다. 따라서 청소년 상담자는 온화한 상담 분위기를 조성하여 내담자로 하여금 자신의 감정이 부정적이든 혹은 긍정적이든 자유롭게 표현할 수 있도록 도와야 한다. 그리고 청소년 상담자는 내담자의 감정표현을 비난하거나 질책해서는 안 되며 끝까지 인내심을 가지고 경청하고 격려해야 한다. 이와 같이 의도적 감정을 표현하도록 돕기 위한 조건은 다음과 같다.

① 압력이나 긴장으로부터 청소년 내담자를 완화시켜 준다.
② 청소년 내담자의 문제점을 이해할 수 있도록 도와준다.
③ 허용적인 태도를 조성하기 위해 청소년 내담자의 감정표현을 경청한다.
④ 청소년 내담자의 감정표현을 적극적으로 지지하고 격려한다.
⑤ 비현실적인 보장이나 초기에 지나치게 성급한 직면과 해석을 삼가한다.

3) 통제된 정서관여의 원리

상담자는 통제된 정서를 유지한 채 내담자의 정서 표현에 민감하게 반응하고 적극적으로 관여하는 자세를 가져야 한다. 청소년 상담은 대부분 정서적인 면에 관련되어 있기 때문에 상담자는 내담자에게 그 감정을 말로 표현할 수 있도록 지지하여야 한다. 그리고 청소년 내담자의 정서 변화에 민감하게 반응하고 이해할 수 있어야 하며, 적절한 대응책을 준비하고 적극적인 태도로 관여해야 한다.

4) 수용의 원리

수용의 원리는 청소년 내담자의 존엄성과 인격의 가치를 존중하며 그들의 강점과 약점, 바람직한 성격과 그렇지 않은 성격, 긍정적 감정과 부정적 감정, 건설적 또는 파괴적 행동 등을 있는 그대로 이해하고 따뜻하게 받아들이는 태도를 의미한다.

하지만 이것은 내담자의 말을 모두 다 동의하고 받아들이는 것과는 엄연히 다르다. 상담자가 내담자의 의견에 동의하지 않는 것과 내담자를 거부하는 것은 다르다고 볼 수 있다. 내담자의 의견에는 동의하지 않지만 내담자를 하나의 인격체로 존중할 수는 있다. 상담자가 내담자의 의견에 동의하지 않을 때는 그러한 사실을 분명히 전달하되 온화한 음성과 자세로 표현하여 내담자를 인격적으로 수용하고 있음을 전달할 수 있어야 한다(박옥임 외, 2013).

청소년 상담자가 권위적이거나 강압적인 태도를 취하면 내담자와 상담관계를 유지하기 어렵다. 따라서 청소년 상담자는 내담자에게 따뜻하고 친절하게 대하고 내담자를 수용하는 자세를 지녀야 한다.

5) 비심판적 태도의 원리

비심판적 태도란 내담자의 행위에 대하여 상담자가 판단이나 비판을 하지 않는다는 것을 의미한다. 청소년 상담자는 내담자의 행동과 태도, 가치관 등을 평가할 때 객관적이고 중립적인 자세를 유지해야 한다. 특히 내담자에게 잘잘못이나 책임성 유무를 따지는 등 심판적인 태도를 가지지 않도록 가치중립적인 태도를 취해야 한다.

문제를 가진 청소년 내담자들은 죄책감, 열등감, 불만감, 고독감 등을 가지고 있기 때문에 타인의 비판에 예민하며 자신을 방어하려고 한다. 따라서 상담자는 객관적으로 청소년 내담자의 행동, 태도, 가치관 등을 평가해야 한다. 이때 어떠한 문제에 대하여 나쁘다거나 책임져야 한다는 등의 과격한 표현을 해서는 안 된다. 비판적 태도의 원리가 지켜지려면 다음과 같은 자세가 필요하다.

① 청소년 상담자가 선입견을 가져서는 안 된다.

② 청소년 내담자의 보조에 맞추어 상담을 진행해야 하며, 내담자의 발언을 자주 가로막고 성급한 결론으로 이끌어서는 안 된다.

③ 청소년 내담자를 어떠한 유형의 틀로 맞추려는 태도를 버려야 한다.

④ 청소년 내담자가 상담자에 대하여 적의를 가지거나 부정적 감정표현을 할 수 있다는 것을 주지해야 한다.

6) 자기결정의 원리

자기결정의 원리란 어떤 경우이든 상담에서 내담자가 선택하고 결정한다는 것을 의미한다. 청소년 상담자는 내담자가 자신의 가치와 존엄성을 인지하고 스스로 자기 결정권을 가지며 문제해결책을 선택하여 의사결정을 할 수 있도록 도와야 한다. 이를 위한 원칙은 다음과 같다.

① 청소년 내담자가 자기수용을 할 수 있도록 도와줄 수 있어야 한다.
② 청소년 내담자의 잠재능력, 즉 장점과 능력을 발견하고 활용하여 인격적 발전을 도모할 수 있도록 도울 수 있어야 한다.
③ 청소년 내담자가 자기결정을 할 수 있도록 수용적 태도나 심리적 지지를 보내는 등 상담자는 적절한 분위기를 조성할 수 있어야 한다.
④ 청소년 내담자가 자신의 문제를 해결해 나갈 수 있도록 돕고 보조하는 역할을 해야 한다.
⑤ 청소년 상담자는 내담자를 강제적으로 설득해서는 안 된다.

7) 비밀보장의 원리

비밀보장이란 상담 과정에 있었던 모든 사항을 제3자가 알지 못하도록 하는 것을 의미한다. 청소년 상담자는 상담 과정에서 얻은 정보를 공개해서는 안 된다는 직업적·윤리적 규정과 의무를 수행해야 한다. 이와 같은 원칙은 상담자와 내담자 간의 신뢰형성에 중요한 요인으로 작용한다. 따라서 청소년 상담자는 내담자의 사생활과 개인적인 문제 보호를 위해 상담 내용은 물론 그 내담자가 상담을 받았다는 사실조차 비밀로 해야 한다. 상담에 대한 비밀이 유지되지 않는다면 내담자는 자신의 문제를 솔직하게 밝히지 않는다. 상담 과정에서 오고 간 이야기는 내담자 입장에선 극히 사적인 문제이다. 비밀보장이 철저하게 보장될 때만 내담자는 청소년 상담자를 신뢰하고 상담을 성공적으로 이끌 수 있게 된다.

하지만 청소년 상담에서 내담자의 정보를 공개해야 하는 부득이한 경우도 있다. 내담자가 자신이나 타인을 해칠 위험이 있는 경우, 아동학대나 성폭력 등 범죄에 대한 내용을 알게 된 경우, 내담자의 보호자 요청이 있는 경우(내담자가 아동일 경우), 내담자가 용인한 경우, 법원이 공개를 명한 경우, 상담자가 수습기간에 수퍼바이저의 지도를 받고 있는 경우 등은 예외적으로 공개할 수도 있다.

5. 청소년 상담의 기법

1) 비언어적 기법

(1) 주의집중

상담자의 비언어적 행동은 언어로 표현하지 않은 채 감정을 전달하기 때문에 내담자의 상담관계 인식에 직결된다. 상담자의 비언어적 행동 중 신체적 주의집중 행동은 매우 중요하다. 신체적 주의집중 행동은 시선 접촉, 개방적 자세, 내담자를 바로 향함, 앞으로 몸을 살짝 구부림, 자연스럽고 편안한 자세 등이 있다.

상담자는 내담자에게 이해와 관심을 집중하도록 노력해야 한다. 관심과 이해의 눈으로 시선을 접촉하고 자연스럽고 편안한 자세를 취하여 수시로 내담자쪽으로 몸을 살짝 구부리는 것이 좋다. 그리고 안정되고 자연스러운 몸짓을 사용하도록 한다.

(2) 감정이입

상담자의 감정이입의 기술은 비언어적 의사소통을 관찰하고 여기에 대한 반응 능력에 영향을 주게 된다. 내담자로 하여금 개방적으로 감정을 표출할 수 있도록 조성하는 것은 상담의 중요한 요소이다. 따라서 상담자는 비언어적 의사소통에 민감해야 하고 내담자의 내면적 감정과 이에 대한 언어적인 표현 간에 나타나는 격차에 대해 능숙하게 반응할 수 있어야 한다.

(3) 세심한 판단

상담면접을 수행할 때는 내담자의 비언어적 의사 내용에 대하여 각별하고 세심하게 관찰해야 한다. 그 이유는 내담자의 비언어적 행동으로 인하여 특별한 정보를 얻을 수 있기 때문이다. 내담자의 특정 행동은 숨겨진 감정 및 동기를 잘 나타내는 것이기보다, 오히려 특정한 암시라고 볼 수 있다. 이때 상담자는 비언어적 행동을 잠정적으로 해석해야 한다. 어떤 행동은 내담자에 따라 전혀 다른 의미를 내포하고 있을 수 있다. 그리고 한 사람일 경우라도 시간과 상황에 따라서 전혀 다른 의미를 가질 수 있다는 것을 주지해야 한다.

(4) 침묵

침묵은 상담자의 신중하고 폭넓은 수용을 내담자에게 표현하는 비언어적인 의사소통이라 할 수 있다. 경험이 적은 상담자는 상담과정 중 발생하는 침묵을 불편하게 생각할 수 있다. 하지만 상담자가 침묵의 다양한 의미와 침묵을 다루는데 능숙해질 수 있다면 상담결과에 큰 유익을 줄 수 있다(이순형 · 이혜승, 2004).

2) 언어적 의사소통 기법

(1) 경청

경청은 내담자의 전달내용에 주의를 기울이고 의사전달 내용 뒤에 숨어 있는 의미에 대해서 정확하게 반응하는 과정을 말한다. 가장 단순한 단계의 경청은 내담자가 표현한 내용과 감정에 대한 상담자의 피드백이다. 다음 단계의 경청은 상담자가 내담자의 전달내용을 해석하는 것이다. 따라서 경청은 내용의 재진술과 감정의 반응에 대한 기술적인 통합을 뜻한다.

(2) 공감

공감이란 상담자가 내담자의 입장이 되어 그의 생각과 감정을 이해하는 것이다. 상담자가 내담자의 감정을 함께 나누고 있다는 사실을 알게 되면 내담자는 보다 상담자를 신뢰하게 된다. 이렇게 된다면 상담자와 내담자 관계에서 촉진적 의사소통은 물론 내담자의 자기탐색, 자기이해 및 수용의 근본으로 작용할 수 있다.

(3) 질문의 사용

상담자의 개방적이고 기술적인 질문은 내담자로부터 상담에 유용한 정보와 연결된다. 그리고 내담자 자신의 통찰과 명료화 내지는 직면을 이끌어내는 기법으로 사용하기에 유익하다. 상담자가 질문 사용 시 유의할 내용은 다음과 같다. 첫째, 너무 많은 질문을 하지 않는다. 둘째, 내담자가 대답하기 어려운 부적절한 질문은 하지 않는다. 만약 직면과 문제해결을 위해 필요하다면 완고하고 우회적인 표현의 질문이 바람직하다. 셋째, 내담자나 아직 말할 준비가 되어 있지 않은 질문은 하지 않는다. 셋째, 최소한 한두 문장으로 표현할 수 있는 개방적 질문을 한다. 폐쇄적 질문과는 달리 개방적 유도는 '예'나 '아니요' 이상의 답변을 요구한다. 예를 들어 내담자에게 '그것에 관해서 얘기해 보세요'라고 말하는 것이다. 개방적 질문은 사실보다 감정에 관해 이야기하도록 하는 역할을 하며 내담자로 하여금 그들의 문제를 상담자와 나누도록 하는데 유용하다. 넷째, 내담자가 혼란스러워 하는 이중질문을 피해야 한다. 다섯째, 추상적인 질문보다는 구체적인 내용의 질문이 더욱 효과적이다.

(4) 재진술

재진술이란 상담자가 다른 단어를 사용하여 내담자의 진술내용을 내담자에게 다시 피드백하는 것이다. 내담자의 전달내용을 재진술하고 이 진술을 다른 말로 바꾸어 말할 수 있는 능력은 경청 과정에 시작된다. 재진술은 내담자로 하여금 문제에 대한 이야기를 시작하고 그 후 좀 더 자세하게 이야기하도록 하는 것으로 상담면접의 초기 단계에 사용하기 적합하다.

(5) 반영

내담자의 감정을 반영할 때 상담자는 내담자의 진술을 주의 깊게 듣고 전달내용을 재진술하여 반영하며 특히 내담자가 표현한 감정에 초점을 두어야 한다. 이때 내담자의 감정에 대한 반응은 내담자의 내면적 준거기준에 의해서 상담자가 정확하게 내담자를 지각하고 이해하려 한다는 사실을 내담자에게 알려주는 것이다.

(6) 직면

직면이란 상담자가 내담자의 감정, 사고, 행동에 내재된 어떤 불일치나 모순에 도전하는 반응이다. 이를 적절히 사용할 수 있다면 내담자의 변화와 성장을 도울 수 있다. 직면을 통하여 내담자가 느끼지 못하고 회피하며 다룰 수 없는 모순을 깨우치도록 도울 수 있다. 아울러 내담자의 문제를 스스로 이해할 수 있는 대안을 주게 된다. 하지만 오히려 내담자에게 심리적 불쾌감과 상처를 줄 수도 있다. 따라서 상담자와 내담자 간 상호신뢰의 맥락에서 치료적 징후가 보일 때 사용해야 한다. 특히, 상담자의 좌절과 분노를 표현하는 수단으로 사용해서는 절대 안된다.

(7) 요약

요약은 내담자의 언어적 표현 중 여러 요소들을 분류하는데 공통적인 주제, 유형을 밝혀내고 복잡한 내용을 정리하여 검토함으로써 내담자의 언어내용에 주의를 환기시키고 통찰을 촉진한다. 즉, 상담자로 하여금 내담자의 진술의 초점을 압축해서 명확하게 하도록 한다. 요약은 또한 내담자의 탐색을 촉진하고 상담자가 제대로 지각하고 있는가를 점검하게 한다. 특히 감정의 요약에서 상담자는 내담자의 지배적인 감정을 포착해서 반응하려고 해야 한다. 내담자의 감정요약은 상담자로 하여금 내담자의 경험에 대한 정서적인 면을 통합하도록 이끌어 내는 역할을 한다. 즉, 내담자의 경험 중 정서적 요인에 대해서 심층적이고 지각적인 방법으로 반응할 수 있어야 한다.

(8) 명료화

명료화란 내담자의 말에 함축되어 있는 의미를 상담자의 언어로 내담자에게 확실히 전달해주거나 또는 내담자의 모호한 진술 등을 명확히 진술해달라고 요청하는 것을 뜻한다. 이는 내담자 자신이 상담자로부터 잘 이해받고 있고 상담이 잘 진행되고 있다는 안정감을 준다. 이 과정에서 내담자가 구체적으로 이야기하도록 돕고 그 내용을 명확하게 들었는지 확인하여 모호한 진술을 확실히 하도록 돕는다. 이때 너무 직접적이고 과격하지 않도록 주의해야 한다.

(9) 해석

해석이란 내담자가 자신의 문제를 새로운 각도에서 이해할 수 있도록 생활경험과 행동의 의미를 설명해 주는 것으로 가장 어려운 상담자 반응기법 중 하나이다. 여기에는 특정 행동의 원인에 대한 구체적인 설명 및 관련성 여부 등이 속한다. 그 내용은 방어기제, 문제에 대한 감정, 생각, 행동 방식 등이다. 특히 해석은 내담자에게 위협적일 수 있어서 적절한 시기에 이루어져야 한다. 성급하고 섣부른 해석은 자기탐색 감소, 주지화 경향을 가져올 수 있다. 시기적절한 해석은 내담자로 하여금 변화와 통찰 및 성장을 촉진하게 되고 새로운 차원에서 문제를 이해하고 행동과 감정의 내면에 포함된 문제 원인을 통찰할 수 있는 기회를 줄 수 있다.

6. 청소년 상담자의 자질

1) 인성적 자질

만일 청소년 상담자의 인성적 자질이 기초가 되지 않으면 상담에서 내담자의 문제해결 및 성장을 저해할 수 있게 된다. 따라서 치료적 도구로서 좋은 청소년 상담자가 되기 위해서는 다음과 같은 인성적 자질이 필요하다.

(1) 자기이해와 수용능력

청소년 상담자는 충분한 자기이해와 수용능력을 갖추어야 한다. 즉, 자기 자신의 목표, 정체, 동기, 요구, 가치관, 느낌, 장점과 단점 등에 대하여 객관적으로 인식하고 이해하려는 노력을 해야 한다. 이러한 과정을 통해서 상담자는 자신이 스스로 어떤 사람인지 알 수 있고 자신의 모습에 대해 있는 그대로를 받아들일 수 있게 된다. 상담자는 자기이해와 자기수용을 통해서 청소년 내담자를 이해하고 존중할 수 있으며 인간적인 신뢰감을 줄 수 있다.

(2) 정서적 안정감

상담자의 불안정한 정서는 내담자와 관계형성에 저해요소가 된다. 청소년 상담자의 정서적 안정감은 내담자로 하여금 편안함과 안정감을 가지도록 돕게 된다. 특히 청소년 상담현장에서는 불안정한 정서를 지닌 청소년들을 많이 접할 수 있기 때문에 역전이와 탈진으로부터 벗어나기 위해서는 균형잡힌 정서적 안정이 중요하다.

(3) 진실함과 용기

청소년 상담자는 삶에 대한 진실함과 용기가 있어야 하며 삶의 과정과 상담현장에서 성실하며 정직해야 한다. 상담자 자신은 완성된 인격이 아니라 끊임없이 성장하고 형성되는 과정에 있음을 직시하고 실수를 인정할 수 있어야 한다. 때로는 시행착오가 발생하더라도 사실을 인정하고 교훈 삼아 힘든 일과 좌절 상황에서도 용기를 가질 수 있어야 한다.

(4) 사명의식과 긍정적인 청소년관

청소년 상담자는 청소년 상담에 대한 사명의식과 긍정적인 청소년관을 가지고 있어야 한다(이형득, 1999). 다양한 상황적 문제와 발달적 문제에 직면한 청소년들을 상담하기 위해서는 많은 에너지가 필요하고 투철한 사명의식이 요구된다. 그리고 청소년에 대한 긍정적인 태도와 수용성이 중요하다. 상담자는 이러한 태도를 통해서 청소년에 대해 깊은 관심을 가질 수 있게 되고 그들의 현재 삶과 행동을 인정하고 존중하려는 자세를 가지게 된다.

2) 전문가적 자질

청소년 상담자의 전문가적 자질이란 청소년 상담이라는 전문활동을 하는데 요구되는 다양한 지식과 기술을 말한다. 청소년 상담자의 활동이 상담활동과 상담지원활동으로 구분되는 것을 보면 전문가적인 자질이란 청소년 관련 기본지식 및 청소년 상담관련기술과 상담지원활동에 필요한 지식 및 기술로 나눈다.

(1) 청소년 관련 기본지식과 상담이론 습득

① 청소년 상담자는 청소년과 관련된 일반적인 지식이 필요하다. 여기에는 청소년 개인의 발달특성 및 문화와 이들을 둘러싸고 있는 환경, 즉 가정, 학교, 또래, 지역사회에 대한 내용을 포함한다. 그리고 청소년 상담자는 청소년 문제에 대한 지식을 갖추어야 한다(정순례 외, 2010).

② 청소년 상담자는 상담활동과 상담지원활동을 위한 지식습득이 필요하다. 상담활동을 위한 지식으로는 다양한 상담이론, 내담자의 발달 단계, 성격의 구조와 형성 과정, 심리적인 역동 등이 있다. 그리고 상담지원활동을 위한 지식으로는 상담자를 양성하기 위한 사례지도의 방법, 교육자와 피교육자 간의 심리적 역동, 연구방법 등이 있다.

③ 청소년 상담자는 상담 실무에 관한 지식습득이 필요하다. 사례진행절차, 청소년 관련법과 윤리, 청소년 상담관련 조직에 대한 이해, 사례관리절차와 위기 대응능력 등이 포함된다.

(2) 청소년 상담 관련 기술

청소년 상담은 특성상, 심리상담 이외에도 진로 및 학업상담, 대인관계상담, 비행상담, 위기상담 등 다양한 문제 상황을 다루어야 한다. 따라서 청소년 상담 전문가들은 청소년들이 경험하고 있는 다양한 문제를 이해하고 지원할 수 있는 다각적인 접근방법과 상담 관련 기술 능력을 갖추어야 한다.

① 청소년 상담자는 정신의학 진단분류체계나 심리치료이론에 근거하여 내담자의 문제를 신속하고 정확하게 진단하고 평가할 수 있는 능력을 가지고 있어야 한다.

② 청소년 상담자는 전문적인 상담개입 능력을 함양해야 한다. 개인상담 개입, 집단상담 개입, 교육을 통한 개입 그리고 간접 개입, 지역사회 개입 등 다양한 방법으로 청소년 문제에 개입할 수 있는 기술이 요구된다(백사인 외, 2013).

③ 청소년 상담자는 청소년을 상담하고 의뢰하는 과정에서 부모, 교사, 지역사회 인사, 관련 단체 실무자 등의 지원과 도움을 필요하기 때문에 원만한 상호관계를 위한 의사소통능력이 절대적으로 필요하다.

(3) 상담 이외 능력과 자질

손재환(2011)은 청소년 상담자의 중요한 다섯 가지 능력과 자질에 대해 다음과 같이 설명하였다.

① 행정능력: 상담도 다른 업무와 마찬가지로 조직에서 요구하는 행정절차를 따른다. 따라서 청소년 상담자들은 원활한 상담활동을 위한 행정능력이 필요하다.

② 사업추진능력: 청소년 상담은 창의적이고 다양한 개입방법이 요구된다. 따라서 자신이 속한 조직 내에서 추진되는 사업이나 프로그램을 구상하고 기획하며, 실행할 수 있는 능력과 평가 및 분석할 수 있는 능력이 필요하다.

③ 조직 구성 간에 의사소통능력: 상담 현장에서 구성원 간의 의사소통능력과 갈등처리기술이 부족하게 되면 업무에 방해물이 되고 불필요한 오해와 문제를 야기할 수 있다.

④ 연구 관련 능력: 청소년 상담자는 청소년 문제 유형을 파악하고 분석하여 해결하기 위한 다양한 방법을 고안하고 과학적으로 검증하는 과정을 거쳐 임상 현장에 다시 적용할 수 있는 연구 관련 능력이 필요하다.

⑤ 자기개발능력: 전문 청소년 상담자로서 변화하는 시대와 청소년에 대응하여 자기개발 노력을 꾸준히 해나가야 한다.

(4) 청소년 상담자의 자격취득

국가차원에서 공인하는 청소년 전문 상담자 자격은 전체 청소년 대상의 '청소년 상담사'와 학교에 재학 중인 청소년 대상의 '전문상담교사'가 있다(노성덕, 2018). 특히 청소년 상담사는 「청소년 기본법」 제22조에 의거한 국가 공인 자격이다. 한국산업인력공단에서는 청소년 상담자 자격검정을 통하여 매년 '청소년 상담사'를 양성하고 있다. 청소년 상담사 자격 취득을 위해서는 자격시험(자격검정)과 연수(자격연수)를 거쳐야 한다. 청소년 상담사의 응시자격은 다음 〈표 9-1〉과 같다.

〈표 9-1〉 청소년상담사 자격검정의 등급별 응시자격(「청소년 기본법」 시행령 제23조 제2항)

구분	자격요건	비고
1급 청소년상담사	1. 대학원에서 청소년(지도)학·교육학·심리학·사회사업(복지)학·정신의학·아동(복지)학 분야 또는 그 밖에 여성가족부령으로 정하는 상담 관련 분야(이하 "상담관련분야"라 한다)의 박사학위를 취득한 사람 2. 대학원에서 상담관련분야의 석사학위를 취득한 후 상담 실무경력이 4년 이상인 사람 3. 2급 청소년상담사로서 상담 실무경력이 3년 이상인 사람 4. 제1호 및 제2호에 규정된 사람과 같은 수준 이상의 자격이 있다고 여성가족부령으로 정하는 사람	1. 상담분야 박사 2. 상담분야 석사 + 4년 3. 2급 자격증 + 3년
2급 청소년상담사	1. 대학원에서 청소년(지도)학·교육학·심리학·사회사업(복지)학·정신의학·아동(복지)학 분야 또는 그 밖에 여성가족부령으로 정하는 상담 관련 분야(이하 "상담관련분야"라 한다)의 석사학위를 취득한 사람 2. 대학 또는 다른 법령에 따라 이와 동등한 학력을 인정받는 기관에서 상담 관련분야 학사학위를 취득한 후 상담 실무경력이 3년 이상인 사람 3. 3급 청소년상담사로서 상담 실무경력이 2년 이상인 사람 4. 제1호부터 제3호까지에 규정된 사람과 같은 수준 이상의 자격이 있다고 여성가족부령으로 정하는 사람	1. 상담분야 석사 2. 상담분야 학사 + 3년 3. 3급 자격증 + 2년
3급 청소년상담사	1. 대학 및 「평생교육법」에 따른 학력이 인정되는 평생교육시설의 청소년(지도)학·교육학·심리학·사회사업(복지)학·정신의학·아동(복지)학 분야 또는 그 밖에 여성가족부령으로 정하는 상담 관련 분야(이하 "상담관련분야"라 한다)의 학사학위를 취득한 자 2. 전문대학 또는 다른 법령에 따라 이와 동등한 학력을 인정받는 기관에서 상담관련 분야 전문학사를 취득한 사람으로서 상담 실무경력이 2년 이상인 사람 3. 대학 또는 다른 법령에 따라 이와 동등한 학력을 인정받는 기관에서 학사학위를 취득한 후 상담 실무경력이 2년 이상인 사람 4. 전문대학 또는 다른 법령에 따라 이와 동등한 학력을 인정받는 기관에서 전문 학사학위를 취득한 후 상담 실무경력이 4년 이상인 사람 5. 고등학교를 졸업하고 상담 실무경력이 5년 이상인 사람 6. 제1호부터 제4호까지에 규정된 사람과 같은 수준 이상의 자격이 있다고 여성가족부령으로 정하는 사람	1. 상담분야 4년제 학사 2. 상담분야 2년제 + 2년 3. 타분야 4년제 + 2년 4. 타분야 2년제 + 4년 5. 고졸 + 5년

학습정리

현재 한국의 청소년 상담은 정부의 청소년 관련 부처, 학교상담센터 그리고 청소년 관련 시민단체들이 각종 교육, 지도, 상담 관련 활동들을 펼쳐오고 있다. 물론 이러한 활동으로 인해 많은 성과도 있었지만, 청소년들에게 실제적인 도움을 주기 위해서는 여러 가지 측면에서의 노력이 더욱 필요한 것으로 보인다. 효과적인 청소년 상담을 위해 적절한 청소년 상담기법을 적용해야 하고 그 기본원리를 잘 준수해야 한다. 특히 청소년 상담자의 인성적 · 전문가적 자질은 상담 현장에서 매우 중요하다.

연습문제

1. 청소년 상담의 개념 및 기법에 대해 설명하시오.
2. 청소년 상담의 유형 및 분류에 대해 논하시오.
3. 청소년 상담자의 인성적 · 전문가적 자질은 상담에 어떠한 영향을 미칠 수 있는지 설명하시오.

Chapter 10

청소년 상담 과정 이해

개요

청소년 상담 과정을 이해하기 위해 먼저 상담의 준비단계와 각 초기단계, 해결단계, 종결단계에 대해 세부적으로 알아본다.

학습목표

1. 일반목표

청소년 상담 과정 중 준비단계, 초기단계, 해결단계, 종결단계에 대한 이론적 기초에 대해 정확히 이해하고 상담에 활용할 수 있다.

2. 세부목표

1) 청소년 상담 과정의 중요성에 대해 잘 인식할 수 있다.
2) 청소년 상담의 준비단계, 초기단계, 해결단계, 종결단계에 대해 잘 이해할 수 있다.
3) 청소년 상담 시 내담자에 대한 공감과 경청의 중요성에 대해 설명할 수 있다.

주요용어

상담 과정, 초기면접, 공감, 경청

지식

- 청소년 상담 초기단계와 공감에 대한 중요성 인식
- 청소년 상담 해결단계에 탄력적인 기법에 대한 관점
- 상담의 적절한 종결 시기에 대한 정확한 통찰

기술

- 청소년 상담 과정에 대한 거시안적 능력
- 청소년 상담 초기에 갖추어야 할 공감과 수용의 능력
- 상담 과정 중 시기적절한 종결을 이끌어 내는 능력

태도

- 청소년 상담의 전반적 과정에서 탄력적 태도
- 청소년 상담의 각 과정에 대한 분석적 태도
- 청소년 상담을 위한 수용적이고 공감적 태도

1. 준비단계

1) 물리적 환경

(1) 상담실

일부에서는 내담자와 마주할 수 있는 장소라면 어디라도 상담이 가능하다는 '현장 상담(outreach counseling)'을 주장하기도 한다. 하지만 상담은 상담실에서 하는 것이 원칙이다. 클라이드 낼러모아(Clyde M. Narramore)는 상담실을 수술실에 비유한 바 있다. 즉, 수술은 거의 무균 상태에서 행해져야 하는 것과 마찬가지로 상담이 이루어지는 장소는 사생활과 비밀이 철저히 보장될 수 있어야 하고 주의집중을 할 수 있어야 하기 때문이다.

(2) 창문과 커튼

상담실은 밀폐된 장소가 아닌 공기가 잘 통할 수 있는 창문이 있어야 한다. 그리고 창문은 외부에서 상담실의 내부를 쉽게 볼 수 없도록 커튼이나 블라인드 등을 설치하고 실내의 전등을 밝게 켜 두는 것이 좋다. 상담실은 상담 현장이 외부에 노출되지는 않으면서 내담자를 보호할 수 있어야 한다.

(3) 소음 차단

상담실 내부에는 방음 장치를 설치해야 한다. 이것은 상담하는 과정에서 오가는 대화들이 방문자나 또는 직원, 그밖의 다른 사람들에게 알려짐으로써 사생활 노출 등 예기치 않은 문제를 방지해야 하기 때문이다. 그리고 상담실 주변에서 떠드는 소음, 잡담 또는 토론하는 소리가 상담실 내부까지 들리지 않도록 해야 한다.

(4) 좌석의 위치

상담실 내의 자리 배치는 중요하다. 일반적으로는 상담자가 문을 향해서 앉고 내담자는 문을 뒤로 해서 앉는 것이 가장 바람직한 위치라고 할 수 있다. 그 이유는 혹시 상담과 관련이 없는 다른 방문객이 갑자기 상담실 문을 열었을 때 내담자의 얼굴이 바로 보이지 않게 함으로써 사적 생활을 최소한 보호하기 위해서이다. 그리고 내담자의 주의가 산만해지는 것을 막기 위한 방법이기도 하다.

(5) 상담진행 표시

상담을 하는 동안에는 밖에서 노크를 한다든지 상담실로 사람들이 갑자기 들어와 상담에 방해가 될 수 있으므로 '상담 중'이라고 쓴 메모를 문 앞에 걸어두는 것이 좋다.

(6) 의자

상담자는 내담자의 의자와 같은 종류의 의자를 사용하여야 한다. 그리고 상담자와 내담자 간 의자의 거리가 지나치게 가까울 경우, 내담자로 하여금 불편함이나 불안감을 줄 수 있다. 반면에 두 사람 간의 거리가 너무 먼 경우에도 내담자가 큰 소리로 자신의 문제를 이야기해야 하고 상담자도 무리하게 귀를 기울여야 들을 수 있기 때문에 상담에 방해 요소가 될 수 있다. 상담자의 의자와 내담자 의자의 거리는 일반적으로 120cm 정도가 가장 적절한 것(own personal comfort zone)으로 본다.

(7) 탁자와 물과 휴지

상담실의 내부는 상담자와 내담자 사이에 탁자가 놓여 있어야 한다. 그리고 상담자와 내담자 사이 탁자의 높이도 고려해야만 한다. 탁자의 높이가 낮아서 여성인 내담자가 짧은 치마를 입었을 경우, 상담자나 내담자 모두 불편할 수 있다.

또 탁자 위에는 반드시 물과 휴지가 마련되어 있어야 한다. 내담자는 상담 도중 자신의 감정을 통제하지 못하고 우는 경우가 많기 때문에 마실 수 있는 물을 준비하는 배려도 있어야 한다.

(8) 시계

상담실에 있어야 할 필수적인 것 가운데 시계를 빼놓을 수 없다. 상담자나 내담자가 상담 중에 고개를 숙이고 시간을 확인하기 위해 손목시계나 스마트폰을 쳐다본다는 것은 비언어적 요소로 다른 메시지가 있는 행위로 간주될 수 있다.

따라서 상담실 내부에 적당한 크기의 시계를 상담자의 뒤쪽과 내담자의 뒤쪽에 거는 것이 좋다. 그러면 상담자는 내담자를 쳐다보는 시선의 범위 안에 시계를 볼 수 있다. 내담자는 손목시계를 쳐다보지 않고 필요할 때 자연스럽게 상담실 시계를 바라보면서 자신의 문제를 시간적으로 안배하여 이야기할 수 있도록 해야 한다.

2) 내담자에 대한 준비

내담자가 청소년 상담에 참여하는 태도에 따라 '자발적 상담(spontaneous counseling)'과 타인에 의해서 참여하는 '비자발적 상담(non-spontaneous counseling)'으로 나눌 수 있다. 자발적 상담은 이미 문제해결에 근접해 있다고 볼 수 있지만, 비자발적 상담은 내담자 스스로 상담을 필요로 하지 않기 때문에 문제해결과는 거리가 멀다고 볼 수 있다. 비자발적 상담은 '강제적 상담(coercive counseling)'과 '의뢰적 상담(referral counseling)' 및 '전이 상담(transfer counseling)'으로 나눌 수 있다.

(1) 자발적 상담 내담자

로렌스 브램머(Lawrence M. Brammer)는 내담자 자신이 도움을 필요로 한다는 사실을 스스로 용납하기까지는 큰 고통이 틀림없이 따른다고 설명했다. 물론 모든 내담자가 심한 고통 가운데서 상담자를 찾는 것은 아니다. 하지만 상담자는 대부분의 내담자들의 경우,

자신의 문제로 인하여 많은 고통과 함께 심리적 갈등을 해왔다는 사실을 인식할 필요가 있다. 때문에 내담자가 자발적 의사를 가지고 상담실을 방문한 것과 그 용기에 대해서 칭찬과 격려를 충분히 해야 한다.

(2) 비자발적 상담 내담자

청소년 상담은 부모 또는 기관이나 제3자에 의해서 비자발적으로 이루어지는 경우가 많다. 이러한 경우 이들은 상담에 대하여 거부 또는 냉소적 태도를 나타내며 침묵이나 단순히 고개를 끄덕이는 정도로만 반응하거나 소극적 태도로 일관할 수 있다. 따라서 비자발적인 상담은 상담자의 강한 인내력을 요구한다. 그리고 비자발적 상담관계의 경우, 자발적 상담관계보다 내담자에게 더욱 강한 긍정적 지지와 존중을 필요로 한다는 것을 유념해야 한다.

2. 초기단계

1) 초기면접

청소년 내담자가 자발적 혹은 비자발적으로 상담을 하기 위해서 상담실을 방문하거나 전화로 상담을 의뢰하면 초기면접(initial interview)을 실시하게 된다. 사람에게 첫인상이나 첫 만남이 중요하듯이 상담에서도 첫 면접은 매우 중요하다. 초기면접을 통해서 청소년 내담자에 대한 평가와 치료목표가 이루어지기 때문에 이 과정은 상담에서 매우 중요한 단계이다. 초기면접 과정에서 점검해야 할 내용을 살펴보면 다음과 같다(김춘경 외, 2006).

① 청소년 내담자에 대한 기본 정보: 성별, 생년월일, 주소 또는 연락처, 상담 경험, 상담 신청 경로 등을 파악한다.

② 외모 및 행동: 내담자의 차림새, 표정, 말할 때 특징, 시선의 적절성, 대화 중 태도, 예의 등을 관찰해야 한다.

③ 주호소문제: 주호소문제가 발생한 시기, 상황적 혹은 생물학적 배경, 문제가 발전된 경로, 현재 상태의 심각성 등을 구체적으로 듣는다. 호소내용은 내담자의 말과 용어를 그대로 기록하게 되는데 내담자의 고유한 상황이 반영될 수 있다.

④ 현재 및 최근의 주요 기능 상태: 내담자의 환경적 · 심리적 · 생화학적 기능 등을 비롯해서 현재 및 최근의 주요 기능 상태를 점검한다.

⑤ 스트레스원: 내담자의 스트레스원(stressor)이 되는 상황들을 분석한다.

⑥ 사회적 지원 체계: 내담자가 어려운 일이나 억울한 일 등 문제가 생겼을 때 상의할 수 있고 도움을 줄 수 있는 다양한 사회적 지원체계를 파악한다.

⑦ 호소문제 관련 개인사 및 가족관계: 호소문제와 관련하여 개인 및 가족관계에 나타난 행동과 태도 등을 파악한다.

2) 화제의 유도와 주제 확인

내담자를 우선 편안하게 해줌으로써 문제에 접근할 수 있도록 돕는 과정을 화제의 유도라고 한다. 즉, 화제의 유도는 서로 편안한 상태에서 내담자가 말문을 열 수 있도록 하는 것이다. 화제의 유도에서 다루어질 내용은 특정한 형태가 없이 매우 다양하다. 여기서 내용은 아무런 고민 없이 바로 자신의 생각을 간단하게 답변할 수 있는 가벼운 것이어야 한다. 가벼운 내용을 다루는 화제의 유도는 너무 길지 않은 것이 좋고 일반적으로 3~5분이 가장 적합하다. 그리고 상담을 본격적으로 시작하기 전에 상담자는 내담자가 어떤 문제를 가지고 상담을 하러 왔는지 주제 확인을 위한 간단한 질문을 해야 한다. 그래야 상담자는 이를 기초로 상담의 방향을 모색할 수 있게 된다.

3) 공감적 경청과 내담자 정보수집

초기 면접에서 반드시 해야 하는 두 가지 작업 중 첫 번째는 공감적 경청(empathy listening)이다. 공감적 경청이란 내담자의 말을 잘 듣고 수용적으로 이해하는 것이다. 이 작업을 통해서 내담자와 상담자 사이에 치료적이고 신뢰적 관계인 라포(rapport)를 안정적으로 만들어 갈 수 있다. 상담은 관계 자체가 치유적인 의미를 가지기 때문에 첫 면접의 순간부터 라포가 형성된다고 할 수 있다. 두 번째는 내담자를 평가하고 상담목표를 설정하기 위해서 내담자에 관한 정보를 수집하는 것이다. 내담자 평가 후에는 어떤 상담기법을 적용할 것인지 상담 초반에 결정하는 것이 중요하다.

하지만 상담자가 내담자를 평가하는 것보다 더욱 중요한 것은 내담자와 상담자 사이의 공감적이고 신뢰적인 관계 형성이라는 사실을 잊어서는 안 된다. 즉, 첫 면접(혹은 상담 의뢰를 위한 첫 전화 접촉)부터 상담자와 내담자가 인격적으로 만난다는 사실은 무엇보다 중요하다. 그 개념이 익숙지 않은 초보 상담자의 경우 초기 면담에서 정확하게 정보를 수집하기 위해 형사나 탐정과 같은 태도를 취하기가 쉽다. 즉, 내담자의 감정은 개의치 않고 문제를 구체적으로 정확하게 알아내기 위해 지나치게 캐묻는 식의 질문을 할 수 있다. 하지만 그러한 질문은 내담자와의 공감적이고 신뢰적인 관계, 치유적인 접근을 방해하거나 차단하게 된다는 점을 주지해야 한다.

4) 상담의 구조화

상담의 구조화(structure)는 상담자와 내담자 간의 상담관계를 명료화하고 방향성을 설정하는 데 도움을 주며, 상담자와 내담자의 권리, 역할, 책무 등을 보호하여 궁극적으로 상담을 성공적으로 이끄는 데 도움을 준다. 청소년 상담자는 내담자가 새로운 삶의 방향을 모색하도록 돕기 위해 건설적인 지침을 제공하며, 구조화 내용에 대해 내담자와 함께 지속적으로 협상할 필요가 있다. 상담자는 내담자와 합의를 통해서 상담 목표 정하기, 상담 기간 및 시간 합의, 내담자 행동 및 역할에 대한 지침 등을 정한다. 상담은 상담자와 내담자의 계약관계로 유지되며 상담 목표와 계획에 대한 합의(치료적 분열, 치료동맹)를 한다. 이후 상담을 하면서 내담자는 경험적 자아(병리적 자아)와는 다른 관찰적 자아를 가지게 된다. 이때 내담자의 관찰적 자아와 상담자의 관찰적 자아 간에 치료적 동맹을 맺게 된다. 그래이와 사라시오(Gray & Saracio, 1989)는 상담구조화 방식을 다음과 같이 10가지로 설명하고 있다.

① 구조화는 타협되는 것이지 강요되어서는 안 된다.
② 구조화는 벌을 주는 형식으로 되어서는 안 되며 특별히 한계를 긋는 행동의 경우에는 더욱 주의해야 한다.
③ 구조화하는 이유를 내담자에게 설명해야 한다.
④ 내담자의 준비도와 상담관계의 흐름 등을 고려하여 구조화의 시기를 정해야 한다.
⑤ 지나치게 경직된 구조화는 상담자와 내담자를 지나치게 제한하게 된다.
⑥ 적절치 못한 시기에 이루어진 구조화나 지나치게 길거나 세심하지 못한 구조화는 오히려 내담자를 좌절시키거나 저항하게 만들 수 있다.
⑦ 불필요하고 목적이 없는 규칙의 나열은 내담자 개인보다는 규율을 더 중요시한다는 메시지를 전달하게 된다.
⑧ 내담자의 인지적 · 정서적 행동의 특성에 맞는 구조화를 해야 한다.
⑨ 구조화를 하는 것은 특정 상담자와 특정 내담자가 상호 협력해나갈 것을 전제하는 것이다.
⑩ 구조화는 상담관계를 원활하게 하기 위해서 보완하는 것이지 그것이 치료적 능력을 대치할 수는 없다.

3. 해결단계

1) 중기상담

(1) 저항

저항(resistance)이란 의식적으로는 자신의 문제를 해결하기 원하면서도 해결하는 과정에서 일어나는 부담감으로 인해 상담의 진행과 문제해결에 대한 노력을 무의식적으로 피하려는 행동을 의미한다. 청소년 내담자의 저항은 초기 상담의 시작부터 상담의 목표를 달성하여 종결하는 단계까지 언제든지 나타날 수 있다. 청소년 상담자는 이러한 저항을 인식하고 내담자가 그것을 잘 극복하면서 상담이 진행될 수 있도록 각별한 관심을 가져야 한다.

저항을 해결하는 방법에 대해 프로이트는 "내용은 나중에 다루고 과정을 우선적으로 잘 관찰하고 다루어야 한다(Process first, content later)"고 말했다(이만홍·황지연, 2007). 즉, 청소년 내담자의 이야기 내용보다는 그 이야기가 전개되어 나가는 과정에 어떤 문제가 없는지 잘 살피고 그것을 해결한다면 저항이 줄어들고 더욱 의미 있는 내용이 점점 드러나게 된다는 것이다.

청소년 상담에서 주로 나타나는 저항으로는 억압저항, 전이저항, 이차 이득저항을 들 수 있다. 첫째, 억압저항(repression resistance)은 상담을 방해하는 저항의 내용이 억압이라는 방어기제를 사용하는 경우를 말한다. 즉, 자신의 내면에 있는 갈등이나 좌절의 감정이 의식되면 괴롭기 때문에 무의식중에 억압하여 잊어버리는 것이다. 둘째, 전이저항(transference resistance)은 청소년 내담자가 자신의 내면을 돌이켜 보고 문제를 해결하려 하지 않고 미성숙한 욕구충족을 무조건 상담자로부터 받으려고 하는 것을 의미한다. 셋째, 이차 이득저항(secondary gain resistance)은 갈등에 직면하게 되는 경우 환자 역할(sick role)을 통해서 갈등을 피하려는 것이다. 예를 들어, 어떤 청소년이 학교에 가기 싫은 경우 가족과 발생할 갈등을 피하기 위해 아프다며 누워서 자리에서 일어나지 않고 부모가 볼 때 꾀병이라 생각하지만 자신은 실제로 아파서 고통스러워한다. 물론 자녀도 처음에는 자기가 왜 아픈지 모른다. 이 증상으로 인해 처음에는 부모가 이해해주고 학교를 안 가도 되는 명분이 되기 때문에 일시적으로는 평정을 찾는다. 그러한 경험을 하며 자란 청소년들은 어떤 정신적인 갈등만 있으면 아프다는 이유로 문제를 해결하려 한다. 병원에 가서 진료해 보면 아무런 신체적 이상은 없지만 환자 역할을 하면서 갈등을 해결하려는 것이다. 이 역시 무의식적인 행동이며 저항으로 볼 수 있다.

(2) 전이

전이(transference)는 청소년 내담자가 자신과 정서적으로 중요했던 인물과의 관계에서 가졌던 감정반응을 상담자에게 전치(displacement)시켜서 표현하는 것을 의미한다. 상담자와 내담자 사이에 현실적 관계와는 다른 전이관계가 형성되면, 내담자가 상담자에게 애정을 주는 사람, 강력한 권위자, 이상적인 전능자, 경쟁자 등으로 왜곡되어 느껴지기 때문에 이에 따라 반응하게 된다. 그리고 전이관계에서 내담자는 자신이 과거에 가진 정서적인 경험들을 현재의 상담자에게서 충족하려고 한다. 아니면 과거의 갈등 상황을 상담자와의 관계를 통하여 극복하고 해결해 보려고 반복하게 된다.

청소년 상담자는 내담자가 가지고 온 문제 자체만을 다루는 것이 아니라 상담 중에 나타나는 모든 현상을 내담자와의 관계에 초점을 맞추게 된다. 때문에 내담자 문제의 바탕에 깔린 역동적인 측면을 해결할 수 있어야 한다. 이때 전이반응은 내담자의 역동을 보여줄 뿐만 아니라 문제해결의 가장 중요한 통로가 될 수 있다. 왜냐하면 전이는 내담자의 역동이 형성되던 그 시점의 재현이며, 특히 성장 과정에서 의미 있는 타자에게 느꼈던 좌절, 분노, 원망 등을 상담가에게 그대로 노출, 반복하기 때문이다. 그러므로 전이반응을 잘 살펴보게 되면 내담자의 좌절이나 상처 혹은 핵심적인 문제가 무엇인지 현실적으로 분명하게 이해할 수 있다.

청소년 상담에서 전이를 다루는 방법으로는 첫째, 전이의 적절한 정도 그 이상의 증폭을 조장하지 않아야 한다. 여기서 '적절한 정도'란 전이반응을 하면서 동시에 내담자가 자기감정의 왜곡을 충분히 경험하고 통찰할 수 있는 정도를 말한다. 즉, 깊이 있는 통찰상담이 되기 위해서는 전이감정을 필요로 하지만, 이것이 지나치게 증폭되는 경우, 내담자가 그것에 사로잡혀서 자신의 감정을 객관적으로 볼 수 없게 된다. 그리고 전이감정을 조절하지 못할 경우 또 다시 상처를 받게 될 수 있다. 따라서 전이반응의 긍정적인 측면과 부정적인 측면을 주의하여 잘 다룰 수 있어야 하고 의존욕구와 마찬가지로 필요 이상으로 지나치게 증폭시켜서는 안 된다. 그러므로 우선 전이를 고의로 일으키거나 지나치게 증폭시키지 않도록 하며, 오히려 조금 부족한 상태를 유지해 가도록 노력해야 한다.

둘째, 전이를 잘 다루기 위해서는 오히려 전이가 오염되지 않도록 철저히 주의해야 한다. 전이의 오염이란 내담자가 느끼는 상담자에 대한 전이가 내담자만의 왜곡된 심리적·내적 갈등의 전치로서가 아니라, 현실적인 상담자의 행동으로부터 영향을 받게 되는 경우를 뜻한다. 즉, 상담자가 상담자로서의 중립성을 잘 지키지 못할 경우 내담자의 전이반응은 그러한 상담자에 대한 현실적인 반응을 포함하게 된다. 이러한 경우 결국 내담자는 자신의 상황이나 관계의 왜곡에 대한 통찰을 할 수가 없다. 따라서 전이를 오염시키지 않기 위해서는 상담 시간이나 장소를 엄수하는 것이 중요하며, 내담자에 대한 필요 이상의 지지를 자제해야 한다. 물론 이것이 내담자에 대한 공감적 수용 자체를 절제하라는 의미는 아니다. 그러나 내담자가 지나친 기대를 하는 경우에는 실망이 따를 수 있다. 때문에 내담자의 감정을 있는 그대로 수용하며 이해하고 필요 이상의 기대를 갖게 만드는 행동은 절제해야 한다.

2) 후기상담

(1) 반영

반영(reflection)은 내담자의 말과 행동에서 표현된 기본적인 감정, 생각 및 태도를 청소년 상담자가 다른 참신한 말로 부언하는 것이다. 이는 내담자의 자기이해를 도와줄 뿐만 아니라 내담자로 하여금 자신이 상담자에게 이해받고 있다는 인식을 갖게 한다.

감정의 반영은 내담자의 진술과 관련된 감정에 대한 명확한 주의와 함께 내담자의 표현을 부연하는 것으로서 상담에서 성공적인 치료적 관계를 만드는 데 필수적인 요소이다. 그런데 상담자가 고정관념적인 반영을 사용하거나 청소년이 이야기한 것을 그대로 계속해서 '앵무새처럼 되풀이' 할 경우 내담자는 자신의 말이 잘못되지 않았나 생각하거나 상담자의 반복에 지겨움을 느낄 수 있다(박옥임 외, 2013). 따라서 반영은 내담자가 한 말을 그대로 반복하는 대신 내담자의 마음속 깊은 내면적 감정을 정확히 파악하여 다른 표현을 통해 전달해야 한다.

청소년 상담자가 반영해야 할 감정은 정적인 감정, 부적인 감정, 양가적 감정 등 세 가지로 나누어 볼 수 있다. 청소년 상담자는 양가적 감정 혹은 모호한 감정, 즉 불일치한 감정이나 불분명한 느낌의 상태를 발견하여 내담자에게 반영해 줌으로써 내담자의 내면적 긴장을 감소시키는데 도움을 줄 수 있다. 그리고 청소년 상담자는 내담자가 말로서 표현하는 것뿐만 아니라 자세, 몸짓, 억양, 눈빛 등으로 표현하는 것에 대해서도 반영할 필요가 있다. 특히 내담자의 언어 표현과 행동 단서에 차이가 있거나 모순이 보일 때는 이를 반영시켜야 한다.

청소년 상담자가 반영적 반응을 할 때 주의해야 할 점은 크게 두 가지가 있다. 첫째, 내담자가 말로 표현한 수준 이상으로 지나치게 반응하지 않아야 한다. 한편 반영 반응의 시기는 의미 있는 느낌에 초점을 맞추기 위해서 내담자의 말을 끝까지 듣지 않은 상태에서 할 수도 있다. 하지만 이 경우 내담자의 진술을 지나치게 급히 정지시켜서 감정의 흐름을 중단시키는 일이 없도록 해야 한다.

(2) 명료화

명료화(clarification)란 자아의 경계가 열려서 논리적으로 자신의 콤플렉스를 이해해 가는 과정을 의미한다. 즉, 명료화는 내담자가 무의식적이었거나 마음속에 어렴풋이 알고 있었던 사건들과 그에 얽힌 감정들을 보다 분명히 알도록 돕는 것이다. 이를 위해서 청소년 상담자는 먼저 내담자가 의식하지 못하고 있는 무의식적이거나 전의식적인 현상에 주의를 기울이게 만드는 직면을 통하여 명료화를 시키기도 한다. 따라서 청소년 상담자는 내담자의 핵심역동에 대한 궁극적인 해석은 뒤로 미루고, 예전 기억에 묻힌 과거의 사건들을 반복하여 되돌아보며 여기에 연결된 감정들을 구체적으로 명료화하는 작업을 해야 한다.

(3) 직면

직면(confrontation)은 청소년 내담자가 스스로 책임을 질 수 있도록 돕는 상담 과정이다. 이는 내담자가 표현한 정서, 행동, 생각들 사이의 불일치한 점들을 상담자와 내담자가 함께 의논하는 것이라고 할 수 있다(박옥임 외, 2013). 다시 말해서 직면은 내담자가 모르고 있거나 인정하기를 거부하는 생각과 느낌에 대해서 내담자가 스스로 문제에 직접 대면하도록 하는 기법이다.

직면은 내담자의 변화와 성장을 증진시킬 수도 있지만, 반면에 내담자에게 심리적인 위협과 상처를 줄 수도 있다. 따라서 직면기술은 철저히 내담자를 위한 목적으로 활용되어야 한다. 직면을 통하여 모순된 언행을 지적하는 일, 직면에 대한 내담자의 반응을 분석하는 일은 모두 내담자를 새로운 통찰로 이끌어 바람직한 변화를 유도하는 수단으로만 활용되어야 한다. 오히려 상담자의 분노를 표출하거나 뚜렷한 목적 없이 직면 기술을 사용하는 것은 절대 금지해야 한다.

직면의 내용에는 긍정적인 면과 부정적인 면이 균형 있게 포함되어야 한다. 첫째, 상대방의 비효과적인 행동을 계속 발전시키기 위해서는 긍정적인 직면이 필요하다. 상담자가 내담자의 행동에 대하여 현실적인 경험을 직접적으로 그에게 말해 줄 때, 그는 자신의 행동이 어떤 결과를 초래하는지를 알 수 있게 되고 원하는 경우 그 행동을 개선할 수 있는 기회를 제공받게 된다. 둘째, 청소년 내담자의 비효과적인 행동을 개선하기 위해서는 부정적인 직면이 필요하다. 이때 효과적인 직면 기법을 활용하기 위해서는 상대가 그것을 인정하고 수용할 수 있을 정도의 충분한 신뢰관계가 형성되어 있어야 한다.

(4) 해석

해석(interpretation)은 내담자가 자신의 문제를 새로운 각도에서 이해하도록 그의 생활 경험과 행동의 의미를 설명해 주는 것이다(김환 · 이장호, 2008). 따라서 내담자는 해석을 통해 과거의 생각과는 다른 각도에서 자신의 행동과 내면세계를 이해할 수 있게 된다. 해석을 하는 데 있어 가장 중요한 관건은 적절한 시기가 언제냐는 것이다. 적절한 해석 시기는 내담자가 받아들일 준비가 되었을 때, 혹은 내담자가 거의 깨닫고도 확실하게 개념화하지 못했을 때 하는 것이 좋다.

대체로 상담의 초기단계에는 감정의 반영을 많이 하게 되며, 다음에는 내담자의 성격과 태도를 명료화하는 해석을 하게 된다. 흔히 구체적인 내용의 해석과 보다 심층적인 해석은 상담관계가 형성되는 중반기까지 보류한다. 일반적으로 내담자의 성격을 파악하지 못했을 때나 실증적 근거가 없을 때는 해석하지 말아야 한다.

해석을 할 때 특히 주의할 점은 위협을 주는 경우다. 내담자가 새로운 지각과 이해를 받아들이려 하지 않을 때는 저항이 일어날 수 있다. 이때 해석은 내담자의 자기탐색을 감소시키는 결과를 초래할 수 있다. 또한 내담자 자신의 문제를 주지화(받아들이기 어려운 충동, 욕구, 감정을 경험하지 않기 위해 지적(知的)으로만 문제를 정의하려는 방어기제)하는 경향을 초래할 수 있다.

(5) 통찰

통찰(insight)은 내담자 자신의 무의식적인 영역에 대한 의식화를 통해 인식의 폭을 넓히는 것을 의미한다. 통찰은 지적 통찰(intellectual insight)과 정서적 통찰(emotional insight)이 있다. 지적 통찰은 자신에 대하여 지적이고 논리적인 깨달음을 얻게 되는 것으로서 피상적인 통찰을 의미한다. 그리고 정서적 통찰은 정서적인 반응을 수반하는 깊이 있는 통찰을 의미한다. 따라서 상담에서 중요시하며 추구하는 통찰은 감정적인 이해를 동반하는 정서적인 통찰이다. 이러한 통찰이 없이는 진정한 치유가 일어나지 않는다. 그러므로 자신의 문제에 대해서 한 번 깨닫는 것만으로 문제가 다 치유되었다고 할 수 없다. 이후에 다시 그 문제를 반복하더라도 맞닥뜨릴 수 있어야 한다. 그리고는 마침내 내담자가 그 문제에 얽힌 자신의 감정을 깊이 느끼게 되면서 그동안 알고 있던 사실에 대한 정서적인 이해가 체험될 때 비로소 치료는 이루어진다.

따라서 통찰을 얻는다는 것(insight gaining)은 어떤 사실을 단순히 지적으로 안다는 것과는 다르다. 그 의미를 자세히 살펴보면 '안다'는 의미의 영어 단어는 다양하다. 지적으로 안다는 의미의 보편적인 단어로는 'know'가 있으며, 조금 더 깊이 있게 안다거나 깨닫는다는 의미로는 'aware', 'understand' 등이 있다. 그리고 아주 깊이 있게 깨닫는다는 말로는 'enlighten'이라는 말을 사용하는데, 이 말은 어원 그대로 불빛이 켜지는 것처럼 번쩍하고 깨닫게 되는 것으로 직관을 통한 깊이 있는 깨달음을 의미한다. 통찰이란 바로 이 'enlightenment'와 유사한 의미라고 할 수 있다.

상담자가 통찰을 잘하기 위해서는 감정을 드러내는 작업으로 환기(ventilation) 또는 제반응(abreaction)에 능숙해야 한다. 환기는 삶에서 생겨나는 여러 가지 갈등이나 불안 등의 힘든 감정을 상담자 앞에서 속시원하게 털어놓아 불만을 해소시키거나 긴장이 풀리도록 하는 것이다. 그리고 제반응은 무의식 속에 억압되어 힘들었던 감정이 상담 과정을 통해서 드러나고 표현됨으로써 그동안의 스트레스나 긴장을 제거시키게 된다.

(6) 훈습

훈습(working through)은 중심적 갈등을 내담자가 반복해서 이야기하고 상담자가 이를 반복해서 해석하는 과정이다. 갈등의 본질에 대한 한두 번의 통찰 경험만으로는 변화가 이루어지지 않는다. 전이의 분석은 여러 번에 걸쳐서 여러 가지 방식으로 지속되어야 하는데 이러한 통찰이 계속 반복되고, 정교화되고, 확대되는 과정이 바로 훈습이다.

내담자는 이러한 반복 과정을 통하여 자신의 방어와 동기가 무엇인가를 의식하게 된다. 특히 주된 저항이나 방어는 한 번의 해석이나 한 번의 면접으로 해결되지 않으며 역동적 변화는 여러 주, 여러 달의 훈습 과정을 거쳐 나타날 수 있다(오윤선, 2009). 그러므로 상담자는 내담자의 삶이 변화되도록 지속적인 도움을 줄 수 있어야 한다.

4. 종결단계

종결(termination)은 상담 전체 과정 중 다른 부분과는 확실히 구분되는 중요한 단계이다. 한동안 신뢰하며 자신의 모든 어려움을 내어놓고 의지하던 상담자와의 관계를 마감하는 것은 내담자에게 중요한 일이다. 때문에 어떤 청소년 내담자들에게는 그것이 생애 처음 경험해 보는 관계의 긍정적인 분리가 되기도 한다. 이러한 관계의 종결은 결코 간단한 것이 아니라서 상실감이나 불안감 또는 욕구의 포기로 인한 좌절감 등이 일어날 수 있다. 그런 감정들을 능숙하게 다루며 극복하도록 돕는 것은 상담의 최종 결과에 큰 영향을 주게 된다.

그러므로 상담자는 종결단계에 대한 중요성을 과소평가해서는 안 된다. 왜냐하면 이 단계에서 내담자의 분리 경험은 내담자가 미래에 상실과 관계의 분리들을 잘 해결할 수 있는 능력에 영향을 주기 때문이다. 이것은 동시에 내담자가 혼자서도 잘 해낼 수 있다는 자신감과 독립 가능성을 가지고 상담을 떠날 수 있을 것인가를 결정할 수 있게 한다. 결국 종결의 단계를 어떻게 다루느냐에 따라 상담 과정에서 이루었던 효과가 증폭되거나 아니면 반대로 상담 과정 전부를 무효로 만들 수도 있다.

1) 종결의 시기

상담에서 종결을 해야 한다는 것은 너무나 자명한 사실이지만 막상 그것을 언급하는 것은 상담자나 내담자 모두에게 쉽지 않은 일이다. 그러나 상담을 할 때는 종결 시점을 객관적으로 잘 선택할 수 있도록 노력해야 하며 상담자 자신이나 내담자의 감정에 대해서도 주의 깊게 살펴야 한다.

청소년 상담자는 내담자의 상담에 임하는 태도와 반응에 따라 종결 시기를 결정할 수 있다. 종결의 시기는 여러 가능성이 있을 수 있다. 첫째, 청소년 내담자가 직접 종결에 대한 주제를 말하고 이를 다루기 원하는 경우이고, 둘째, 청소년 내담자가 자신의 문제가 어느 정도 해결되었음을 반복적으로 보고하는 경우이다. 셋째, 청소년 내담자들은 개인적인 일을 이유로 상담을 연기하거나 생략하기를 제안하기도 하며, 넷째, 청소년 내담자가 자신의 문제를 스스로 진단하고 해석하는 등 청소년 상담자가 자기에게 보였던 특징적 행동들을 스스로 시도해 보인다. 다섯째, 종결과 관련하여 정서의 변화가 나타난다. 이렇게 청소년 내담자의 처음 문제가 해결되고 미래의 비슷한 경향의 문제에 직면하게 되면 내담자 스스로 대처할 자신감과 능력이 생겼을 때 자연스럽게 종결하면 된다. 그렇지만 자연스럽고 만족할 만한 종결이란 사실상 드물다. 따라서 처음에 기대했던 해결 및 행동 변화와 상담 과정에서 도달한 한계와의 타협점에서 이루어진다고 볼 수 있다(박옥임 외, 2013).

2) 종결 방법

청소년 상담 중 지지상담의 경우에는 긍정적이고 적극적으로 내담자의 분리를 지지해주는 분위기에서 마쳐야 한다. 그리고 종결은 내담자가 점진적으로 의존욕구를 스스로 다루어 나갈 수 있도록 하는 가운데 마무리해야 한다. 또한 지지상담의 종결 시에 상담자는 내담자에게 상담관계가 완전히 끝나는 것은 아니라는 여지를 남겨두는 것이 좋다.

하지만 통찰상담에서의 종결은 지지상담과는 전혀 다르다. 통찰상담에서는 종결단계에 들어서도 기존의 상담 기조를 그대로 유지해야 한다. 원칙적으로 상담을 끝내기로 한 시점까지 상담의 간격을 조절하지 않고 그동안 해 오던 대로 상담 기간을 끝까지 일정하게 유지한다. 또한 지지상담에서처럼 잘해 나갈 것이라고 지지를 하지만 지나친 격려는 피해야 한다.

학습정리

청소년들을 위로하고 격려하는 상담은 청소년들에게 어떤 과정과 방법으로 지침을 주는가에 따라서 문제의 해결과 상담의 결과는 달라진다. 그러므로 상담자는 청소년 상담 과정 중 준비단계, 초기단계, 해결단계, 종결단계에 대한 이론적 기초에 대해 정확히 이해하고 활용할 수 있어야 한다.

연습문제

1. 청소년 상담 과정의 단계를 차례대로 설명하시오.
2. 청소년 상담 시 준비단계와 초기단계의 차이점에 대해 논하시오.
3. 청소년 상담의 해결단계에서 중요한 상담자의 기술에 대해 구체적인 예를 들어 설명하시오.

PART 3

청소년 상담의 이론과 기법

Chapter 11

청소년 상담이론과 기법 I

▶▶ 개요

청소년 상담이론 중 정신분석, 행동치료, 인간중심 상담의 배경 및 개념들을 알아보고 주요 기법과 공헌 및 제한점에 대해 논할 것이다.

▶▶ 학습목표

1. 일반목표

각 상담이론의 배경 및 개념을 알아보고 주요 기법과 공헌 및 제한점에 대해 설명할 수 있다. 이러한 이론적 기초를 정확히 이해하고 활용할 수 있다.

2. 세부목표

1) 정신분석, 행동치료, 인간중심 상담이론의 배경에 대해 잘 이해할 수 있다.
2) 정신분석, 행동치료, 인간중심 상담의 중요 개념들을 설명할 수 있다.
3) 정신분석, 행동치료, 인간중심 상담의 기법을 활용할 수 있다.

▶▶ 주요용어

정신분석, 행동치료, 고전적(조작적) 조건화, 인간중심 치료

▶▶ 지식

- 정신분석, 행동치료, 인간중심 상담이론에 대한 배경 이해
- 정신분석, 행동치료, 인간중심 상담이론의 주요 개념
- 정신분석, 행동치료, 인간중심 상담에 대한 정확한 관점

▶▶ 기술

- 정신분석, 행동치료, 인간중심 상담 과정에 대한 통찰 능력
- 청소년 상담 시 전이와 역전이를 활용할 수 있는 능력
- 상담자의 일치성

▶▶ 태도

- 정신분석적, 행동치료 상담의 실제적인 활용
- 전이를 유도하고 해석하는 태도
- 상담자의 무조건적 수용과 공감

1. 정신분석적 상담

1) 정신분석이론의 배경

(1) 정신분석의 발전 과정

정신분석이론은 오스트리아의 정신의학자였던 지그문트 프로이트(Sigmund Freud, 1856~1939)에 의해 시작되었다. 그는 신체 중심의 의학에서 정신의학이 분화되어 나오는 데 지대한 영향을 주었고 임상 및 체계적인 상담심리 이론의 출발점이 되었다. 프로이트 이후에 발달한 대다수의 상담이론은 정신분석을 바탕으로 발전되었거나 이 이론을 비판하면서 태동되었다고 해도 과언이 아닐 것이다. 따라서 정신분석은 전 인류의 학문과 문명에 광범위하게 영향을 준 이론이라고 할 수 있다.

정신분석은 이후 몇 가지 유형의 세력으로 발전하였다. 첫째, 프로이트 이론의 가정을 그대로 계승하고 발전시킨 안나 프로이트(Anna Freud)와 하트만(Heinz Hartmann) 등에 의한 자아심리학(ego psychology), 켈빈(Melanie Klein)과 페어베이언(Ronald Fairbairn) 등에 의한 대상관계이론(object relations theory) 그리고 코헛(Heinz Kohut) 등에 의해서 발전한 자기심리학(self-psychology) 등이 있다(Capuzzi & Gross, 1995).

둘째, 프로이트의 핵심 가정을 비판하면서 독자적 세력으로 발전한 융(Carl Jung)의 분석심리학(analytic psychology), 아들러(Alfred Adler)의 개인심리학(individual psychology) 등이 있다. 그밖에 랭크(Otto Rank), 호나이(Karen Horney), 설리반(Harry Stack Sullivan), 프롬(Erich Fromm) 등이 주축이 된 신프로이트 학파가 있다. 이들은 프로이트의 핵심적인 가정들을 비판하고 사회 및 인간관계 측면을 강조하여 상담이론을 제시하였다.

(2) 정신분석의 주요 개념 이해

① 인간관

프로이트의 정신분석학에서는 결정론과 무의식적 정신 과정이라는 두 가지 개념을 기본적 가설로 설정하고 있다. 프로이트는 인간을 각 상황마다 자신의 행위를 결정하고 그에 따르는 책임을 질 수 있는 주체로서 인정하지 않았다. 인간은 과거 생활 경험들, 특히 출생에서부터 5세 사이의 어린 시절에 경험한 무의식 속에 잠재해 있는 심리적이고 성적인 사건들에 의하여 결정되는 존재라는 것이다.

② 지형학적 모형

프로이트는 인간의 마음을 지형학적 모형(topographic model)으로 설명하였다. 이 모형에 의하면 인간의 마음은 의식(conscious), 전의식(preconscious), 무의식(unconscious)으로 구분된다. 의식은 어떤 순간에 우리가 알거나 느낄 수 있는 모든 경험과 감각을 말한다. 프로이트는 정신생활의 극히 일부분만 의식의 범위 안에 포함된다고 주장하였다. 어떤 순간에 경험하는 의식의 내용은 외부적 요인에 의해 규제되는 선택적 여과과정의 결과이며, 이 경험은 잠시 동안만 의식될 뿐이라고 하였다. 이것은 시간이 경과하거나 주위를 다른 곳으로 돌리면 그 순간에 전의식이나 무의식 속으로 들어가 잠재된다. 그러므로 의식은 성격 중 제한된 극히 일부만을 나타낸 것이다. 그리고 전의식은 흔히 이용 가능한 기억으로 설명된다. 즉, 어느 순간에는 의식되지 않으나 조금만 노력하면 곧 의식될 수 있는 경험이나 기억을 말한다. 이 전의식은 의식과 무의식의 영역을 연결해 주는 문지기 역할을 한다.

또한 프로이트는 무의식을 인간정신의 가장 깊은 심층에 잠재해 있으면서 의식적 사고와 행동을 전적으로 통제하는 힘으로 보았다. 전의식과는 달리 무의식은 전혀 의식되지 않지만, 사람들의 행동을 결정하는 주된 원인이 된다. 프로이트에 의하면 인간의 모든 생활경험은 잠시 동안만 의식의 세계에 있을 뿐 대부분 무의식으로 들어가 잠재하게 된다. 즉, 의식 밖에서 억압되는 어떤 체험이나 생각은 소멸되는 것이 아니라 무의식 속으로 들어가 잠재되고 이후에도 개인의 행동에 강력한 영향력을 행사한다. 억압된 생각이나 체험 혹은 그밖의 잠재된 경험들은 생물학적 충동이나 어떤 사건과 연결되면 현실에서 불안을 일으키게 된다. 이것은 다시 밑으로 밀려나 끝없는 무의식적 갈등을 일으킨다는 것이다.

③ 성격 구조적 모형

프로이트의 성격 구조적 모형은 원초아(id), 자아(ego), 초자아(superego)로 구분된다. 원초아는 심리적 에너지의 원천으로서 '쾌락원칙'에 따라 본능적 욕구를 충족시키기 위하여 맹목적이고 충동적으로 작용한다. 원초아는 노골적 · 동물적이며 법도 규칙도 없다. 원초아는 단지 욕망의 만족을 위해서만 움직일 뿐이며 이러한 과정은 무의식적으로 이루어진다.

그리고 자아는 외부의 현실과 초자아의 제한을 고려하여 원초아의 욕구를 표현하고 만족시키는 정신기제이다. 자아는 '현실원칙'에 따라 외부 환경의 요구와 자신의 주관적 욕구를 구분하며 그 개체의 자기보전과 안전을 확보한다. 또한 자아는 학습, 사고, 추리, 결정, 기억하는 등의 인지능력을 가지며 현실검증의 기능을 한다.

초자아는 세 가지 성격구조 중 마지막에 발달하는 체계로서 사회규범과 행동기준이 내면화된 것이다. 아동의 초자아는 부모나 선생님과 같은 기성세대와의 상호작용을 통해 옳고 그름, 선과 악, 도덕과 비도덕을 분별할 수 있게 될 때 비로소 형성된다.

④ 방어기제

방어기제는 프로이트의 딸인 안나 프로이트에 의해 체계화되었다. 방어기제란 자아(ego)가 이드(id)와 초자아(superego)의 요구 그리고 과거의 기억과 외부 환경의 요구 등으로부터 스스로를 보호하기 위해 무의식적으로 작동시키는 심리기제이다. 방어기제는 갈등의 원천을 왜곡, 대체, 차단한다. 자아는 현실적으로 통제하거나 제어하기 어려운 요구가 너무 많으면 이를 감당하지 못하여 불안을 일으키게 된다. 그러면 자아는 불안을 처리하기 위한 방어기제를 사용하여 현실을 왜곡시킴으로써 위험으로부터 벗어나려고 한다. 이때 모든 방어기제가 병적인 것이 아니라 일부 방어기제는 불안을 감소시킬 뿐 아니라 긍정적인 사회적 결과를 가져 올 수 있다. 방어기제의 종류에는 퇴행, 억압, 반동형성, 투사, 합리화, 승화, 취소, 부정, 보상, 격리, 동일시 등이 있다.

2) 정신분석적 상담 및 주요 기법

(1) 상담의 목표

정신분석 상담의 목표는 크게 세 가지를 들 수 있다. 첫째, 내담자의 무의식적 갈등을 의식화하여 과거 자신의 문제에 대한 통찰로 내담자 자신을 이해시키는 데 있고, 둘째, 내담자의 행동이 과거와 본능에 기초하기보다는 현실에 기초해서 현실적, 이성적, 합리적으로 이루어질 수 있게 하는 데 있다. 셋째, 자아의 강화와 함께 인격구조를 재편성해서 일상생활에 적응할 수 있도록 한다. 따라서 정신분석 상담의 목표는 유년시절의 기본 욕구좌절과 부적응으로 인해 발생했던 신경증의 원인을 집중적으로 탐색하는 데 있다. 그리고 과거의 환경이 현재 내담자에게 미치는 영향과 자아방어에 대한 분석 및 해석을 통해 내담자의 인식과 통찰을 강화시켜 성격이 변화되도록 돕는 것이다(이장호, 2001).

(2) 정신분석적 상담과정

① 초기단계

초기단계에서는 내담자의 개인적 성장 및 발달사를 탐색하면서 내재된 무의식적 갈등에 대한 전반적 윤곽을 이해한다. 즉, 내담자가 지닌 문제의 성질을 확인하는 단계이다. 초기 단계의 두 가지 목표는 수집된 정보를 근거로 임상적 · 역동적 진단을 내리고 내담자가 정신분석적 치료에 적합한 사람인지 그리고 어떻게 치료해 나갈 것인지를 결정하는 것이다. 이를 위해 내담자의 현재 생활과 불편한 점, 지금까지 성취한 것, 대인관계 방식, 가족적 배경 그리고 아동기의 발달사 등에 대해 알아볼 수 있다. 상담 내용 중 화제의 우선순위는 내담자의 직관에 맡기게 된다. 또 내담자가 자신의 문제를 제시하는 자세도 상담에 많은 것을 시사해 줄 수 있다.

② 전이의 발달

전이와 그 다음 단계인 훈습은 실제로는 중첩되는데, 이것은 치료 작업의 주된 부분이며 정신분석적 치료의 핵심이다. 여기서 전이란 '내담자가 과거의 중요한 인물에게 느꼈던 감정을 상담자에게 투사하는 현상'이다. 이것은 내담자가 아동기의 중요인물, 즉 아버지, 어머니, 형제, 자매, 그밖의 가족들에게 느끼고 행동하던 그대로 상담자에게 느끼고 행동하는 것을 말한다. 내담자는 자신의 감정을 의식하지만 자신의 감정이 반복된다는 것을 깨닫지 못한다. 상담자는 내담자가 말하는 것을 들으면서 현재의 경험과 어렸을 때의 경험이 연결되어 있다는 것을 알 수 있다.

내담자가 상담자에 대해 행동하고 표현하는 방식들 중에서 부적절한 반응을 찾아보면, 내담자가 대인관계에서 맺는 정신역동을 직접 알 수 있다. 내담자가 상담자에게 보여주는 행동 패턴은 평소 일상생활에서 보이는 대인관계 행동의 한 단면인 경우가 많다.

③ 훈습

훈습은 '중심적 갈등을 내담자가 반복해서 이야기하고 상담자가 이를 반복해서 해석하는 과정'이다. 전이의 분석은 갈등의 본질에 대한 한두 번의 통찰경험으로 변화되지는 않기 때문에 여러 번에 걸쳐 다양한 방식으로 지속되어야 한다. 이러한 통찰이 계속적으로 반복, 정교화, 확대되는 과정이 바로 '훈습'이다. 내담자는 자신의 방어와 동기가 무엇인가를 이 반복 과정에서 의식하게 된다. 특히 주된 저항이나 방어는 한 번의 해석이나 면접으로 해결되지 않으며, 역동적 변화는 몇 주나 몇 달의 훈습 과정을 지난 후에야 비로소 나타날 수 있다.

④ 전이의 해결

내담자는 전이의 분석을 통해 현실과 환상, 그리고 과거와 현재를 구분할 수 있게 되며 아동기의 환상적 소망이 얼마나 영속적인가를 깨닫게 된다. 결국 내담자는 자신의 무의식적 환상에 무의식적으로 반응하는 대신에, 자신의 충동과 불안이 갖는 비현실적 특성을 평가하게 되고 보다 성숙하고 현실적인 결정을 하게 된다. 일단 전이현상을 성공적으로 분석하고 나면 과거의 사건에 대한 기억이 촉진되고 이후 전이의 본질을 더욱 분명히 알 수 있게 된다. 전이의 이해와 기억 간의 상호작용은 통찰을 더욱 공고히 하며 해석에 대한 확신을 강하게 해 준다.

⑤ 종결단계

전이가 해결되면 종결단계가 시작된다. 종결단계의 목표는 상담자에 대한 내담자의 무의식적인 애착을 해결하는 것이다. 이때 내담자의 증상이 갑자기 악화되기도 한다. 이는 내담자가 아직 상담을 마칠 준비가 되어 있지 않고 상담을 계속하고 싶다는 것을 무의식적으로 나타내는 것일 수 있다. 혹은 아동기 때부터 지녀온 수동적 · 의존적 행동 경향 때문일 수도 있다. 그리고 종결 시점에 나타날 수 있는 또 다른 현상은 이전 단계에서 이루어진 해석을 확인시켜 주거나 정교화 시켜 줄 수 있는 억압되었던 기억들이 나타나는 경우이다. 이는 자신에게 도움을 준 상담가에 대한 감사의 표시일 수도 있다. 이 단계에서 상담자는 상담이 끝난 후 앞으로 일어날 일에 대한 내담자의 환상을 분석해야 한다. 그러한 문제를 다루지 않을 경우 문제의 재발 가능성은 높아질 수 있다.

(3) 정신분석의 주요 기법

① 자유연상

프로이트는 자유연상을 사용하기 전 동료인 브로이어(Josef Breuer, 1842~1925)와 함께 최면기법을 사용하여 정서와 관련된 기억의 회복을 시도하였다. 나중에는 이러한 자유연상을 통해서 내담자들이 정상적인 각성상태로 기억을 찾을 수 있다는 사실을 발견하게 되었다. 자유연상(free association)은 정신분석 상담의 가장 핵심이 되는 기법이다. 자유연상은 어떤 대상과 관련하여 아무런 형식 없이 마음에 떠오르는 생각, 감정, 기억들을 아무런 수정도 가하지 않고 자유롭게 이야기하도록 하는 것이다. 즉, 내담자가 자신의 마음속에 떠오르는 것이 아무리 사소하고 말하기 어려운 내용일지라도 모두 상담자에게 이야기하게 한다. 상담자는 그것을 통해 내담자의 마음속에 억압된 자료를 수집하고 해석하여 내담자의 통찰을 돕는다.

② 꿈의 분석

꿈의 분석(dream analysis)은 자유연상과 마찬가지로 내담자의 무의식 세계에 접근할 수 있는 또 하나의 방법이다. 프로이트는 꿈을 무의식으로 가는 왕도라고 표현했다. 그는 수면 중에 내담자의 방어기제가 약화되어 억압된 욕망과 갈등이 의식의 표면으로 보다 쉽게 떠오른다고 보았다. 따라서 정신분석 상담에서 꿈의 분석은 내담자의 무의식적 욕구를 발견하고 해결되지 못한 문제를 통찰하는 중요한 열쇠가 된다.

③ 전이

전이(transference)는 내담자가 상담 상황에 대해 가지고 있는 일종의 왜곡이다. 이는 과거에 의미 있는 관계를 맺었던 인물에 대한 소망이나 기대 또는 감정 등이 치료적 관계 속에서 무의식적으로 상담자에게 투사되어 반복되는 것을 말한다. 따라서 상담자는 내담자가 상담자에게 보이는 태도나 행동을 그냥 지나쳐 버려서는 안 된다. 내담자가 상담자를 어떻게 대하는지, 상담자에 관해 어떠한 생각을 품고 있는지를 주의 깊게 관찰하여야 한다. 그리고 그 의미를 이해하고 분석해 나가야 한다. 전이는 내담자가 상담자를 대상으로 한 모든 투사의 통합으로 볼 수 있다. 정신분석 상담에서 이루어져야 하는 상담자의 주된 업무 중 하나는 전이를 유도하고 해석하는 것이다.

④ 저항

저항(resistance)이란 상담 진행을 방해하고 현재 상태를 유지하려는 의식적 · 무의식적인 생각, 태도, 행동을 의미한다. 즉, 저항은 '상담자의 치료 노력을 방해하는 내담자의 방어'라고 볼 수 있다. 저항의 원인은 상담 과정에서 내담자에게 위협을 주는 불쾌한 감정으로 분노, 죄의식, 수치심, 모욕감, 격분, 두려움 등이 있다. 여기서 상담자가 할 일은 내담자가 말하기 두려워하고 부끄러워하는 내용을 정확히 이해하는 것이다. 내담자의 말하는 속도가 변화하거나, 반대로 갑자기 말이 많아질 때는 저항을 의심할 수 있다. 또한 반복적으로 상담시간에 늦게 오거나 아예 시간을 잊어버리거나 약속시간 몇 분 전에 불충분한 이유로 상담을 취소하고 변경할 수도 있다.

상담자는 내담자가 저항하는 것을 알게 되면 저항의 동기로서 특히 전이를 고려해야 한다. 청소년 내담자에게 상담자는 부모의 이미지로 느껴질 수 있기 때문에 내담자는 부모

대리자와의 관계로 여겨지고 이에 따르는 검열과 도피를 나타낼 수 있다.

⑤ 해석

해석(interpretation)은 자유연상, 꿈, 저항, 전이 등을 분석하고 그 속에 담긴 행동상의 의미를 객관적으로 파악한 뒤 내담자에게 원인을 알려주고 설명하는 기법이다. 해석을 하는 데 있어서는 몇 가지 원칙이 필요하다(Fine, 1982). 첫째, 해석은 무의식적 갈등에 대한 것보다는 저항에 대한 해석을 먼저 해야 한다. 둘째, 해석하려는 내용이 내담자 의식 수준과 가까이 있을 때, 즉 내담자가 아직 깨닫지 못하고 있지만 견뎌낼 수 있거나 수용할 수 있다고 판단될 때 이뤄져야 한다. 셋째, 해석은 표면적인 것에서부터 시작해서 내면적인 것으로 진행되어야 한다.

3) 공헌 및 제한점

정신분석은 상담의 심리학적 패러다임을 열어주는 역할을 하였다. 특히 인간의 심리적 갈등과 문제에 대한 무의식의 역할을 정립하여 내담자가 가지고 있는 현재 행동과 증상의 원인이 어떻게 과거와 연결되어 있는지 이해할 수 있는 개념적인 틀을 제공해 준다. 따라서 상담 및 심리치료에 있어서 대부분의 이론들은 프로이트의 이론에서 출발하여 확장되거나 반대하는 입장에서 인간에 대한 이해와 심리적 문제를 체계화시켰다.

하지만 프로이트의 이론은 성적 억압이 심했던 19세기 말 유럽 상류층의 신경증 환자들을 대상으로 한 임상 경험을 중심으로 수립되었다. 때문에 그 시대의 문화적 배경을 간과하고 보편적인 인간이해로 개념화하는 데는 많은 한계를 지니고 있다. 또 무의식을 의식화시켜 심리적 갈등을 해소시키고 인격의 변화를 이루고자 하는 정신분석 상담은 이론과 방법 면에서 많은 제한과 논란의 여지를 가지고 있다. 특히 오이디푸스 콤플렉스와 성욕에 바탕을 둔 이론정립은 지나치게 추론적이며 인간에 대한 전인적인 이해를 간과할 수 있다.

2. 행동치료 상담

1) 행동치료 상담의 이론적 배경

(1) 행동치료 상담의 발전 과정

행동치료란 개인의 행동적 성장과 발달을 촉진시키고 부적응적 행동을 치료적으로 변화시키거나 바람직한 방향으로 개선시키기 위한 특수한 절차와 기법을 의미한다. 행동치료 이론은 1950년 후반부터 실험심리학자들이 인간의 행동변화를 목적으로 개발한 학습이론이지만 동시에 과학적인 치료법이다.

행동주의 치료의 접근은 1950년대에 시작해서 1960년대 초반 당시에 지배적이던 정신분석적 관점에서 급속히 분리되었다. 행동치료 이론의 발달 과정을 보면 고전적 조건화, 조작적 조건화, 인지적 치료 등 세 가지 중요한 발달의 영역을 포함하고 있다.

첫째, 고전적 조건화는 파블로프(Ivan Petrovich Pavlov, 1849~1936)의 체계적 실험 연구에서 비롯되었다. 개는 먹이를 보면 침을 자동으로 분비한다. 그런데 먹이를 보여주기 전에 종소리 들려주기를 반복하면 나중에는 종소리만 들어도 침을 분비하게 된다. 즉, 종소리는 원래 자극이 아니었지만 먹이와 동시에 제시되면서 자극적인 속성을 갖게 된 것이다. 이러한 고전적 조건화는 인간의 공포증을 비롯한 많은 심리적·행동적 병리를 설명하는 기제로 사용된다.

둘째, 조작적 조건화는 손다이크(Edward Thorndike, 1874~1949)와 스키너(Burrhus Frederic Skinner, 1904~1990)의 연구에 의해 체계화된 학습기제이다. 새장에 갇힌 배고픈 비둘기가 여러 가지 행동을 하다가 우연히 원판을 쪼게 되고, 이 행동을 할 때마다 먹이를 공급하게 되면 비둘기는 원판 쪼기 행동을 학습하게 된다. 즉, 유기체가 특정 행동을 할 때마다 선택적으로 그 행동에 대해 보상을 제공함으로써 그 행동을 강화시키는 것이다. 이러한 조작적 조건형성은 행동수정의 이론적 근거가 되었다.

셋째, 반두라(Albert Bandura)의 사회인지이론(social cognitive theory: SCT)은 인간의

행동에 영향을 주는 심리 · 사회적 요인들 간의 상호관계와 행동변화를 촉진하는 데 중점을 둔다(Bandura, 1989). 사회인지이론은 인간이 어떤 행동 패턴을 습득하고 유지하는지에 대한 설명뿐만 아니라 개입전략(invervention strategies)을 위한 기초적 이론의 틀을 제공한다(손애리, 2002). 이는 개인의 행위가 독립적인 외부 요인에 의해 영향을 받고 결정되는 것이 아니라, 개인적 특성과 환경적 특성이 상호 간에 서로 작용하고 영향을 준다는 '상호 결정론적(reciprocal determinism)' 입장을 배경으로 한다(Bandura, 1977). 상호 결정론적 입장은 주변 환경을 통해 직면하는 경험들이 개인에게 어떻게 '인지'되는가에 따라 그 행위 특성이 변화하고 결정된다고 보았다(Bandura, 2001).

(2) 행동치료 상담의 주요 개념 이해

① 인간관

초기 행동주의자들은 과학적 법칙성에 의해 인간 행동을 설명할 수 있다고 보았다. 즉, 인간의 행동은 자연 현상과 마찬가지로 일정한 법칙성을 가지고 있다고 가정하였다. 그래서 행동에 영향을 줄 수 있는 변인과 이 변인들을 통제하는 법칙을 밝혀낼 수 있다면 인간의 행동도 예언하고 수정할 수 있다고 보았다. 이처럼 초기 행동주의 인간관은 스키너와 같은 급진적 학자들에 의해 자기 결정과 자유의 가능성을 배제하고 항상 환경에 의해 영향을 받기만 하는 수동적 입장으로 기계론적이며 결정론적 입장이었다. 그러나 이후에는 환경에 영향을 주고받을 수 있다는 면이 강조되면서 인간의 자유와 의지적 선택을 중심으로 인간의 능동적인 측면이 강조되는 경향으로 발전되었다.

이와 관련하여 사회학습이론의 창시자인 반두라는 "인간의 행동은 부분적으로나마 환경을 창조할 수 있고 환경도 인간의 행동에 영향을 미칠 수 있다. 그리고 인간은 자기를 조절(regulation)할 수 있는 능력이 있으며, 환경에 영향을 줄 수도 있고 받을 수도 있어서 자기를 지도할 수 있는 능력이 있다"라고 설명했다(Bandura, 1977).

이후 이러한 입장에서 자기지도(self-direction), 자기관리(self-management), 자기통제(self-control) 등의 개념이 나오면서 인간의 새로운 측면을 더욱 부각시켰다. 즉, 인간은 자신의 행동을 스스로 수정할 수 있는 능력을 가지고 있다는 점을 강조하였다. 그러므로 행동주의적 접근의 인간관은 기계론적이고 결정론적인 입장에서 비롯되어 인본주의적인 인간관으로 변화되었다.

② 강화와 소거

강화(强化, reinforcement)는 어떤 요인에 의해 자극과 반응 사이의 특정 관계를 강하게 만드는 현상으로, 선행된 반응의 강도를 높이거나 재발 확률을 증대시키는 환경적 사상을 뜻한다. 강화에는 정적 강화와 부적 강화 두 가지 유형이 있다. 부적 강화는 행동 후에 바람직한 자극을 제시함으로써 그 행동을 더 강하게 만드는 것이고, 정적 강화는 혐오스러운 자극을 제거함으로써 행동을 강하게 만드는 것을 뜻한다.

소거(消去, extinction)는 강화의 제거로 유기체의 반응이 더 이상 나타나지 않는 현상이다. 즉, 소거란 조건화 형성된 후에 지속적 강화를 주지 않으면 조건화된 반응이 사라지는 현상으로, 부정적인 반응이나 행동의 수정 및 개선에 활용할 수 있다.

③ 강화 계획

강화 계획(强化 計劃, schedule of reinforcement)은 반응이 일어날 때마다 강화를 제공할 것인지, 아니면 어떤 특정한 시간의 경과나 행동 빈도 이후 반응에 대해서만 강화를 제공할 것인지 계획하는 것을 뜻한다. 강화 계획에는 목표로 한 행동이 나타날 때마다 강화를 주는 '연속 강화 계획'과 행동이 발생할 때마다 강화하지 않고 특정 반응 중에서 일부분만 강화를 시키는 '간헐 강화 계획'이 있다. 간헐 강화 계획은 고정 비율 계획, 변동 비율 계획, 고정 간격 계획, 변동 간격 계획의 네 가지 유형으로 구분된다.

④ 일반화와 변별

일반화(一般化, generalization)는 특정한 대상에 대한 사고나 연구 결과를 유사한 대상에 적용하여 다양한 개체들이 지닌 공통된 특성을 부각시킴으로써 개념이나 법칙을 성립시키는 과정 혹은 그 결과로 얻어진 진술을 의미한다. 그리고 변별(辨別, discrimination)은 제시된 둘 이상의 자극에 대하여 피험체가 서로 다른 반응을 보이는 것을 말한다. 변별할 수 있는 최소의 자극 차이를 변별역이라고 한다.

2) 행동치료 상담 및 주요 기법

(1) 상담의 목표

행동치료는 체계적인 평가로 인해 선택된 문제행동을 학습이론에 근거하여 구체적으로 변화시키기 위한 과정으로서 상담 시작과 함께 목표를 설정한다. 행동치료의 주요 목표는 첫째, 내담자 자신의 감정이나 생각 및 희망을 관련된 일상 장면에서 자유로이 표현할 수 있도록 훈련하는 것이고, 둘째, 사회적인 활동을 저해하는 비현실적인 공포를 제거하는 일이며, 셋째, 내담자가 인생에 있어서 중요한 결정을 내리는 데 방해가 되는 내면의 갈등을 해소하도록 도와주는 것이다. 즉, 학습된 특정 부적응 행동을 소거시키고 보다 효과적이고 바람직한 행동을 새롭게 학습시키는 것이 행동치료의 궁극적인 목표이다.

(2) 치료자의 기능과 역할

행동치료는 과학적인 연구 결과를 심리학에 응용한 것이다. 따라서 치료자는 적극적이고 지시적인 역할을 한다. 어떤 치료법이든 치료자와 내담자 간의 상호 신뢰적인 관계가 치료의 기초가 된다. 이러한 관계를 형성하려면 치료자는 내담자를 이해하고 수용해야 한다. 행동수정에서도 마찬가지로 치료관계는 서로 협력하는 관계이며, 치료자가 내담자에게 유익한 수단을 제공해 주는 존재임을 주지시키게 된다.

(3) 행동치료 상담 과정

행동치료 상담의 과정은 내담자의 문제와 상담자의 접근방법에 따라 다양하다. 특히 불안에 대해 단계적 둔화를 사용한 상담 과정을 설명하면 다음과 같다.

① 상담자는 내담자의 문제, 증상 및 선행 조건(환경)에 관한 자세한 배경을 알아본다.
② 상담자는 내담자의 대표적 생활 장면에서 나타나는 습관적 반응, 특히 정서적 반응을 자세히 조사한다.
③ 상담자는 때때로 심리측정 도구(검사, 질문지)를 사용하여 진단적 정보를 추가한다.
④ 상담자는 내담자에게 문제의 성질을 알려주고 문제가 치료 중에 어떻게 극복될 수 있는지 설명한다.
⑤ 상담자는 상담(치료) 계획과 실행 및 내담자의 이해와 협조를 구한다.
⑥ 상담자는 내담자와 함께 불안 반응을 억제하기 위한 적절한 반응(이완 반응)을 생각해 보고 단계적 둔화를 위한 불안 위계 목록을 작성한다.
⑦ 내담자에게 근육이완 기법 훈련을 하도록 돕는다.
⑧ 내담자에게 불안 위계 목록의 장면을 차례로 상상하는 연습을 하도록 한다.
⑨ 내담자는 이완 반응과 동시에 과거의 불안 유발 장면을 반복적으로 상상하도록 돕는다.
⑩ 내담자의 다른 불안 및 공포에 대해서도 위의 절차를 반복한다.

(4) 행동치료 상담의 주요 기법

① 체계적 둔감법

체계적 둔감법은 고전적 조건형성 원리에 근거하고 있다. 내담자가 불안을 느끼는 상황을 이완할 수 있도록 단계적인 과정으로 돕는 기법이다. 이 기법은 불안 관련 장애, 특히 공포증에 효율적인 치료법이다.

체계적 둔감화 기법은 역조건형성과 상호억제 원리를 이용한다. 역조건형성은 고전적 조건형성의 이론적 가정에 근거하여 새로운 조건반응을 자극에 조건형성 하는 과정이다. 즉, 한 유형의 반응을 다른 유형의 반응으로 대치하는 것을 뜻한다. 그리고 상호억제는 '불안과 이완은 양립할 수 없다'는 전제에서 시작한다. 만약 공포 혹은 불안과 동시에 발생할 수 없는 정상적인 반응을 자극에 대한 반응으로 나타나게 할 수 있다면, 그 자극으로 인한 공포반응은 나타나지 않을 것이다.

불안에 대한 체계적 둔감법의 구체적인 절차를 설명하면 다음과 같다. 첫 번째 단계는 불안을 유발하는 자극을 분석하여 불안의 정도에 따라 불안 위계 목록을 만들고, 두 번째 단계에서는 근육이완 훈련을 시킨 다음, 세 번째 단계에는 내담자가 눈을 감고 이완 상태에 도달하면 불안 위계 목록 중 가장 약한 불안 장면부터 상상하도록 유도한다. 이런 상상 장면에 대해 내담자가 심히 불안해하면 치료자는 다시 이완 상태로 유도하여 불안을 느끼지 않을 때까지 이완시키는 과정을 되풀이한다. 이런 식으로 불안 위계 목록에서 가장 약한 자극에서부터 가장 강한 자극에 이르기까지 단계적으로 진행한다. 가장 불안이 심해지는 자극적인 장면을 상상할 때도 내담자가 불안을 느끼지 않게 되면 이 치료의 절차는 마치게 된다. 이 방법은 대인관계공포, 시험공포, 신경증적 공포 등 여러 공포증을 제거하는데 효과적이다. 또한 성불능, 불감증 같은 성적 부적응을 치료하는데도 활용된다.

② 모델링 기법

모델링 기법은 내담자가 다른 사람의 바람직한 행동을 관찰해서 학습한 것을 수행하는 것을 뜻한다. 이 기법에서 중요한 것은 내담자가 '모델의 행동 수행 방법을 배우고 학습한 결과로서 모델에게 무엇이 주어지는가'를 아는 것이다. 즉, 모델에게 목표로 했던 행동이 나타나게 되면 강화를 주고 부적절한 행동을 계속하여 얻는 결과를 관찰함으로써 내담자가 모델의 행동을 모방하게 된다. 다시 말해서 부적절한 행동의 결과를 알게 되면 그러한 행동을 피하게 된다. 일반적으로 행동치료에서 모델링은 단순히 모델을 관찰하는 모델링, 모델링 동안에 어떤 표적행동을 수행하는 참여적 모델링, 순전히 상상적인 내현적 모델링으로 분류한다.

③ 자기표현 훈련

자기표현 훈련은 상대방의 입장에서 느낀 바를 이야기하면서 내담자가 보다 효과적으로 자기표현을 할 수 있도록 돕는 기법이다. 이 기법은 고전적 조건형성에 근거한 것으로 주로 대인관계의 문제해결에 사용된다. 불쾌한 감정이나 분노를 제대로 표현하지 못하는 사람, 거절을 잘 하지 못하는 사람, 혹은 애정이나 호감을 잘 표현하지 못하는 사람들에게 효과적이다. 특히 치료자와 내담자가 대인관계 문제 상황 속에서 서로 역할을 바꾸어 자유로이 감정과 의사를 표현하는 역할 행동 연습을 할 수 있다. 따라서 이 훈련 방법은 집단 프로그램으로 많이 사용된다.

④ 토큰법

토큰법은 스키너의 강화원리와 조작적 조건화 원리를 적용시킨 기법이다. 토큰법은 칭찬이나 다른 무형의 강화인자를 쓸 수 없을 때 사용한다. 직접적으로 강화인자를 쓰는 대신, 이후 내담자가 원하는 다양한 물건과 교환할 수 있는 토큰을 보상으로 제공하는 것이다. 예를 들면, 내담자가 바람직한 행동을 했을 때 토큰을 주어 나중에 음료수, 간식, 상품권 등 내담자가 원하는 물건이나 권리와 바꿀 수 있도록 할 수 있다. 토큰법은 토큰이라는 강화인자를 갖고 적응행동을 발달시키려는 목적을 갖고 있다. 때로는 토큰을 다시 수거하여 바람직하지 못한 행동을 소거시키려는 목적으로도 사용할 수 있다.

⑤ Premack의 강화원리

프리맥의 강화원리란 선호하는 반응은 덜 선호하는 반응을 강화하여 행동의 발생 빈도를 증가시킬 수 있다는 원리이다. 이는 강화의 상대성을 이용한 것으로 프리맥(D. Premack)이 제안하였다. 예를 들면, 청소년이 인터넷 게임을 선호하고 공부하는 것을 별로 원하지 않는 경우, 스스로 공부하는 행동을 증가시키기 위하여 공부를 일정 시간 한 뒤에 인터넷 게임을 하도록 유도할 수 있다.

⑥ BASIC-ID

라자러스(Arnold Lazarus)는 인간을 움직이고, 느끼고, 접촉하고, 상상하고, 생각하고, 관계하는 복합적인 존재라고 보고 다중양식치료(multimodal therapy)를 제시하였다. 그는 인간의 성격기능에는 행동(behavior), 정서반응(affective response), 감각(sensation), 상상(image), 인지(cognition), 대인관계(interpersonal relationship), 생물학적 기능(biological functioning)이라는 7가지 기능이 있는데, 이들 간의 상호작용에 의해 인간의 기능 정도가 결정된다고 보았다(Lazarus, 1973). 복합모형적 평가로서 개인의 BASIC-ID란 위의 7가지 기능의 첫 글자를 따서 붙인 명칭이다. 구체적으로는 BASIC-ID 각 영역에 1차 조사를 실시하고 영역별로 프로파일을 작성한 뒤 다른 기능영역들 간 관련성을 검토한다. 그 다음으로 개인의 문제영역을 압축시켜 문제가 되는 기능영역에 효율적으로 대처할 수 있는 치료를 실시한다. 이때 사용되는 기법으로는 고정된 형태가 없다. 이것은 많은 다른 치료 체계로부터 기법들을 차용하였기 때문이다.

⑦ 타임-아웃(Time-Out)

타임-아웃은 내담자의 긍정적 강화를 받을 기회를 박탈시키는 것이다. 강화가 많은 상황에서 적은 상황으로 이동시킴으로써 강화물을 얻을 수 있는 기회로부터 제외되는 것을 뜻한다. 이는 세심한 모니터링이 요구되는 약한 혐오기법으로 볼 수 있다. 이 기법은 10분 이내 정도로 짧은 시간을 설정하는 것이 효과적이다. 예를 들면, 학생이 수업시간에 방해가 되는 부적절한 행동을 할 때 일정 시간을 정해서 잠시 급우들과 격리시키는 방법 등을 사용할 수 있다.

⑧ 혐오치료

혐오치료란 바람직하지 않는 행동을 부정적 경험과 연합시켜 행동변화가 일어나도록 하는 방법이다. 주로 알코올중독, 약물중독, 동성애, 의상도착증 등과 같이 개인적으로나 사회적으로 용납되기 어려운 이상행동을 치료대상으로 하고 바람직하지 못한 습관에 대하여 혐오조건화를 형성시키는 것이다. 혐오자극으로는 구토제, 전기쇼크 등이 사용된다. 그렇지만 행동치료의 기본은 처벌보다는 보상을 적용한 기법이 선호되기 때문에 혐오치료가 행동치료 기법의 범주에 들어가는 것에 대해서는 논쟁의 여지가 많다.

⑨ **홍수법**

홍수법이란 상담자가 내담자를 강력하고도 지속적으로 문제상황에 노출시키는 방법이다. 이는 체계적 둔감화와 대조를 이루는 불안치료법이다. 이 같은 상담에 참여한 내담자는 관련된 문제에 마치 쏟아지는 소낙비를 한꺼번에 맞는 것과 같은 경험을 하게 된다. 예를 들면, 자동차를 무서워하는 내담자를 상담자가 차에 태워 하루에 몇 시간씩 달린 이후, 내담자는 자동차에 대한 공포는 소실되고 오히려 자동차 타는 것을 즐거워할 수 있다.

3) 공헌 및 제한점

행동치료 상담은 책임성 있는 상담을 위한 기초자료와 정확한 측정을 근거로 하는 상담기법이라 할 수 있다. 따라서 다른 상담이론과 접근법보다 경험적 연구를 통한 치료 성과와 평가를 강조하고 있다. 하지만 행동치료 상담에 대한 가장 일반적인 비판은 인간의 행동을 너무 기계적인 방식으로 볼 수 있다는 점이다. 행동주의에서는 기본적으로 인간을 외부적 요인에 의해 조형되는 존재로 인식한다. 그러므로 인간의 주관적인 경험과 내면의 심리적 과정을 도외시하는 비인간화된 상담방법이 될 수도 있다. 상담 장면에 있어서도 상담자가 내담자의 가치와 행동을 지나치게 조형하고 지시하며 통제한다는 비판이 있다. 이러한 이유로 오늘날 행동주의 상담에서는 내담자의 문제해결에만 집중하는 것이 아니라 내담자의 인지적 요소와 상담관계를 고려하여 효과를 높이려고 노력하고 있다.

3. 인간중심 상담

1) 인간중심 상담의 이론적 배경

(1) 인간중심 상담의 발전 과정

심리학의 제3세력이라고 하는 인간중심적 상담은 1940년대 초에 로저스(Carl Ransom Rogers, 1902~1987)의 인본주의 철학 이론에 기초해서 발전된 이론이다. 로저스는 정신분석 상담이 인간의 본능적 욕구를 지나치게 강조하는 동시에 상담자의 진단적이고 해석적이며 지시적인 태도에 반대하였다. 이어서 행동주의 이론이 인간의 행동 자극 반응을 지나치게 단순화시킨다고 비판하였다. 그는 이 두 이론을 대체할 수 있는 새로운 이론으로서 인본주의에 기반을 둔 비지시적인 인간중심 상담을 주창하였다.

로저스는 특히 인간의 잠재능력을 강조하였다. 그는 1942년 출간한 ≪상담과 심리치료(Counseling and Psychotherapy)≫에서 상담자와 내담자가 맺는 관계의 질(quality)에 대한 중요성을 강조하였다. 따라서 상담자는 내담자가 스스로 성장할 수 있도록 동기화할 수 있는 최적의 환경을 제공하는 사람이어야 한다고 주장하였다.

로저스의 인간중심 상담은 4단계 형성 과정을 통해서 완성되었다. 제1단계는 비지시적 단계(1940~1950)이다. 이 시기에는 감정의 반영과 비지시적 기술들이 특징이며 상담자의 허용적이고 비간섭적인 분위기를 강조하였다. 제2단계는 내담자중심(client-centered) 단계(1950~1957)이다. 로저스는 1951년에 저서 ≪내담자중심 치료(client-centered Therapy)≫를 출간하였다. 이 시기에 로저스는 상담을 통하여 도움 받는 사람을 의존적인 환자로 취급하기보다는 책임감 있는 한 사람의 내담자로서 여겨야 한다는 점을 강조하였고 성격이론과 상담이론을 확립하기 시작했다. 제3단계는 이론의 적용 단계(1957~1975)로 이 시기에 로저스는 내담자의 행동뿐만 아니라 상담자의 유기체적 경험이 상담 과정에 중요한 요인임을 강조하였다. 상담자와 내담자의 상호보완적 관계에 대한 그의 이론은 다른 이론적 접근까지 널리 확장되어 상담의 공통적인 요인으로 인식하게 되었다. 제4단계는 인간중심

(person-centered) 단계(1975~1987)로서, 사람들이 힘을 얻고 소유하고 나누거나 혹은 굴복하며 타인과 자신을 통제하는 것에 관심이 집중되어 있다. 이 시기는 그의 이론이 널리 퍼지게 되는 시기이다. 로저스는 개인의 성장에 주력하면서 많은 사람들을 대상으로 '참만남집단'을 구성하였고 자신의 이론을 적용하였다. 그는 내담자뿐만 아니라 사회의 전반적인 측면이나 교육, 정치 분야까지 자신의 관심을 확대시켰다(오윤선, 2013).

(2) 인간중심 상담의 주요 개념 이해

① 인간관

로저스는 각 개인마다 주어진 현실을 달리 지각하기 때문에 이에 따르는 주관적인 경험이 행동을 지배한다고 믿었다. 다시 말해서 인간은 외부현실보다는 오히려 내부적인 경험에 의해 좌우된다는 것이다. 타인을 이해하는 유일한 방법은 그 개인의 세계에 들어가서 그 내적 참조 체계를 이해하는 것이다. 로저스는 오랜 임상경험을 바탕으로 인간은 기본적으로 자유로우며 자신의 행동에 책임을 지고 유목적이며 합리적이고 건설적인 방향으로 지속적인 성장을 하는 미래지향적인 존재라고 보았다. 따라서 이러한 선천적 잠재력을 발휘할 수 있는 조건들이 적절히 갖추어진다면 인간은 무한한 성장과 발전이 가능하다고 결론지었다.

이러한 로저스의 인간관을 자세히 살펴보면 자유, 합리성 그리고 자아실현 경향이 서로 연결되어 있다. 또 인간의 삶은 자신이 통제할 수 없는 어떤 힘에 의해 조종당하는 피동적인 삶이 아니라 각 개인이 가진 자유롭고 능동적인 선택의 결과라고 보았다. 모든 인간은 자신의 과거와 현재 생활 상태를 정확히 인식할 수 있기 때문에 자신의 삶과 미래를 능동적으로 선택할 수 있다. 즉, 인간은 선천적으로 타고난 성장 가능성을 실현하는 과정에서 자신의 인생목표와 행동방향을 스스로 결정하고 이러한 결정에 따르는 책임을 수용하는 자유로운 존재로 규정하고 있다.

로저스는 이러한 인간본성에 대한 강한 자유론적 관점과 더불어 인간을 합리적인 존재로 인정한다. 이렇게 인간의 합리성은 자아실현 경향이 강해지고 더욱 자유로워질 때 강하게 표출된다. 그는 모든 인간이 자신의 내부에 자기이해, 자기개념과 기본적인 태도의 변화 및 자기지향적인 행동을 위한 거대한 자원을 가지고 있다고 보았다. 이러한 선천적 능력의 표현이 바로 자아실현 경향이다. 그리고 자아실현 경향을 자기충족, 성숙의 방향으로 지향하며 모든 동기를 포함하는 각 개인의 진보적인 추진력이라고 규정하였다. 로저스는 이러한 자아실현 경향을 성취하기 위하여 인간은 항상 노력하고 도전하고 어려움을 극복함으로써 진정한 인간으로서 거듭난다고 주장하였다. 또 인간은 항상 발전하고 성장할 수 있는 창조성을 가지고 있으며, 이러한 가능성을 무한하게 잠재하고 있는 존재로 보았다. 즉, 인간은 각자가 타고난 청사진을 갖고 있으며 그 잠재력을 달성하려는 타고난 자성 능력이 있어서 어떤 역경에서도 분명히 회복할 수 있다고 강조하였다.

② 성격 이론의 구성개념

인생에 대한 로저스의 학문적 관심과 실존주의적 철학이 그의 성격 이론을 만드는 원동력이 되었다. 이에 로저스의 성격 이론은 프로이트의 유전적 성격 이론과는 다르게 현상 이론에 더욱 가깝다. 이것은 개인의 발달에 영향을 미치는 주변의 환경을 중요시했다. 다시 말해서 인간의 문제는 개인의 내부 역동보다는 대인관계에 있다고 보았다. 로저스의 성격 이론을 이해하는 데 중요한 구성개념은 유기체와 현상학적 장(phenomenal field), 자기개념, 자아실현 경향성, 가치의 조건화 등이다.

• 유기체와 현상학적 장

유기체, 즉 전체(신체, 지성, 정서)로서 개인은 모든 경험의 소재이다. 인간은 경험에 대하여 유기체적으로 반응한다. 다시 말해서 어떤 자극이 있을 때 그 자극에 대하여 우리의 전 존재가 반응을 하게 된다. 로저스가 "경험은 나에게 최고의 권위이다"라고 말한 것처럼, 그는 유기체의 경험을 중시하였다. 경험은 어떤 주어진 순간에 유기체 내에서 진행되어 잠재적으로 자각할 수 있는 모든 것을 포함한다. 이러한 경험의 전체가 현상학적 장(phenomenal field)을 구성한다. 현상학적 장은 오직 '경험하는 개인'에게만 알려질 수 있는 자신의 참조 틀이다. 따라서 개인이 행동하는 방식은 외적 현실인 자극조건 때문에 정해지는 것이 아니라, 자신의 현상적 장에 의존하여 형성된다. 로저스는 '의식 혹은 자각은 우리가 경험하는 어떤 것의 상징화'라는 점에서 현상학적 장은 의식의 장과 동일하지 않다는 것을 지적하였다. 그러므로 특정한 순간의 현상학적 장은 의식적(상징화된) 및 무의식적(상징화되지 않는) 경험으로 구성된다고 보았다.

- 자기개념

로저스의 성격이론에서 핵심적인 구조적 개념은 바로 자기개념(self-concept)이다. 그는 인간에 대한 설명에서 외적 대상을 지각하고 경험하면서 그것에 '의미를 부여하는 존재'임을 강조했다. 개인의 지각과 의미의 전체적 체계는 각자 자신의 현상학적 장을 구성한다. 개인 스스로가 자신 혹은 자기로서 보는 현상학적 장의 일부를 '자기(self)'라고 할 수 있다. 즉, 현상학적 장 안에 자기가 있다. 로저스는 자기가 불안정하며 끊임없이 변화하는 실체라는 점에서 '과정으로서 자기'를 강조하였다. 그리고 '자기'는 조직화되고 일관된 지각의 패턴을 나타내며, 이러한 '자기'와 관련된 구조적 개념은 '이상적 자기(ideal self)'라고 하였다. 이상적 자기는 개인이 가장 소유하고 싶어 하는 자기개념으로, 잠재적으로 자기와 관련되어 스스로 높게 가치를 부여하는 지각과 의미를 포함한다.

- 자아실현경향

로저스(1951)는 인간이 자아를 유지하고 향상시키고 실현화시킬 경향성에 의해 동기화된다고 믿었다. 따라서 로저스는 개인이 각자마다 타고난 '자아실현 경향성(self actualization)'으로 진취적인 존재가 될 수 있다고 보았다. 그는 자아실현, 즉 인간의 타고난 잠재력의 실현을 강조한 반면에 프로이트가 강조했던 행동의 긴장 감소 측면은 중요시하지 않았다. 프로이트는 추동(drive)을 강조한 반면에, 로저스는 추동 대신에 인간의 기본적 경향성으로 자아실현을 강조한 것이다.

- 가치의 조건화

각 개인은 자신의 경험을 통해 가치의 조건화(conditions of worth)를 형성한다. 로저스에 의하면 아동의 경우 가장 영향력 있는 부모의 양육 태도에 따라 가치의 조건이 형성된다. 이때 기본적 욕구인 '긍정적 자기존중(부모로부터의 인정과 보상)'을 얻기 위해 노력하기 때문에 가치의 조건을 형성하게 된다.

2) 인간중심 상담 및 주요 기법

(1) 상담의 목표

인간중심 상담의 목표는 내담자의 자아개념과 유기체적 경험 간의 불일치를 제거하는 것이다. 그리고 내담자가 느끼는 자아에 대한 위협과 그것을 방어하려는 방어기제를 해체함으로써 충분한 기능을 하는 사람이 되도록 돕는 데 있다. 이러한 목표를 이루기 위해서 먼저 내담자는 사회화 과정을 통해 자신의 가면을 벗어야 한다.

인간중심 상담의 핵심은 치료자와의 관계에서 내담자들이 자신의 목표를 정의하고 명료화 능력을 가질 수 있도록 하는 것이다. 또한 상담자는 상호 신뢰적인 분위기를 조성하여 내담자가 거리낌 없이 자기를 개방하도록 함으로써 내담자 자신의 내면세계(감정, 욕망 및 가치판단 등)를 이해하고, 자신의 문제를 파악할 수 있도록 도와야 한다. 이러한 관계 속에서 내담자는 자신의 환경에 대한 왜곡된 지각을 수정하고, 현실적 경험과 자아개념 간의 조화를 이루며 그 다음에는 능력과 개성을 최대한 발휘하는 자아실현을 촉진할 수 있게 된다.

이러한 자아실현은 경험의 개방, 자신에 대한 신뢰, 내적 평가, 계속되는 성장의 의지로 나타난다. 자아실현을 이룬 사람의 특징은 자기방어를 위해 현실을 왜곡하지 않으며 자기 자신에 대한 올바른 이해에 바탕을 둔 신뢰감과 융통성 있는 마음의 자세를 갖고 있다는 것이다. 또한 실존문제에 대한 해답을 자신의 내부에서 찾으려 하며 인간적인 성숙이 지속적인 과정임을 아는 사람이다.

(2) 인간중심 상담 과정

① 상담 과정의 조건

- 내담자가 불일치 상태, 취약한 상태, 불안정한 상태에 있음을 인식해야 한다.
- 상담자는 관계에 있어서 균형과 일치상태에 있어야 한다.
- 상담자는 내담자에게 무조건적인 긍정적 지각을 하여야 한다.
- 상담자는 내담자의 내적 준거에 대하여 공감적 이해를 경험하여야 한다.
- 내담자는 최소한의 긍정적 지각과 공감적 이해의 상태를 갖추어야 한다.

② 상담 과정

인간중심 상담 과정의 특징은 상담 과정이나 문제해결에 대한 내담자의 책임과 구체성을 강조하며 동시에 수용적인 분위기에서 내담자로 하여금 자신을 자유롭게 표현할 수 있도록 돕는다는 것이다. 그 과정을 통하여 내담자는 자신의 해결책을 스스로 찾을 수 있게 된다. 인간중심 상담에서의 상담기술과 절차는 다음과 같다.

- 1단계: 내담자가 도움을 받기 원하여 찾아온다.
- 2단계: 상담이라는 상황을 정의한다.
- 3단계: 상담자는 내담자의 정서반응을 반영하고 명료화하며, 내담자 자신의 문제에 관한 감정을 자유롭게 표현하도록 도와준다.
- 4단계: 상담자는 내담자가 표출하는 부정적 감정을 수용하고 알아주며 정리해주어야 한다.
- 5단계: 내담자가 부정적인 감정을 완전히 표현할 수 있게 된 후에는 미약하고 잠정적이기는 하지만 성격 성장에 보탬이 되는 긍정적인 감정과 도전이 나타나게 된다.
- 6단계: 상담자는 내담자의 부정적 감정을 받아들임과 동시에 긍정적인 감정을 인정하고 받아들인다.
- 7단계: 내담자가 부정적인 감정과 긍정적인 감정을 모두 경험하면 자기이해, 자기수용, 자기통찰이 나타난다.

- 8단계: 통찰과 함께 여러 가지 의사결정 할 수 있는 방법은 선명하게 알 수 있게 된다.
- 9단계: 내담자는 긍정적인 행동을 취하게 되며, 다양한 생활 장면에 대하여 더욱 정확하고 완전한 분별을 하게 된다.
- 10단계: 내담자는 더욱 성장을 하면서 긍정적인 행동으로 인해 통찰이 확대되고 심화되어 정확한 자기이해를 할 수 있게 된다.
- 11단계: 내담자는 보다 잘 통제된 긍정적 행동이 점차적으로 증가하게 된다.
- 12단계: 내담자는 이제 도움을 받을 필요가 줄어들고 치료관계를 종결해야겠다는 생각을 하게 된다. 즉, 지각된 자아와 이상적 자아 사이의 조화를 얻는다. 이 단계에서 상담의 종결을 예고하게 되고 내담자는 보다 성숙되고 건강한 분위기 속에서 상담을 종결하게 된다.

(3) 인간중심 상담자의 기능과 역할

근본적으로 인간중심 상담자는 자기 자신을 변화의 도구로 사용한다. 인간 대 인간의 수준으로 내담자를 대면할 때 상담자는 역할 없이 존재한다. 인간중심 상담자의 역할은 내담자를 위해 계획된 기법보다는 그들의 존재 방식에 기초를 두고 있다. 이때 상담자의 기능은 과정이 계속됨에 따라 내담자가 성장할 수 있도록 도울 수 있는 상담 분위기를 형성하는 것이다. 이것은 내담자들이 지금까지 거부하거나 왜곡했던 그들의 생활 영역을 탐색하는 데 필요한 자유를 경험하도록 조력관계를 만들어 줄 수 있다. 즉, 상담자의 이론이나 기법보다는 상담자의 태도가 내담자의 변화를 촉진시킨다고 볼 수 있다.

(4) 인간중심 상담의 내담자 경험

내담자들은 진솔하지 않은 상태에서 상담을 시작한다. 상담자는 내담자가 자신에게 문제가 있다는 사실을 자각하고, 관계성에 자기 자신이 책임져야 함을 알 수 있도록 도와야 한다. 내담자는 자신에 대한 더 많은 이해를 위해 관계를 사용함으로써 더욱 자유로워질 수 있다. 상담이 진행됨에 따라 내담자들은 자신의 감정을 더 잘 탐색할 수 있게 되고, 부정적이든 긍정적이든 자신이 그때까지 숨겨왔던 측면들을 발견하게 된다. 이런 문제에 대한 답은 외부에서 찾지 않고 자기 스스로 선택하는 것이 좋다.

이와 같이 인간중심적 접근은 내담자의 주관적 세계를 이해하는 것을 가장 중요시 한다. 그러므로 상담적 변화는 내담자의 상담 경험과 상담자의 기본적인 태도에 대한 내담자의 지각에 의해 좌우된다. 상담자가 자기 탐색에 대하여 도움이 되는 분위기를 창출하면 내담자들은 많은 감정들을 경험하고 탐색하게 된다.

(5) 인간중심 상담의 주요 기법

① 공감

공감은 내용을 내담자에게 반영하는 것 이상의 것이며, 상담자가 일상적으로 사용하는 인위적인 기법을 뛰어 넘는다. 그것은 단순히 외부에서 내담자에 대한 평가적인 이해인 객관적인 지식—나는 당신의 문제가 무엇인지 이해한다—이 아니다. 공감은 "내담자의 내담자에 대한" 깊고 주관적인 이해이다. 그러므로 공감은 내담자에 대한 인간적인 동일시이다. 상담자들은 내담자의 감정과 비슷하게 느낌으로써 내담자의 주관적인 세계를 공유할 수 있게 된다.

상담자의 주요 과제 중 하나는 상담 과정에서 나타나는 내담자의 경험과 감정들을 민감하고 정확하게 이해하는 것이다. 상담자는 내담자의 주관적인 경험, 특히 지금-여기의 경험을 감지하려고 노력해야 한다. 이는 내담자가 자기 자신과 친밀하도록 하며 감정을 더 깊고 강하게 경험하도록 하고, 그들 내부에 존재하는 불일치를 인식하고 해결하도록 내담자를 격려하게 된다. 그러나 이때 상담자들은 자신의 주체성을 잃어버리지 않도록 주의해야 한다. 로저스는 상담자들이 자신의 주체성을 잃지 않고 내담자가 보고 느끼는 사적 세계에서 현재 경험하고 있는 것을 같이 경험할 수 있을 때 건설적인 변화가 일어날 것이라고 강조하였다.

공감적 이해란 상담자가 내담자의 감정에 빠져들지 않으면서도 내담자의 감정을 자신의 감정인 것처럼 느끼는 것을 의미한다. 상담자는 내담자의 경험세계로 자유롭게 여행함으로써 이미 내담자도 인식하고 있는 것에 대해 상담자가 이해한 것을 내담자들에게 전달할 수 있다. 그뿐만 아니라 내담자가 거의 인식하지 못하고 있는 경험의 의미들을 대신 말해줄 수도 있다. 그러므로 높은 수준의 정확한 공감은 내담자들이 불확실하게 경험한 감정들을 분명한 느낌으로 인식할 수 있도록 돕는 것 이상의 의미를 가진다.

② 무조건적인 긍정적 관심

상담자는 내담자를 한 인간으로서 깊고 순수한 관심과 배려를 가지고 대해야 한다. 여기서 관심은 내담자의 감정, 사고, 행동에 대해 좋다거나 혹은 나쁘다는 평가나 판단에 의해 오염되지 않는다는 점에서 무조건적이다. 상담자는 내담자를 존중하며 조건을 제시하지 않고 따뜻하게 수용한다. 이것은 “나는 ~할 때만 당신을 수용하겠다”라는 태도가 아니라 “나는 있는 그대로의 당신을 수용하겠다”라는 태도이다. 상담자는 있는 그대로 내담자를 존중하여 내담자 스스로 자유롭게 감정을 경험할 수 있도록 도와야 한다. 내담자들은 자신의 감정이나 경험으로 인해 상담자의 수용을 잃게 되지 않을 것이라는 확신을 행동으로 반응하게 된다. 수용은 내담자로 하여금 감정을 표현할 수 있는 권리를 인정해 주는 것이다. 그렇다고 해서 상담자가 모든 행동을 승인하는 것은 아니며 모든 외현적 행동들이 승인되거나 수용될 필요는 없다.

또한 이때 상담자의 관심이 비소유적이어야 한다는 것도 중요하다. 그 동기 자체가 내담자가 상담자를 좋아하고 존경하게 만들 목적이라면 내담자의 건설적인 변화는 제약을 받게 될 것이다. 로저스는 상담자들이 내담자에게 항상 순수하게 수용과 무조건적인 관심을 가지는 것은 불가능하고 보았다. 하지만 비소유적인 방식으로 내담자에 대한 관심을 가지고 칭찬과 수용과 존중하는 정도가 클수록 성공적인 치료가 될 가능성이 높다. 만약 상담자가 내담자에 대한 수용을 하지 않으면 내담자들은 관심의 결핍을 느끼게 되면서 점점 더 방어적으로 될 수밖에 없고 상담의 효과는 거의 기대할 수 없다.

③ 일치성

로저스(1951)는 3가지의 상담 기법 중에 일치성이 가장 중요하다고 주장하였다. 일치성이라는 것은 상담자의 진실성을 말하는 것으로서 상담자가 상담 시간에 순수하고 통합되어 있고 진솔하다는 것을 의미한다. 따라서 일치성은 상담자가 내담자와의 관계에 있어서 나타나는 반응이 매 순간마다 그가 내적으로 경험하고 느끼는 바와 합치되는 상태를 말한다. 일치에 대한 로저스의 개념은 완벽하게 자기실현된 상담자만이 효과적인 상담을 할 수 있다는 의미가 아니다. 상담자도 인간이기 때문에 완전히 솔직해지기를 기대하기는 어렵다. 다만 인간중심 모델은 상담자들이 내담자와의 관계에서 일치할 수 있다면 상담 과정은 더욱 잘 진행될 것이라고 가정하는 것이다.

구체적으로 말하면 일치한다는 것은 관계에서 느끼는 분노, 좌절, 좋아함, 매력, 관심, 권태, 귀찮음 등의 감정들을 표현한다는 뜻이다. 하지만 상담자가 지나치게 진솔해지려고 노력하면 또 다른 함정에 빠지게 된다. 상담자의 적절한 자기 노출이라고 해서 자신의 모든 감정들을 충동적으로 표현해야 한다는 의미는 아니다. 상담자는 자신의 감정에 대한 책임을 져야 하며 그 순간 내담자와 충분히 공유해야 할 상담 과정을 방해하는 지속되는 감정을 내담자와 함께 탐색할 수 있어야 한다. 상담자들은 내적 경험과 외적인 표현이 일치되고 내담자와의 관계에서 느껴지는 감정과 태도를 개방적으로 표현할 수 있어야 한다. 진실한 상담자는 내담자와의 관계에서 발생하는 부정적 또는 긍정적인 느낌이나 감정과 태도를 즉각적으로 그리고 개방적으로 경험한다. 뿐만 아니라 모든 부정적 감정을 다 표현하고 수용함으로써 내담자와의 진솔한 의사소통을 촉진시킬 수 있다. 이와 같은 일치성을 통해 상담자는 진실을 향해 노력하는 인간의 모델이 된다.

3) 공헌 및 제한점

로저스의 인간중심 상담의 공헌점은 다음과 같다. 첫째, 인도주의적 입장에 근거한 그의 신념은 인간을 보다 긍정적으로 바라볼 수 있는 여유를 갖게 했다. 특히 물질문명의 비

인간화 사회 속에서 인간의 존재가치에 대한 긍정적인 안목을 주었다. 둘째, 상담의 대중성에 긍정적인 공헌을 하였다. 인간중심 상담 방법은 높은 수준의 심리학을 공부하지 않은 사람도 관계의 친밀성을 강조함으로써 충분히 활용할 수 있다. 셋째, 다른 상담 방법에 비해 상담자들이 스스로 개인적인 기법을 계발할 수 있는 융통성을 주고 있다. 넷째, 상담자와 내담자와의 관계에 있어서 친밀성을 강조함으로써 상담자 자신이 치료적 도구가 될 뿐만 아니라 상담관계 자체가 치료의 수단이 될 수 있다. 다섯째, 로저스는 상담자와 내담자 간의 상담관계 안에서 동등한 위치를 강조하였으며 내담자가 자신의 문제를 스스로 해결해 나가도록 하였다. 여섯째, 상담자의 태도와 자질 그리고 상담관계의 기본적 기법(micro-skill)의 중요성을 일깨워주고 있다. 마지막으로, 로저스는 상담자와 내담자 사이에 일어난 기분이나 반응 또는 대화를 상담 대화록에 재생시킴으로써 상담 발전에 결정적인 공헌을 하였다.

반면에 인간중심 상담이론의 제한점으로는 먼저, 지나치게 현상학에 치우쳐 있다는 것이다. 예를 들어, 어떤 사람이 자신에 대해 말을 할 때 상황에 따라 거짓이나 방어적인 속임수를 사용하게 되면 그 내용이 왜곡될 가능성이 있다. 그 다음 제한점은 내담자의 내면세계 중 정서적인 요인을 지나치게 강조한 반면, 지적이고 인지적인 요인을 소홀히 하는 경향이 있다는 것이다. 그리고 인간중심 상담은 내담자를 무조건 지지하는 내담자중심의 상담이기 때문에 상담자로 하여금 자신의 정체성과 독특성을 상실하게 할 수도 있다는 우려가 있다.

학습정리

정신분석 상담의 목표는 무의식적 갈등을 의식화하여 개인의 의식구조를 재구성하는 것이다. 무의식적 갈등들은 개인의 심리적 긴장이나 여러 가지 증상을 초래하게 된다. 이러한 무의식적인 갈등을 의식화시키면 긴장으로 잠재되었던 에너지가 자아기능에 활용됨으로써 개인의 적응적이고 문제해결적인 기능이 원활해질 수 있다.

행동치료란 개인의 행동적 성장과 발달을 촉진시키고 부적응적 행동 자체의 치료적 변화를 추구한다. 행동치료 상담은 학습된 구체적인 부적응 행동을 소거시키고, 보다 효과적이고 바람직한 행동을 새롭게 학습시키는 것이 주요 목표이다.

칼 로저스는 당시 상담의 주된 세력이었던 정신분석이 가진 지나친 해석적, 지시적인 면에 반대하고 비지시적 상담을 표방하면서 인간중심 상담의 원리를 제시하였다. 인간중심 상담의 목표는 내담자의 자아개념과 유기체적 경험 간의 불일치를 제거하고 그가 느끼는 자아에 대한 위협과 그것을 방어하려는 방어기제를 해체함으로써 충분히 기능하는 사람이 되도록 돕는 것이다.

연습문제

1. 정신분석적 상담의 전이와 역전이에 대해 설명하시오.
2. 인간중심 상담에서 무조건적 수용이 주는 유익과 그 단점에 대해 논하시오.
3. 정신분석, 행동치료, 인간중심 상담의 각 기법을 비교, 설명하시오.

Chapter 12

청소년 상담이론과 기법 II

▶▶ 개요

게슈탈트, 현실치료, 인지행동치료 상담의 배경 및 개념들을 알아보고 주요 기법과 공헌 및 제한점에 대해 논할 것이다.

▶▶ 학습목표

1. 일반목표

게슈탈트, 현실치료, 인지행동치료 상담 이론의 발전 과정과 주요 개념에 대해 이해할 수 있다. 또한 각 상담이론의 과정 및 주요 기법에 대해 비교해 보고 상담에 활용할 수 있다.

2. 세부목표

1) 게슈탈트, 현실치료, 인지행동치료 상담 이론의 배경에 대해 잘 이해할 수 있다.
2) 게슈탈트, 현실치료, 인지행동치료 상담의 주요 개념들을 설명할 수 있다.
3) 청소년 상담 시 각 상담의 기법을 활용할 수 있다.

주요용어

여기 그리고 지금, 전행동, ABC모델, 인지도식

지식

- 게슈탈트, 현실치료, 인지행동치료 상담 이론에 대한 배경 이해
- 게슈탈트, 현실치료, 인지행동치료 상담 이론의 주요 개념과 그에 대한 관점
- 게슈탈트, 현실치료, 인지행동치료 상담에 대한 정확한 통찰

기술

- 상담자와 내담자가 지금-여기를 인식할 수 있는 능력
- 내담자의 욕구를 구별하도록 돕는 기술
- 내담자의 자동적 사고를 찾도록 돕는 기술

태도

- 상담자와 내담자가 알아차릴 수 있는 역동적 태도
- 내담자의 인지적 과제 수행을 격려하는 태도
- 내담자의 부적응적 핵심신념을 논박하는 적극적인 태도

1. 게슈탈트 상담

1) 게슈탈트 상담의 이론적 배경

(1) 게슈탈트 상담의 발전 과정

'Gestalt'라는 단어는 전체, 형상, 형태, 모습 등의 뜻을 지닌 독일어이다. 게슈탈트 상담(Gestalt therapy)은 독일 출생의 유태인 정신과 의사 프리츠 살로몬 펄스(Fritz Salomon Perls, 1893~1970)에 의해 창안된 심리치료이다. 펄스는 오스트리아 빈에서 정신신경과 의사 쉴더(Paul Ferdinard Schilder, 1886~1940)에게 배우고 박사학위를 취득한 후에 빌헬름 분트(Wilhelm Maximilian Wundt)의 실험심리학에 한 때 심취하였으나 이에 만족할 수 없었다. 그 후 1926년 뇌손상 군인들을 연구하던 쿠르트 골드슈타인(Kurt Goldstein, 1878~1965)의 조교로 일하기 위해 프랑크푸르트(Frankfurt am Main)에 가게 되었다. 여기서 골드슈타인 교수와 게슈탈트 심리학의 전체주의설을 세운 겔브(Adhemar Gelb)를 만나면서 전체로서 통합된 유기체 이론을 접하고 매우 깊은 감명을 받게 되었다.

게슈탈트 치료 이론은 호나이(Karen Horney)의 정신분석치료 이론을 비롯한 많은 이론의 영향을 받았다. 기존 형태 심리학이 지각연구에만 국한된 것에 반해 펄스의 게슈탈트 치료는 그 적용범위를 사고, 감정, 욕구, 신체감각, 행동 등 전체 유기체 영역으로 확장시켰다. 여기에는 골드슈타인의 유기체 심리학, 라이히(Wilhelm Reich)의 신체이론, 레빈(Lewin)의 장이론, 모레노(Moreno)의 심리극 기법, 라인하르트(Max Reinhardt)의 연극과 예술철학, 하이데거(Martin Heidegger), 부버(Martin Buber), 틸리히(Paul Tillich) 등의 실존철학, 그리고 동양사상 그 중에서도 특히 도가(道家)와 선(禪) 사상 등이 포함된다. 따라서 게슈탈트 치료는 어떤 다른 치료보다도 개방적이고 다른 치료이론이나 사상 혹은 치료 기법과의 접촉을 통해 발전해 왔으며 현재도 발전하고 있다(오윤선, 2007).

(2) 게슈탈트 상담의 주요 개념 이해

① 인간관

게슈탈트 치료의 인간관은 실존주의 철학과 현상학 장(filed) 이론에 근거하여 각 개인이 스스로 삶의 문제를 효과적으로 처리할 수 있다고 본다. 특히 주위에서 일어나는 일에 대한 완전한 인식을 할 수 있을 때는 그 정도가 더욱 향상된다고 설명한다. 따라서 단순한 분석에 중점을 두는 것이 아니라 오히려 인식 또는 환경과 접촉하는 데 집중한다. 환경 또는 장이란 외적세계(다른 사람들)와 내적세계(인정하지 않는 자신의 일부)로 이루어졌기 때문에 두 가지 간에 접촉의 질(quality)을 검토하는 것이 중요하다.

그리고 게슈탈트 치료는 내담자가 과거에 인정하지 않았던 부분적인 틀을 '재소유'하여 통합하는 과정을 포함한다. 인격적 성장을 수행할 만큼 내담자가 강해질 때까지 차분히 진행한다. 이때 내담자가 자신의 내부나 주변에서 일어나는 일에 대해 완전히 인식할 수 있으면 '자기조절' 능력을 갖게 된다고 보았다. 따라서 게슈탈트 치료는 인식이 지지되고 재건되는 환경과 기회를 제공한다. 그 과정에서 상담자가 내담자의 현재 경험과 신뢰에 머무를 수 있으면 내담자는 인식, 접촉, 통합이 향상될 수 있다.

또한 게슈탈트 치료에서 말하는 인간의 변화는 전혀 다른 존재가 되는 것이 아니라 있는 그대로 자신을 완전히 받아들이는 것을 중요시 한다. 때문에 내담자가 '되어야 하는 사람'이 되려고 노력하는 것이 아니라 지금, 현재 입장에서 될 수 있는 만큼 완전히 존재하는 것이 중요하다.

② 여기 그리고 지금

게슈탈트 치료에서는 결정의 힘이 현재에 있다고 강조하기 때문에 여기 그리고 지금(here and now)이라는 개념을 중요하게 다룬다. 펄스는 "과거는 지나가 버린 것이고 미래는 아직 오지 않는다. 지금 이외에 존재는 없다"고 말하며 현재를 가장 중요하게 보았다. 그렇다고 해서 과거나 미래를 무시하는 것은 아니다. 개인의 과거에 대한 기억과 미래에 대한 기대는 오직 현재의 시기에서만 경험할 수 있기 때문에 '과거의 현재화'나 '미래의 현재화'도 요구된다.

③ 전경과 배경

전경(figure)은 어느 한 순간에 관심의 초점이 되는 부분이며 배경(ground)은 관심 밖으로 물러나는 부분을 뜻한다. 사람들은 대상을 지각할 때 자신에게 관심 있는 부분을 전경으로 삼고 나머지는 배경으로 간주한다. 건강한 사람의 경우는 매순간 전경으로 떠오른 욕구나 감정을 바탕으로 형태를 만들고, 그 형태를 감소시켜서 배경으로 사라질 수 있도록 만들 수 있다. 하지만 건강하지 못한 사람은 전경과 배경을 확실하게 구분하지 못하기 때문에 자신의 형태를 만들지 못한다. 이에 전경의 형태가 해소되지 못하면 결국 전경이 되지도 못하고 배경으로 사라지지도 못한 상태로 계속 머물게 된다.

④ 미해결 과제

미해결 과제(unfinished business)는 개체가 어떤 형태를 형성하였지만 상황적 여건에 따라 이를 해결하지 못하였거나 아니면, 형태 형성 자체가 방해를 받았을 때 마음에 남아 있는 감정들을 의미한다. 따라서 미해결 과제가 많은 개인은 자신의 형태를 효과적으로 완성하지 못하기 때문에 심리적 · 신체적인 어려움을 겪게 된다. 이러한 미해결 과제가 생기는 이유는 개인 스스로 자신의 형태 해소를 방해하는 인위적인 차단활동을 하거나 환경과의 유기적인 관계를 차단하기 때문이다. 그러므로 게슈탈트 치료의 목표는 내담자의 미해결 과제를 완결지을 수 있도록 차단행위를 알아차림으로써 미해결 과제를 형태로 떠올리게 하는 것이다.

미해결 과제를 해결할 수 있는 방법은 '지금-여기'를 알아차리는 것이다. 미해결 과제는 끊임없이 해결을 요구하며 전경으로 떠오르려고 노력한다. 때문에 항상 '지금-여기'에 그 모습을 드러내고 있어서 개체는 단지 그것을 회피하지 않고 알아차리기만 하면 된다.

⑤ 알아차림과 접촉

펄스(Frederick Perls, 1893~1970)는 인간의 유기체적 삶을 형태 형성과 해소의 반복순환 과정으로 보았다. 이때 알아차림(awareness)은 형태 형성과 관계하며 접촉(contact)은 형태의 해소에 관계한다. '알아차림'은 개체가 자신의 유기체 욕구나 감정을 지각하고 형태를 형성하여 전경으로 떠올리는 행위 또는 그러한 능력을 말한다. 그리고 '접촉'은 전경으로 떠오른 형태를 해소하기 위해 환경과 상호작용하는 행위를 뜻한다. 즉, 에너지를 동원하여 실제로 환경과 만나는 행동을 접촉이라고 한다. 만일 두 가지 중 어느 한 가지라도 결여되면 전경과 배경의 원활한 교체가 불가능하다.

진커(Zinker)는 형태가 형성되고 해소되는 반복 과정을 여섯 단계로 나누어 설명하였다. ① 배경에서 ② 어떤 욕구나 감정이 신체감각의 형태로 나타나고 ③ 이를 알아차리며 형태로 형성하여 전경으로 떠올리고 ④ 이를 해소하기 위한 에너지를 동원하여 ⑤ 행동(작품활동)으로 옮기고 ⑥ 마침내 환경과의 접촉을 통해 형태를 해소한다. 이렇게 해소된 형태는 배경으로 물러나 개체는 안정을 찾으며 미해결 과제와 그에 따르는 억압된 감정들까지도 수용하게 되어 결국 인격의 통합까지 가능하게 할 수 있다(이지영, 2004).

2) 게슈탈트 상담 및 주요 기법

(1) 상담의 목표

펄스는 인간의 심리 과정에서 서로 대립된 요소가 있을 경우 심리적 장애나 고민이 생기는 것이라고 하였다. 게슈탈트 치료의 기본적인 목표는 내담자로 하여금 자신의 삶에 책임질 만한 성숙한 사람으로 변화하도록 돕는 데 있다. 즉, 외부에 투사하거나 자신의 내부에서 격리되어 스스로의 것으로 인식하지 못한 에너지나 감정을 자각하고 이것을 통합함으로써 성장하도록 하는 것이다. 더 나아가서 게슈탈트 상담은 내담자로 하여금 삶의 자연적인 한 부분으로서 현실적 고뇌를 수용하고 극복할 수 있도록 도와주는 데 그 목적이 있다(Peterson & Nisenholz, 1995).

(2) 게슈탈트 상담자의 역할

펄스(1976)는 개인과 환경을 통합적으로 보아야 한다고 주장했다. 게슈탈트 치료는 전체로서의 유기체를 다루는 치료방법이기 때문에 상담자의 역할은 개인으로 하여금 지각, 정서, 행동 등의 조직화된 전체를 회복하도록 돕는 것이다. 상담자는 무엇보다도 내담자의 내면에서 자각 또는 알아차림을 방해하는 장애물을 극복할 수 있도록 도와주는 역할을 한다. 이를 위해 상담자는 내담자 자신의 본성에 따라 그 존재를 실현해 가도록 허용해주며 스스로 문제를 발견할 수 있도록 안내하게 된다. 이런 의미에서 게슈탈트 상담자의 역할은 내담자에게 교사나 지도자가 아니라 하나의 거울과도 같다.

(3) 게슈탈트 상담 과정

게슈탈트 상담은 내담자가 지금-여기에서의 경험을 통하여 자기를 충분히 각성하고 부적응 행동의 본질과 그것이 어떻게 자기 삶을 방해해 왔는지를 알 수 있도록 돕는 과정이다. 따라서 게슈탈트 상담의 발달 단계는 지속적이고 종단적인 행동의 분석으로 이루어지는 것이 아니라 각 상담 장면 내에 발달 단계가 포함되어 있는 것으로 본다. 일반적으로 내담자는 심리적 형편이 깨진 상태로 상담자의 도움을 요청하게 된다. 이 과정에서 상담 장면을 통해 자각을 증진시키기 위한 여러 가지 기법과 치료방법이 제시된다. 이를 통해 내담자의 차단된 욕구와 감정이 다루어지며 훈습(working through)을 거쳐 종결에 이른다.

(4) 게슈탈트 상담의 주요 기법

① 빈의자기법

빈의자기법은 게슈탈트 치료에서 가장 많이 쓰는 기법 가운데 하나로서, 현재 치료 장면에 와 있지 않는 사람과 관련된 사건을 다룰 때 사용한다. 예컨대, 내담자의 돌아가신 아버지가 빈의자에 앉아 있다고 상상하게 하고 아버지에게 하고 싶은 말을 하도록 시도할 수 있다. 가끔 빈의자와 대화하는 것에 대해 거부감을 표시하는 내담자도 있지만 대부분의 내담자는 이 기법에 쉽게 적응한다.

이 기법은 누구에 대해서 말하는 대신에 그 대상에게 직접 말하도록 할 수 있는 직접대화의 장점이 있다. 직접대화에서는 간접 묘사에 비해 내담자의 문제 상황과 함께 여러 가지 행동들을 직접 관찰할 수 있다. 또한 내담자가 처한 상황을 직접 관찰할 수 있기 때문에 내담자의 행동이나 감정을 이해하고 공감하기 용이하다. 빈의자기법은 과거사건이나 미래사건을 현재사건으로 체험하게 해주는 장점이 있다. 사실 내담자에게 중요한 것은 과거사건이나 미래사건 그 자체라기보다는 그 사건들에 대한 현재 의미라고 볼 수 있다. 빈의자기법을 통해 내담자는 이러한 사건들의 현재 의미를 탐색하고 실험할 수 있다.

② 대화실험

대화실험은 내담자의 인격에서 분열된 부분을 찾아내어 그것들끼리 서로 대화를 시킴으로써 분열된 자기 부분들을 통합시키는 것이다. 내담자의 대표적인 내적 분열은 '우월한 자(topdog)'와 '열등한 자(underdog)'의 대립이다. 즉, 대화실험은 갈등하는 마음을 우월한 자와 열등한 자 각각의 입장에서 대화하도록 하여 스스로 내면을 통합할 수 있도록 도와주는 기법이다.

③ 투사놀이

투사의 역동성은 개인이 자신에게서 보고 받아들이고 싶지 않은 그것들을 다른 사람들의 모습을 통해서 명확히 보는 것이다. 어떤 사람은 자신의 감정을 부정하고 동기를 다른 사람에게 돌리는데 너무 많은 에너지를 투자한다. 특히 집단에서 가끔 한 개인이 다른 사람에게 하는 말들은 사실 자신이 가진 어떤 속성의 투사인 경우가 있다.

예를 들어 집단상담에서 투사게임을 통해 상담자는 "난 당신을 믿을 수 없어요"라고 말하는 사람에게 믿을 수 없는 사람의 배역을 하도록 시도할 수 있다. 즉, 내담자가 상대방 입장이 되어 불신감으로 인한 내적 갈등을 어느 정도 일으키는지 알아볼 수 있다. 아울러 치료자는 참여자에게 그가 집단의 다른 사람들에게 하는 말들을 실험적으로 하도록 요구할 수 있다.

④ 역전기법

어떤 증후와 행동은 종종 그 바탕이 되는 잠재적인 충동의 역전 형태로 나타난다. 예를 들어 치료자는 심한 억제와 소심증으로 고통 받는 사람에게 집단상담에서 노출증 환자의 배역을 맡도록 요구할 수 있다. 이 역전기법을 뒷받침하는 이론은 내담자로 하여금 불안으로 가득 찬 바로 그것에 뛰어들게 함으로써 침전되고 부정된 자신의 부분들과 직면하게 하는 것이다. 따라서 이 기법은 내담자가 부정하려고 노력하던 자신의 속성을 받아들이도록 도울 수 있다.

⑤ 행동연습의 실험

우리는 사회에서 기대하는 배역을 상상 속에서 연습한다. 펄스는 우리 사고의 대부분을 행동연습이라고 하였다. 그것을 실제로 연기하게 될 때 우리는 무대공포증이나 불안을 경험하는데, 이것은 우리가 자신의 배역을 잘 연기하지 못할 것이라는 두려움 때문에 생기는 것이다. 내적인 연습은 너무 많은 에너지를 소모시키고 때로는 새로운 행동을 실험해 보려는 의욕과 자발성을 억제시킨다. 치료집단의 구성원들은 행동연습 실험에 참여하게 되면서 점차적으로 다른 사람의 기대에 부응하는 것, 인정받고 수용되고 사랑받으려는 정도 그리고 인정받으려고 스스로 노력하는 범위 등에 대해 자각하게 된다.

⑥ 과장실험

게슈탈트 치료 목표 중 하나는 내담자가 그 신체언어로 보내는 미묘한 신호와 단서를 보다 잘 깨닫게 하는 것이다. 움직임, 자세, 몸짓은 중요한 의미를 전달하기도 하지만 이런 단서들은 불완전할지도 모른다. 그래서 치료자는 특정 행동에 따르는 감정을 강렬하게 하고 내적 의미를 더 분명하게 만들기 위해 행동이나 몸짓을 과도하게 유도한다. 또 신체언어의 한 변형으로서 언어적 행동도 과장게임에 적합하다. 치료자는 내담자가 교묘하게 핑계 삼은 말들을 반복하여 말하게 한다. 반복할 때마다 더 크게 말하도록 요구한다. 이것은 내담자로 하여금 자신의 말에 진정으로 귀 기울여 듣게 하는 효과를 가져다준다.

⑦ 둘러보기

둘러보기란 집단의 한 사람이 다른 사람들을 둘러보고 집단의 개개인과 말을 하거나 무엇인가를 하도록 유도하는 형태치료기법 중 하나이다. 예를 들어, 집단의 한 구성원이 "난 이 집단에 참가하고 싶어서 여기 앉아 있었어요. 그러나 여기 있는 사람들을 믿지 못하기 때문에 뒤로 물러서 있어요. 그래서 이 집단원들과 시간을 보낼 가치가 없는 것 같아요"라고 말한다면 상담자는 그에게 "당신이 이 모임에 더 깊이 참여하도록 지금 당장 무엇이든 해보시지요. 이 집단에 대해 신뢰감과 자신감을 갖도록 노력해 보시겠어요?"라고 권한다. 만약 그 사람이 그렇게 해보겠다고 확실히 대답하면, "각 사람 사이를 두루 돌면서 이 문장을 모든 사람에게 전달해 보세요. '나는 당신을 믿을 수 없어요. 왜냐하면' "이라는 제안을 하도록 한다. 그 외에도 다양한 훈련을 제안하여 그가 다른 사람들과 관계를 형성하도록 도울 수 있으며 내담자가 두려워하는 일들을 잘 해결할 수 있도록 도울 수 있다.

⑧ 느낌을 지속하기

대부분의 내담자는 두려운 자극에서 벗어나기를 원하고 불쾌한 감정에서 회피하고 싶어 한다. 치료자는 내담자가 현재 어떤 두려움을 경험하든지 그 감정들을 지속하도록 권장하며 피하고 싶어 하는 감정이나 행동을 계속 하도록 요구한다. 이 기법은 내담자가 불쾌한 감정이나 기분으로부터 도망치고 싶은 욕구를 강하게 느끼는 순간에 사용할 수 있는 기법이다. 감정에 직면하고 경험하는 것은 내담자의 용기뿐만 아니라 장애물을 제거하고 고통을 견디며 성장의 새로운 단계에 이르는 데 필요한 의욕을 나타내는 것이기도 하다.

⑨ 꿈의 작업에 대한 형태적 접근

정신분석적인 접근에서는 꿈을 해석하거나 분석하지만 게슈탈트 치료에서는 꿈을 현실화하고 재현시키도록 유도한다. 이때 꿈은 과거의 사건으로서가 아니라, 꿈을 꾼 사람에 의해 재연되기 때문에 그 사람은 그 꿈의 일부가 된다. 펄스에 의하면 꿈은 인간실존의 가장 자발적인 표현이다. 꿈은 미해결과제를 나타내지만 미결된 상황이나 성취되지 못한 염원이며 나아가 그 이상이라고 할 수 있다. 모든 꿈은 인간 자신의 실존적인 메시지와 현실

투쟁을 내포하고 있는 것으로 여긴다.

또한 꿈은 내담자의 성격에서 결여된 부분과 그가 회피하는 방법을 나타내게 됨으로써 성격의 결함을 발견하는 좋은 재료가 된다. 만약 어떤 사람이 자신의 꿈을 기억하지 못한다면 그는 자신의 인생에서 잘못된 것에 직면하기를 거부하고 있다는 증거이다. 꿈의 모든 부분들이 이해되고 소화된다면 모든 것이 꿈을 통해 발견될 수 있다. 꿈에 대한 작업들은 각각의 꿈을 이해하도록 도와준다. 펄스는 만약 개인의 꿈이 적절히 해석된다면 그 실존적 의미는 더욱 명확해진다고 보았다.

3) 공헌 및 제한점

게슈탈트 상담은 매우 다양한 기법을 갖고 있는 만큼 적용 가능 분야가 매우 넓으며 다른 상담이론들과 적극적인 교류를 통해 여러 분야에 활용되고 있다. 일반적으로 게슈탈트 상담은 인간 본성에 대한 숨겨진 갈등을 가진 사람들에게 통찰을 제공하는 데 매우 유용한 기법이다. 개인에게 단순히 과거적인 사건일지라도 그 사건이 지금-여기까지 영향을 주기 때문에 이 기법을 통하여 원활한 심리적 기능을 방해하는 미해결과제를 자각하고 처리하도록 도울 수 있다.

하지만 게슈탈트 상담은 몇 가지의 한계점을 가지고 있다. 먼저 인간의 성격발달에 대한 이론이 약하다는 비판을 받고 있다(Peterson & Nisenholz, 1995). 둘째, 게슈탈트 상담은 인간의 감정을 지나치게 강조하므로 중요한 인간의 인지적 사고를 무시했다는 지적을 받고 있다. 셋째, 과도한 주관적 개인주의에 기초하고 있기에 공동체적 영향을 등한시하고 있다. 마지막으로, 게슈탈트 상담자는 상담 과정에서 감정적 접촉을 위한 많은 기법을 사용하는데, 때로는 기법을 기계적으로 구사함으로써 오히려 상담자의 인간적인 모습이 가려질 수도 있다.

2. 현실치료 상담

1) 현실치료 상담의 이론적 배경

(1) 현실치료 상담의 발전 과정

글라서(William Glasser, 1925~2013)에 의해서 체계화된 현실치료 상담은 도움을 필요로 하는 사람이 진정으로 원하는 욕구를 깨닫고 그것을 효율적으로 충족시키는 방법을 모색하는 상담방법이다. 즉, 인간의 행동은 스스로 선택한 결과이며 인간은 자신이 선택한 세계에 책임이 있고 이를 통해 보다 나은 삶을 살 수 있다는 것이다.

글라서는 1958년에 전문의 과정을 거치면서 현실요법에 대한 아이디어를 처음 생각하였다. 그의 지도교수였던 해링톤(G. L. Harrington)은 그에게 환자의 과거사나 감정을 중요시하는 것보다 환자가 현재 무엇을 하고 있는가에 중점을 두는 것이 더 중요하다고 가르쳤다. 해링톤과 글라서는 함께 7년간 현실요법의 적용에 대해 연구했고 이것이 현실치료의 시작이 되었다.

그리고 글라서는 해링톤과의 아이디어를 접목시켜서 ≪정신건강 아니면 정신병인가?≫라는 제목으로 책을 저술하였다. 그는 정신과 의사들뿐 아니라 '다른 사람들을 도와주는 직업'을 가진 많은 사람들을 위하여 처음에 '현실정신의학'이라고 지칭하던 것을 '현실치료'라고 명칭을 바꾸어 강의와 연구를 시작하였다.

이어서 글라서는 현실요법연구소의 부설기관으로 교육훈련센터를 만들었다. 이후 1968년 시범학교 경험을 토대로 현실치료요법을 일반 공사립학교 현장에 적용하였다. 그리고 ≪낙오자 없는 학교≫를 저술하기도 했다. 1968년부터 1976년까지 '도움을 주는 전문직'에 종사하는 사람들의 요구에 따라 현실치료요법 집중훈련 과정 프로그램을 만들어 훈련을 실시하였다. 그리고 현실요법 확산을 위해서 1977년부터 1982년까지 조직개편 시기를 거쳐 1980년 초부터 현실치료요법 논문집인 「현실치료저널」과 「현실치료연구소 회보」를 간행하였다. 현실치료요법 집중훈련은 한국을 포함하여 여러 나라에서 실시되고 있으며 호

응도 점차 높아졌다. 1996년에 글라서는 통제이론을 선택이론으로 명칭을 바꾸고 현실요법연구소 명칭도 'William Glasser 연구소'라고 바꾸었다(오윤선, 2010).

(2) 현실치료 상담의 주요 개념 이해

① 인간관

글라서는 인간이라면 누구나 자신이 삶의 주인으로서 자신의 인생을 선택할 수 있을 때 행복을 느낀다고 하였다. 인간은 자신의 삶에서 중요한 선택을 스스로 할 수 있고 선택한 것에 책임질 줄 알아야 행복한 사람이라는 것이다. 따라서 인간은 누구나 의식이 있는 한 책임 있는 인간이 될 수 있고 자기 운명의 주인이 되고 자기 삶을 바꿀 수 있는 힘을 가지고 있다고 보았다(김인자, 1996). 현실치료는 기존 심리학인 행동주의 접근과 인본주의 접근에서 벗어나서 인간을 바라보는 새로운 시각을 제시하였다. 그리고 인간은 내면의 심리적 욕구에 의해 동기가 유발되는 자율적이고 창조적인 존재이며 우리들 각자가 성장과 변화의 잠재력을 가지고 있다는 입장을 취하고 있다.

현실치료를 뒷받침하는 이론 체계인 선택이론(choice theory)에서는 인간의 모든 행동이 기본적으로 외부 작용이 아닌 내부 작용에 의해 행해지고 있다고 가정한다. 우리가 어떻게 느끼고 생각하고 행동하는가는 타인이나 외부 상황에 의해 좌우되는 것이 아니라 스스로가 선택한다는 것이 중요하다(Glasser, 1981). 현실치료는 내담자가 원하는 삶을 살도록 조력하는 것이며, 그 자신의 욕구를 충족하는 데 있어 중요한 것은 타인의 욕구를 침해하지 않는 인간존중과 상호배려 측면을 강조한다.

현실치료의 가장 기본이 되는 핵심 개념은 책임감(responsibility)이다. 책임감이란 다른 사람의 욕구 충족의 능력을 박탈하지 않는 한계 내에서 자신의 욕구를 충족시킬 수 있는 능력이다. 현실요법은 과거의 경험을 중시하는 전통적인 상담치료와는 달리 현재와 미래를 중시하며 전이 및 역전이의 필요성을 인정하지 않는다. 그리고 내담자의 무의식과 꿈 해석보다는 의식세계에서 현실지각을 중시하며 내담자로 하여금 욕구 충족을 위한 효과적인 행동으로 자기평가를 할 수 있도록 교육적인 도움을 제공한다.

바람직한 인간관계는 좋은 관계를 맺기 위한 행동을 선택하고 각자 자신의 선택에 책임지는 관계이다. 현실치료와 선택이론에 대한 이해를 바탕으로 효과적인 행동 선택을 위한 구체적인 방법을 모색하고 상담자로서 역할을 배울 때, 자기 치료와 상호 간에 도움이 되며 함께 성장하는 인간관계를 유지할 수 있다.

② 기본적 욕구(basic need)

글라서(1985)는 ≪통제이론≫에서 뇌 기능과 인간의 기본 욕구를 연관시켜 설명하고 있다. 그는 인간을 움직이게 하는 강렬한 힘은 생리적인 기본 욕구에서 비롯된다고 보았다. 기본적인 인간의 욕구는 신뇌(new brain)에 자리한 사랑과 소속의 욕구, 힘에 대한 욕구, 즐거움에 대한 욕구, 자유에 대한 욕구와 구뇌(old brain)에 자리한 생존에 대한 욕구로 구분하였다. 그가 강조한 인간의 다섯 가지 욕구의 특성을 살펴보면 다음과 같다.

- **사랑과 소속의 욕구(love and belonging need)**
  사랑하고 나누며 협력하고자 하는 인간의 속성을 말한다. 청소년들이 또래집단에 들고 싶어 하는 경우 등이 여기에 속한다.

- **힘에 대한 욕구(power need)**
  타인과 경쟁하고 무엇인가를 성취하며 중요한 존재가 되고 싶어 하는 속성을 의미한다.

- **자유에 대한 욕구(freedom need)**
  이동하고 선택하는 것을 마음대로 하고 싶어 하는 속성을 말한다. 또한 내적으로 자유하고 싶은 욕구이다. 개인이 원하는 곳에 살고 모든 삶의 영역에서 선택하고 표현하고 싶은 욕구를 말한다. 단, 이것은 타인의 자유를 침해하지 않는 범위에서 절충되어야 한다.

- **즐거움에 대한 욕구**(fun need)

  새로운 것을 배우고 놀이를 통해 즐기고자 하는 속성을 말한다. 글라서는 즐거움에 대한 욕구는 기본적이고 유전적인 지시(instruction)라고 설명했다.

- **생존에 대한 욕구**(survival need)

  생명을 유지하고 생식을 통해 자기 확장을 시키고자 하는 인간의 속성을 의미한다. 이 욕구는 척추 바로 위에 위치한 구뇌(old brain)로부터 생성된 것으로서 호흡, 소화, 담, 혈압 조절 등 신체구조를 움직이고 건강하게 유지하는 중요한 과업을 수행한다.

③ 감각체계와 지각체계

인간이 경험하는 현실세계는 오감(시각, 청각, 후각, 미각, 촉각)으로 이루어진 감각체계(sensiory system), 총체적 지식여과기(total knowledge filter)와 가치여과기(value filter)로 구성된 지각체계(perceptual system) 등의 과정을 거치면서 특별한 장면으로 인식되고 지각세계(perceived world)에 전달된다. 실재 세계로부터 경험된 감각은 우리가 원하는 것과 비교하여 의미 있어 보이면 지각체계에서 총체적 지식여과기를 통과한다. 지식여과기는 지각된 현실을 있는 그대로 받아들이는 작업을 하는 일차적인 지각체계이다. 다음은 우리들 각자 가지고 있는 이차 지각체계인 가치여과기를 통해서 이상적이라고 믿고 또한 욕구를 즉시 채워줄 수 있는 수단들을 긍정적인 장면들로 만들어 질적인 세계에 보관하는 작업을 한다.

④ 전행동과 행동체계

인간의 모든 행동체계(behavior system)는 활동(acting), 생각(thinking), 감정(feeling), 신체반응(physiology)으로 구성되며, 이 4가지가 모여서 전행동(total behavior)이 된다. 우리는 특정 행위를 보았을 때 전행동의 한 부분을 보지 않고 하나의 분리된 행위로 이해하려는 경향이 있다. 그러나 겉으로 드러나는 것만 다를 뿐, 모든 행동은 항상 4가지 구성요소가 모두 포함되어 있는 전행동이라고 할 수 있다.

우리는 전행동의 구성요소 중에서 활동요소에 대해서는 거의 완전하게 통제력을 가지고 있으며 사고요소에도 어느 정도 통제는 가능하다. 하지만 감정요소의 통제는 어렵고 신체현상요소에 대해서는 더욱 통제력이 없다. 그러므로 우리가 전행동을 변화시키고자 할 때, 활동과 사고를 먼저 변화시키면 감정이나 신체현상도 따라오게 된다. 즉, 적극적인 활동에 많이 관여할수록 좋은 생각과 유쾌한 감정 그리고 쾌적한 신체적 편안함이 따를 수 있다.

⑤ 의학적 모델의 거부

글라서는 어떤 만성질환에 대해 신체적 원인이나 특별한 의료적 치료방법이 없다면, 우리의 몸이 어떤 욕구를 충족시키기 위한 싸움에 창조적으로 개입하고 있는 것이라고 주장하였다. 이는 기존의 신경증과 정신장애를 포함한 정신질환들에 대한 전통적인 견해를 부정하는 것이다. 이러한 입장은 처음에 현실치료를 태동하게 한 원동력이 되었다. '정신병적 행동'은 단지 우리에게 일어난 어떤 것이 아니고, 오히려 우리가 외부의 세계를 조정하려는 방식으로 자신이 선택한 행동이라는 것이다(Corey, 1993).

⑥ 선택이론

선택이론이란 모든 살아 있는 유기체는 끊임없이 자신의 목적에 따라 외부세계를 통제하기 위해 행동을 선택한다는 것이다. 현실치료에서는 치료를 위한 이론적 기초로 '선택이론'을 사용한다. 글라서는 두뇌를 외부세계를 내부세계로부터 가까이 접근시키기 위해 현실세계를 다루는 통제체제로 보았고 두뇌 작용에 대해 자세히 다루었다.

⑦ 성공적 정체감과 긍정적 탐닉

성공적인 정체감을 가진 사람은 자신의 존재를 중요하게 여기며 다른 사람의 보상을 요구하지 않고 자신의 욕구를 충족시킨다. 성공적 정체감이라는 개념은 현실치료를 이해하는 데 있어 핵심 요소로 볼 수 있다. 글라서는 또한 삶의 심리적인 에너지 자원으로서 긍정적 탐닉의 개념을 발전시켰다. 이러한 긍정적인 탐닉을 얻는 두 가지 방법으로 달리기와 명상을 소개하기도 하였다.

⑧ 책임에 대한 강조

현실치료는 책임을 매우 강조하는데, 책임성은 개인이 그의 삶을 효과적으로 통제하는 것을 배운다는 의미이다. 글라서는 책임성에 대해 설명하기를 다른 사람의 목표 달성을 방해하지 않는 방식으로 자신의 욕구를 만족시키는 행동이라고 정의하고 있다. 즉, 자신이 원하지 않는 현재의 행동은 자신을 변화시킬 수 없다고 본다(Corey, 1993).

⑨ 과거탐색에 대한 과소평가

과거의 외상이나 실패 또는 내담자의 현재 문제에 영향을 주는 외부조건을 탐색하는 이론과는 달리 현실치료는 지금-여기에 초점을 둔다(Corey, 1993). 이 접근에서는 책임과 현실이 중요한 관계성을 가진다. 책임이 현실의 직면과 직결된다는 것은 현실세계를 정확하게 받아들이는 것뿐만 아니라, 이 현실세계가 정해주는 범위 내에서만 자신의 욕구 충족이 가능하다는 것이다.

현재 나타나는 행동은 관찰되는 것 중의 하나이고 현실세계에서 당연한 사실이기 때문에 현실의 한 부분으로서 강조된다. 글라서는 감정보다도 오히려 확실한 행동을 상담에서 강조해야 한다고 제안했다. 그는 감정이 변하기 전에 행동이 먼저 변해야 한다고 주장했다. 즉, 행동의 변화가 감정을 변화시킬 수 있는 전제 조건이라고 본다(Glasser, 1990).

⑩ 전이에 대한 과소평가

현실치료에서는 내담자가 현재 경험하고 있는 지각을 다루며 과거에 경험했던 그의 반응과 관점을 탐색하지 않는다(Corey, 1993). 글라서는 전이의 개념을 그릇되고 왜곡된 개념으로 거부하였다. 그는 인습적인 치료자들로 인하여 내담자의 머리 속에 전이 개념이 주입된다고 주장했다. 현실치료에서는 초기부터 내담자 자신이 실패한 사건을 되풀이하는 것이 아니라 오히려 현 실존에서 인간적인 만족을 추구하는 것으로 설명된다.

2) 현실치료 상담 및 주요 기법

(1) 상담의 목표

현실치료의 주요 목표는 내담자가 정서적으로 건강하고 합리적인 사고를 하도록 돕는 것이다. 즉, 현실치료는 개인이 자율성을 가지도록 돕는 치료인데 자율성이란 본질적으로 인간이 환경적인 지원을 거부하고 내적 지원으로 대치하는 성숙의 상태를 말한다. 성숙이란 개인이 그가 되려고 하는 것에 책임을 지는 것이며 삶의 목표를 발전시키는 것이다. 현실치료 상담의 궁극적 목적은 내담자가 성취하고 싶은 바를 할 수 있도록 상담자가 내담자를 돕는 것이다.

(2) 현실치료 상담자의 기능과 역할

글라서는 상담자의 수용적인 태도를 강조하며 내담자는 무비판적인 치료환경을 필요로 한다는 것을 당연시했다. 상담자의 역할은 치료기간 중에 보다 적극적으로 내담자가 특수한 계획을 수립하도록 돕고 행동적 선택의 대안을 제공하는 것이다. 그뿐만 아니라 내담자가 바라는 것을 얻도록 보다 효율적인 길을 안내하는 것이다. 상담자는 내담자가 성공적인 자아정체감을 형성하고 유지할 수 있도록 확인하고 질문해야 한다. 내담자가 자신의 문제를 인식하고 변화를 계획하며 그것을 수행해 나가도록 지원하는 것이다. 단, 그 계획은 내담자의 동기와 능력의 한계 안에서 현실적으로 가능한 것이어야 한다. 처음에는 아주 간단하고 쉬운 것부터 시작하여 내담자가 만족과 성취감을 경험하도록 하는 것이 좋다.

상담자는 각 개인의 강점, 태도 그리고 성공으로 이끌 수 있는 가능성에 초점을 맞추도록 해야 한다. 이때 치료기간의 한계를 설정하고 삶은 개인에게 달려 있다는 것을 내담자가 인식할 수 있도록 해야 한다. 그리고 내담자가 원하는 변화를 이룰 수 있는 특정 방법을 '확실하게' 지적해주는 것이 좋다. 또한 내담자가 계획을 이행하지 못할 때 늘어놓는 변명을 받아들이지 않아야 한다. 이때 만약 필요하다면 계획을 수정할 수 있도록 도움으로써 내담자를 직면시키도록 해야 한다.

(3) 현실치료 상담의 내담자 경험

상담자는 내담자의 감정이나 태도 대신에 행동에 초점을 맞추어야 하며 내담자가 자신의 삶에 대해 직접 판단하도록 요구한다. 이러한 검토와 평가는 상담을 통해 지속하고 특정 계획을 세워 도울 수 있어야 한다. 상담자는 자신을 비난하거나 설명하거나 변명함으로써 의무를 벗어날 수는 없으며 책임감을 가지고 치료계약을 적극적으로 수행해야 한다. 내담자는 자신의 기본 욕구와 자기존중감을 이루려고 수없이 많은 시도를 한다. 그러한 시도들이 실패로 끝날지라도 결과는 마찬가지이다. 따라서 아직 관련 능력을 학습하지 못했거나 상실한 사람(내담자)이더라도 정서적 안정감과 성공적인 정체감을 가질 수 있도록 도움을 제공해야 한다.

(4) 상담자와 내담자의 관계

효율적인 치료가 이루어지려면 내담자와 상담자 사이의 관계 형성이 가장 중요하다. 현실치료는 따뜻하고 이해적이며 지원적인 관계를 강조하는데, 기본적인 우정과 돌봄이 없다면 조력관계는 효율적으로 이루어지기 어렵다. 그러나 현실치료가 내담자에게 치료자나 치료에 의존하는 것을 길러준다는 의미는 아니다. 비록 처음에는 상담자에게 의존하지만 과정이 진행됨에 따라 내담자는 세상에 대처할 수 있는 심리적인 힘과 행동을 발달시킬 수 있게 된다. 글라서는 "상담자는 잠시 내담자를 돕는다. 그러나 이것은 치료의 시작에 불과하고 결국 개인 각자는 한정된 치료세계보다 훨씬 큰 현실세계와 자신의 삶에 책임을 져야 한다"고 설명하였다.

(5) 상담 과정의 8단계

현실치료에서의 8단계는 내담자가 자신의 삶에 책임을 지면서 주변 세계를 통제하고 긍정적이고 낙관적인 삶에 적응하며 기능하기 위해 자신의 두뇌를 사용하는 것을 돕도록 고

안되었다.

① **관계 형성 단계**(create a relationship)

이 단계는 현실치료의 첫 번째 단계로 치료자와 내담자가 마음을 열고 친구가 되는 것을 의미한다. 글라서는 이러한 우정이 끝까지 이루어지지 않는다면 효율적인 조력관계는 어렵다고 보았다.

② **현재 행동 초점 단계**(focus on current behavior)

현실치료에서는 과거를 중요하게 다루지 않는다. 내담자의 과거는 고정되어 있고 변화가 가능한 것은 현재와 미래뿐이기 때문이다. 그래서 글라서는 상담과정에서 과거를 다루는 것을 피해야 한다고 주장하였다. 현재 행동에 초점두기의 단계는 내담자가 그의 욕구충족을 위해 현재 어떤 행동을 하고 있는지를 알아보기 위한 것이다.

③ **행동 평가 단계**(invite client to evaluate his/her behavior)

상담자는 내담자에게 자신의 행동이 도움이 되는지 자신의 욕구 충족을 위해 어떤 노력을 하고 있는지에 대하여 질문함으로써, 내담자가 자신의 행동에서 얻을 것이 없다는 것을 자각하게 하여 긍정적 변화가 일어날 수 있도록 해야 한다. 현실치료 상담자의 주요 임무는 내담자로 하여금 그의 행동이 자신에게 도움이 되는지를 스스로 평가하게 하는 것이다. 행동 평가 단계란 현재 내담자 행동이 그의 욕구충족에 긍정적인지 부정적인지를 포함하여 내담자가 자신의 행동을 평가하도록 상담자가 내담자를 도와주는 과정을 말한다.

④ **행동 계획 발달 조력 단계**(make a plan of action)

이 단계는 욕구 충족과 관련된 내담자의 현재 행동 중에서 비효과적이고 부정적인 것들을 찾아 이를 효과적이고 긍정적인 것으로 수정하기 위한 계획을 세우는 것이다. 계획의 목적은 성공적인 경험을 정리하는 것이어야 한다. 따라서 계획이 너무 과하거나 비현실적

이어서는 안 된다. 현실치료에서는 계획 세우기를 매우 중요하게 여기며 일단 계획이 수립되면 내담자가 실천하는 것을 원칙으로 한다.

⑤ 의무 수행 단계(get commitment)

이 단계는 내담자에게 그가 계획한 활동을 일상생활에서 그대로 실천하겠다는 다짐을 받아내는 것을 말한다. 이러한 다짐은 내담자가 의미 있는 타인에 대한 책임감을 가지게 함과 동시에 내담자가 혼자가 아님을 각성하도록 하는 것이기도 하다. 내담자가 상담자를 포함한 여러 사람에게 계획한 활동을 실천하겠다는 의지를 다짐하지 않으면 그것을 실천할 가능성이 그만큼 줄어들거나 계획 자체가 무의미해질 가능성이 크다.

⑥ 변명을 받아들이지 않는 단계(refuse to accept excuse)

글라서는 상담자가 내담자의 변명을 받아들인다는 것은 내담자가 바라는 변화가 그에게 적절하지 않고 불가능하다는 점을 상담자가 받아들이는 것이라고 설명하였다. 상담자와 내담자가 함께 활동계획을 수립하고 상담자가 내담자로부터 다짐을 받아낸 것에 대해 내담자가 실행을 하지 못했을 경우, 상담자는 내담자의 어떠한 변명도 받아들여서는 안 된다. 내담자가 계획에 실패했을 경우, 상담자는 계획을 실행하지 않은 내담자의 잘못을 지적하고 4단계나 5단계로 돌아가서 새로운 활동계획을 다시 수립하고 실행하도록 내담자와 함께 노력해야 한다.

⑦ 처벌 배제 단계(refuse to use punishment)

상담자는 내담자의 행동에 대해 비난하지 않고 변명을 받아들이지 않으며 판단하지 않아야 한다. 또 현실치료에서는 처벌을 배제하고 있다. 내담자의 행동을 변화시키기 위해 처벌을 사용하게 되면 내담자가 더욱 패배적 정체감을 가지게 되고 상담자와 내담자의 관계가 악화된다고 본다. 벌을 사용하지 않는 대신 상담자는 내담자의 행동 결과에 대한 책임을 알고 이를 받아들이도록 해야 한다.

⑧ 포기 거절 단계(refuse to give up)

상담자는 내담자가 어떤 말이나 행동을 하더라도 내담자의 변화 가능성을 끝까지 믿어야 한다. 이러한 신뢰관계는 소속감으로 발전하여 계획 실행과 상담 효과까지 높일 수 있다. 그러므로 현실치료 상담자는 끈기가 있어야 한다. 치료자가 내담자의 변화 가능성에 대해 희망을 버리거나 그 가능성을 완전히 포기하는 것은 내담자가 자신에 대해 책임을 지도록 하는 데 도움이 되지 않는다.

(6) 현실치료 상담의 주요 기법

① 질문기법

질문기법은 전행동을 탐색하고 행동을 평가하고 구체적인 계획을 세우는 데에 중요한 역할을 한다. 이 기법은 내담자가 원하는 것이 무엇인지 알 수 있는 정보를 얻는 데 유용하다. 또한 내담자에게 선택의 기회를 제공하고, 올바른 선택을 통해 자신의 삶을 바꾸기 위한 방법을 제시한다(Wubbolding, 1990).

② 토의와 논쟁기법

상담자가 내담자와 질문을 주고받는 가운데 내담자의 말에 현실성이 없거나 합리적이지 못할 때 토의 또는 논쟁을 한다. 이때 현실치료이론에서 강조하는 욕구 및 충족을 위한 방법이 과연 현실적인지, 그 책임성에 중점을 두고 내담자와 토의나 논쟁을 하게 된다.

③ 직면기법

질문과 토의 및 논쟁 중에 내담자의 현실적 책임과 관련된 모순성이 보이면 이에 대해 상담자는 내담자와 직면(confrontation; 맞닥뜨리기)을 해야 한다. 상담자는 내담자의 변명을 받아들이지 않고 직면을 하되 긍정적인 태도를 취해야 한다. 그리고 상담자가 내담자를 비판하거나 반박하지 않고 오히려 전 행동을 탐색하는 일과 효과적인 계획을 세우는 일을 계속함으로써 직면시킬 수도 있다.

④ 역설적 기법

직접적인 기법을 주로 사용하는 현실치료에서 때로는 내담자에게 예상 밖의 질문이나 행동을 요구하고 지시함으로써 내담자로 하여금 곤경에 처하게 하는 역설적인 기법을 시도하기도 한다. 역설적 기법에는 재구성하기와 처방하기가 있는데, 재구성하기는 어떠한 주제에 대해 생각하는 방식을 바꾸도록 하는 것이다. 처방하기는 내담자에게 증상을 선택하도록 지시하는 것을 말한다. 이러한 역설적 개입은 능숙한 훈련으로 익숙해진 뒤에 사용되어야만 한다.

⑤ 유머기법

현실치료에서 강조하는 기본욕구 중 하나는 즐거움과 흥미이다. 친밀한 관계를 형성하기 위해서 적절한 유머를 사용하는 것은 중요하다. 상담자는 계획이 실행되지 않았을 때 적절한 유머를 사용하여 내담자의 실망감과 긴장감을 풀어 줄 수 있다. 동시에 상담자도 실수에 대한 긴장감을 유머로써 해소시킬 수 있다.

3) 공헌 및 제한점

현실치료는 과거나 어린 시절의 경험이 아니라 '여기와 현재'에 중점을 두고 상담을 시작하기 때문에 문제해결이 쉽게 시작된다. 또 행동의 변화를 위해 내담자로 하여금 자신의 활동을 계획하게 함으로써 내담자의 통제 능력을 향상시키는 데 용이하다. 아울러 내담자로 하여금 스스로 자신의 행동을 평가하고 가치판단을 해보도록 함으로써 자신의 행동에 책임을 질 수 있도록 하는 데 도움이 된다.

하지만 현실치료에서는 인간 내면의 정신역동과 개인의 과거를 경시할 뿐만 아니라 정신질환의 개념까지 거부하기 때문에 논란의 여지가 많다. 그리고 내담자의 내면에 잠재해 있는 감정은 고려하지 않기 때문에 상담자의 가치개념을 내담자에게 지나치게 강요할 수 있다. 또한 현실치료는 상담이론과 실제가 일관적인 체계를 갖추지 못하고 있다는 비판을 받고 있다. 뿐만 아니라 통제이론 자체도 더욱 구체적으로 검증해야 할 필요성이 제기되고 있다.

3. 인지행동치료 상담

1) 인지행동치료 상담의 이론적 배경

인지행동치료(Cognitive Behavior Therapy)란 개인의 내면에서 은밀하게 일어나는 사고(인지) 과정이 행동변화를 중재한다는 이론적 입장을 취하는 모든 치료접근법을 의미한다. 이 상담이론은 상대적으로 짧은 역사를 가지고 있지만 광범위하게 사용되고 있다(오윤선, 2011).

인지행동치료는 인간의 감정과 행동은 모두 인지로부터 시작된다고 본다. 즉, 개인의 특정한 생각으로 인하여 감정과 행동이 발생된다고 설명한다. 이에 부적응을 겪는 사람을 변화시키기 위한 가장 효율적인 방법은 그 사람의 생각을 변화시키는 것이다. 그렇게 될 때 행동과 감정은 저절로 변화된다는 것이다. 결국, 인지행동치료는 인간의 주된 특성을 인지에서 찾으며, 인지를 변화시킴으로써 다른 모든 것을 변화시킬 수 있다고 믿는다(서경희, 1999).

개인의 행동이나 사고를 이해하기 위해서는 그 개인의 주관적 현실을 이해해야 한다. 인지행동치료 이론에 의하면 인간은 자기의 심리적 문제를 이해할 뿐만 아니라 그것을 해결할 수 있는 인지적 자각능력과 의식 기능을 가진 능동적인 존재이다. 그리고 개인의 문제는 현실에 대한 인지적 왜곡으로 말미암은 것이며, 이렇게 왜곡된 사고방식은 인지발달 과정에서 잘못된 학습에 의한 것으로 본다. 동시에 인간은 자신의 인지적 왜곡에 대한 자각 능력을 가지고 있고, 심리적 기저의 인지구조 내용이 변화하면 정서와 행동 패턴도 자동적으로 변화된다고 설명하였다(한재희, 2002).

인지행동치료 상담은 다양한 학자들에 의해서 발전되어 왔는데, 특히 알버트 엘리스(Albert Ellis)와 아론 벡(Aaron Temkin Beck, 1921~)이라는 두 학자를 주축으로 세워진 이론이다. 먼저 엘리스에 의해 시작된 합리적·정서적·행동치료(Rational Emotive Behavior Therapy; 이하 REBT)는 인간의 세 가지 핵심영역인 인지·정서·행동이 서로 상호작용하는 과정에서 특히 인지가 중심이 되어 정서와 행동에 영향을 준다고 강조하였다(박경애, 1997). 엘리스의 이론은 고대와 현대의 철학을 비롯한 다양한 학문과 종교로부터 영향을 받았다. REBT기법은 내담자들이 지닌 비합리적 신념을 스스로 논박할 수 있도록 소크라테스식의 질문법을 사용한다. 이 기법은 스토아 철학자들의 사상을 많이 포함하고 있다. 특히 엘리스는 에픽테토스(Epictetos)의 "사람들은 사물이 아니라, 사물을 보는 관점에 의해서 고통 받는다"는 문구를 자주 언급하는데, 이것은 ABC기법의 기초가 되었다. 뿐만 아니라 REBT의 이론은 "죄는 미워하되 인간은 미워하지 말라"는 기독교적 견해를 포함하고 있다. 엘리스는 실존철학의 영향을 받아 모든 인간은 자기 자신만의 우주 중심에 위치하며 자기 자신의 정서적 영역에 관하여 선택의 힘을 가지고 있음을 강조했다. 이 외에도 그는 쿤(Thomas Kuhn), 러셀(Bertrand Russell), 듀이(John Dewey), 아들러(Alfred Adler), 도교 및 불교 등의 영향을 받았다.

엘리스는 1943년 임상심리학으로 박사학위를 취득한 후 정신분석 훈련을 받고 1950년대 초반까지 분석적 심리치료를 이전 방식으로 실시했었다. 그러나 그는 임상 과정에서 고전적 정신분석에 비해 변형된 분석기법을 사용했을 때 보다 더 나은 효과를 확인하게 되었다. 그리고 충고나 정보 제공과 같은 지시적인 방법과 비교적 수동적인 분석적 과정, 혼합된 방법이 오히려 변화를 촉진시키며 호전된 결과를 얻게 된다는 사실을 알게 되었다. 이에 따라 엘리스는 1955년에 자신의 치료법을 '합리적 치료(Rational Therapy)'라는 명칭으로 알리기 시작하였다. 그런데 '합리적(Rational)'이라는 용어는 이성을 강조하는 합리주의와 혼동되어 인간의 정서적 측면을 무시한다는 비난을 받게 되었다. 이에 인간의 정서적 측면을 중시한다는 것을 알리기 위하여 1961년에는 '합리적·정서적 치료(Rational Emotive Therapy)'로 개명하였다. 그 후 1993년에는 코르시니(Raymond J. Corsini)의 제안으로 행동적 측면을 강조하여 '합리적·정서적·행동치료(Rational Emotive Behavior Therapy; 이하 REBT)'로 정하게 되었다(오윤선, 2007).

그즈음 정신과 의사인 아론 벡(Aaron T. Beck)은 적극적, 지시적인 특성을 가진 인지치료(cognitive therapy)를 발전시켰다. 그는 본래 정신분석적 이론을 기반으로 한 치료자였으나 호나이(Karen Horney), 아들러(Alfred Adler), 켈리(George Kelly), 엘리스(Albert Ellis), 라자러스(Richard Lazarus), 반두라(Albert Bandura) 등 많은 학자들의 영향을 받아 인지치료를 발전시켰다.

벡의 인지치료는 다른 치료법에 비해 비교적 최근에 개발되었으나, 이론의 역사적인 근원은 상당히 오래되었다. 먼저 철학적 기원은 스토아 철학자들에게서 찾아 볼 수 있다. 특히 엘리스의 이론과 마찬가지로 에픽테토스(Epictetos)의 관념은 인지치료의 이론적 핵심으로 사용된다. 인지적 맥락을 중심으로 주관적이며 현상학적인 사상은 스토아학파뿐만 아니라 도교나 불교 등의 동양철학에서도 찾아볼 수 있다(한재희, 2002). 이러한 사상에 의하면 인간의 감정은 주관적 사고방식에 기초를 두고 있기 때문에 아무리 강력한 감정이라도 생각을 바꾸면 통제가 가능하다고 설명된다.

벡은 1963년에 미국 펜실베니아 종합병원에 우울증 클리닉센터를 개설하여 인지치료를 실시하였다. 이를 통해 우울증 환자들이 매우 빠르게 호전되는 것을 확인하였다. 그는 이러한 과정을 ≪우울증의 인지치료≫라는 책으로 발간하게 되었다. 그의 이론은 1977년 인지치료를 통한 우울증 치료 효과에 대한 결과가 과학적으로 검증되면서 급속하게 발전하게 되었다. 벡은 1989년 우울장애와 불안장애에 대한 초기 연구 업적뿐만 아니라 인지치료에 관한 업적을 인정받아 브라운 대학 공로상을 받기도 하였다. 그뿐만 아니라 같은 해에 인지치료를 커플 치료에 도입하여 ≪사랑만으로는 살 수 없다≫라는 책을 출판하였다. 또한 인지치료 센터를 만들어 광범위한 활동을 펼치고 17권의 책을 저술하였다(Segal et al., 2006).

2) 엘리스의 합리적 · 정서 · 행동치료

(1) 주요 개념 이해

① REBT의 원리

REBT에서 주장하는 6가지의 중요한 원리는 다음과 같다.

- 인지는 인간정서의 가장 중요한 핵심적 요소이다.
  이는 "우리가 생각하는 것을 느낀다"라는 말로 표현할 수 있다. 어떤 사건이나 타인이 우리로 하여금 "기분이 좋다", "기분이 나쁘다"고 만드는 것이 아니라, 우리 스스로 인지적으로 그렇게 만든다.
- 역기능적 사고는 정서장애의 중요한 결정요인이다.
  역기능적 정서 상태나 정신병리의 많은 부분들은 역기능적 사고 과정의 결과이다. 이러한 역기능적 사고는 과장, 과잉, 일반화, 과잉 단순화, 잘못된 유추 그리고 절대적인 관념 등으로 나타난다.
- REBT의 기본 개념은 우리가 사고하는 것을 느끼는 것이다. 때문에 REBT는 사고의 분석부터 시작한다.
  만약 우리가 지닌 고통이 불합리한 사고의 산물이라면 그 고통을 가장 잘 정복하는 길은 이러한 사고를 변화시키는 것이다.
- 유전적이고 환경적 영향을 포함하는 중대요인은 불합리한 사고나 정신병리에 대한 원인적 선행사건들이다.
  우리 인간은 선천적으로 불합리하게 생각하는 경향이 있음을 엘리스는 반복적으로 지적했다.
- 다른 상담이론과 마찬가지로 REBT도 행동에 대한 과거의 영향보다 현재에 초점을 맞춘다.
- 비록 쉽게 이루어지지는 않지만 신념은 변화한다고 믿는다.
  특히 불합리한 신념은 적극적이고 지속적인 노력에 의해 바뀔 수 있다고 가정한다.

② ABC모델

엘리스의 성격이론의 핵심이 되는 ABCDE는 [그림 12-1]과 같이 인간이 비합리적인 신념으로 인해서 부적응적인 정서와 행동에 고착되는 것을 잘 설명해주고 있다. ABCDE는 상담의 과정에 있어서도 중요한 치료절차로 이용된다.

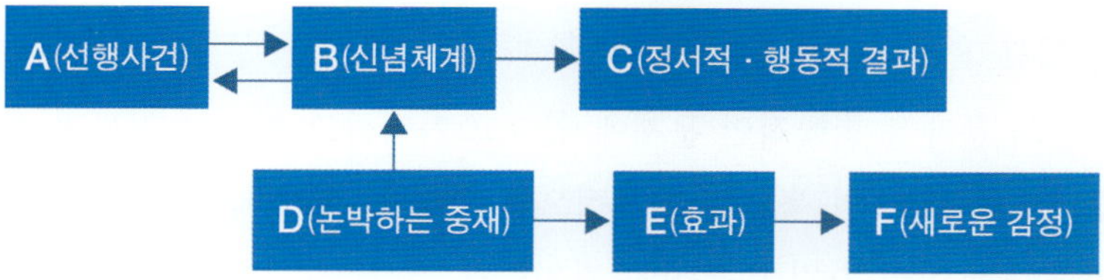

[그림 12-1] 엘리스의 ABC모델

- **선행사건**(Activating event)

  개인에게 정서적 혼란을 야기하는 어떤 사건이나 행위를 의미한다(예: 시험실패, 실직).

- **신념체계**(Belief system)

  어떤 사건이나 행위 등과 같은 환경적 자극에 대해서 개인이 갖게 되는 태도 또는 사고방식을 말한다. 신념체계에는 합리적 신념(rational beliefs; RB)과 비합리적 신념(irrational beliefs; IB)이 있다.

- **결과**(Consequence)

  선행사건에 접했을 때 비합리적인 태도 내지 사고방식을 가지고 그 사건을 해석함으로써 느끼게 되는 정서적 결과를 말한다.

- **논박**(Dispute)

  자신이 가지고 있는 비합리적인 신념이나 사고에 대해서 도전해 보고 과연 그 사상이 맞는 것인지를 다시 한 번 검토해 보도록 상담자가 촉구하는 것을 의미한다.

• **효과**(Effect)

내담자가 가진 비합리적인 신념을 철저하게 논박함으로써 합리적인 신념으로 대치한 다음에 느끼게 되는 자기 수용적인 태도와 긍정적인 감정의 결과를 지칭한다.

(2) 엘리스의 합리적 · 정서 행동치료 상담

① 상담의 목표

REBT는 인간의 문제를 철학적인 문제에 있다고 가정하고 철저한 철학적 재평가를 위해 노력한다. 그러므로 REBT의 목표는 기본적으로 증상을 제거하기 위한 것이 아니라 인간의 성장을 방해하는 여러 가지 기본적인 가치들을 조사하여 변화시키기 위한 것이다. 즉, 내담자의 중요한 자기 패배적 견해의 극소화와 더 실제적이고 관대한 인생철학을 습득하는 것이다. 또 다른 중요한 치료 목표는 인생에서 잘못된 것에 대해 자신 또는 타인을 비난하는 경향을 감소시키고 미래의 어려움을 효과적으로 다루는 방법을 내담자에게 가르치는 것이다. 엘리스는 REBT를 적용하고 있는 상담자들에게 정신건강 기준으로서 다음의 목표를 제시한 바 있다.

• **자기관심**(self-interest)

인간이 자기 자신에 대해 완전히 몰두하지 않으면서 정서적으로 건강한 사람은 자기 자신에게 관심을 가질 수 있는 역량을 가지고 있다.

• **사회적 관심**(social-interest)

집단 속에서 유리되지 않고 관계적인 맥락 속에서 인간에 대한 관심을 지니고 있다.

• **자기지향**(self-direction)

인간은 자신의 삶에 대한 책임감이 있으며 자신이 문제에 대해 독립적으로 풀 수 있는 능력이 있다.

- **관용**(tolerance)

  성숙한 사람들은 타인의 실수에 대해 관용적이며 실수하는 사람들을 비난하지 않는다.

- **융통성**(flexibility)

  자신의 생각에 대해 융통성이 있으며 변화에 대해 수긍하고 타인에 대해 편협하지 않다.

- **불확실성의 수용**(acceptance of uncertainty)

  성숙한 사람은 불확실성의 세계를 살고 있음을 깨닫는다.

- **몰두**(commitment)

  자신의 외부세계에 대해 중대하게 몰두할 수 있는 능력이 있다.

- **과학적 사고**(scientific thinking)

  성숙한 사람은 깊게 느끼고 구체적으로 행동할 수 있다. 또 정서나 행동의 결과를 숙고해 봄으로써 정서나 행동을 규율화시킬 수 있다.

- **자기수용**(self-acceptance)

  그들이 살아 있다는 사실 자체를 받아들인다. 그리고 그들의 기본적인 가치를 타인의 평가나 외부적 성취에 의해서 평가하지 않는다.

- **위험 무릅쓰기**(risk-taking)

  정서적으로 건강한 사람은 고의적으로 모험을 시도한다.

- **비이상주의**(nonutopianism)

  성숙하고 건강한 사람은 이상향적 존재를 성취할 수 없다는 사실을 받아들인다.

② 상담 과정

REBT의 상담 과정은 내담자가 가지고 있는 비합리적 생각과 이에 근거한 자기언어를 찾아서 비합리성을 확인하고 논박(disputing; D)하여, 합리적 생각과 또 다른 자기언어로 바꿀 수 있도록 도움을 제공한다. 그리고 이를 토대로 내담자가 적절한 정서를 가지며 바람직한 행동을 할 수 있도록 돕는다. 그 과정을 순서대로 살펴보면 다음과 같다.

- **상담관계 수립**
  내담자가 자유롭게 이야기할 수 있는 분위기를 마련한다.

- **부적절한 정서 및 행동 확인**
  내담자의 문제를 분명히 밝힌다. 문제와 관련하여 내담자가 현재 경험하고 있는 정서와 구체적인 행동 등이 여기에 포함된다.

- **성격의 ABC이론 확인**
  성격의 ABC이론을 내담자가 분명히 알 수 있도록 한다.

- **비합리적인 생각 확인**
  내담자의 비합리적인 생각과 이에 근거한 자기언어를 찾도록 한다.

- **비합리적 생각 논박**
  부적절한 정서와 관련된 생각이 어떠한 합리적 근거가 없음을 밝히는 것을 말한다.

- **합리적 생각 확인**
  내담자에게 비합리적 생각과 대치되는 합리적 생각을 하게 하고, 그 생각을 자기언어로 진술해 보도록 한다.

- **합리적 생각 적용**
  자기언어로 진술된 합리적 생각이 실제 행동에 적용되도록 한다.

- **합리적 인생관 확립**
  이상의 결과를 보다 일반화될 수 있도록 하여 내담자가 합리적인 사고와 자기언어에 근거해서 삶을 살아갈 수 있도록 한다.

③ 상담의 적용

• 개인상담

REBT에서 대부분의 내담자들은 특별한 문제에 초점을 두고 일주일에 한 번씩 약 5~20회기의 치료기간을 갖는다. 내담자는 가장 자신을 억압하는 문제를 논의하고 혼란된 감정을 기술하면서 치료를 받기 시작한다. 그리고 상담자는 혼란된 감정을 이끄는 비합리적 신념을 발견하게 된다.

상담자는 또한 내담자로 하여금 사건과 결합된 비합리적 신념을 파악한 뒤 그러한 사고를 정지하고 보다 합리적인 사고를 할 수 있도록 도와야 한다. 이를 위하여 과제를 주며 비합리적 신념을 논박한다. 매 회기마다 상담자는 내담자의 호전된 상태를 점검한다. 또 내담자는 자신의 증상을 줄이고 보다 너그럽고 합리적인 생활방식을 배울 때까지 비합리적 사고를 어떻게 논박하는지 배우게 된다. 엘리스는 극심한 정서장애를 가진 내담자에게는 그가 배운 것을 실천할 수 있도록 돕는 데까지 1년 정도의 개인 및 집단치료를 계속해야 한다고 주장하였다.

• 집단상담

REBT는 집단원 모두가 집단 장면에서 상호 간에 REBT의 원리를 적용하는 법을 배우기 때문에 집단치료에 적합하다고 할 수 있다. 그들은 모험심을 포함하여 새로운 행동 및 과제를 실행할 기회를 갖게 된다. 집단상황에서 구성원들은 주장훈련, 역할연기, 다양한 모험 활동을 할 수 있다. 그들은 또한 사회적 기술과 집단치료 기간 후 인간관계에 대한 기술을 배운다. 다른 집단원들과 지도자는 피드백을 제공하지만 치료 중에도 변화를 촉진시키기 위해 상호작용할 수 있다. 엘리스는 대부분의 REBT 내담자들은 개인치료뿐만 아니라 집단치료도 경험해야 한다고 강조했다.

• **간이상담과 위기상담**

비교적 짧은 시간에 치료받고자 하는 내담자에게 ABC 접근법을 이해시키고 이를 통해 장애행동을 변화시키는 데에는 대략 1~10회기 정도의 기간이 걸린다. REBT는 간이치료(brief therapy)에 적절하기 때문에 특수한 문제의 경우 짧은 기간에 유용하게 적용될 수 있다. 이때 내담자는 REBT의 원리들을 자신에게 어떻게 적용시키며 보충 교재들을 어떻게 이용하는지 배우게 된다. 내담자에게 치료기간 동안에 녹음한 것들을 가끔 듣게 하는 것도 유용한 방법이다. 이러한 과정에 참여함으로써 내담자는 문제의 본질을 잘 파악할 수 있으며 그 문제들을 대처하는 기술들을 익히게 된다.

• **가족상담**

REBT에서는 가족구성원에게 자신들의 행동에 책임이 있으며 가족에 대한 반응을 변화시킬 책임이 있다고 가르친다. 이러한 관점에서는 개인이 가족 중 다른 구성원의 행동을 변화시키기 어렵다. 가족 중 한 사람으로서 각자는 사고와 감정의 유형을 바꿀 능력을 갖고 있다. 그래서 각자 자신의 행동을 조형함으로써 결국 한 단위로서 가족에게 직접적인 영향을 미칠 수 있다. 엘리스(1989)는 증상의 제거보다는 오히려 지속적인 변화로 인한 깊이 있는 성격의 재구성을 위해 기법들을 사용하였다.

(3) 엘리스의 합리적 · 정서 · 행동치료 상담의 기법

① 인지적 설명기법(cognitive-explicatory technique)

• **암시**: 내담자는 자신이나 타인 혹은 세계에 관한 자기 패배적인 진술을 스스로에게 말하는 심각한 부정적 사고형일 수도 있다. 이 경우 상담자가 내담자에게 부정적인 사고를 긍정적인 사고로 대체시키는 방법을 보여줌으로써 내담자가 개선될 수 있다는 것을 암시한다.

• **자기방어의 최소화**: 내담자가 비록 여러 가지 잘못을 저질렀다 하더라도 이것 때문에 타인에게 경멸당하거나 저주받을 이유는 결코 없다는 것을 보여주어야 한다. 이러한 자기수용은 내담자의 방어욕구를 최소화시켜준다.

- **대안의 제시:** 내담자는 스스로 생각하는 것보다 더 많은 선택들을 할 수 있는 경우가 종종 있다. 따라서 REBT 상담가는 내담자에게 모든 가능한 대안들을 볼 수 있도록 도와야 한다. 최선은 내담자가 이러한 대안들을 스스로 찾아내도록 격려하는 것이다.
- **기분전환 시키기:** REBT에서는 이완훈련, 요가 혹은 운동 같은 신체적 기법도 인지적인 것이 될 수 있다고 주장한다. 이는 내담자로 하여금 자기 패배적인 생각이나 행동에서 벗어나 신체 활동들에 집중하도록 해 주기 때문이다. 상담자는 내담자로 하여금 가치 있게 몰두할 관심거리, 특히 장기적이고 건설적인 목적에 관심을 갖도록 격려한다.
- **인지적 과제수행:** 상담가는 내담자의 내면화된 자기 메시지 중 추상적인 'should 또는 must'를 제거시키기 위한 과제를 부여한다. 왜냐하면 인간은 가끔 부정적이고 자기 충족적인 예언을 만들며, 그렇게 될 것이라고 스스로를 설득하여 실패할 가능성이 높기 때문이다. 상담가는 내담자에게 상담치료기간 동안 특수한 과제를 매일 이행하도록 격려한다. 이런 방법을 통해 내담자는 점차 불안을 다루게 되고 기본적인 비합리적 신념에 도전하게 된다.
- **정확한 언어 사용:** REBT는 명백하지 않은 언어를 사고 과정 중 장애의 표현이라고 주장한다. 치료자는 내담자의 언어유형에 특히 주의를 기울이는데, 이는 언어가 사고를 조형하며 사고가 언어를 형성하기 때문이다. 내담자는 '해야 한다(must, ought, should)'를 '하고 싶은(perferable)'으로 대치하는 법을 배운다. '만약 ~한다면 정말 두려울 거야'라고 하는 대신에 '만약 ~한다면 좀 불편할 거야'라는 말로 바꿔보는 것이다. 무기력하고 자기 경멸적인 관점으로 말하던 내담자는 새롭게 자기 진술을 하는 방법을 배울 수 있게 된다. 내담자는 절대적인 의미로 '해야 한다'를 절대적인 의미가 아닌 '하고 싶다'로 대치함으로써 개인적인 힘을 얻을 수 있다.
- **유추의 기법(inferencing):** 가령, 일을 미루거나 지각하는 습관이 있는 내담자에게 그러한 행동이 자신의 어떤 행동특성 때문에 나타나는지 유추해 보도록 한다. 이 기법의 목적은 내담자로 하여금 자신의 특성을 이해하여 유해한 습관의 단점을 확실히 깨닫도록 해주는 데 있다.

- **유머의 사용**: REBT는 너무 진지하게 생각한다거나 개인의 심각한 측면이나 지나치게 강박적인 생활 방식을 논박하도록 조언하는데 유머를 사용한다. 엘리스는 내담자를 문제 상황으로 이끄는 과장된 사고에 대처하는 수단으로써 유머의 사용을 강조하였다. 워크숍이나 상담시간에 합리적이고 유머러스한 노래를 이용하고(우울하거나 불안할 때) 개인 혼자서 혹은 집단에서 노래를 부르도록 격려할 수도 있다. 유머는 내담자가 고집스럽게 유지하고 있는 불합리한 생각들을 볼 수 있게 해준다. 그것은 내담자로 하여금 자신을 덜 진지하게 생각하도록 하는 방법이다.

② 정서적 환기기법(evocative-emotive technique)

- **합리적 정서 상상**: 상담자들은 두 가지 방법으로 합리적 정서 상상(rationale motive imagery; REI)을 사용한다. 먼저 하나의 방법은 엘리스가 선호했던 부정적 상상이며, 또 다른 하나는 몰츠비(Max C. Maultsby)가 선호했던 긍정적 상상이다. 부정적 상상은 내담자가 특정 상황에 대하여 부적절한 정서를 느끼고 있는 자기 자신을 열심히 상상하도록 한다. 그 다음은 후회나 행동을 변화시키려는 결단이나 적절한 정서로서 부적절한 정서를 대체시키고 있는 자신을 생생하게 떠올리도록 한다. 반대로 긍정적 상상에서 내담자는 불쾌한 장면을 상상하고 자기 감정의 기초가 된 신념들에 집중한다. 그런 다음 내담자는 이러한 비합리적 신념을 포기하고, 합리적 신념을 대체했을 때 자신에게 어떤 느낌이 드는지에 집중하게 된다.
- **부끄러움 제거연습(shame attacking exercises)**: 이 기법에는 정서적 · 행동적인 요소 두 가지가 모두 포함된다. 엘리스는 정서 장애의 중요한 핵심 중 하나는 부끄러움 혹은 자기비난이라고 주장한다. 따라서 상담자는 때때로 내담자로 하여금 창피하거나 부끄럽게 느끼는 방식으로 행동해 보도록 과제를 부과하기도 한다. 이러한 과제를 통해 내담자는 자신이 생각했던 것만큼 다른 사람들이 자신에 대하여 별 관심이 없으며, 타인의 비난에 대해 지나치게 신경 쓸 필요가 없다는 것을 발견하게 된다.
- **역할연기(role-playing)**: 행동 요소와 함께 극적인 정서(dramatic-emotive) 요소도 가지고 있는 기법이 역할연기이다. 상담자들이 내담자의 감정을 이끌어내기 위해 타인

과 상호작용 하는 것을 행동화(행동적 재연)시킬 때 사용한다. 상담자는 이때 드러난 감정을 이용하여 내담자로 하여금 근본적인 비합리적 신념을 극복하도록 돕는다.

- **감정적 언어(emotionally charged language) 사용**: 상담자는 종종 감정적인 색채를 띈 단어, 구절 및 문장을 구사하여 다음에 내담자들이 이것을 자기 자신에게 사용할 수 있도록 한다. 비합리적 신념에 대한 강력한 표현은 내담자의 변화를 촉진시킬 수 있다.

③ 행동적 · 적극적 지시기법(behavioristic-active-directive technique)

- **보상기법**: 바람직한 행동을 유발하는 자극(보상)은 바람직한 행동을 수반하게 된다. 보상원리는 일어날 확률이 높은 행동(TV 보기, 게임하기 등)을 사용하여 확률이 낮은 행동(수학문제 풀기, 외국어 공부하기 등)의 발생 가능성을 증가시키기 위한 보상 또는 강화로서 사용될 수 있다.
- **과제부과**: REBT의 중심기법 중 하나는 행동지향적인 과제를 부과하는 것이다. 일반적으로 내담자가 수행하기 어려워하거나 두려워하는 일을 과제로 부여한다. 그 내용은 난이도가 서서히 높아지는 일련의 점진적인 과제들이 포함된다.
- **자극통제**: 상담가는 내담자에게 특정 자극통제 방법을 보여줌으로써 역기능적 행동 가능성을 줄일 수 있다. 그러므로 자극통제의 목적은 환경을 재구성하여 내담자로 하여금 역기능적 행동을 유도하는 자극에 노출되지 않도록 하는 것이다.

3) 아론 벡의 인지치료

(1) 주요 개념 이해

① 자동적 사고

자동적 사고(automatic thoughts)는 특정 사건에 접하게 될 때 어떠한 의식적 노력 없이 자동적으로 떠오르는 생각을 말한다. 사람들이 경험하는 여러 가지 환경적 자극과 심리적 문제 사이에는 '자동적 사고'라는 인지적 요소가 개입되어 있다. 환경적 자극에 대한 내용이 긍정적일 경우 문제가 야기되지 않지만 부정적일 경우 자동적 사고로 인해 심리적 혼란과 문제를 경험하게 된다.

벡의 이론에 따르면 사람들이 경험하는 심리적 문제는 스트레스 사건을 경험했을 때 자동적으로 떠올리는 부정적인 생각들로 인해 발생하는 것이다. 전형적으로 우울 증상을 경험하는 사람들의 자동적 사고는 인지삼제(認知三題, cognitive triad)라는 세 가지 내용으로 구성되어 있다. 첫 번째는 자기 자신에 대한 부정적인 견해이다. 자기 자신을 결점이 많고 부적절하며 연약하고 아무것도 할 수 없는 존재로 인식하는 것이다. 또한 불쾌한 경험을 자신의 심리적, 도덕적, 신체적 결함이라고 생각한다. 따라서 자신을 평가절하시켜 쓸모없는 존재라고 믿고 자신을 비난하는 경향을 가지고 있다. 두 번째는 미래에 대한 부정적인 견해로 자신의 앞날에 희망이 없다고 생각하는 경우이다. 그리고 세 번째는 세상에 대한 부정적인 견해로 세상을 매우 살기 힘든 곳이라고 생각하는 것이다(Beck, 1997).

② 역기능적 인지도식

사람은 성장 과정을 통해 자기 나름대로 자신과 세상을 이해하는 삶의 틀을 형성한다. 이러한 틀을 통해 세상과 자신 그리고 타인들에 대한 의미와 관계를 체계화시키는데, 이렇게 체계화된 인지적 틀을 인지도식(cognition scheme)이라고 한다. 여기에서 역기능적 인지도식은 개인의 내면에 있는 인지도식 내용이 부정적인 것을 말한다. 다시 말해서 개인이 갖고 있는 독특한 부정적인 사고방식이라 말할 수 있다. 역기능적 인지도식은 개인의 심리적인 문제와 부적응적인 행동을 초래하는 근원적인 역할을 한다. 따라서 역기능적 인지도식을 가진 사람은 자동적으로 자신과 세상 그리고 다양한 상황에 대해 부정적인 해석을 하게 된다.

③ 인지왜곡

인지왜곡(cognitive distortion)이란 인지 과정에서 스스로 왜곡시키거나 잘못 인식하는 것을 의미한다(Corsini, 1999). 사고의 오류, 즉 인지왜곡으로부터 개인이 비논리적 결론들을 도출하면서 진행되는 잘못된 정보 구조로 인해 부정적 인지도식은 지속된다(Beck, 1976). 역기능적인 인지도식은 자동적 사고를 발생시키고 또한 인지적 오류를 발생시킨다. 벡은 정서장애를 경험하는 사람들은 사건의 의미를 부정적으로 왜곡하는 경향이 있으며 인지적 왜곡이 많다고 강조하였다. 사람들 중 일부는 사실과 사실에 대한 자신의 주관적인 해석을 혼동해서 그릇된 해석을 하는 오류를 범한다. 인지도식은 때때로 자기 비난의 도구가 되기도 한다. 이러한 현상은 대뇌의 의식과 감각이라는 틀이 이미 습관화되었기 때문이라고 볼 수 있다(황희선, 2005). 대표적인 인지왜곡은 다음과 같다.

- **임의적 추론**(arbitrary inference)

어떤 결론을 내리기에 충분한 근거가 없는데도 최종적인 결론을 성급히 내려버리는 오류이다. 예를 들면, 이성친구가 여러 가지 바쁜 상황으로 인해 연락을 자주 못하자 '이제 그(녀)가 나를 멀리 한다'고 결론을 내리고 이별을 준비하는 경우가 여기에 해당된다.

- **선택적 추상화**(selective abstraction)

상황이나 사건의 주된 내용은 무시하고 특정한 일부 정보에만 주의를 기울여 전체의 의미를 해석하는 오류이다. 예를 들어, 발표를 할 때 많은 사람이 긍정적인 반응을 보였는데도 선택적으로 한두 명의 부정적 반응에만 주의를 기울여 실패했다고 단정하는 경우가 이에 해당된다.

- **과잉 일반화**(overgeneralization)

한두 번의 사건에 근거하여 일반적인 결론을 내리고 무관한 상황에도 그 결론을 적용하는 오류이다. 그 예로 어떤 사람은 한두 번의 실연으로 '항상', '누구에게나' 실연당할 것이라고 생각하게 된다.

- **의미 확대 및 의미 축소**(magnification and minimization)

사건의 중요성이나 의미를 지나치게 과장하거나 축소하는 오류이다. 예를 들어, 한번 낙제점수를 받은 것을 가지고 '내 인생은 이제 끝이다'라고 생각하거나 반대로 과수석을 차지하고도 '어쩌다가 운이 좋아서 그렇게 됐겠지'라고 생각하는 경우가 여기에 해당된다.

- **개인화**(personalization)

외부사건을 자신과 관련된 근거가 없는데도 이것을 지나친 해석으로 자신과 관련짓는 경향이다.

- **이분법적 사고**(absolutistic dichotomous thinking)

사건의 의미를 이분법적인 범주로, 즉 둘 중 하나로 해석하는 오류이다. 어떤 일의 성과를 성공이냐 실패냐의 이분법으로만 나누어 평가하거나, 타인이 나를 사랑하느냐 미워하느냐의 둘 중 하나로만 생각할 뿐 중립을 인정하지 않는 경우가 해당된다.

(2) 인지치료 상담

① 상담의 목표

인지치료의 기본적 상담 목표는 내담자가 보다 효과적으로 기능하도록 사고의 편견이나 인지왜곡을 제거하는 것이다. 특히, 내담자의 부정적인 자동적 사고와 인지적 오류를 만들어 내는 역기능적 인지도식을 찾아 그 내용을 보다 현실적인 것으로 바꾸는 것을 상담의 목표로 삼는다.

② 인지치료 상담자의 역할

인지치료에서 상담자는 논리적 분석가 혹은 교육가와 같은 역할을 한다. 객관적 사실이나 상황에 대하여 내담자가 주관적인 왜곡 없이 해석하고 사고할 수 있도록 지도하는 역할을 수행한다. 상담자는 내담자로 하여금 자신과 타인 그리고 세상과 미래에 대한 인지도식을 검토하여 보다 적합하고 적응적인 인지구조 내용으로 바꿀 수 있도록 격려해야 한다. 이 과정에서 내담자의 적극적인 참여를 유도하는 것은 매우 필수적인 요소이다.

벡은 특히 상담자와 내담자의 '협동적 경험주의'를 강조했다. 상담자와 내담자는 협동적 경험주의를 통해 자동적 사고를 '행동적 실험'으로 검증할 수 있다. 그리고 이를 논리적으로 철저하게 조사할 수 있는 가설로서 다룬다. 또 상담자는 내담자와 협동적 대화, 즉 소크라테스식 대화기법을 사용하여 스스로 해결책을 찾도록 도와줄 수 있다(오윤선, 2007).

③ 인지치료 상담 과정

- 1단계: 상담의 구조화 단계

상담의 도입과 초기단계에서 구조화 작업은 상담자와 내담자 모두에게 시간과 노력을 효율적으로 사용할 수 있도록 조절해 준다. 구조화 과정에서 상담자는 무엇보다도 내담자와의 친밀한 상담관계 형성을 위해 노력해야 하며 신뢰할 수 있고 협조적인 상담환경을 만들어야 한다.

- 2단계: 역기능적 사고에 대한 통찰

상담자는 내담자와 함께 내담자의 의식 속에 뿌리박혀 있는 자동적 사고와 핵심신념 그리고 인지적 오류들을 찾아내야 한다. 그리고 근본적인 원인이 되는 역기능적 인지도식의 내용들을 구별해 내는 작업을 해야 한다. 따라서 상담자는 내담자의 심리적 문제를 일으키는 구체적인 상황을 주의 깊게 경청하고 문제의 감정 확인 및 문제에 대한 사고를 면밀히 파악해야 한다.

- 3단계: 역기능적 사고와 핵심신념에 대한 논박

이 단계에서 상담자는 여러 가지 기법을 통하여 내담자의 주관적 해석인 역기능적 사고와 핵심신념을 논박하여 보다 객관적이고 타당한 대안적 해석을 탐색하고 합리적으로 사고할 수 있도록 도와준다.

- 4단계: 상담종결

내담자가 가지고 있던 기존의 자동적 사고와 비합리적 신념을 스스로 수정하여 자신의 감정에 대한 통제력을 회복하는 시기이다. 상담의 종결은 급박하게 이루어지지 않고 서서히 준비하면서 이루어져야 한다. 이때 상담자는 현실적이고 합리적인 인지적 구조를 내면화할 수 있도록 유도한다.

(3) 인지치료 상담의 주요 기법

다양한 인지치료기법이 내담자가 목표를 달성하도록 조력하는 데 사용된다. 어떤 기법은 자동적 사고를 끌어내고 도전하는데 사용되며, 다른 기법들은 부적응적인 가정이나 비효과적 인지 도식을 발견하여 변화시키는데 사용된다. 인지치료의 일반적 접근은 자동적 사고나 비합리적 신념을 해석하는 것이 아니라, 실험이나 논리적 분석을 통해 그러한 것을 조사하는 것이다(Sharf, 2004). 인지치료에서 활용되는 대표적인 몇 가지 기법을 살펴보면 다음과 같다.

① 질문하기

직접질문법, 소크라테스적 질문법이라고 알려지기도 한 이 방법은 내담자가 자신의 부정적 생각과 이미지를 깨닫고 불필요한 생각들을 수정하도록 돕는데 사용된다.

② 절대성에 도전하기

내담자는 자주 "학교에 있는 모든 사람은 나보다 머리가 좋아요"와 같은 극단적 진술을 통해 자신의 고통을 나타낸다. 따라서 상담자는 내담자가 어떤 절대성 단어를 자주 사용하는가를 파악하여 내담자에게 도전하여 그러한 생각이 잘못된 것이라는 것을 깨닫게 한다.

③ 재귀인하기

내담자 자신이 상황이나 사건에 대한 책임이 거의 없는 경우에도 그러한 상황이나 사건의 책임을 스스로에게 귀인시킬 수 있다. 자신을 비난함으로써 내담자는 많은 죄의식을 느끼거나 심한 우울을 느낄 수 있다. 상담자는 재귀인하기 기법을 사용하여 내담자가 사건의 책임을 정당하게 분배할 수 있도록 조력한다.

④ 인지왜곡 명명하기

내담자가 사용하는 인지왜곡이 흑백논리, 과잉 일반화, 선택적 추상 등과 같은 여러 가지 인지왜곡 중 어떤 것에 해당하는지 명명하도록 하는 것이다. 이 기법은 내담자가 자신의 추론을 방해하는 자동적 사고를 범주화하는 데 도움이 될 수 있다.

⑤ 파국에서 벗어나기

내담자는 일어나지 않을 것 같은 어떤 결과를 매우 두려워할 수 있다. 두려움을 다루는 기법은 '만약 ~하면 어떤 일이 일어날까?(what-if)'라는 기법이다. 이 기법은 내담자가 가능한 결과에 과잉 반응할 때 매우 효과적이다.

⑥ 장점과 단점 열거하기

내담자가 강한 강박적 신념 때문에 불안으로 고통을 받고 있을 때 장점과 단점을 나열하게 하는 기법이다. 이로써 잘못하면 큰일이 날 수 있다는 파국적 생각에서 벗어나게 할 수 있다. 어떤 신념에 대한 장점과 단점을 열거하기는 내담자로 하여금 흑백논리에서 벗어나도록 도울 수 있다.

4) 공헌 및 제한점

인지행동치료는 왜곡된 인지와 부적응적 사고를 바로 잡고 적응을 돕는 기법으로서 현재까지 임상에서 다양하게 활용되고 가장 주목받고 있는 심리치료방법 중 하나이다. 특히 우울장애, ADHD, 분노, 불안장애 또는 공격성 치료에 효과적이며, 짧은 시간에 큰 효과를 낼 수 있다. 이 기법은 인간의 정서적 부적응에 대하여 비합리적인 신념체계나 사고방식을 체계화하여 인지적 통찰의 행동화를 강조하고 행동주의와 결합하여 그 활용범위가 확대되었다. 그리고 내담자 스스로 변화를 일으키도록 하는 장점은 상담과 심리치료의 분야에 수많은 공헌을 하였다.

하지만 인지행동치료는 자신의 사고내용과 상념에 대한 내성 능력이 갖추어진 사람에게만 유효하다. 즉, 자신의 생각을 자각하고 표현할 수 있으며 상담자의 교육적 지시와 반응을 수용할 수 있는 내담자의 지적 수준을 요구한다(Beck, 2001). 따라서 청소년의 지적 수준이 낮거나 사고가 지나치게 경직되어 있는 경우에는 효과가 미비하고 자칫하면 치료자의 가치관이나 철학을 강제로 주입시키는 부작용을 낳을 수도 있다. 또한 사회적인 문제가 되는 사건의 경우, 그 사건 자체의 중요성을 간과할 수 있다. 아울러 치료가 인지와 신념에 기반을 두기 때문에 그 자체가 약할 경우에는 효과를 얻기 힘들다(김광일, 2012).

학습정리

게슈탈트 상담은 개인의 성숙을 위해서는 자신의 길을 스스로 찾아야 하며, 개인적인 책임을 수용해야 한다는 전제를 둔 실존치료의 한 형태이다. 따라서 이 치료 기법은 내담자가 자신이 행동하고 경험하는 것에 대한 자각을 얻어서 자신이 느끼고 생각하고 행하는 데 대한 책임성을 학습하도록 하게 하는 것이다.

현실치료 상담은 인간의 행동은 스스로 선택한 결과이며, 인간은 자신이 선택한 세계에 책임이 있고 이를 통해 보다 나은 삶을 살 수 있다고 보는 입장이다. 이처럼 현실치료 상담은 과거의 경험을 중시하는 전통적인 상담치료와는 달리 현재와 미래를 중시한다. 이는 내담자로 하여금 자기욕구 충족을 위한 행동의 효과성을 통해 자기평가를 할 수 있도록 교육적인 도움을 주는 과정이다.

인지행동치료 상담 이론은 기본적으로 개인과 그 주변의 사람들 그리고 환경에 관한 감정에 책임이 있다는 입장을 가진다. 상담의 목표는 내담자가 보이는 문제행동의 제거에 두기보다는 문제행동의 배후에 있는 핵심적인 자기 패배적 신념과 비합리적 사고를 극소화시키고 삶에 대하여 보다 현실적이고 합리적인 가치관을 갖게 하는 데에 있다. 인지행동치료에서는 내담자의 부정적인 자동적 사고와 인지적 오류를 만들어 내는 역기능적 인지도식을 찾아내어 그 내용을 보다 현실적인 것으로 바꾸어 나가는 것을 상담의 목표로 삼는다.

연습문제

1. 게슈탈트 상담에서 '여기 그리고 지금'의 활용에 대해 자세히 논하시오.
2. 현실치료 상담의 각 기법에 대해 논하시오.
3. REBT 상담에서 잘못된 신념을 논박하는 데에 사용되는 효율적 대화 기술에 대해 설명하시오.

PART 4

청소년 상담의 실제

Chapter 13

청소년 정신건강 상담

▶▶ 개요

청소년 정신건강 상담을 위해 최근 부각되고 있는 우울증, 불안증, PTSD 상담에 대해 알아볼 것이다. 자세한 이해를 위해 먼저 각 개념과 증상 및 유병률에 대해 살펴보게 될 것이다. 또 각 증상의 진단기준과 그 원인에 대해 설명하고 청소년 내담자 치료를 위한 통합적 접근방법에 대해 논할 것이다. 이어서 청소년 상담에 대해 설명한다.

▶▶ 학습목표

1. 일반목표

청소년 우울증, 불안증, PTSD의 개념과 그 증상에 대해 알 수 있다. 그리고 각 증상의 진단기준과 그 원인에 대해 논할 수 있다.

2. 세부목표

1) 청소년 우울증, 불안증, PTSD의 개념과 그 증상 및 유병률에 대해 알 수 있다.
2) 우울증, 불안증, PTSD의 진단기준과 그 원인에 대해 설명할 수 있다.
3) 청소년 상담에서 통합적 접근방법을 활용할 수 있다.

주요용어

청소년 우울증, 불안증, PTSD, DSM-5

지식

- 청소년 우울증, 불안증, PTSD의 개념과 그 증상 및 유병률에 대한 인식
- 청소년 우울증, 불안증, PTSD의 진단기준과 그 원인에 대한 탐색
- 청소년 내담자 상담에서 통합적 접근방법 습득

기술

- 청소년 우울증, 불안증, PTSD의 원인에 대해 탐색하는 대화적 기술
- 청소년 우울증, 불안증, PTSD의 증상 및 진단에 대한 정확한 통찰
- 청소년 내담자 상담에서 인지행동적 치료기법의 습득

태도

- 청소년 우울증, 불안증, PTSD의 증상에 대해 수용하는 태도
- 청소년 내담자의 저항과 전이에 대한 실제 활용
- 청소년 내담자 상담에서 인지행동적 치료방법의 활용

1. 청소년 우울증 상담

1) 청소년 우울증의 이해

(1) 청소년 우울증의 개념

① 우울증

우울증을 뜻하는 그리스어 melancholia는 검은 담즙(black bile)이라는 의미이다. 이 단어는 기원전 400년 히포크라테스에 의해 처음 사용되었다. 관련된 영어 depression은 '내리 누름(to press down)'이라는 의미로 꺾이다, 기가 죽다, 낙담하다, 슬프다, 가치를 낮추다, 활동성과 적극성을 저하시키다 등의 뜻을 포함하고 있다. 그러므로 우울증은 감정적인 침체(depression) 상태가 지속되므로 자발적 회복이 될 수 없는 상태를 말한다(오윤선, 2010).

임상적인 우울증은 심각하고 흔한 기분장애로 심신을 동시에 악화시키는 질환이다. 이는 슬픔이나 일시적인 우울감과는 다르고 상황이나 시간이 지나도 증세가 사라지지 않는다. DSM-5(Diagnostic and statistical manual of mental disorders(5th ed.): 정신질환 진단 및 통계 편람 제5판)에서는 우울장애를 파괴적 기분조절부전장애, 주요우울장애, 지속성 우울장애(기분저하증), 월경전불쾌감장애, 물질/약물치료로 유발된 우울장애, 다른 의학적 상태로 의한 우울장애 그리고 명시되지 않은 우울장애를 포함시키고 있다. 주요 우울장애는 우울한 기분이나 흥미 상실이 2주 이상 지속되는 경우로 다른 우울증상을 함께 동반하는 비교적 심한 우울증을 말한다. 그리고 주요 우울증보다는 정도가 가볍지만 만성적인 우울증 형태인 지속성 우울장애(기분저하장애)는 대개 2년 이상 우울한 기분과 더불어 자존심의 저하, 자책감, 결정의 어려움, 우유부단함, 생산성의 저하, 비능률, 장래에 대한 비관 등 복합적인 여러 증상으로 인해 일상생활의 부적응을 동반한다(APA, 2013).

② 청소년 우울증

청소년 우울증은 청소년에게 발생하는 심리적·정서적 장애로 십대 우울증(teenage depression), 청소년 주요 우울증 또는 주요 우울장애로 지칭된다. 청소년 우울증은 의학적으로 성인 우울증과 크게 다르지 않지만 그 증상은 성인과 전혀 다른 방식으로 나타날 수 있다. 왜냐하면 청소년들이 직면하는 사회적 문제 및 발달상 문제들이 성인과는 다르기 때문이다.

청소년기는 신체적·심리적·사회적 변화가 급격하게 일어나는 시기에 적절히 대처해야 하는 적응 과제로 인하여 우울증에 노출되기 쉽다. 이 시기는 신체 변화 및 외모에 대하여 민감하기 때문에 열등감과 수치심을 경험할 수 있다. 특히 우리나라 청소년들은 학업에 대한 과도한 부담과 압력으로 성적에 대해 매우 예민해질 수 있다. 동시에 부모나 교사의 질책으로 인한 심리적인 갈등을 경험하게 되는 경우에도 우울감이 증가할 수 있다.

청소년의 우울증은 일상생활을 방해하고 그들 자신뿐만 아니라 주변 사람들까지도 불행하게 만들게 된다. 그리고 청소년 우울증은 성인 우울증과 달리 학업부진이나 대인관계 갈등, 학교 부적응, 청소년 비행 등과 같은 문제행동으로 발전될 수 있다. 아울러 자살문제와도 깊은 관련이 있으므로 증상 초기에 돌보고 치료하는 것이 중요하다. 세계보건기구(WHO)의 '청소년 건강 보고서'를 보면 청소년 질병과 정신장애 원인 중 1위가 우울증이며, 이는 청소년 자살관련 주요 정신병리라고 보고하였다(김현정, 2015).

(2) 청소년 우울증의 증상 및 유병률

① 증상

우울증의 정도는 여러 가지로 나타날 수 있다. 수반되는 별다른 증상 전혀 없이 단순한 일시적 감정변화에서부터 심각한 증상을 나타내는 우울증까지 있다. 우울증의 주요 증상으로는 자발적 행동 및 주도성 감소, 부정적인 태도, 무기력 지속, 공격성 증가, 식욕감퇴 등이 있다. 생리적 변화로는 노르에피네프린(norepinephrine)의 고갈 및 대뇌에서 콜린성

신경전달의 활발 등이 나타난다. 그리고 우울증과 동반되는 분노감이나 절망감 등으로 인해 경우에 따라 파괴적이고 폭력적인 행동으로 확대될 수 있다.

일반적인 우울증 증상으로는 슬픈 감정이 지속되고 일상에서 흥미와 즐거움을 잃게 되며, 식욕 및 체중감소나 수면부족, 불면증과 함께 행동이 매우 느려지거나 평소보다 매우 불안할 수 있다. 또한 외로움, 나쁜 것에 대한 두려움, 완벽해야 한다는 생각, 사랑받지 못한다는 느낌, 자신이 가치 없다고 느낌, 예민함과 죄책감 및 자기의식적인 행동과 함께 슬픔과 걱정이 많아지게 된다(임영식, 2000 재인용).

따라서 우울증 증상이 있는 청소년들은 자발성이 줄어들고 기분이 불안정해 보일 수 있다. 아울러 자신의 외모에 신경을 쓰지 않고 말할 때 절망감과 좌절감을 드러낼 수 있다. 우울한 청소년은 건강에 문제가 없는 경우에도 두통이나 복통을 호소하기도 한다. 그리고 집중력 감소와 학업에 대한 절망감으로 인하여 수업에 소홀하거나 잦은 결석을 하기도 한다. 쉽게 기진맥진하고 무력함을 느껴 다른 활동에 대한 관심도 상실하게 되며 결국은 학업을 포기할 수 있다(김기정, 2009). 심한 경우에는 반복적인 자살 생각과 자해행동을 하는 경우가 있으며 술, 담배 및 다른 약물을 남용하거나 과도하게 인터넷에 몰두하는 경향이 있다. 동시에 등교거부, 가출, 폭력과 같은 비행 행동을 하는 경우도 흔하게 나타난다(Rita & Allen, 2012).

② 유병률

한국 청소년들을 대상으로 실시한 우울증 유병률 역학연구 결과, 초등학생 중 17.3%는 경한 우울증상군, 5.2%는 심한 우울증상군으로 추정하였다. 특히 고등학교 시기 16~18세에 유력우울증(CES-D 〉= 16)이 46.8%, 확실우울증(CES-D 〉= 25)이 22.7%로 가장 높게 측정되었다. 이 수치는 40대 연령까지 낮아지다가 다시 높아지는 양상으로 나타났다(Park, & Kim, 2011).

2018년 청소년통계 결과에서는 조사대상자 중 우울감을 경험한 청소년의 비율은 25.1%로 측정되었다. 즉, 전체 조사대상자 4명 중 1명은 최근 12개월 동안 2주 내내 일상생활을 중단할 정도로 슬프거나 절망감을 느낀 적이 있는 것으로 나타났다. 구체적으로 살펴보면 여자 청소년(30.3%)의 우울감 경험률은 남자 청소년(20.3%)보다 높았고 학년이 올라갈수록(고등학생: 26.4%, 중학생: 23.5%) 높은 증가율을 보였다(통계청 · 여성가족부, 2018). 하지만 우울증상을 가지고 있는 것으로 응답한 청소년 중 7.85%만 치료 서비스를 받은 것으로 나타났다(질병관리본부, 2017).

청소년 우울증 유병률 역학연구 및 조사에 있어서 특히 고려해야 할 점이 있다. 이는 한국인들의 경우, 미국인들보다 DSM-IV 진단기준에 근거한 우울장애 문항에 대하여 증상이 있다고 응답하게 되는 역치(閾値, threshold: 자극에 대한 반응을 일으키는데 필요한 최소한도의 자극의 세기를 나타내는 수치)가 높게 나타났다는 점이다(Chang, 2008). 다시 말해서 한국인들은 우울장애 설문 응답을 할 때에 사회적으로 바람직한 대답을 의도적으로 선택하는 경향이 비교적 강하다. 따라서 미국인보다 증상이 낮은 것으로 측정되고, 사실과는 다르게 미국인에 비해 한국인의 우울장애 수치가 상대적으로 낮게 나타난다(Park, & Kim, 2011). 이러한 이유를 근거로 살펴볼 때 한국인들의 실제적인 유병률은 더 높을 것으로 추측할 수 있다.

(3) 청소년 우울증 진단기준과 원인

① 진단기준

청소년 우울증 진단은 일반적으로 DSM-5와 ICD-10의 진단지침과 기준을 적용하며 K-SADS(Kiddie-Schedule for Affective Disorders and Schizophrenia) 등의 표준화된 면담 도구를 사용한다. Beck Depression Inventory(BDI), 소아우울척도(Children's Depression Inventory; CDI) 등의 평가척도들은 타당도가 낮기 때문에 우울증 진단에는 사용하지 않고 우울증 선별(screening), 증상의 심각도 평가, 호전 정도 평가에서만 사용한다.

미국 정신의학회(American Psychiatric Association)의 정신장애진단 통계편람 5판(DSM-5)에 따른 주요우울장애(Major Depressive Disorder; MDD) 진단 기준은 다음과 같다.

A. 다음의 증상 가운데 5가지(또는 그 이상)의 증상이 **2주 연속**으로 지속되며 이전의 기능 상태와 비교할 때 변화를 보이는 경우에 우울증으로 진단할 수 있다. 단, 증상 **1번(우울기분)**과 **2번(흥미나 즐거움의 상실)**의 증상 중에 **하나는 반드시 포함**되어 있어야 한다.

① 거의 하루 종일 우울한 기분이 거의 매일 이어지며, 이는 주관적 느낌(예: 슬픔, 공허감, 아무런 희망이 없음)이나 객관적 관찰 소견(예: 자주 눈물을 흘림)으로 확인됨

② 거의 하루 종일 거의 모든 활동에 대한 흥미나 즐거움이 감소된 상태가 거의 매일 이어짐(주관적이거나 타인에 의해 관찰됨)

③ 체중 또는 식욕의 심한 감소나 증가(1개월 동안 체중이 5% 이상 변화)

④ 거의 매일 반복되는 불면이나 과수면

⑤ 정신운동의 초조(예: 안절부절못함) 또는 지체(예: 생각이나 행동이 평소보다 느려짐)

⑥ 거의 매일 반복되는 피로감 또는 활력상실

⑦ 무가치감 또는 지나치거나 부적절한 죄책감이 거의 매일 지속됨

⑧ 사고력 또는 집중력의 감퇴, 결정을 못 내리는 우유부단함이 심해져 거의 매일 지속됨

⑨ 죽음에 대한 생각이 되풀이되어 떠오르거나, 특정한 계획이 없는 자살 사고가 반복되거나, 자살을 시도하거나, 구체적인 자살 계획을 세움

B. 임상적으로 의미 있는 고통이나 대인관계, 주요 영역의 기능 저하를 일으킨다.

C. 약물 등 섭취 물질이나 질병으로 인해 야기된 생리적 효과로 인한 것이 아니어야 한다.

② 원인

- 유전적 · 생물학적 원인

성인기가 아닌 아동 및 청소년기에 발생하는 우울증은 유전적 요인의 영향이 더 크다(Weissman et al., 1984). 유전적인 생물학적 취약성을 나타내는 가족력이 있을 때 그 확률이 높은 것으로 알려져 있다. 구체적으로 우울증에 관한 유전학적 연구에서는 가족 중 우울증을 가지고 있을 경우 우울증 발병 위험도가 약 2~3배 정도 높은 것으로 나타났다. 이와 관련된 쌍생아 유전 역학 연구 결과, 이란성 쌍둥이에 비해 일란성 쌍둥이일 경우 동시 발병률이 높았고 우울증 발병원인 중 약 40% 정도가 유전적인 요인에 의한 것으로 보고하였다(Glowinski, 2003).

이러한 측면에서 우울증과 관련된 구체적인 유전변이에 대한 연구 결과가 있는데, 이는 신경전달물질인 세로토닌 수송체 유전자(Serotonin transporter)의 프로모터 영역에 있는 반복서열 길이의 다형성과 연관이 있다는 것이다. 짧은 반복길이(short allele)를 가진 사람

들은 긴 반복길이(long allele)를 가진 사람들에 비해 우울증에 걸릴 확률이 높은 것으로 나타났다(Sullivan, Neale, & Kendler, 2000). 세로토닌과 같은 모노아민 신경전달물질의 생산, 수용체(receptor), 그리고 대사효소(카테콜오메틸트란스페라제–COMT, 모노아민 옥신다아제–MAOA)들에 속한 유전자에 있는 유전변이들도 우울증과 관련된 것으로 알려져 있다(Myung et al., 2010).

그리고 뇌의 생화학적 조성이 우울증의 중요한 요소라는 증거들이 있다. 예를 들어, 주요 우울증을 가진 사람은 전형적으로 신경전달물질인 뇌의 특정 화학물질의 불균형을 나타낸다. 또한 생화학적으로 영향을 받는 수면 패턴에서 다른 사람과 확실한 차이를 보인다. 따라서 우울증은 특정 약물에 의해 심화되거나 완화될 수 있으며 일부 호르몬은 기분 변화와 관련되어 있다. 하지만 여러 후보 유전자변이에 대한 연구들이 각각 다른 결과들을 보고하고 있어서 향후 지속적인 연구 및 검증이 필요하다고 볼 수 있다.

- 심리적 원인

비관적 사고, 낮은 자존감, 일상적 사건들에 대한 통제력 상실, 지나친 걱정 등 특정 성격을 지닌 사람들이 우울증을 경험하기 쉽다. 이러한 경향은 스트레스 사건에 대해 잘 대처하는 것을 방해하고 오히려 부정적인 효과를 강화시키기 때문이다. 부모의 자녀양육 태도는 이러한 성향과 연관성을 가진다.

애착이론가들에 따르면, 우울증을 유발하는 가장 중요한 원인은 유아기에 경험하는 양육자(주로, 어머니)와의 애착부족이다(Bowlby, 1973). 그리고 인지치료자 아론 벡(Aaron Beck)은 우울증 원인을 자기 자신, 세상 그리고 미래에 대한 부정적인 자동적 사고 때문이라고 보았다. 이와 달리 행동주의자들은 긍정적인 사회적 강화가 부족하기 때문에 우울증이 발생된다고 주장하였다.

- 가족 및 환경 원인

우울증세가 있는 부모에게서 양육을 받은 자녀들은 우울증과 관련된 매우 위험한 상호작용과 의사소통에 노출되기 때문에 이러한 상황들이 우울증 유발 원인이 될 수 있다. 이

외에도 어린 시절에 부모 또는 다른 중요한 사람의 죽음이나 상실과 같은 환경적 스트레스가 청소년 우울증의 원인이 될 수 있다. 특히 부모에게 폭행이나 거절 및 엄격하고 처벌적인 교육을 받거나 부모 간 상호 관계가 부정적일 경우 높은 유병률을 보이기도 한다.

실제 조사 결과, 가구 소득이 낮은 청소년일수록 우울감 경험률이 높았고, 특히 가정의 소득 수준을 가장 낮게 평가한 청소년의 경우 그 비율은 41.4%이었다. 그리고 거주 환경과 동거인에 따라서 청소년의 우울감은 큰 차이를 보였다. 가족과 동거하는 경우 우울감 경험률은 23.2%, 친척집이나 보육시설에서 거주하는 경우에는 40%를 넘어서는 것으로 나타났다(질병관리본부, 2017). 한편 '2017년 청소년종합실태조사'에서 청소년의 우울 정도는 사교육 경험, 부모의 방임, 부모와 함께하는 시간, 최근 운동 경험과 밀접한 관계를 가진 것으로 나타났다. 특히 부모의 방임 정도는 2주 이상 심하게 경험하는 슬픔이나 절망감과 밀접한 관련이 있었다(백혜정 외, 2017).

2) 청소년 우울증 상담

(1) 청소년 우울증 치료의 통합적 접근

우리나라에서는 우울증과 관련된 다각도의 메커니즘을 발견하고 치료에 접근하기 위하여 많은 연구들이 진행되었다. 하지만 일관된 연구 결과 보고가 이뤄지고 있지 않아 임상 적용에는 많은 제한점을 가지고 있다(홍경원, 2012). 그 이유는 단일 요인만으로 우울증을 설명하는 데는 한계가 있기 때문이다. 그러므로 이를 해결하기 위한 다양한 접근 방법이 필요하다고 볼 수 있다.

이러한 측면에서 유전자-환경 간 상호작용에 대한 국내연구 결과들이 보고되어 있다. 우울증 유전자(5-Hydroxyltriptophan transporter length polymorphic region; 5-HTTLPR)의 짧은 반복길이(short allele)를 가진 사람이 유아기에 학대 등의 조기 유해경험(early life adversity)을 가지게 되는 경우, 이후 성인기 우울증 발병위험을 증가시킨다는 결과가 있다(Caspi et al., 2003). 이외에도 성인기에 생활 스트레스 요인(lifestressors)과 함께 5-HTTLPR

의 짧은 반복길이(short allele)나, BDNF 유전자의 Val66Met의 Met allele(메티오닌대립인자)을 가진 경우, 1년 동안 우울증 유병률이 급격하게 증가되는 것으로 나타났다(Kim et al., 2007).

그리고 우울증의 후보유전자 상관성 연구(Candidate gene approach)들을 살펴보면, 5-HTTLPR의 유전자형의 반복길이가 길면 기분장애의 치료약물인 벤라팍신(venlafaxine)에 대한 반응성이 높아진다. 아울러 항우울증 제제의 직접적인 수송체인 MRP1(Multiple resistance protein 1) 유전자의 단일염기서열 변이(single nucleotide variant, SNV) c.4002G〉A가 치료약물인 시탈로프람(citalopram)에 대한 반응성을 높인다는 결과가 있다(Lee et al., 2010). 같은 맥락의 또 다른 연구 결과, 세로토닌 수용체의 프로모터 영역의 반복길이 다형성이 만성적인 우울증 위험성을 증가시키는 것으로 나타났다(Myung et al., 2010). 이처럼 다수의 연구 결과에서 우울증의 유전적인 요인을 고려하는 것이 치료에 효과적인 것으로 나타났다(Kim et al., 2007).

우울증을 치료하기 위한 효과적인 방법으로는 크게 심리치료와 약물치료가 있다. 때로는 심리치료나 약물치료 중 한 가지만 사용할 수도 있고, 다른 경우에는 병합치료가 효과적일 수 있다. 우울증 청소년을 대상으로 정신과 의사, 상담사, 다른 정신건강 전문가들과 치료계획을 세울 때 증상의 심각도, 약물 가족력, 과거의 치료반응 등을 고려해서 접근해야 한다.

대부분 약물치료적 접근을 시도하는 한국의 정신과에서는 뇌화학 성분에 영향을 주는 항우울제를 단독 투여하는 것이 일반적이다. 1950년대 이후에 개발된 삼환계 항우울제(Tricyclic Antidepressants; TCA)인 이미프라민(imipramine), 아미트립틸린(amitriptyline), 노르트립틸린(nortriptyline) 등을 사용하면서 치료는 새로운 전기를 맞이하였다. 그러나 TCA는 삶의 질 저하, 복용 중단으로 인한 재발 등의 부작용 문제를 가지고 있었다. 이러한 부작용을 줄이기 위해 1980년대 이후 선택적 세로토닌 및 노르에피네프린 재흡수 억제제[이하 SNRI; 둘록세틴(dulxetine)과 벤라팍신(venlafaxine)]와 선택적 세로토닌 재흡수 차단제[이하 SSRI; 플루옥세틴(fluoxetine), 서트랄린(sertraline), 파록세틴(paroxetine), 플루복사민(fluvoxamine), 시탈로프람(citalopram), 에스시탈로프람(escitalopram) 등)]가 개발되었다(오윤선, 2010).

SNRI와 SSRI가 개발된 이후 새로운 기전의 항우울제로서 벤라팍신(venlafaxine), 밀나시프란(milnacipran), 둘록세틴(duloxetine), 미르타자핀(mirtazapine), 부프로피온(bupropion), 아고멜라틴(agomelatine) 등이 사용되고 있지만 효과적인 측면에서 어느 것이 더 탁월하다고 확신할 수는 없다. 정신과적 치료에는 항우울제와 함께 기분안정제(mood stabilizers)를 사용하고 있는데, 보통 리튬(lithium)은 기분의 굴곡을 정상화시켜 주는 작용을 한다. 이런 약물은 양극성 우울증 환자의 기분을 안정시키기 위해서 사용하며, 항우울제 단독 사용으로 호전되지 않을 때 항불안제와 함께 사용된다. 항불안제를 사용하는 이유는 우울 증상과 불안이 빈번하게 동반되기 때문이다. 이외에 항정신병 약물, 갑상선제제 등이 포함되어 사용되기도 한다.

항우울제는 신경간극에서 모노아민 신경전달물질의 양을 조절하는 역할을 한다. 그런데 약물 효과로 인한 우울증 완화율(관해율)은 30~60% 정도이며 개인마다 차이가 있는 것으로 나타났다. 국내 우울증 임상연구센터에서 치료 결과, 12주 동안 증상 완화율은 약 31%에 그치는 것으로 나타났다(Kim et al., 2011). 지금까지의 약물치료 결과들은 성공에 대한 예측률이 불규칙해서 큰 기대를 하기에는 많은 한계를 가지고 있다. 따라서 부족한 항우울제 치료 성공 예측률을 보완하기 위한 시도로서 환자의 유전적인 특성을 고려한 뒤 약물을 선택하여 처방하는 경우가 많다.

청소년 우울증 치료에서 약물치료는 매우 중요하다. 위에서 살펴본 대로 청소년 우울증의 원인은 유전적 · 생물학적 요인에만 있는 것이 아니라 심리적 요인과 가족 및 환경 요인 등이 포함된다. 그러므로 약물치료와 심리치료를 병행하는 것이 가장 효과적인 방법이 될 수 있다. 현재 청소년 우울증 심리적 치료기법에는 정신치료, 인지치료, 가족치료 등이 사용되고 있다. 여기서는 한 가지 기법에만 국한하는 것이 아니라 통합적 접근을 통한 청소년 우울증 상담을 제시하고자 한다.

(2) 청소년 우울증 상담

① 공감적 경청과 치료동맹

청소년 우울증 상담은 초기 면담에서 어떻게 공감적 경청(empathy listening)을 하며, 상담자와 내담자 사이에 치료동맹(therapeutic alliance)을 수립시키느냐가 관건이다. 이는 초기 면담 과정에서 상담목표를 설정하고 상담기법을 결정하기 위한 내담자 정보가 수집되어야 하기 때문이다. 특히 이 과정에서 우울증 청소년 내담자에게 치료적이고 신뢰적 관계인 라포(rapport)를 형성할 수 있기 때문에 더욱 중요하다.

② 저항과 전이 다루기

우울증 청소년 내담자는 상담자와의 관계에서 억압저항(repression resistance), 전이저항(transference resistance), 이차 이득저항(secondary gain resistance)을 나타낼 수 있다. 따라서 상담자는 내담자를 존중하며 칭찬과 격려를 아끼지 말아야 한다. 그리고 내담자의 분노, 죄책감, 자기 불확신 등을 자유롭게 이야기할 수 있도록 도와서 감정반응을 상담자에게 전치(displacement)할 수 있도록 해야 한다. 내담자가 스스로 억압된 감정들을 드러내기 전까지는 우울증에서 벗어나고자 하는 모든 노력이 방해를 받게 된다. 이때 상담자는 내담자의 억압된 감정들을 표현하도록 격려해 주고 수용하며 건설적인 방향으로 에너지를 승화시킬 수 있도록 도와야 한다.

③ 반영과 명료화

청소년 상담자는 내담자의 말과 행동에서 표현된 기본적인 감정, 생각 및 태도에 대해서 참신한 말로 부언해 주는 '반영(reflection)'을 잘해 주어야 한다. 그래서 내담자로 하여금 자신이 이해받고 있다는 인식을 갖도록 해야 한다. 이어서 내담자가 무의식적이었거나 마음속에 어렴풋이 알고 있었던 문제 사건들과 그에 얽힌 감정들을 보다 분명히 알 수 있도록 명료화(clarification)를 시도함으로써 자아(ego)의 경계가 열리고 논리적으로 자신을 이해하도록 해야 한다.

④ 직면과 논박

상담 과정이 원만하게 후기에 접어들면 청소년 내담자가 깨닫지 못하고 있거나 인정하기를 거부하는 문제에 대한 생각과 느낌을 직접 대면할 수 있도록 직면(confrontation)을 시도한다. 그리고 우울증 청소년 내담자의 경우 부정적 생각과 신념이 매우 집요한 경우가 많다. 부정적인 악순환 과정을 반복하는 경우, 논박기법을 통해서 부정사고를 긍정사고로 전환하도록 도와야 한다.

⑤ 해석과 환기

청소년 상담자는 해석(interpretation)을 통해 내담자가 과거의 생각과는 다른 각도에서 현재 자신의 행동과 내면세계를 이해할 수 있게 하고, 내재된 감정문제를 환기시키는 작업을 한다. 이때 '빈의자기법'을 활용하여 감정의 발산을 시도하는 것이 좋은 방법이 될 수 있다. 특히 대인관계에서 비롯된 우울증의 경우, 자신이 타인에게 하고 싶은 말을 하게 하고 다시 의자를 바꾸어 타인의 입장이 되어 보도록 한다. 이때 내담자는 마치 싸움이나 다투는 것 같이 감정 분출을 할 수도 있다.

⑥ 훈습과 구체적 지침제공

청소년 우울증 상담은 직면과 통찰에 이어 억압감정을 표출했다고 모든 문제가 해결된 것은 아니다. 이제는 내담자가 스스로 의지를 가지고 문제를 해결할 수 있는 역량을 기를 수 있도록 도와주어야 한다. 따라서 상담 초기에는 공감기법을 많이 활용하지만 문제해결 과정에서는 직면과 훈습 그리고 지속적인 강화 및 소거 학습이 요구된다.

구체적인 지침제공으로는 인지치료에서 많이 활용하고 있는 일일 활동표(activity schedule), 단계적 과제물(gradual task assignment), 완수-만족사항 표기법(mastery and pleasure therapy), 인지적 재평가(cognitive reappraisal), 대치요법(altern ative therapy), 인지연습(cognitive rehearsal), 숙제(homework assignment) 등의 기법을 사용할 수 있다. 일일 활동표와 단계적 과제물 등을 사용할 때는 내담자로 하여금 먼저 자신의 생각들을 스스로 살펴보게 한다. 그리고 이 사고들(기능 장애적 사고)을 기록하는 용지(dysfunctional thought record)에 기록하여 내담자가 스스로 관찰한 자료들을 가지고 상담자가 함께 검토한다. 즉, 매일의 경험을 보다 논리적이고 합리적인 방식으로 평가함으로써 내담자가 미래 상황을 평가하는 데 사용할 수 있도록 새로운 인지적 기술을 가르치는 것이다(Beck, Rush, Shaw & Emery, 1979).

⑦ 상담자의 태도

- 우울증 내담자들은 감정표현에 어려움을 가지고 있으므로 감정표현을 잘 할 수 있도록 격려와 함께 적극적으로 경청하는 태도를 유지해야 한다.
- 우울증 내담자들은 대부분 자존감이 낮기 때문에 이들을 대할 때 전인격적이며 수용적이고 진지한 태도를 취해야 한다.
- 상담자가 우울증 내담자들과 관계를 지속하기 위해서 때로는 평상시 몇 배 이상의 인내가 필요하다. 심하면 포기하고 싶은 마음과 분노감정이 생길 수 있어서 철저한 임상훈련을 통하여 자기조절 연습을 해야 한다.
- 우울증 내담자 가운데 일부는 자기 파괴적이고 자멸적 행동이 나타날 수 있다. 상담자는 이때 내담자를 잘 관찰하고 보호해 주며 상황에 적절히 대처해야 한다.
- 우울증 내담자의 심리적 특징 중 하나가 절망감이기 때문에 상담자는 지속적으로 희망을 고취시켜 주어야 한다.
- 상담이 진행되면서 내담자는 상담자에 대한 의존감정이 높아질 수 있다. 초기에는 의존감정을 허용해야 하지만 치료가 진행되면서는 내담자의 독립성을 증진시킬 수 있도록 도와야 한다.

2. 청소년 불안증 상담

1) 청소년 불안증의 이해

(1) 청소년 불안증의 개념

① 불안증

불안(anxiety)은 인간의 생존과 안전에 필요한 정서적 긴장을 동반하는 공포의 내적 정서 상태이다. 불안의 문제가 철학적 과제로 제기된 것은 키르케고르(Soren Kierkegaard), 야스퍼스(Karl Jaspers), 하이데거(Heidegger), 사르트르(Jean-Paul Sartre)부터이다. 과학적인 측면에서 그 본질을 규명하기 시작한 것은 정신분석가 프로이트(Sigmund Freud)부터라고 볼 수 있다(May, 1977).

불안에 대한 일반적 범주에 따른 구분으로는 정상적인 불안(normal anxiety)과 병적인 불안(pathological anxiety)이 있다. 정상적인 불안은 현실적으로 위험을 내포한 위협적인 상황에서 자연스럽고 적응적인 심리적 반응으로 나타나는 불안을 의미한다. 반면에 병적인 불안은 불안반응이 부적응적인 양상으로 작동하는 경우를 말한다. 즉, 현실적인 위험이 없는 상황에서도 대상에 대해서 불안을 느끼거나 실제적인 위험의 정도에 비해서 과도하게 심한 불안을 느끼는 경우가 이에 해당한다. 이처럼 개인이 병적인 불안으로 인하여 과도한 심리적 고통을 느끼거나 현실적인 적응에 심각한 어려움을 겪는 경우를 불안장애(anxiety disorders)라고 한다(Albano & Kendall, 2002).

불안장애는 병적인 불안이 나타나는 양상이나 불안을 느끼는 대상 및 상황에 따라서 여러 가지 하위유형으로 구분되는데, DSM-5에서는 분리불안장애, 선택적 함구증, 특정 공포증, 사회적 공포증, 공황장애, 공황발작장애, 일반화된 불안장애 등으로 분류하고 있다(APA, 2013).

② 청소년 불안증

불안장애는 청소년들에게 나타나는 가장 흔한 장애로서 다른 정서장애, 즉 우울증, 행동장애와 동시에 발생할 수도 있다(Goodman et al., 2003). 그리고 불안장애를 경험하는 청소년들은 주요 정동장애, 정신분열, 약물남용, 자살 등의 다른 장애를 경험할 가능성이 높다(Schuckit & Hesselbrock, 1994). 청소년들의 불안은 부모, 교사를 비롯한 주변의 성인들로부터 문제행동으로 주목을 받기보다는 단지 '소극적인 성격' 정도로 인식될 수 있다. 게다가 오히려 '말 잘 듣고 얌전한' 학생으로 평가를 받기도 한다. 따라서 문제행동으로 나타나거나 주변에서 조기 발견할 수 있는 가능성이 외현화 장애에 비해 상대적으로 낮다. 때문에 많은 시간이 지나 버린 뒤 만성화되고 상태가 심각해진 후에야 비로소 전문적인 도움을 구하게 되는 경우가 많다. 그러므로 불안장애는 청소년기에 유병률이 급격히 증가하고 인지영역, 대인관계 영역, 학업영역 등 다양한 영역에서 문제를 일으킬 뿐만 아니라 개인과 가족 전체에게 심각한 고통을 가져오게 된다(이동훈, 2009).

(2) 청소년 불안증 증상 및 유병률

① 증상

청소년 불안증의 가장 핵심적인 증상은 학업적 무능, 친구관계, 진로, 가족, 미래의 불확실성 등에 대한 과도한 걱정이라고 할 수 있다(Sanderson & Barlow, 1990). 과도한 걱정과 스트레스는 뇌신경전달물질인 노르에피네프린 수치를 높이기 때문에 위궤양, 두통, 수면장애, 지나친 피로감, 식욕저하 등을 가져온다. 이런 증상들이 오래 지속될 경우 신체적·정신적으로 심각한 문제를 일으킬 수 있다. 불안증을 가지고 있는 청소년들 중에는 특정 약물에 의존하거나 불안 정도를 숨기고 수면하는 것으로 회피하려고 한다. 또한 작은 자극에도 불안해하며 특별한 이유 없이 다투거나 반복적으로 남 탓을 하기도 한다. 이 외에도 비관주의, 완벽주의, 불확실성에 대한 인내력 부족, 문제해결에 대한 자신감 부족 등의 증상을 보인다.

불안에 대한 신체적 현상으로는 가슴 두근거림, 빠른 심장박동, 어지러움, 구역질, 질식감, 배탈, 호흡곤란, 오한, 감각이상, 안면홍조 등으로 나타난다. 그리고 인지적 증상으로는 자신이 타인들로부터 이상한 사람 취급을 받는 것 같은 생각을 하거나 불안을 유발시키는 상황에 대한 부정적 사고를 할 수 있다. 이들은 스스로도 자신의 걱정이 비현실적이며 그 걱정에 대해 지나치게 집착하고 있다는 것을 알고 있는 경우가 많지만 스스로 통제가 거의 불가능하다고 느낀다. 이들의 적응 부족으로 인한 행동증상으로는 회피, 주저함, 문제해결 기술 부족 등이 나타난다(송정민 · 채정호, 2005).

심각한 불안증을 경험한 청소년들은 사회기술 부족으로 교제 능력이 떨어지고 자신에 대한 부정적인 이미지를 발전시킨다. 특히 사회불안을 느끼는 청소년들은 사회적인 수행불안이 높아져서 학습이나 학교 활동 등에 참여하는데 어려움이 많아진다(Beidel, Turner & Tracy, 1999).

② 유병률

한국청소년정책연구원(2016)의 조사에 따르면 행복하지 않은 가장 큰 이유를 '불안'이라고 응답한 남학생은 24.4%, 여학생은 22.2%로 나타났다. 이는 가정이나 친구, 학업에 대한 불만족보다 더 큰 이유로 측정되었다. 이어서 '불안한 적이 있다'의 질문에 '매우 그렇다'고 대답한 남학생이 3.5%이고 여학생이 5.5%로 나타났다.

성인의 경우 약 18%가 DSM-Ⅳ에서 정의하는 한두 가지 이상의 불안장애를 겪게 되고, 약 29%는 평생 동안 한 번 정도는 한 가지의 불안장애를 겪게 된다는 연구 결과도 있다(Kessler et al., 2010, 2009a, 2009b, 2009c, 2005). DSM-5에서는 범불안 장애의 평생 유병률은 약 5%, 1년 유병률은 약 3%로 보고하였다. 남자보다 여자가 발생 비율이 더 높으며, 청소년 초 · 중기인 10대 중반부터 청소년 후기인 20대 초반에 발생 빈도가 가장 높았고, 증상이 평생 동안 지속되는 경우가 많다. 예를 들어, 특정공포증의 유병률은 아동기에 약 5% 정도이고 청소년기에 해당하는 13~17세 사이에는 16%까지 증가한다. 여자가 남자보다 두 배 정도 많으며 대인관계나 학교생활에 지장을 초래하게 되고 정신사회적 기능의 손상과 낮은 삶의 질을 경험하게 된다(APA, 2013).

(3) 청소년 불안증 진단기준과 원인

① 진단기준

불안장애(anxiety disorders)는 일상적인 경험에서 느끼는 불안에서부터 공황장애와 같은 병리적인 수준까지 그 수준이 다양하다. 기존에 불안장애의 하위유형이던 강박증(OCD)을 개정된 DSM-5에서 별도로 분류한 것을 보면 불안장애의 세분화 경향을 단적으로 보여주고 있다(오윤선, 2014).

DSM-5에서는 불안장애를 그 양상이나 불안을 느끼는 대상 및 상황에 따라 크게 7가지 하위유형으로 나눈다. 이는 범불안장애(generalized anxiety disorder), 특정공포증(specific phobia), 광장공포증(agora-phobia), 사회불안장애(social anxiety disorder), 공황장애(panic disorder), 분리불안장애(separation anxiety disorder), 선택적 무언증(selective mutism)으로 구분한다(APA, 2013).

범불안장애 또는 일반화된 불안장애는 개인이 경험하게 되는 환경 또는 대상이 계속 바뀐다는 의미에서 부동불안이라고도 불린다. DSM-5 진단기준은 과도한 불안의 증상이 적어도 6개월 이상 지속되어야 하고 스스로 통제할 수 없는 불안증상이 지속되어야 한다. 그리고 불안, 피로, 집중력 감퇴, 짜증, 근육 긴장, 수면장애와 같은 6가지 증상들 중 3가지 이상이 나타나야 한다.

그리고 광장공포증의 진단은 다음 5가지 상황 중 적어도 2가지 이상에서 공포와 불안이 나타나야 한다. ① 대중교통수단, ② 개방된 공간(주차장, 시장, 다리), ③ 폐쇄된 공간(쇼핑몰, 극장, 영화관), ④ 줄을 서 있거나 군중 속에 있는 것, ⑤ 집 밖에서 혼자 있는 경우이다. 단, 이러한 상황을 두려워하거나 회피하는 이유가 도움을 받을 수 없다는 생각이나 그러한 상황을 회피하기 어렵다는 생각 때문이어야 한다.

또 공황장애의 진단은 강렬한 공포와 더불어 DSM-5에서 제시하는 13개 증상 중 4개 이상이 나타나야 한다. ① 심장박동이 강렬하거나 심장박동수가 점점 빨라짐, ② 진땀을 흘림, ③ 몸이나 손발이 떨림, ④ 숨이 가쁘거나 막히는 느낌, ⑤ 질식할 것 같은 느낌, ⑥ 가슴의 통증이나 답답함, ⑦ 구토감이나 복부통증, ⑧ 어지럽고 몽롱하며 기절할 것 같은 느낌, ⑨ 한기를 느끼거나 열감을 느낌, ⑩ 감각이상증(마비감이나 찌릿찌릿한 감각), ⑪ 비현실감이나 자기 자신과 분리된 듯한 이인감, ⑫ 자기통제를 상실하거나 미칠 것 같은 두려움, ⑬ 죽을 것 같은 두려움 등이 그 증상들이다. 또한 적어도 1회 이상의 발작 후에 1개월 이상 추가적인 공황발작이 있거나 이에 관련하여 지속적인 걱정이 동반되는 경우, 또는 이것과 관련하여 현실에서 부적응을 동반하게 되면 공황장애로 진단한다. 청소년기에 발생하는 공황장애는 만성적인 경과를 보이며 종종 불안, 우울 · 양극성 장애와 동반되기도 한다.

이러한 공황장애로 인해 병원이나 응급실을 자주 찾게 되는 청소년은 학교에 빈번한 결석으로 인해 더욱 심각한 부적응을 겪는 경우도 있다. 청소년의 경우 자신의 공황발작에 대해 솔직하게 이야기하지 못하는 경향이 나타나기도 한다.

② 원인

- **생물학적인 관점**

생물학적인 관점에서 불안은 주로 자율신경계의 교감과 관련되어 있다. 불안은 임박한 위험에 대한 신호로 교감신경계의 흥분을 일으키는데 이때 반응들을 살펴보면 우선 심장박동이 빨라지고 혈압이 높아진다. 이어서 혈액의 순환이 말초기관에서는 속도가 감소하여 장기의 혈관이나 사지의 혈관이 수축하게 된다. 그 결과로 우리는 손발이 차거나 오싹함을 느끼기도 한다. 현대의 신경생물학자들은 청반(locus coeruleus)이 불안의 생물학적 장소임을 밝혀냈다고 하는데, 청반은 가바(GABA, gamma-amino butyric acid: 감마아미노부티르산)에 의해 활성화되는 억제신경을 활성화시키거나 비활성화시킴으로써 유기체의 불안수준을 조절한다(이용승, 2002).

특히 공황발작은 신경전달물질(norepinephrine, serotonin)과 관련된다는 연구결과도 있다(권석만, 2013). 이외에 유전적 요인들이 불안증과 관련이 있다는 보고도 있다. 예를 들어, 공황장애 환자의 가족 중에 비슷한 증상이 나타날 확률이 다른 정신장애에 비해 4~8배나 크며 일란성 쌍둥이의 발병 일치율이 이란성 쌍둥이에 비해 훨씬 높은 것으로 나타났다(APA, 2013).

- 정신역동적 관점

프로이트(1939)는 모호하고 근거 없는 불안이 구체적인 공포를 억압하는 과정 속에서 생겨났다고 보았다. 따라서 프로이트의 초기 이론에서는 억압된 리비도가 적절히 배출되지 못하고 있는 상태가 불안으로 형성된다고 보았다. 즉, 억압으로 인해 개인의 공포 반응이 구체적인 내용을 잊어버리고 모호한 불안 반응으로 퇴행하게 된다는 것이다. 그리고 억압과 같은 심리적인 작용은 두려운 정서 상태를 참지 못하는 과정에서 진행된다고 설명하였다. 이러한 설명은 그 후에는 불안을 야기하는 것이 억압이 아니라 불안이 먼저 존재하고, 불안이 억압을 가져온다고 바뀌었다. 그래서 프로이트는 불안을 불쾌한 정서적 상태 또는 조건으로 간주하였고 신경증에 있어서 중심적인 문제이며 인간이해의 중요한 관건이라고 보았다.

이어서 프로이트의 이론을 보충한 아들러(1956)는 인간의 삶이 생물학적인 열등감과 불안의 상징에서 시작된다고 보았다. 그는 성격특성으로서의 불안을 사회적 환경 속에서 생성되는 갈등으로 보고 성격형성에 대한 불안의 영향력에 주목하였다. 그는 불안을 대인관계 속에서 나타나는 열등감에 의해 발생한다고 보았기 때문에 사회적 관계를 통해서 불안이 생성된다고 하였다. 동시에 그 해결 방법도 개인의 인간적 유대를 통해서 불안이 해소될 수 있다고 보면서 특히 사회적 변인에 대해 강조했다(오윤선, 2010).

- 인본주의적 관점

인본주의적 관점은 인간이 각자 자신의 성격이 표현되지 못할 때 여러 가지 양상으로 불안해한다고 설명했다. 인본주의 심리학자들은 신경증의 소유자들이 상호 갈등적인 자기개념, 즉 긍정적인 개념과 부정적인 개념의 사이에서 자기실현보다 갈등하는 데 에너지를 더 많이 소모하고 불안해한다고 보았다(이채은, 1996).

- 인지행동적 관점

인지행동적 관점에서는 지나치게 불안한 사람들의 경우, 자신들이 위험에 처해 있다고 자각하는 경향이 높다고 보았다. 이들은 위험과 위협에 관한 인지도식이 일반적인 수준보다 더 발달되어 있어서 일상생활 속에서 위험 자극에 주의를 많이 기울이고, 그 의미를 위협적인 것으로 해석하는 경향이 높다. 따라서 만성적인 불안을 느끼는 사람들은 독특한 사고경향을 나타내며 특히 위험과 위협에 관한 생각과 심상을 자주 보고한다(권석만, 2013).

벡과 에머리(Beck & Emery, 1985)는 병적인 불안은 정서적 반응이 인지적 과정의 편향으로 인해 과장된 경우라고 설명했다. 불안과 관련된 인지적 평가 과정이 의식적인 통제 없이 발생되는 자동적인 정보처리 과정 때문에 유발되는 것으로 보았다. 그러므로 불안장애 환자들은 위험과 위해의 주제와 관련된 인지도식을 가지고 있어서 생활 전반의 위험요소에 대해 매우 민감하게 반응하게 된다. 이에 선택적 주의를 기울여 위험성을 과도하게 평가하고 자신의 대처자원을 과소평가하는 경향이 있다.

- 개인의 내적 요소

불안을 가진 청소년들은 상황이 좋지 않게 진행되거나 다른 사람에게 자신이 거절당할 것이라고 미리 생각해 버린다. 이들은 대체로 자기효능감과 자존감이 낮은 경우가 많다. 이러한 경향은 사회적 상호작용을 할 때 자신이 잘 할 수 있는지를 의심하게 만든다(이린아, 2008).

2) 청소년 불안증 상담

(1) 불안증의 약물 치료

불안증의 치료 목표는 먼저 급성 불안증상의 조절과 호전이다. 또 간과할 수 없는 중요한 목표로는 증상 전체의 완전 관해(full remission), 재발 방지, 전반적인 기능 회복과 궁극적으로는 삶의 질을 향상시키는 데에 있다.

최근까지 불안장애의 일차치료 약물 중에 국내에서 주로 사용하는 SSRI에는 에스시탈로프람(escitalopram), 파록세틴(paroxetine), 서트랄린(sertraline), 플루옥세틴(fluoxetine),

플루보사민(fluvoxamine) 등이 있다. SNRI에 속하는 약물로는 벤리팍신(venlafaxine), 둘록세틴(duloxetine), 밀나시프란(milnacipran) 등을 사용한다. SSRI 및 SNRI는 사용 초기 일시적으로 불안을 증가시키는 경우가 있기 때문에 불안장애의 치료에서는 소량으로 시작하여 임상 효과 및 부작용 등을 평가하면서 2~3주에 걸쳐 서서히 증량해야 한다. 이와는 다른 계열의 항우울제인 미르타자핀(mirtazapine)은 수면개선 효과와 항불안 효과를 빠르게 개선하기도 한다. 이 약물은 치료 초기 벤조다이아제핀(benzodiazepine)계 항불안제 등 보조 요법의 필요성이 적고, 약물 상호작용도 적다는 장점을 지니고 있어서 우울증 외에도 공황장애, 범불안장애, 외상 후 스트레스장애 등 여러 불안장애의 치료에 사용되고 있다.

삼환계 항우울제는 어지러움, 입마름 등의 부작용이 나타나기도 한다. 또 벤조다이아제핀(benzodiazepine)계 항불안제는 급성 불안 및 신체증상, 자율신경계 증상 등을 경감시키기 위해 초기에 사용할 수는 있다. 하지만 의존성 가능성과 남용 및 인지, 기억 장애 등의 부작용 가능성이 있으므로 단기간 사용 후 천천히 감량하여 끊는 것(tapering and stop)이 권장된다. 약물 치료를 시작할 때는 면밀한 평가를 통한 올바른 진단, 우울증이나 물질 남용과 같은 다른 공존 질환의 유무, 환자의 임상 양상, 동반된 내외과적 질환, 기존에 사용하였던 약물, 연령 등을 고려하여 약물을 결정해야 한다.

(2) 청소년 불안증 상담

인지행동기법은 내담자에게 걱정과 관련된 인지적 요인들을 이해시킨 후 걱정이라는 내면적인 사고 과정을 자각하여 관찰하도록 격려하는 방법이다. 즉, 자신이 언제 어떤 내용의 걱정을 얼마나 오랫동안 하는지를 관찰하여 '걱정사고 기록지'에 기록하게 한다. 또 흔히 경험하는 주된 내용의 걱정을 치료시간에 떠올리게 하여 이러한 걱정이 과연 현실적인 것이며 효율적인 것인지에 대해 구체적인 논의를 한다. 이 과정을 통해서 내담자가 걱정의 비현실성과 비효율성을 인식하게 하는 동시에 걱정에 대한 긍정적 신념 역시 수정하게 한다. 아울러 걱정이 떠오를 경우에 이를 조절하고 대처하는 방법을 습득시킨다. 여기서는 불안장애 청소년을 치료하기 위한 과정으로 감정표현과 적극적 경청, 공감적 이해,

긍정적 존중, 목표제시와 지침제공, 불안 탈피 프로그램이 활용될 수 있다.

① 감정표현과 적극적 경청

상담자는 불안과 염려에 놓여 있는 청소년들에게 충분히 자신의 감정을 표현할 수 있도록 도와주며 적극적인 경청을 해야 한다. 특별히 청소년들이 두려움을 표현할 때 방해하거나 지시하지 않도록 주의해야 한다. 불안장애를 가지고 있는 청소년들에게 막연하게 "염려할 필요 없다"라는 지시로는 그들의 근본적인 문제를 해결할 수 없다.

② 공감적 이해

불안에 처한 청소년들을 돕기 위해서는 피상적으로 그들의 불안 심리를 바라보는 것이 아니라 공감을 통해 청소년들의 불안을 이해해야 한다. 공감을 통해 그들을 이해하고 치료적 동맹관계가 결성되면 내면의 불안에 대해서 통찰을 얻도록 도와주어야 한다.

③ 긍정적 존중

불안증을 가진 청소년은 심리적으로 위축되어 있기 때문에 긍정적으로 존중해 주어야 한다. 그리고 그들의 존재 자체가 가치 있다는 사실을 인식할 수 있도록 도와주어야 한다.

④ 목표제시와 지침제공

불안증을 가지고 있는 청소년에게는 불안을 극복할 수 있는 목표를 세우게 하고 극복하는 과정에 대해 구체적인 지침을 마련해 주는 것이 필요하다. 이러한 목표와 실행과제를 수행하기 위해서는 불안을 인정하고 극복할 수 있는 훈련을 하며, 자신을 향한 모든 관심을 다른 사람을 돕는 데 사용할 수 있도록 해야 한다. 이러한 훈련을 통하여 불안으로부터 해방감을 체험할 수 있도록 조력해야 한다.

⑤ **불안탈피 프로그램의 활용**

청소년 내담자가 불안으로부터 탈피할 수 있는 프로그램에 적극적으로 참여하도록 한다. 음악을 듣게 하거나 적당한 운동과 적당한 수면, 자신의 감정을 다른 사람에게 말하기, 미리 염려하지 않기, 염려 시간 제한하기 등의 프로그램들을 구체화하고 적극적으로 실행하도록 돕는다.

3. 청소년 PTSD 상담

1) 청소년 PTSD의 이해

(1) 청소년 PTSD의 개념

① PTSD

PTSD(Post-Traumatic Stress Disorder: 외상 후 스트레스 장애)는 그리스어 trauma에서 나온 파생어로 심각하고 자극적인 사건을 경험한 후 그 사건에 대해 공포감을 느끼는 것으로, 외상을 경험한 후 이어져 나타나는 정신적 · 신체적인 증상들을 통칭하는 말이다(김순진 · 김환, 2009). 그러므로 PTSD는 신체적인 손상과 생명의 위협을 받은 사고로부터 정신적으로 충격을 받은 후에 나타나는 질환으로 볼 수 있다. 증상이 나타나는 시기는 개인에 따라 달라서 충격 후 즉시 시작될 수도 있고 수일, 수주, 수개월 또는 수년이 지난 뒤에 나타날 수 있다.

② 청소년의 PTSD

감정변화가 심한 청소년들에게 있어서 극한 스트레스 사건으로 외상 사건(traumatic events)은 성인들에 비해 생물학적으로 큰 영향을 받고(Mccormick et al., 2010) 이에 따라 심각한 정신문제를 경험할 가능성이 높다(Hawks et al., 2011). 이어서 일상에서 집중력이 떨어지고 인지적 손상과 더불어 학업 수행에도 부정적인 영향을 미치게 된다(Brewin, 2007).

윌콕스 등이 미국 청소년의 자살 원인을 분석한 결과 이들 중 80%가 외상 사건에 노출된 것으로 나타났다. 그 중 13.9%가 외상 후 스트레스 장애(PTSD)를 경험하였으며, 그렇지 않은 청소년에 비해 자살 시도율에 있어서 약 2배 정도 높은 것으로 나타났다(Wilcox et al., 2009). 코플랜드 등의 연구에 의하면 성인기 도달 전에 60% 이상의 미국 청소년들이 외상 사건에 노출된다(Copeland et al., 2007). 그리고 멕시코 청소년을 대상으로 한 역학조사에서는 68.9%가 외상 사건을 경험한다는 결과가 있다(Suárez-Orozco et al., 2008). 또 9~24세의 한국 청소년의 경우에도 68.1%가 한 번 이상 외상 사건을 경험한 것으로 나타났고, 잠재적 PTSD 증상군은 13.9%로 조사되었다(서영석 외, 2012).

이처럼 청소년의 외상 사건 및 PTSD는 상호 밀접한 관련을 보이고 개인의 부적응 및 파국적 양상까지 동반할 수 있다. 청소년은 성인에 비해서 PTSD를 경험하는 빈도가 높고 그 영향은 성인기까지 이르게 되어 공황장애, 침입적 기억, 우울 등과도 관련성이 높다.

(2) 청소년 PTSD의 증상 및 유병률

① 증상

PTSD 증상을 나타내는 청소년들은 우울, 불안, 물질의존, 품행장애 등 다른 정신장애를 동시에 나타낼 가능성이 높다(서울대학교의과대학, 2011). 또한 PTSD에 노출된 사람들은 죄의식 등의 심리적 불균형을 경험하거나 부정적이고 비합리적인 사고 및 행동을 반복할 수 있다. 하지만 어떤 경우에는 PTSD로 인한 증상을 경험하면서도 외상적 사건과의 관련성을 스스로 인식하지 못할 수도 있다(전석균 외, 2003).

PTSD는 신체적, 정서적, 인지 및 행동 등 대부분의 영역에서 기능 손상을 나타낸다(최수미, 2015). 주된 증상은 신체적 증상으로는 두통, 근육통, 소화불량, 식욕부진, 어지러움, 두근거림, 불면증 등을 보일 수 있고, 정서적으로는 불안, 분노, 불신감, 우울, 짓눌림, 경악, 공황발작 등의 증상이 나타난다. 그리고 행동적 증상으로는 망연자실, 집중곤란, 악몽, 과각성, 플래시백, 음주 증가 및 약물남용 등을 보인다(김유진 외, 2014).

② 유병률

PTSD의 유병률은 평가 방법, 선정 대상, 외상 사건의 유형에 따라 한국의 경우 1~14%로 다양하며(권석만, 2013), 미국의 경우 평생 유병률이 8.7%로 보고되고 있다(APA, 2013). 하지만 실제적으로 외상 사건에 노출된 정확한 청소년의 숫자와 PTSD의 유병률을 분석하기란 쉽지 않은 문제이다. 한 조사에서 16세까지의 청소년 약 1/4이 심각한 외상 사건을 경험하는 것으로 나타났고(Costello et al., 2002), 다른 연구에서는 외상 사건을 경험한 아동 및 청소년 중에 약 1/3이 PTSD 진단을 받는다고 보고했다(Fletcher, 2003). 또 어떤 연구에서는 외상에 노출된 아동과 청소년의 절반 이상이 PTSD 진단을 받는다는 결과가 있다. PTSD의 특정 증상 발병률은 평균적으로 20%가 넘는 것으로 측정되고 대부분 여자 유병률을 남자보다 더 높게 나타났다(Wicks-Nelson et al., 2015).

(3) 청소년 PTSD 진단기준과 원인

① 진단기준

수차례 개정된 DSM-5의 PTSD 진단 기준은 예전과 동일하지 않다. 왜냐하면 개인이 경험하게 되는 특정 '외상 사건'의 정의에 대해 그 동안 다양한 관점이 있었기 때문이다. 일부 관점들은 '외상 사건(traumatic event)'을 반드시 "주관적"으로 체험하는 고통과 사건이라는 개념에 일반화하여 포함시키기에 한계점을 가지고 있었다(김미숙, 2017).

DSM-IV-TR에서는 '외상 사건(traumatic event)'을 '죽음이나 신체적 손상을 초래하는 극심하고도 직접적인 충격 혹은 간접 경험과 이에 따른 개인의 주관적인 고통'이라고 정의하지만, 이러한 조건의 필수적 적용에 대해서는 많은 논란이 있었다. 이후 DSM은 개정을 거듭하면서 외상 경험을 직접적인 경험과 간접적인 경험까지 포함하며 객관적인 자극과 주관적인 반응을 폭넓게 종합하는 개념으로 확장시켰다. 따라서 외상 사건은 특정 사건의 목격, 직접적인 교통사고, 중요한 타인의 사망 또는 질병 등 누구나 경험할 수 있는 일상생활 사건들로 그 범위가 확대되었다(박은아, 2014). 그러므로 한 개인에게 고통과 부적응을 안겨줄 수 있는 외상 사건이란 개인이 삶의 위기라고 주관적으로 체험하는 것으로서 삶에 영향을 끼치는 다양한 사건들을 포함한다.

DSM-5에서는 여러 스트레스 사건들을 비롯한 외상 사건을 경험함으로써 발생하는 심리적 문제들을 외상 및 스트레스 사건 관련 장애(Trauma-and Stressor-Related Disorders)라는 범주로 분류하였다. 그 하위요인으로는 외상 후 스트레스 장애, 급성 스트레스 장애, 반응성 애착장애, 탈억제 사회관여 장애, 적응장애 등이 포함된다.

관련 증상의 특징은 네 가지로 분류할 수 있다. 첫째, 외상 사건을 다시 반복 경험하게 만드는 침투 증상(intrusion symptoms)이 있다. 이것은 외상 사건과 관련 있는 기억이나 감정이 원하지 않음에도 불구하고 의식 세계에 침투해 들어와 다시 경험하게 되는 증상이다. 침투는 일상 중에 문득 떠오르기도 하고 꿈에 나타나기도 한다. 둘째, 외상 사건과 관련된 자극이나 단서를 회피하게 된다. 이 증상은 외상 사건과 관련된 생각이나 느낌, 감정 등을 회피하기 위하여 그 사건을 연상하게 되는 자극이나 장소, 사람 등을 피하려고 하는 경향을 말한다. 셋째, 외상 사건과 관련된 인지 및 반응에서 부정적인 변화가 있다. 예를 들어, 그 사건의 일부를 기억하지 못하거나 결과를 왜곡하여 받아들여 자신이나 타인에게 책임을 부여하고 부정적인 신념을 형성하게 된다. 넷째, 과각성과 과반응성을 가지게 된다(권석만, 2013). 과각성(hyperarousal symptom) 증상은 사소한 일에도 예민하게 반응하게 되고 잘 놀라거나 분노 조절에 어려움을 겪게 되는 것을 말한다. 또 집중력이 떨어지며 수면에 막대한 지장을 받고 특정 사물이나 사람에 대해 과도한 경계나 과잉보호 혹은 경미한 자극에 대한 과민반응 등을 나타낸다. 이러한 증상들이 최소 1개월 이상 지속되어 개인에게 심리적·신체적인 심각한 부적응과 문제를 일으키는 경우 외상 후 스트레스 장애로 진단을 받게 된다.

그러므로 DSM-5에서 PTSD로 진단하기 위해서는 ① 외상 사건을 직접적으로 경험하거나 혹은 목격 ② 외상 사건과 관련된 침투 증상(재경험) ③ 자극의 지속적 회피 ④ 인지와 감정의 부정적인 변화 ⑤ 각성과 반응성의 현저한 변화 ⑥ 심각한 고통 유발과 직업적·

사회적 중요 기능의 손상 ⑦ 이러한 증상이 1개월 이상 지속된다. 단, 증상의 원인이 약물이나 신체적 질병에 의한 것을 제외하여 나타나야 한다(권석만, 2013). 어떤 사람들은 외상 사건을 경험한 직후 PTSD 일부 증상들이 나타날 수도 있지만, 때로는 일정 기간이 지나고 한참 뒤에 발병하기도 한다.

② 원인

최근까지 다수의 연구자들이 PTSD 발병과 발달에 영향을 미치는 요인을 "PTSD 위험요인(risk factors)" 또는 "예측 요인(predictive factors)"으로 명명하고 있다. 이들은 요인들에 대한 치료적 접근이 PTSD의 발병을 감소시킬 수 있다고 본다(Spindler, 2010). PTSD의 발병원인에 대해서 다음 [그림 13-1]은 원인성 위험요인과 취약성 요인 그리고 보호요인을 포괄적으로 설명하고 있다(Layne et al., 2008).

• 외상 노출 위험

PTSD는 외상사건에 대한 노출이 위험요인으로 작용한다. 그리고 외상적 사건의 노출 정도 및 강도와 비례하여 나타난다. 특히 생명의 위협을 느낀 사건이나 병력, 상처가 되는 가족문제, 낮은 사회경제적 자원, 유기나 이별 등 위협을 지각하게 될 때 생길 수 있다.

• 원인성 위험요인

잠재적인 원인성 위험요인(potential causal risk factor)은 유전적 소인에 따른 뇌의 구조 및 기능 변형이 될 수도 있고, 그로 인해 특정 PTSD 증상을 초래하는 경우가 있다. 그리고 이미 존재하고 있었던 정신 건강적 질환(만성적 기분장애, 불안장애, 정신병적장애, 해리성장애, 식이장애, 인격장애) 등이 PTSD로 나타나는 경우가 있다(Keane, 2006).

• 생리적 요인

외상 자극에 따른 생리적 요인으로는 노르아드레날린계의 활성증가, 시상-뇌하수체-부신축(hypothalamic-pituitary-adrenal axis; HPA)의 민감화, 내인성 오피오이드(opioid)계의 조절 이상, 세로토닌계의 조절 이상, 독성으로 인한 해마(hippocampus)의 용적 감소,

편도(amygdala)나 대상(cingulate)의 과잉활동 및 전전두엽, 브로카 영역(Broca's area)을 중심으로 한 피질의 과소 반응성 등이 있다(박원명 · 이경욱, 2004).

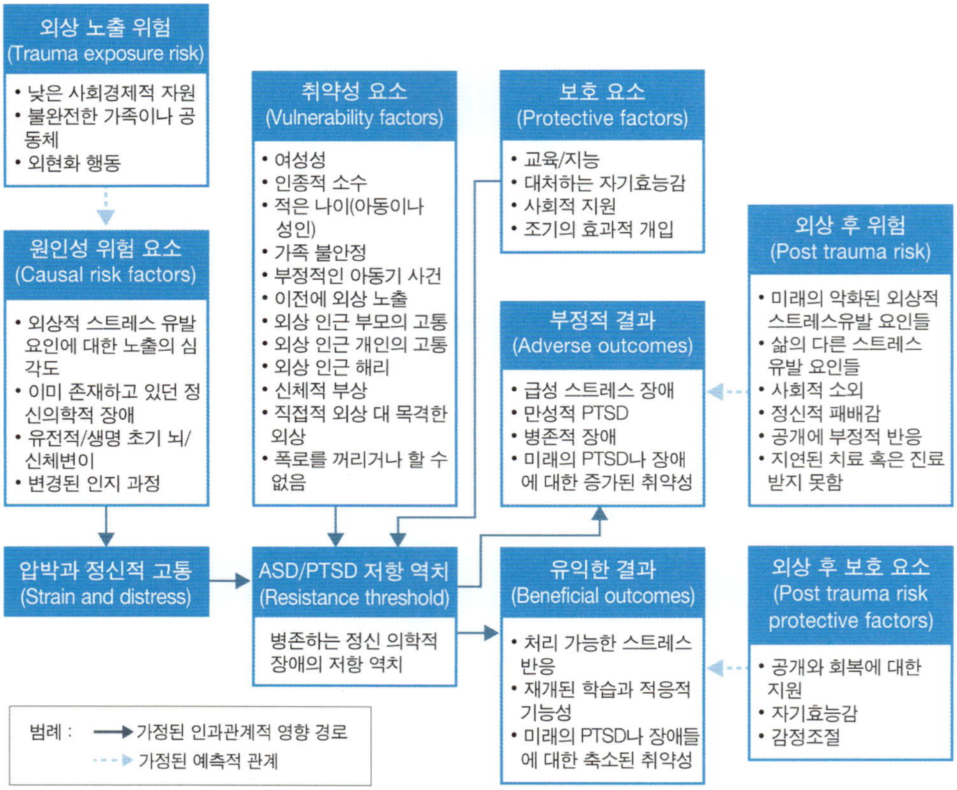

[그림 13-1] 스트레스성 혹은 외상적 사건들(pre-event and post-event) 중 영향을 주는 요인(오윤선, 2012)

2) 청소년 PTSD 상담

(1) PTSD의 인지행동치료적 접근

CBT에서는 PTSD가 외상 사건과 그 후유증에 대한 부적절한 정서적 처리 과정(emotional processing)의 결과로 발생하는 것으로 보고 인지적인 관점을 강조하였다(김명식, 2009). 이러한 관점을 가지고 실제적인 임상을 포함한 연구들에서 CBT는 PTSD 증상의 감소를 위한 가장 효과적이고 핵심적인 심리치료방법으로 최근까지 인정받고 있다. CBT는 외상 사건이 현재 발생하는 사건으로서가 아니라 과거 속에 남겨두고 기억으로서 재경험하도록 하여 외상적 경험으로부터 회복되도록 돕는다. 외상 사건 후 CBT는 다음의 세 가지 영역에서의 변화를 요구한다(Ehlers et al., 2005). 그것은 외상 사건에 대한 태도, 인지 및 반응의 내용이다(Smucker, 1997). 첫째, 침습적인 재경험을 감소시키기 위해 외상 기억이 개인의 이전과 후속 경험의 맥락에서 정교화되고 통합되어야 한다. 둘째, 현재의 위협감을 유지시키는 외상 사건과 그 후유증에 대한 부정적인 평가들이 수정되어야 한다. 셋째, 기억의 정교화를 막거나 증상을 악화시키거나 혹은 문제가 있는 인지적 평가들의 재평가를 방해하는 역기능적인 행동 및 인지전략들이 제거되어야 한다.

(2) PTSD의 인지행동치료 구성과 기법

PTSD는 모든 외상 경험자들에게서 동일한 증상이 나타나는 것은 아니기 때문에 각 개인마다 치료에 대한 요구가 달라질 수 있다. 그러므로 치료 프로그램 구성시에는 PTSD 관련 증상들과 임상적으로 발견된 문제들이 고려되어야 할 것이다(이선미, 2001). CBT의 치료적 기법들은 일반적으로 PTSD의 증상과 반응 등에 관한 심리교육(psychoeducation)과 노출치료(exposure therapy)로 이루어지며 인지적 재구성(cognitive restructuring)과 불안조절훈련으로 구성된다(서호준 · 채정호, 2006).

다양한 불안조절훈련들 중에서 PTSD에 관련하여 가장 많이 사용된 인지치료는 스트레스 면역훈련이다. 이 훈련의 내용으로는 근육 이완, 사고 중지, 호흡 조정, 의사소통의 기술 등이 있다. 그리고 인지적 재구조화를 위하여 자기와 세상과 미래에 관한 사고와 근본적 신념을 수정하도록 하는 자기 대화 연습을 시행하도록 한다. 이어서 스트레스 상황에서 일어나는 반응의 논의와 대처기술 연습과 이를 실제 상황에 적용하도록 돕게 된다. PTSD 치료를 개념화하는 구성 요소와 그 기법들은 다음과 같이 세 가지로 나눌 수 있다(이선미, 2001).

① 재경험 증상의 이해

PTSD의 재경험 증상을 치료할 때 중점적으로 다루어야 할 것은 저절로 나타나는 재경험 증상이 외상에 대한 정상적인 반응이라는 점을 내담자 자신이 이해하도록 돕는 것이다. 치료 기법으로는 대리적 노출을 사용하여 말하기나 쓰기를 통해 외상에 대한 개인적 경험과 정서적 반응에 대해 기술하도록 함으로써 증상의 감소에 도움을 줄 수 있다. 이 기법은 기억을 회피하기보다는 의식화하도록 돕고, 직면하기 어려웠던 기억의 인지적 체계의 많은 부분을 직면할 수 있도록 돕는다. 따라서 부정적 결과가 없는 외상 경험에 반복적으로 노출함으로써 정서 처리 측면에서 증상의 재경험을 유도하여 불안을 감소시킨다. 이것은 부정적으로 인식된 결과를 가능한 한 긍정적인 방식으로 재해석하는 지지적인 치료 환경에서 이루어질 때 효과적이다.

② 회피 증상의 완화

사고 상황과 유사한 상황에 대한 회피 증상은 교육과 점진적 노출 과제, 응용된 이완훈련과 재해석을 돕는 인지 기법을 통해 호전될 수 있다. 이 기법들과 병행하여 외상 반응에 대한 교육을 포함하여 그 반응에 대한 논리적 근거와 개념화를 제공하는 방법도 치료에 도움을 줄 수 있다. 이에 노출 과제에서 일어날 수 있는 과각성의 증가를 다루는 데 도움이 되는 이완훈련도 병행할 수 있을 것이다.

구체적으로는 회피와 관련된 증상으로 정신적 마비 증상과 소원감 증상의 완화가 필요하다. 정신적 마비는 외상의 중요한 측면을 회상하는 능력의 상실, 의미 있는 활동에 대한 참여나 관심의 현저한 감소, 타인들로부터 동떨어지고 소원해진 느낌, 정서의 범위가 단축됨, 미래가 단축된 느낌 등으로 우울증과 증상이 매우 유사하다. 따라서 사고 이전에 친했던 사람과 대인관계를 회복시키도록 격려하고, 기쁨을 느낄 수 있는 사건을 만들도록 하는 '즐거운 사건 계획'과 같은 행동 기법이 적용될 수 있다.

③ 도식의 교정

PTSD 증상과 같이 나타나는 우울과 불안에는 비합리적 신념에 근거하는 도식을 교정하는 인지 기법 사용이 효과적일 것이다. 인지 기법으로는 스트레스 면역 기법과 비합리적 사고의 수정을 위한 ABC 모델이 사용될 수 있다. 이 기법들은 사고 후 발생하는 파국적인 사고들의 교정과 비합리적인 죄책감을 감소시키는 데 도움이 될 수 있다. 추가적으로 발생할 수 있는 죽음에 대한 공포 또는 그에 대한 상상은 외상 경험자들에게 큰 충격과 실존에 대한 의문을 불러일으킬 수 있다. 때문에 삶의 의미와 실존적 의문들을 임상에서 다루는 것이 효과적이다.

학습정리

청소년 우울증은 이들이 직면하는 사회적 문제 및 발달상 문제들로 인하여 그 증상은 성인과 다른 방식으로 나타날 수도 있다. 우울증은 청소년 자살문제와 깊은 관련이 있으므로 증상 초기에 돌보고 치료하는 것이 중요하다. 또한 불안증 청소년들은 매사에 걱정을 많이 하고 지나치게 불안하고 초조해 하며 사소한 일에도 잘 놀라고 긴장한다. 불안을 표현하는 방식은 문화에 따라 차이가 있어서 특정한 상황에 대한 걱정이 과도한지를 평가할 때는 문화적 맥락을 고려해야 한다. 인지행동치료 과정에서는 내담자가 걱정의 비현실성과 비효율성을 인식하게 하는 동시에, 걱정에 대한 긍정적 신념 역시 수정하도록 돕게 된다. 그리고 부정적 사고가 떠오를 경우에 이를 조절하고 대처하는 방법을 습득시킨다.

외상 후 스트레스 장애 청소년들은 스트레스를 준 사건과 관련된 어떤 상황이나 대상에 대해 무기력해지는 특징이 있다. 무기력함은 대부분 과도한 불안, 분노 등으로 표현되고, 충격적인 사건과 관련된 과도한 불안을 회피하기 위해 자기만의 대처방식을 발달시키게 된다. 이러한 청소년을 상담하고 치료하는 데 있어서 일차적으로 그들의 감정을 공감하고 신뢰관계를 형성하는 것이 중요하다. 그리고 인간에 대한 전인적인 이해를 바탕으로 하는 통합적인 접근이 필요하다.

연습문제

1. 청소년 우울증, 불안증, PTSD의 원인에 대해 논하시오.
2. 청소년 우울증, 불안증, PTSD의 증상 및 진단에 대해 설명하시오.
3. 청소년 우울증, 불안증, PTSD 상담에서 다양한 통합적 치료방법에 대해 논하시오.

Chapter 14

청소년 문제별 상담

▶▶ 개요

청소년 인터넷 게임중독, 또래 괴롭힘, 성문제, 자살위기 상담의 이해를 위해 각 개념, 증상 및 유병률에 대해 알아볼 것이다. 또 그 진단기준과 원인에 대해 설명하고 청소년 내담자 치료를 위한 인지행동치료 상담방법에 대해 논할 것이다.

▶▶ 학습목표

1. 일반목표

청소년 인터넷 게임중독, 또래 괴롭힘, 성문제, 자살위기의 개념 및 진단기준과 그 원인에 대해 논할 수 있다. 청소년 내담자 치료를 위한 상담방법을 잘 이해할 수 있다.

2. 세부목표

1) 청소년 인터넷 게임중독, 또래 괴롭힘, 성문제, 자살위기의 개념과 그 증상 및 유병률에 대해 알 수 있다.
2) 인터넷 게임중독, 또래 괴롭힘, 성문제, 자살위기의 진단기준과 그 원인에 대해 설명할 수 있다.
3) 각 문제별 치료에 상담방법을 활용할 수 있다.

▶▶ 주요용어

인터넷 게임중독, 또래 괴롭힘, 성문제, 자살위기

▶▶ 지식

- 청소년 인터넷 게임중독, 또래 괴롭힘, 성문제, 자살위기의 개념과 그 증상 및 유병률에 대한 인식
- 청소년 인터넷 게임중독, 또래 괴롭힘, 성문제, 자살위기의 진단기준과 그 원인에 대한 통찰
- 청소년 내담자 상담에서 인간중심 상담방법의 습득

▶▶ 기술

- 청소년 인터넷 게임중독, 또래 괴롭힘, 성문제, 자살위기의 원인에 대해 탐색하는 대화적 기술
- 청소년 인터넷 게임중독, 또래 괴롭힘, 성문제, 자살위기의 증상 및 진단에 대한 정확한 관찰
- 내담자의 저항을 변화시키는 기술

▶▶ 태도

- 청소년 인터넷 게임중독, 또래 괴롭힘, 성문제, 자살위기의 정도와 증상에 대해 수용하는 태도
- 내담자의 저항과 전이 활용에 대한 적극적 태도
- 상담기법에 있어서 통합적 사고의 활용

1. 청소년 인터넷 게임중독 상담

1) 청소년 인터넷 게임중독의 이해

(1) 인터넷 게임중독의 개념

인터넷 중독의 유형에는 인터넷 게임중독, 인터넷 채팅중독, 인터넷 음란물중독 및 기타 인터넷 도박중독(카드, 슬롯머신, 로또, 빙고, 룰렛) 등이 있다(권진영, 2014). 중독이란 일반적으로 중독의 대상이 되는 무엇인가에 의해 '조절 능력의 상실, 내성에 따른 지속적인 사용증가, 금단 증상, 강박적 집착 또는 의존 등'의 문제적 징후가 나타나서 신체적 · 사회적 · 직업적 · 심리적 문제를 일으키는 상태를 말한다. 인터넷 중독의 하위유형에 속하는 인터넷 게임중독은 인터넷 게임 사용과 관련하여 금단과 내성을 보이며 정신적 · 육체적 · 사회적인 어려움을 경험하는 상태를 말한다(이수진 · 박중규, 2004). 정신의학에서는 선행 병리가 잠재되어 있는 사람들이 인터넷의 여러 속성과 결합되어 병리적 증상을 초래한다고 판단하여, 인터넷 게임중독 경향을 중독 장애라기보다는 충동조절장애(impulse-control disorder)나 강박장애(obsessive compulsive disorder)로 분류한다. 여기서 인터넷 게임중독이란 인터넷 게임 사용자가 일상생활에 부적응을 초래할 정도로 금단과 내성이 나타나거나 개인적으로나 사회적으로 심각한 문제를 일으키는 증상을 뜻한다.

(2) 청소년 인터넷 게임중독의 증상 및 유병률

① 인터넷 게임중독의 증상

• 가상과 현실의 혼동

인터넷 게임중독이 되면 가상과 현실을 구분하기 어렵게 된다. 자아 상실로 인해 게임 속의 장면이 현실적 감정을 자극하고, 이것으로 인해 실제로 폭력 및 공격 성향을 보이게 된다. 최근 들어 자주 발생하는 일명 '묻지마 살인'은 이와 같은 가상과 현실을 혼동하면서 발생하는 경우가 많다. 가상에서의 인간 살해가 던져주는 아무렇지도 않았던 허구적 느낌이 현실 속으로 투영된 것이라고 할 수 있다. 대부분의 게임에서는 게이머 자신을 포함해서 모든 캐릭터가 죽었다 살아나는 등 삶과 죽음의 경계가 없고, 단지 게임점수만 이들의 중요한 지표가 되는 경우가 많다. 그렇기 때문에 장기간 인터넷이라는 가상세계에 중독되어 가상과 현실을 구분하지 못하는 경우가 발생하며, 그 결과로 현실에서 폭력이나 강도, 살인 등의 반사회적 행위를 쉽게 저지를 수 있다.

• 자아와 대인관계 문제

인터넷 게임에 중독되는 경우 게임과의 관계가 그 어떤 사회적 관계보다 강화된다. 그 결과 다른 사회적 관계가 상실되어 가족들과의 대화 자체가 단절되는 경우가 발생한다. 청소년 문제행동들의 원인이 가족과의 의사소통문제로부터 발생하고 있는 현실을 고려해 볼 때, 이와 같은 가족 간 대화의 단절은 다른 여러 가지 심각한 문제로 확대될 가능성이 있다.

이어서 자아 간의 적절한 조화에 문제가 발생하며, 충동성이 높아지므로 여러 가지 조절 능력을 상실하게 된다. 이러한 현상은 인터넷의 가상 공간에서만 나타나는 것이 아니라 현실 공간에서도 나타나기 때문에 다른 문제행동으로 연결된다.

• 정신적 · 신체적 문제

인터넷 게임에 중독된 경우 한 가지 이상의 가상세계에 지속적으로 몰두하여 많은 노력을 투자하더라도 마지막에 남는 것은 공허감, 허무감, 우울감 등이다. 게임의 최대 목표를 달성하기 전까지 게이머는 이를 지키고 달성하기 위하여 지속적인 불안감을 경험하게 되며, 심지어 일상생활을 유지할 수 없는 상태에 이르기도 한다. 이것은 인터넷 게임중독이 가져다준 현실이 아닌 가상세계에 대한 욕망 추구의 결과이다.

또한 인터넷 게임중독자 가운데는 거북목 증후군(일자목 증후군) 또는 '마우스 신드롬'으로 불리는 누적 외상성 장애나 수근관 증후군이 나타나기도 한다. 누적 외상성 장애는 반복적으로 키보드나 마우스를 조작하면서 손과 팔의 신경, 힘줄, 연부조직, 근육 등에 생긴 손상이 충분한 휴식을 취하지 못해 생기는 것으로 나중에는 반영구적인 기능장애가 될 수도 있다. 그리고 게임을 장기간 오래할 경우 요통, 견통, 손목 및 손가락 근육의 이상 등이 나타나게 되며 안구 건조증, 시력저하, 혈액순환장애, 소화불량 등의 현상도 나타날 수 있다(오윤선, 2010).

• 학습장애

청소년이 인터넷 게임에 투자하는 시간이 절대적으로 증가하고 모든 관심이 여기에 집중되어짐에 따라 심각한 학습장애가 발생될 수 있다. 학교에 등교하더라도 학습 내용에는 흥미가 없고, 손 안에 있는 스마트폰을 통하여 수업시간에도 지속적으로 게임에 몰두하면서 수업에 집중할 수 없게 된다. 인터넷 게임 사용의 심각성이 증가하게 되면 등교를 거부하고 PC방 등에서 기거하며 게임을 하기도 한다.

• 왜곡된 성역할

인터넷 게임의 구성에 있어서 사회·문화적 특성을 포함한 내용들을 보면 다분히 성차별적인 부분들이 다수 존재하고 있다. 예를 들면, 많은 게임에서 주인공들은 남성이며 여성은 남성을 치장하는 보조적 인물들로 그려지고 있다. 또한 남성에 비해 여성 캐릭터들의 노출이 심하게 과장되어 있고 상품화된 여성성을 발견하게 된다. 따라서 이와 같은 인터넷 게임에 장기간 몰입하는 경우 게이머들은 자신도 의식하지 못하는 상태에서 왜곡되고 정형화된 불평등적 성역할을 자연스럽게 학습하게 된다.

② 유병률

청소년 통계 조사 결과에서 인터넷 주평균 이용시간의 경우, 전년 측정시간보다 연령이 10대인 경우 1시간 30분, 20대는 48분씩 증가하였다(통계청, 여성가족부, 2018). 10대 청소년의 스마트폰 과의존 위험군 비율은 2015년(31.6%) 이후 감소추세이며, 학교급별로는 중학생(34.3%)이 가장 높았고, 초등학생은 22.0%, 고등학생은 28.7%로 나타났다(과학기술정보통신부, 2017).

2014년까지 지속된 '인터넷중독 실태조사'에서는 인터넷중독과 스마트폰중독만 다루고 있으며 인터넷 게임중독은 별도로 다루지 않았다. 2015년에는 '스마트폰 · 인터넷 과의존 실태조사'로, 2017년에는 다시 '스마트폰 과의존 실태조사'로 바뀌었다.

스마트폰 과의존이란 과도한 스마트폰 이용으로 스마트폰에 대한 현저성이 증가하고, 이용조절력이 감소하여 문제적 결과를 경험하는 상태를 말한다. 이에 해당하는 3개의 특성, 즉 스마트폰 이용에 대한 현저성 증가, 조절실패, 문제적 결과 경험을 기준으로 위험군을 분류한다. 먼저 현저성(salience)은 개인의 삶에서 스마트폰을 이용하는 생활패턴이 다른 행태보다 두드러지고 가장 중요한 활동이 되는 것을 의미한다. 조절실패(self-control failure)는 이용자의 주관적 목표 대비 스마트폰 이용에 대한 자율적 조절능력이 떨어지는 것을 뜻하며 문제적 결과(serious consequences)는 스마트폰 이용으로 인해 신체적 · 심리적 · 사회적으로 부정적인 결과를 경험함에도 불구하고 스마트폰을 지속적으로 이용하는 것을 말한다. 위의 3개 특성을 모두 보유하는 경우 고위험군, 이 중 2개 이내 특성을 보이면 잠재적 위험군으로 분류하였다(과학기술정보통신부 · 한국정보화진흥원, 2017).

'스마트폰 과의존 실태조사' 결과, 전체 스마트폰 과의존 위험군(고위험군+잠재적위험군)은 18.6%(7,860천명)로 전년(17.8%) 대비 0.8%p 증가하였으나, 최근 3년간 상승폭은 둔화되고 있는 것으로 나타났다. 연령별로 살펴보면, 유아동 과의존 위험군이 2015년 대비 큰 폭으로 늘어났으며 성인도 지속적으로 증가추세에 있는 반면, 청소년은 소폭 감소하였다. 과의존 위험군 3대 요인 중 유아동은 현저성, 청소년 · 성인은 조절실패가 가장 두드러진 특징으로 나타났다. 과의존 위험군의 대상별 스마트폰 주 이용 콘텐츠는 유아동의 경우 게임(89%), 영화 · TV · 동영상(71.4%) 순으로 나타났으며, 청소년은 메신저(98.8%), 게임(97.8%) 순으로 조사되었다.

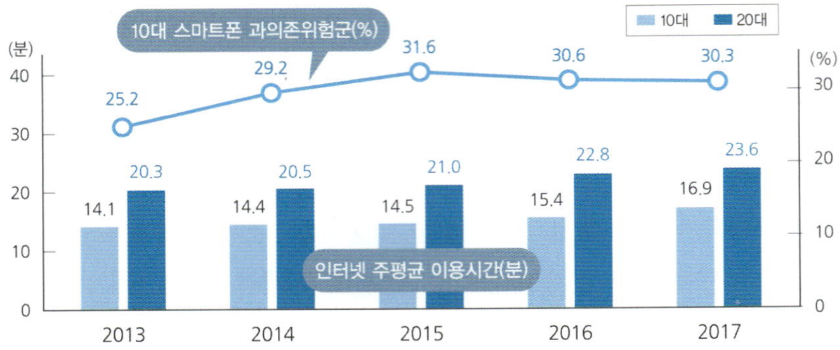

[그림 14-1] 스마트폰 과의존위험군

자료: 과학기술통신부 · 한국정보화진흥원(2018).

이어서 스마트폰 이용자가 지각하는 부작용 우려 콘텐츠는 유아동 및 청소년의 경우, 게임(각각 57.6%, 57.9%) 콘텐츠 이용을 가장 우려하는 것으로 나타났다. 주 이용 온라인 게임유형은 웹보드(30.4%)이며, 다음으로 1인칭슈팅게임(25.4%), 퍼즐(19.5%), 액션/슈팅(18.7%) 등의 순으로 조사되었다. 과의존 위험군은 일반사용자군에 비해 '롤플레잉'(7.6%p↑), '전략시뮬레이션'(4.9%p↑),'레이싱/런닝게임'(0.3%p↑) 이용률이 높았다. 연령별로 살펴보면, 유아동은 레이싱/런닝게임(24.9%), 청소년은 1인칭 슈팅게임(27.5%)을 가장 많이 이용하는 것으로 나타났다.

〈표 14-1〉 주 이용 온라인 게임(1+2순위)

(분석단위: 온라인 게임 이용자, 복수응답, 단위: %)

대상	웹보드 게임	1인칭 슈팅 게임	퍼즐	액션/슈팅	전략 시뮬레이션	롤플레잉 (RPG)	스포츠	레이싱/런닝 게임	네트워크 게임	AOS	샌드박스	TCG
초	22.9	25.5	18.0	19.2	19.7	17.0	19.5	20.5	8.3	3.8	6.8	4.9
중	18.5	26.8	14.3	18.5	24.1	26.0	17.9	15.7	9.4	5.9	5.5	4.3
고	18.4	28.5	15.9	17.0	24.9	28.6	17.3	13.9	6.3	5.4	5.0	4.1
대학생	24.2	25.7	17.6	20.5	19.9	21.9	17.8	12.4	8.3	7.4	5.0	5.5
10-19세	19.4	27.5	14.7	18.9	23.3	25.3	19.0	15.2	8.0	5.3	7.6	6.2

자료: 기술정보통신부 · 한국정보화진흥원(2018). 2017년 스마트폰 과의존 실태조사. 80.

게임 이용자의 주 사용 기기는 스마트미디어(64.0%)인 것으로 조사되었고 과의존위험군의 스마트미디어 사용률은 67.9%로 일반사용자군(62.8%)에 비해 5.1%p 높은 편이었다. 연령별로 살펴보면, 유아동의 스마트미디어 사용률이 69.4%로 가장 높았고, 다음으로 청소년(64.8%), 성인(63.4%) 순으로 나타났다.

한편 스마트폰 게임 이용자의 신기술(VR장비 · 가상현실 기기) 이용 현황은 과의존위험군이 일반군에 비해 게임 분야만 특히 높은 이용률을 나타냈다. 과의존위험군의 '게임' 이용률은 66.3%로 일반사용자군(60.3%) 대비 6.0%p 높은 수준이었고 연령별로 살펴보면, 유아동 · 청소년은 게임(각각 59.6%, 67.0%)에 주로 사용하고 있었다.

또한 부모가 과의존위험군에 속하면 그 자녀인 유아동 및 청소년도 위험군에 속하는 비율이 보다 높게 측정되었다. 그러므로 부모의 스마트폰 사용습관이 자녀에게까지 영향을 끼치는 것으로 나타났다. 과의존 해소를 위한 개인적 노력으로는 '대체 여가활동의 활용', '교육 및 상담' 등의 순으로, 정책적으로는 '예방교육 및 상담기관의 확대', '교육프로그램 이용확대' 순으로 나타났다. 그리고 과의존 예방 · 해소를 위한 상담서비스 및 예방교육에 대해 경험자의 50% 이상이 '도움 되었다'라고 응답하였다. 이러한 결과를 바탕으로 정부차원에서 관계 부처 협력으로 연령대별 맞춤형프로그램 및 인식제고를 위한 홍보를 강화하고 있다(과학기술정보통신부 · 한국정보화진흥원, 2018).

(3) 청소년 인터넷 게임중독의 진단기준과 원인

① 진단기준

인터넷 게임중독의 진단은 국가나 사회적 상황에 있어서 그 심각도와 사회문제로 파급되는 효과에 따라 차이가 있다. 따라서 이 증상의 판별은 미국이나 유럽에서의 관점과 아시아(특히, 한국과 중국)에서 각각 다르게 나타난다. 2018년 기준으로 WHO는 국제질병분류기호 개정(ICD-11)에서 게임 장애(gaming disorder)를 질병으로 등재하는 방안을 검토하고 있다.

DSM-5에서 '인터넷 게임 장애(Internet Gaming Disorder)' 범주에 나와 있는 주의사항에는 '인터넷 게임만 이 중독에 포함시키고 인터넷 도박은 제외시키며, 기분전환이나 사교적인 목적의 인터넷 사용도 이 범주에서 제외'시키고 있다. DSM-5는 '인터넷 게임 장애'의 범주에 〈표 14-2〉와 같이 9가지 진단기준을 제시하고 있다.

〈표 14-2〉 인터넷 게임 장애의 진단기준(APA, 2013)

지속적이고 반복적으로 인터넷을 사용하는 행동이 임상적으로 현저한 손상과 고통을 일으키며 다음의 항목 중 5가지(또는 그 이상) 증상이 12개월 동안 나타난다.

1. 인터넷 게임에 대한 집착(이전 인터넷 게임 활동에 대하여 생각하고 다음 게임을 예측한다; 인터넷 게임이 일상의 중심이 되는 활동이 된다)
2. 인터넷 게임을 하지 않을 때 금단 증상이 나타남(이 증상들은 전형적으로 짜증, 불안, 슬픔으로 나타나며 약물의 철수로 인한 신체적인 증상이 아니다)
3. 내성-인터넷 게임에 보내는 시간이 점차로 증가함
4. 인터넷 게임 사용 통제 시도의 실패
5. 인터넷 게임 사용으로 인하여 인터넷 게임을 제외한 흥미, 과거의 취미활동, 관심의 상실
6. 심리·사회적인 문제를 알고 있음에도 불구하고 과도한 인터넷 게임 사용을 지속함
7. 인터넷 게임 사용시간과 관련하여 가족, 치료자 및 다른 사람을 속임
8. 부정적 기분(예: 무력감, 죄책감, 불안)을 회피하거나 해소하기 위하여 인터넷 게임을 사용함
9. 인터넷 게임 사용으로 인하여 중요한 관계, 직업, 교육 및 직업적 기회를 손실하거나 어려움에 빠짐

② 원인

- 익명성

인터넷은 현실에서 맛볼 수 없는 흥미와 자극 그리고 정보를 제공하며 익명성을 제공한다. 익명성으로 인한 파급 효과는 억압해제 효과(disinhibiting effect)와 정서적 투사 효과(emotinally-laden projection effect) 등이 있다. 인터넷 게임상에서는 시간과 공간을 초월하여 사람을 만나고 사귈 수 있다. 그리고 광대한 정보 제공을 통한 자아 팽배감, 역할 놀이를 통한 환상적 충족, 다행감, 즉각적 만족, 공격성과 충동성의 발현 등이 중독 행동을 유발하는 중요한 요인이 된다.

익명성은 자신을 정확히 나타내지 않기 때문에 현실에서는 억압하고 표현하지 못하는 욕구와 행동들을 표출하는 통로가 된다. 또한 상대방을 확인하기 어렵고 실제 공간적으로

멀리 떨어져 있기 때문에 도덕성의 기준이 묵인되기도 하며, 현실과는 다른 또 다른 나의 창출이 가능하게 된다. 그래서 현실세계에서 내성적인 성격을 가진 청소년이 가상세계에서는 폭력적이고 무례하며 음란한 모습을 보이는 이중성을 보이기도 한다(오윤선, 2010).

- 개인적인 성향

정서적 문제나 자존감이 낮은 청소년들의 경우 인터넷 사용에 중독되기 쉽다. 인터넷 게임중독 청소년들은 대부분 일상생활에 적응하지 못하고 현실에서 이루지 못한 것을 인터넷에서 추구하려고 한다. 내성적이고 대인관계에 어려움을 경험하고 있는 청소년들도 인터넷에서는 주도적으로 관계를 형성해 나간다. 또한 타인에게 인정받고 싶은 욕구를 충족하기 위해서 많은 청소년들은 자신의 매력을 표출할 수 있는 유일한 도구로서 인터넷 게임에 빠지게 된다.

특히 사회적으로 고립되어 있는 청소년들이 인터넷 게임중독에 취약하다. 또 성격 특성상 색다른 자극과 경험을 선호하는 감각추구성향이 강한 사람이 인터넷 게임중독에 빠지기 쉽다. 라우션버(Rauschenberger, 1995)는 인터넷 게임중독자들이 가지고 있는 기존의 정신병리가 인터넷 중독의 원인이라고 설명하였다. 그리고 영(Kimberly S. Young)은 인터넷중독의 원인으로 사회적 지지, 성적인 만족, 새로운 인격 창출, 숨은 성격의 발현, 안정과 영향력 등을 제시하였다(Young, 1995).

- 사회 · 문화적 요인

인터넷 게임중독은 정보화사회의 변화나 사회환경 풍토 등 사회 · 문화적인 원인과 깊은 관련성을 가지고 있다. 한국은 IT 산업의 육성으로 빠른 정보화 사회에 이르렀지만 인터넷 게임중독에 빠지기 쉬운 환경도 가지게 되었다. 특히 자기 조절과 통제력이 충분히 발달되지 않은 청소년들에게는 매우 위험한 환경이라고 볼 수 있다. 그리고 사회적 · 환경적 요인으로서 많은 청소년들이 학업성적 부진으로 인한 스트레스, 입시위주의 교육 과정, 학교에서의 대인관계 부적응, 경직된 학교생활 등이 작용한다. 이것으로 인한 스트레스 해소 공간으로 인터넷을 선택하게 되는 것이 게임중독의 원인이 되는 경우가 많다.

• 가상적인 실시간 상호작용성

가상적인 공간에서 일어나는 실제적인 상호작용성은 인터넷 게임중독의 특성 중에 중요 원인이 된다. 터클(Sherry Turkle)은 인터넷과 TV의 차이점을 언급하였다. "TV는 단순히 우리가 수동적으로 보면서 즐기는 것이다. 하지만 인터넷 게임은 우리의 두뇌를 사용해서 지금 하고 있는 행위이며, 가상세계에 직접 들어가 그 속에서 '무엇인가' 되는 것이다"라고 하면서 인터넷이 게임에서 제공하는 가상적 세계의 특성을 강조하였다(Turkle, 1995). 즉, TV는 계획된 정보를 일방적으로 보내는 것으로 단방향적이지만 인터넷은 쌍방향적인 적극성을 가지고 있어서 다양하고 자유로운 상호작용으로 인한 중독성이 더욱 강하다고 볼 수 있다.

게임을 하면서 대화를 하는 것에 더 편안함을 느끼고, 게임을 하는 동안 가상역할을 나누며, 부가된 임무를 수행하고 다른 게이머와 전략을 수행하면서 온라인상 친구를 사귀는 등 가상적 세계를 경험하게 된다(Lo et al., 2005). 인터넷의 가상적인 대인관계는 청소년이 처한 여러 가지 현실적인 상황과는 별도의 가상세계에서 이루어질 수 있다. 따라서 상호작용을 하는 상대방에게 거절당하거나 배타당할 걱정을 할 필요가 없으며 자신이 원하는 순간에 언제든지 관계를 중단할 수도 있는 편리함까지 있다. 게다가 청소년이 처한 가정환경이나 경제적인 수준 그리고 외모 또는 성별까지도 왜곡이 가능하며 실제와 아무 상관없이 상호관계를 맺을 수 있다는 특성이 있다. 따라서 인터넷의 실시간 상호작용성은 SNS와 도박중독, 게임중독, 섹스중독 등 기존의 병리적 중독에 더하여 그 정도가 심해질 수 있다.

2) 청소년 인터넷 게임중독 상담

(1) 청소년 인터넷 게임중독의 치료적 접근

로저스가 주창한 인간중심적 상담은 인본주의에 기반을 둔 비지시적인 상담이다. 상담자는 내담자 스스로 성장할 수 있도록 동기화할 수 있는 최적의 환경을 제공하는 사람이어야 한다. 인간중심 상담에서 치료자는 진솔해야 하며 무조건적인 긍정적 관심과 공감, 수용이 중요하다.

인터넷 게임중독에 관한 임상 현장에서는 인간중심 상담(동기 강화 상담)과 인지행동 치료 및 12단계 촉진 치료 방법이 각각 독립적으로 적용되기보다는 일반적으로 한 가지 프로그램에 통합하여 활용한다(조근호 외, 2011). 이 세 가지 치료법은 초기에 알코올이나 약물 중독자를 위해서 활용했지만, 최근에는 도박중독 등 다른 행위 중독 치료에까지 널리 활용되고 있다. 그러므로 다른 일반적 중독의 증상을 여러 면에 가지고 있는 인터넷 게임중독 치료 및 상담에도 사용되고 있다. 여기서는 내담자 중심의 인간중심적 상담 기법 중에 동기 강화 상담을 통한 치료기법을 제시하고자 한다.

(2) 청소년 인터넷 게임중독 상담

① 상담 원리

동기 강화 상담에서 활용하는 원리는 크게 다음 네 가지로 요약할 수 있는데 이러한 원리들은 각 치료 상황에 따라 응용하여 변형할 수 있다(조근호 외, 2011).

〈표 14-3〉 동기 강화 상담의 원리

원 리	내 용
원리 1: 공감, 표현하기 내담자의 관점을 이해하고자 하는 열망을 가지고 존중하는 태도로 귀를 기울임	• 수용을 통해 변화가 촉진된다. • 노련한 반영적 경청이 필수적이다. • 내담자가 양가감정을 느끼는 것은 정상적이다.
원리 2: 불일치감 만들기 내담자 자신의 현재 행동과 자신의 목적과 가치관 사이의 불일치감을 만들고 증폭시킴	• 상담자가 아닌 내담자 스스로가 변화를 위한 대화를 해야 한다. • 변화 동기는 현재 자신의 행동과 개인이 중요시 여기는 가치관 사이에 불일치감을 느낄 때 형성된다.

원리 3: 저항과 함께 구르기 내담자의 저항에 직접 맞서지 말고 내담자의 저항과 함께 구르거나 같이 흘러감	• 변화에 대한 논쟁을 피해야 한다. • 저항에 직접적으로 맞서면 안 된다. • 새로운 관점은 강요가 아니라 유도해야 한다. • 저항은 내담자에게 해답과 해결책의 중요자원이 된다. • 저항은 반응을 바꾸라는 신호이다.
원리 4: 자기효능감 지지하기 내담자가 변화 과정의 마지막 조정자가 될 수 있도록 자기효능감을 지지함	• 개인이 가지는 변화에 대한 자신감이 중요한 동기요인이다. • 변화를 선택, 이행하는 책임은 내담자에게 있다. • 사람의 변화능력에 대한 상담자의 믿음이 내담자에게 자기예언 충족 조건이 된다.

출처: 조근호 외(2011). 각종 중독예방・상담・재활 종합관리체계 구축. 을지대학교 산학협력단, 111.

② 동기 강화 전략 및 저항 다루기

청소년의 인터넷 중독 상담은 청소년의 자발적 의사가 아니라 부모나 교사와 같은 타인의 강요나 권유에 의해 진행되는 경우가 많다. 따라서 청소년 내담자는 대부분 스스로 변화될 동기가 거의 없는 상태일 경우가 많다. 어느 정도 자발성을 띠고 있는 경우라고 할지라도 게임에 대해 양가적인 감정을 가지기 쉽다. 즉, 중독으로 인한 현실 부적응과 여러 피해로 인해 거기서 벗어나고 싶지만, 다른 한편으로는 인터넷 게임이 주는 장점을 포기할 수 없어서 끊지 못하고 있는 경우가 대부분이다. 특히 게임중독의 경우, 그들이 가장 즐기는 놀이를 빼앗으려는 의도를 가진 상담으로 인식하여 때로는 상담자에게 적대감을 가지고 대하기도 한다(장태규 외, 2008).

• 변화 동기 증진을 위한 질문하기

여기서 중요한 것은 내담자가 진정으로 자신이 원하는 것을 발견하도록 돕고, 이 욕구를 바탕으로 인터넷 게임 과사용의 단점을 자각하게 하고 이에 대한 갈망을 이겨내도록 돕는 것이다. 상담자는 변화 동기를 증진시키기 위해 다음의 질문을 내담자에게 시도할 수 있다.

〈표 14-4〉 변화 동기를 강화시키는 질문들

▣ **게임의 장단점을 탐색하는 질문**
- 인터넷 게임하면서 걱정하는 것이 있어?
- 게임하는 데 있어서 네가 무슨 변화가 필요할까?
- 게임은 왜 끊고 싶어?
- 네가 게임을 중단하면 어떤 이득이 생길까?
- 게임을 끊는다면 누가 널 더 좋아할까?

▣ **변화를 유도하게 하는 질문**
- 그런데 네가 게임을 6시간도 할 수 있었는데, 왜 4시간만 했어?
- 게임을 계속 했을 때 일어날 것이라고 상상하는 최악의 일은 무엇이지?
- 만약 어제 밤새도록 게임을 했다면 오늘 어떤 일이 벌어졌을까?
- 네가 게임을 끊는다면 상상할 수 있는 최고의 결과는 무엇일까?

▣ **목표와 가치의 탐색**
- 너는 어떤 사람이 되고 싶어?
- 네가 가장 소중하게 생각하는 것은 무엇일까?

출처: 장태규 외(2008). 청소년 게임 과몰입 집단상담의 효과증진을 위한 매뉴얼 개발. (재)한국게임산업진흥원. 152.

• 양가감정과 자기모순을 부각하기

청소년은 외적으로 상담 과정에 강하게 저항하더라도 내면으로는 자신의 인터넷 게임 중독 문제를 걱정하고 있거나 가족이나 타인과의 갈등관계를 해결받고 싶어하는 등 양가감정을 가지기 쉽다. 따라서 상담자는 내담자가 보이고 있는 저항을 무시하지 않고 수용하면서 저항을 반영하거나, 양가감정을 부각하여 내담자 스스로 자신의 모순을 통찰하도록 조력해야 한다.

• 초기단계에서 저항을 수용하기

초기 상담에서 저항을 다룰 때 중요한 점은 내담자를 지나치게 설득하려고 하지 않으면서도 그 저항과 변화단계를 수용하는 것이다. 집단상담의 경우에는 참여자들은 자신들의 감정, 생각, 태도를 그대로 내보이게 된다. 이러한 경우 리더가 전적으로 수용적인 태도를 보일 때 내담자는 집단에 대해 안정감을 느끼며 그 다음 단계로 나아갈 수 있게 된다. 따라서 상담자는 아직 시간이 많다고 여유를 가지면서 내담자가 지금-여기서 수용받는 경험을 하도록 하는 것이 중요하다.

- 저항 밑에 있는 불안감을 알아차리고 수용하기

인터넷 게임중독 청소년들은 상담을 싫어하는 것이 아니라 그 불안감을 싫어한다. 그리고 이러한 불안을 표현하는 것을 성인 내담자들보다 더 힘들어한다. 저항의 밑에 깔려 있는 각 내담자의 불안감은 적절히 표현되고 수용되어야 한다. 또한 청소년들은 또래들로부터 이상한 사람으로 취급받는 것을 불안해한다. 따라서 상담자는 이러한 불안감을 미리 알아차리고 공감하는 것이 필요하다.

2. 청소년 또래 괴롭힘 상담

1) 청소년 또래 괴롭힘의 이해

(1) 청소년 또래 괴롭힘의 개념

또래 괴롭힘(bullying)에 대한 체계적 연구는 1970년대 스칸디나비아에서 시작되었고, 1980년대와 1990년대 초반에 세계적으로 확산되기 시작하였다(Olweus, 2004). 국내에서는 1995년 또래 괴롭힘으로 폭력을 당한 피해학생의 자살이 사회적 문제로 크게 주목을 받게 되면서부터 실제적인 연구가 활발히 이루어졌다. '왕따'라고 불리기도 하는 또래 괴롭힘은 집단따돌림, 학교폭력 등으로 불리기도 한다. 또래 괴롭힘은 상대방에게 적대적인 의도를 갖고 힘의 불균형 속에서 힘을 많이 가진 학생이 지속적이고 반복적으로 한 명 혹은 다수의 힘없는 학생들을 상대로 이뤄지는 부정적인 행동이라고 말할 수 있다(Olweus, 1993). 여기서 부정적인 행동은 타인에게 고의적으로 정신적·육체적 고통을 주려는 의도를 가지고 행동하는 것을 말한다.

(2) 청소년 또래 괴롭힘의 유형 및 특성

① 또래 괴롭힘 역할 유형

- 가해자

가해자는 또래 괴롭힘에 참여하여 특정한 사람에게 부정적 행동을 가하는 주체로서, 대표적인 특성은 공격성이다. 이들은 또래뿐만 아니라 부모나 교사, 형제들에게도 공격적인 성향을 보인다. 상대적으로 폭력에 대하여 수용적인 태도를 가지고 폭력적인 수단을 많이 사용한다. 그리고 충동성과 지배성이 강하고 정서조절수준이 낮으며 피해학생의 입장이나 감정을 이해하지 못한다. 이들은 성장하면서 범죄와 알코올 남용과 같은 문제행동을 나타낼 위험까지 있다. 또 반사회성 등 외현화된 문제행동을 가지고 있어서 성급하며 논쟁적이고 파괴적인 행동 경향이 높다는 연구 결과도 있다. 그러나 일반 아동이나 청소년들에 비해 가해 아동이나 청소년들의 불안이나 불안정함 수준이 높은 것은 아니며 자존감이 낮은 것도 아니다(서미정 · 김경연, 2004; Olweus, 1991, 1999). 또한 가족과 친구의 지명, 또래 수용도에서도 일반 아동 및 청소년들과 차이가 없는 것으로 나타났다(이춘재 · 곽금주, 2000).

- 피해자

피해자는 공격적 성향이 없고 가해 청소년으로부터 자신을 방어하는 데 효율적으로 대처하지 못하며 불안감과 위축된 행동특징을 보인다. 그리고 불안정하고 조심성이 많고 민감하며 조용하다. 뿐만 아니라 이들은 다른 학생들이 공격했을 때 방어하지 못해 더욱 괴롭힘을 당하게 되는데, 일반적으로 우는 것으로 반응한다. 대체로 학급에 친한 친구가 없으며 공격적이거나 짓궂게 행동하지 않는다. 혹은 사회적으로 위축되고 내면화된 행동문제를 가지고 있어서 자주 불안해 하며 우울감이 높다. 또 사회적 기술과 자아존중감이 낮고, 사회적 지지수준이 낮게 나타난다(Olweus, 1991; 이춘재 · 곽금주, 1999; 김혜원 · 이해경, 2000).

• 가해 · 피해자(가해적 피해자)

최근 여러 연구들은 또래 괴롭힘의 가해자와 피해자가 정확히 양분되는 것이 아니라 가해나 피해의 경험이 중복되어 경험될 수 있다고 보고하고 있다(이성식 · 전신현, 2011). 가해 · 피해자는 가해적 피해자라고도 불리며, 가장 높은 공격적 성향을 가지고 있다. 이들은 다른 청소년을 놀리거나 화나게 함으로써 또래와의 사이에서 긴장을 일으키기도 한다. 그리고 자신이 괴롭힘을 당한 경우에는 공격적 행동으로 자신을 방어한다. 피해자만큼 불안과 우울을 경험하고 갈등 대처에 미흡하며 사회적 기술이 부족하다(Perry et al., 2001). 아울러 이들은 가족과 친구 등의 사회적 지지수준이 낮은 것으로 보고되고 있다(김혜원 · 이해경, 2000). 다른 연구 결과에는 또래 괴롭힘의 피해형, 가해형 및 피 · 가해를 모두 경험한 양자형 집단은 괴롭힘의 경험이 없는 집단보다 자살 생각이 높게 나타났고, 또래 괴롭힘의 피해경험이 있는 청소년은 가해 및 무경험 청소년보다 상대적으로 낮은 행복감을 나타내고 있었다(김경미 외, 2014).

• 방어자나 방관자

또래 괴롭힘에 관여된 역할은 다양하게 구분할 수 있다. 또래 괴롭힘을 집합적(collective) 성격을 지닌 사회적 관계에서 발생하는 집단 과정(group process)으로 보는 입장에서는 6가지 역할 유형(participant role)으로 나눈다(Salmivalli et al., 1996). 또래집단 내의 괴롭힘을 직 · 간접적으로 주도한 '가해자(ringleader bullying)', 가해행동을 따르기는 하지만 주도하지는 않는 '조력자(assistant of the bully)', 또한 가해행동을 부추기는 '강화자(reinforcer of the bully)', 이러한 가해행동을 당하는 '피해자(victim)', 피해자를 위로하거나 가해행동을 막으려고 애쓰는 '방어자(defender of the victim)', 마지막으로 또래 괴롭힘을 보고도 묵인하는 '방관자(outsider)' 등으로 구분될 수 있다(Salmivalli et al., 2004).

이러한 맥락에서는 또래 괴롭힘의 범위 안에 포함되는 청소년들을 괴롭히는 가해자 내지는 괴롭힘을 당하는 피해자로 단순히 구분짓는 것이 아니라, 또래집단의 구성원인 주변 또래들도 포함시킨다. 주변에 있는 또래들은 피해자를 직접적으로 공격하지 않더라도 또래 괴롭힘에 저절로 합류되어 가해자의 행동들을 돕거나 부추기는 역할을 함으로써 또래 괴롭힘을 강화시킬 수도 있다. 반면에, 주변 또래들은 피해자를 정서적으로 지지하고 직·간접적으로 도와줄 수도 있고, 가해자의 부정적인 행동을 비판하거나 폭력적·부정적인 행동을 철회하도록 유도하여 괴롭힘을 중단시키도록 영향력을 행사할 수도 있다(고은혜, 2015).

② 또래 괴롭힘의 종류

또래 괴롭힘이라 규정하는 부정적인 행동의 범위는 사회나 문화 또는 기타 환경에 따라 그리고 연구자들의 주관에 따라 정해지기도 한다. 일반적으로 사용되는 괴롭힘의 행동 범위는 다음과 같이 네 가지로 규정된다. 첫째, 신체적 괴롭힘(physical bullying)이다. 신체 일부분을 때리거나 돈이나 물건을 빼앗거나 손상시키는 행동이다. 둘째, 언어적 괴롭힘(verbal bullying)으로서, 욕설 및 심한 놀림을 포함한다. 셋째, 관계적 괴롭힘(relational or indirect bullying)으로, 이는 집단 또는 행사에서의 제외 또는 고립시키는 괴롭힘이다. 넷째, 사이버 괴롭힘(cyber bullying)은 온라인 매체를 사용하는 것으로서 개인적이거나 온라인 공동체 등을 통한 것이다(Olweus, 1993; Dupper, 2013).

특히 청소년들 사이에 최근 유행처럼 지속적으로 확산되고 있는 사이버 괴롭힘은 자신의 신분이나 얼굴을 드러내지 않고 익명을 사용할 수 있기 때문에 가해학생은 양심에 가책을 덜 받고 부정적인 글과 공격을 가할 수 있다. 또 가담하는 학생도 손쉽게 글이나 동영상 등을 사용하여 괴롭힘에 동조할 수 있게 되어서 그 괴롭힘 정도가 더욱 심해지기도 한다. 〈표 14-5〉는 사이버 괴롭힘의 종류들이다.

〈표 14-5〉 청소년 사이버 괴롭힘의 유형 및 특징

	유 형	특 징
1	사이버 스토킹 (Cyber Stalking)	• 상대방의 거부에도 불구하고 인터넷이나 스마트폰을 통해 계속적으로 말·글·사진·그림 등을 보내 공포심과 불안감을 유발하는 행위 • 상대방이 원하지 않는 접속을 지속적으로 시도하거나 욕설, 협박 내용을 담고 있는 메일 송신행위를 지속하는 것

2	사이버 비방 (Cyber Slander)	• 인터넷이나 스마트폰을 통해 특정인에게 욕설, 비속어, 모욕적인 메시지 등을 전달하는 행위
3	해피 슬래핑 (Happy Slapping)	• 피해자가 원하지 않는 상태에서 예상치 못하게 가해자로부터 휴대폰 촬영을 하는 것
4	아이디 도용 (ID Theft)	• 특정인의 아이디를 이용하여 사이버상에서 마치 그 사람인 것처럼 행동하는 행위 • 자신의 ID를 공유하거나 특정 애플리케이션에 자동로그인 되도록 설정해 놓은 스마트폰을 남기고 자리를 비운 사이에 친구들이 원치 않게 사용하게 되는 것
5	이미지 불링 (사진변조, Image Bullying)	• 특정인을 비난하거나 모욕하기 위해 타인에게 알리고 싶지 않은 사진이나 동영상을 유포하는 행위 • 상대의 사진을 허락없이 합성하여 그것을 다수와 함께 공유하거나 게시하여 상대방으로 하여금 수치심을 가지게 하는 행위
6	사이버 갈취 (Cyber Extortion)	• 사이버상의 특정수단을 사용해 금품 갈취를 하거나 금전적 가치가 있는 대상(사이버머니, 캐릭터)을 얻거나 갈취하기 위해 지속적인 또는 억압적인 메시지를 보내는 행위
7	사이버 성폭력 (Sexting)	• 원치 않는 성적 메시지(글, 부호)나 이미지(음향, 영상물)를 상대방에게 일방적으로 보냄으로써 상대방에게 심각한 정신적 피해를 유발하는 행위
8	카톡 감옥 (Cyber Jail)	• 스마트폰 카카오톡 또는 이와 유사한 어플의 이용에 있어서 단체 대화방에서 퇴장한 대상을 지속적으로 재차 불러내어 욕설과 험담을 올리고, 원치 않는 정보를 공유하거나 비방을 하는 행위 • 대화방에서 퇴장하면 불이익을 받거나 괴롭힘을 당하는 대상이 될 것이라는 분위기를 조성하여 대화방에서 나가지 못하도록 하는 행위
9	플레이밍 (Flaming)	• 특정인을 자극하여 일부러 논쟁 또는 분란을 일으켜 특정인이 문제 있음을 드러나도록 하는 의도적 행위
10	사이버 따돌림 (사이버차단, Cyber Exclusion)	• 사이버상 또는 스마트폰 대화방에서 특정 대상을 친구목록에서 제외시키거나 친구신청을 거부하는 행위
11	사이버 명령 (Cyber-order)	• 사이버상 또는 스마트폰의 기능을 활용하여 시간과 거리에 구애받지 않고 특정 대상에게 원하지 않는 행동을 강요하거나 심부름 등을 시키는 행위
12	안티 카페 (Anti-cafe)	• 특정인을 비방, 욕설, 따돌림 등을 위해 사이버상에 사이트나 게시판 등을 만들어 특정 대상에 대한 비방, 욕설, 사진변조 등을 하는 행위

13	카따 (Cyberbullying Play)	• 사이버상 또는 스마트폰 등의 기능을 활용하여 카카오톡, SNS 등에서 한 친구를 왕따로 지목한 뒤 집단으로 괴롭히는 행위
14	사이버 명예훼손	• 타인의 명예를 훼손하는 글·사진 등을 인터넷 게시판에 게시하거나 이메일 등을 통해 유포하는 것
15	떼카	• SNS를 이용하여 다수의 학생이 한 명의 학생에게 일시적으로 욕설을 퍼붓는 행위
16	방쪽	• 대화방에 초대한 뒤 한꺼번에 나가버려 피해학생만 카톡방에 남기는 행위
17	와이파이셔틀	• 스마트폰 테더링 기능을 이용하여 피해학생의 스마트폰을 와이파이 공유기처럼 사용하는 행위
18	게임셔틀	• 게임을 대신해 주거나 아이템을 상납하는 행위

자료: 이승현 외(2015). 한국형사정책연구원. 44-51.

③ 또래 괴롭힘의 특성

또래 괴롭힘은 네 가지 특성으로 나눌 수 있다. 첫째, 또래 괴롭힘은 기본적으로 집단으로부터 소외와 배제성을 가진다. 이것은 가해학생이 피해학생을 주변학생들 앞에서 공개적으로 낙인을 찍는 행위로서 피해학생을 일차적으로 소외시키는 방법이다(권준모, 1999). 둘째, 또래 괴롭힘은 일회성이 아니라 지속적인 행동으로 나타난다. 올베우스(Olweus, 1993)는 또래 괴롭힘의 반복 및 지속성을 특히 강조하였다. 그러나 그는 단회적인 괴롭힘일지라도 상황에 따라 괴롭힘을 당하는 피해자가 인식하는 데 있어서 강력한 충격 및 스트레스로 다가올 수 있다는 점을 주의해야 한다고 덧붙였다. 셋째, 가해집단은 또래 괴롭힘 행동에 죄의식이나 죄책감을 느끼지 못한다. 넷째, 또래 괴롭힘은 가해자와 피해자 관계에서 발생하는 단순한 폭력이 아니라 집단 내에 암묵적 의사소통 과정에서 발생하는 집단현상이다(조희연, 2014).

(3) 청소년 또래 괴롭힘의 문제

부정적인 또래 집단과의 경험은 청소년의 사회적 부적응 문제를 일으키게 된다. 최근

늘고 있는 아동이나 청소년의 자살문제의 가장 큰 원인 중 하나가 또래로부터의 집단따돌림으로 나타나고 있다. 또래 괴롭힘 행동은 가해하는 사람의 관점으로는 장난이나 놀이가 될 수도 있지만 피해학생 관점에서는 '그 자신이 또래 괴롭힘 피해의 경험으로 인지하고 있다면' 그렇다고 볼 수 있다. 이것은 피해 청소년에게는 치명적이고 부정적인 경험이 될 수 있다(고은혜, 2015).

청소년들은 주변의 또래집단을 통해 사회성을 기르고 집단 안에서 성인이 되기까지 역할을 연습하기도 한다. 이 경우 또래집단에서 인정을 받게 되면 그 집단 내로 쉽게 수용되지만 그렇지 못할 경우에는 집단 내에서 따돌림을 당하거나 사회 경험의 손상이 일어나고 학교나 사회에 대한 적응력을 감소시킨다. 그리고 또래로부터 사회적 보상을 박탈당한 청소년은 개인의 자아개념이나 정체성 발달이 지연되기도 한다(Berndt, 1979). 이렇게 청소년기 또래집단 내에서 배타당하거나 소외감을 느끼게 되면 통합적 발달을 저해할 수 있다.

최근 발생하고 있는 또래 괴롭힘은 일상화와 놀이화 그리고 집단화와 구조화, 교묘화, 장기화, 정당화 등을 나타낸다. 이러한 또래 괴롭힘은 심한 경우에는 피해자를 자살까지 몰고가는 파국적 문제로 변모하고 있다. 특히 피해 청소년인 경우에는 이 시기의 심리적·정서적 상처로 인해 이후에도 부정적 영향이 오랜 시간 지속되기도 한다. 즉, 또래 괴롭힘 문제로 인한 청소년들의 개인적·사회적인 부적응 문제는 이후에도 계속 심각한 문제로 확대되어 나타날 수 있다.

2) 청소년 또래 괴롭힘 상담

(1) 상담의 목표

여기서 소개하는 해결중심적 단기상담(solution focused brief counseling; SFBC)은 인간중심 상담과 게슈탈트치료 상담 등을 통합시켜 만든 것으로 개인과 집단의 다양한 문제를 해결하는데 적용되고 있다(Sklare, 1997). 해결중심적 모델을 적용한 또래 괴롭힘 상담은 청소년 내담자가 자신과 타인에 대한 이해를 높이고 자기효능감을 증진하며 원만한 의사소통을 할 수 있도록 도움으로써 개인적 · 사회적인 안녕과 학교적응력 향상을 돕는 것을 목표로 한다. 결과적으로 청소년의 전인적인 성장을 도모하는 데 도움을 줄 수 있다.

(2) 상담의 기본원리

해결중심치료의 기본원리는 내담자가 이미 문제해결을 위한 자원을 가지고 있으며 문제를 해결할 수 있는 능력을 가지고 있다고 본다. 따라서 긍정적인 것, 즉 내담자의 성공적인 경험, 장점 및 강점을 발견하고 이를 치료에 활용한다. 내담자가 경험하는 문제에 대해 어떠한 가정도 하지 않을 뿐 아니라 내담자에 관한 것을 특정한 이론적 틀에서 해석하거나 사정, 평가하지 않는다. 또한 내담자의 과거를 깊이 연구하지 않으며 내담자가 현재와 미래에 적응하는 것에 관심을 둔다(전연진, 2005).

(3) 상담 과정

여기서는 학교상황에서의 해결중심 단기상담을 체계화시킨 5단계 모델(5-Step Treatment Model)을 제시하였다. 이 모델에서 제시하는 단계별 상담 과정은 다음과 같다(Kral, 1995).

① 제1단계: 내담자와 함께 작업하기(working with the client)

처음 내담자와의 만남에서 상담자는 내담자에게 존중과 권한을 부여하는 분위기를 만든다. 상담자는 알고싶어 하는 자세를 취하면서 내담자의 문제에 대한 느낌을 묻고, 경청하고 긍정하며 내담자가 사용하는 언어에 주목하면서 내담자의 준거틀 안에서 작업하고자 한다. 내담자가 상담자에게 공감과 경청을 받고 있다는 느낌을 가질 만큼 내담자 스스로 문제를 설명할 충분한 시간 뒤에 비로소 상담자는 문제중심적인 대화를 해결중심적인 대화로 이끌어간다.

② 제2단계: 잘 형성된 치료목표 협의하기(negotiating well-formed treatment goals)

잘 형성된 목표는 내담자의 준거틀 속에서 내담자와 함께 개발된 것이어야 한다. 상담자는 내담자가 지각하는 목표를 자신의 언어로 개념화하고 진술하도록 계속 권유한다.

상담 목표를 세울 때 고려할 점은 내담자에게 중요한 것, 작은 것, 구체적이고 행동적인 것을 사회적이고 상황적인 맥락에서 살펴야 한다는 것이다. 또한 목표를 이루기 위한 시작으로 간주하며 목표수행은 힘든 것으로 인식하도록 도와야 한다.

③ 제3단계: 내담자가 해결에 방향을 맞추도록 하기(orienting the client toward)

이 단계는 내담자를 문제해결로 유도하는 단계이다. 상담자는 해결중심으로 이끄는 효과적인 질문에 숙달되어야 한다. 질문은 문제 상황보다 해결 상황으로 형성해 가는 것이어야 한다.

④ 제4단계: 해결중심 개입(solution-focused intervention)

상담자는 상담 과정을 계속 관찰하고 있던 다른 상담자들이나 치료팀과 함께 내담자를 위한 메시지를 작성한다. 이것은 확인 과정, 연결 과정, 과제주기로 구성된다. 확인 과정은 내담자가 지금까지 문제를 해결하기 위하여 나름대로 노력한 것을 긍정적으로 평가하고 칭찬해 주는 과정이다. 연결 과정은 상담자가 과제를 주는 이유를 자연스럽게 설명해 주는 것이고, 과제를 부여하는 단계에서는 각 내담자에게 적절한 과제를 선택하여 부과한다.

⑤ 제5단계: 달성한 목표의 유지(goal maintenance)

제5단계에서는 해결중심 개입을 통해 이루어진 작은 변화를 계속 유지시키기 위한 전략에 초점을 맞춘다. 첫 회기를 제외한 모든 회기에서 "무엇이 나아졌나요"라는 질문을 통해 시작한다. 즉, 예외가 일어났는지, 무엇이, 언제, 어디서 그리고 어떻게 상황이 더 나아졌는지를 물음으로써 개선된 사실이나 상황을 확장시킨다. 다음에는 예외를 통해 나타나는 성공과 강점을 언어적인 칭찬이나 비언어적인 행동으로 강화하는 것이 필요하다. 마지막으로 "또 무엇이 나아졌나요"라는 질문을 통해서 변화의 탐색과 유지의 과정을 다시 시작하게 된다.

3. 청소년 성문제 상담

1) 청소년 성문제의 이해

(1) 청소년 성의 개념

성(sex)의 어원은 라틴어 'sexus'에서 유래된 것으로 본래 'seco(자르다, 나누다; cut)'라는 동사의 파생어이다. 이 단어는 모성으로부터 탯줄을 자름으로써 완전한 성이 된다는 뜻으로 남성과 여성으로 탄생한 독립된 인간을 의미한다. 또한 성(性)이란 한자는 마음 '심(心)'과 날 '생(生)'의 합성어로 마음과 몸을 합하여 인간 전체를 이룬다는 의미로 전인적인 인간을 총칭하는 말이다(오윤선 · 황인숙, 2016).

성은 크게 두 가지 의미로 문화적 의미인 'gender'와 생물학적 의미를 지니는 'sex'로 구별한다. gender는 개인에게 부여된 사회적인 성 역할과 그로부터 내면화시킨 심리적인 성을 말한다. 그리고 sex는 개인이 선천적으로 타고난 신체적인 차이나 성기를 포함하는 신체 일부를 사용하여 행해지는 성교의 의미로 사용된다.

구체적으로 gender는 태어날 때는 남녀로 태어났지만 그 사회의 문화적인 영향이나 양육 방법 등에 의해 학습되어진 후천적인 성으로서 자신이 느끼는 성 또는 여성다움, 남성다움을 의미한다. 최근에는 그 의미가 동등한 남녀관계를 포함하여 사회에서 평등함을 인정해 주고 실제화시키는 것으로 확장되었다. 아울러 sex는 성관계를 의미하기도 하지만 주로 신체구조에 의한 성별구분을 뜻한다. 이와 다르게 19세기 이후에 만들어진 'sexuality'는 'sex'보다 더 포괄적인 의미로서 인간의 성적 행동은 물론 개인이 갖는 성에 대한 환상, 꿈, 행동, 태도, 사고, 감정, 가치관, 신념, 이해 및 개인의 존재 의미 등 인간의 인격적인 성을 지칭하고 있다(최정순, 2009).

위와 같이 다양한 성의 개념이 있지만 한국사회는 통념상 청소년에게 성을 금기시 하고 입에 담기 힘든 수치스러운 부분으로 왜곡시키고 있다. 그러므로 청소년들이 마음 놓고 타인에게 자신의 성적 고민을 이야기하거나 상담을 요청하는 것조차 사회 · 문화적으로 억압받고 있는 현실이다. 따라서 청소년들은 흔히 '성'이라고 하면 성기와 성행위를 중심으로 하는 sex를 가장 먼저 떠올리는 경우가 대부분이다. 하지만 성은 다양하고 복합적인 개념을 가지고 있는 만큼 청소년들에게 있어서 여러 측면들이 적당히 균형을 이룰 때 만족된 삶을 영위할 수 있다.

청소년 시기에 성에 대한 인식은 정체성 발달과 사회관계 형성에 있어서 가장 중요한 위치를 차지할 뿐만 아니라 문화적 의미의 성역할(gender role)에 대한 인식과 관념의 기초가 된다. 이 시기에 잘못 습득한 성지식은 청소년의 성태도와 가치관 형성에 부정적 영향을 미치게 되어 많은 성문제를 발생시키게 된다.

(2) 청소년 성문제

① 음란물중독

청소년기에는 성에 대한 호기심이 왕성해지는 시기이므로 스마트폰이나 태블릿 등의 인터넷을 통해 음란물중독이 발생할 수 있다. 「아동·청소년의 성보호에 관한 법률」에서는 "아동·청소년 이용 음란물이란 아동·청소년 또는 아동·청소년으로 인식될 수 있는 사람이나 표현물이 등장하여 제4호의 어느 하나에 해당하는 행위를 하거나 그 밖의 성적 행위를 하는 내용을 표현하는 것으로서 필름, 비디오물, 게임물 또는 컴퓨터나 그 밖의 통신매체를 통한 화상이나 영상 등의 형태로 된 것을 말한다"라고 규정하고 있다(제2조 정의 제5호). 따라서 음란물중독이란 정보이용자가 지나치게 인터넷이나 성인용 영상물, 간행물, 콘텐츠 등에 포함된 음란한 내용에 심취하여 일상생활에 심각한 사회적·정신적·신체적 지장을 받고 있는 상태라고 정의할 수 있다.

청소년 음란물중독의 문제는 음란물을 본 후에 나타나는 연상작용 때문에 학업에 지장을 초래하며, 성충동의 발생으로 성에 대한 잘못된 사고를 갖게 한다는 점이다. 또한 음란물에 대한 잘못된 학습은 호기심이 왕성한 시기에 성에 대한 잘못된 이상을 갖게 한다. 청소년들이 음란물을 자주 접하다 보면 왜곡된 성의식을 갖는 것은 물론 최악의 경우 어린 나이에 이성과 성행위를 하거나 성범죄까지도 저지를 수 있다.

② 성폭력

일반적으로 성폭력이란 상대방의 동의 없이 강제적으로 성적 행위를 하거나 성적 행위를 하도록 강요 또는 위압하는 행위를 포함하며 선정적 언어로 성행위를 유발시키는 행위라고 정의할 수 있다. 청소년 성폭력은 어린이나 성인 피해자의 경우와 비교해 볼 때 윤간, 강도, 강간 등의 특수강간의 비율이 높고 남성 피해자도 상당수 있다. 청소년들이 피해자인 경우 다른 연령층과 비교하여 친족 내의 피해, 선배나 동급생에 의한 피해(데이트 성폭력 포함), 교사나 강사 등에 의한 성폭력의 비율이 높게 나타난다. 정확한 성지식을 가지고 있지 못한 청소년들이 피해자가 될 경우 임신이나 낙태 등의 신체적 피해를 입을 확률이 높다. 이러한 피해가 학업중단이나 일탈행위 등 극단적인 상황으로 확산되는 경우, 그 피해는 매우 심각해질 수 있다(양승오, 2011).

청소년 성폭력 피해는 또래 간의 피해가 높고, 집단 강간 등 보다 심각한 형태가 많다. 또한 발달특성상 아동과 동일한 성폭력 피해의 후유증을 보이고 대처행동에 있어서는 혼자 문제를 해결하려는 경향이 더 강하다. 더군다나 가출 등 비행 문제로까지 확산될 가능성이 높다는 점에서 아동 성폭력의 양상과는 다소 차이가 있다(최지영, 2009).

③ 청소년 한부모

청소년 한부모란 만 24세 이하의 모(母) 또는 부(父)를 말한다. 법률에서 공식적으로 사용하게 된 것은 제주특별자치도에서 "청소년한부모 교육지원에 관한 조례"를 2011년 6월에 제정·시행하면서 부터이다[제주특별자치도조례 제762호].

기존에 사용하던 '미혼모'라는 용어는 사회규범으로 허용된 결혼제도를 통하지 않고 임신을 하여, 비합법적으로 아기를 출산한 여성을 뜻한다. 미국의 경우 미혼으로 임신했을 때 대부분이 아기의 양육을 선택하고 있으며, 미혼모라는 말이 갖는 부정적인 의미를 줄이기 위해 이들을 독신모로 칭하고 10대모인 경우는 특별히 'Young single mother' 또는 'Teen Mother'로 분리하여 칭하고 있다. 또한 경우에 따라서 이들을 결혼 경력이 있는 한부모 안에서 분리할 때는 미혼모(unmarried lone mother) 등으로 칭했다(공기현, 2002).

청소년 한부모 문제는 성 욕구와 충동이 고조되는 청소년기 남녀의 성에 대한 무지와 미숙에서 오는 결과라고 말할 수 있다. 즉, 결혼 전에 동거 및 성생활을 함으로써 임신 및 출산을 하게 된다. 최근 청소년기의 혼전 임신은 양적으로 늘어날 뿐 아니라 연령적으로도 연소화의 경향을 나타내고 있다. 청소년 한부모 문제는 좋은 환경에서 자란 사람에 비해서 그렇지 못한 환경에서 자란 사람들에게 더 많이 발생하기도 하지만 반드시 그런 것은 아니다. 따라서 대부분의 청소년들과 관련된 일반적인 문제로 생각하는 것이 타당할 것이다(김민철, 2003). 임신한 청소년은 호르몬 변화 과정을 경험하게 되고 임신으로 인한 신체적 변화는 사회생활에 지장을 초래할 수 있다. 청소년의 임신은 자아와 타인 사이의 경계가 흐려지는 정서적 혼란을 가져오기도 하고, 신생아에 대해서 비현실적인 이미지와 왜곡된 개념을 가질 수도 있다(양승오, 2011).

④ 자위행위

자위행위의 사전적 정의를 살펴보면 자위행위(自慰行爲)는 오르가즘을 얻기 위해 자신의 생식기를 성적으로 자극하는 행위이다(출처: 위키백과사전). 청소년기의 자위행위는 행위 그 자체보다 해서는 안 되는 행위라 생각하며 할 때, 그에 따르는 죄책감이나 불안이 더욱 문제가 된다(김정옥 · 박재복, 2001).

자위행위는 신체에 대부분 해가 되지는 않는다. 그러나 이성에 대한 생각을 지나치게 많이 하면서도 적극적으로 이성 교제를 하려는 노력을 하지 않게 될 수 있다. 그리고 죄의식을 갖게 되거나 대인관계에서 소극적으로 위축될 수 있다. 친구와 어울리기, 취미활동, 운동, 공부 등에 자신감을 잃게 된 청소년들이 자위행위에 과도하게 몰두하는 경우 문제가 될 수 있다(양승오, 2011).

아하청소년문화센터(2013) 조사에서 "성충동의 해결방안"에 대한 결과를 보면 남자 청소년의 경우 1위가 '운동/취미활동(27.4%)', 2위가 '자위(21.3%)'로 나타난 반면, 여자 청소년은 1위가 '운동/취미활동(11.7%)', 2위가 '다른 생각(11.2%)'을 하는 것으로 나타났다.

⑤ 성매매

「아동 · 청소년의 성보호에 관한 법률」 제2조에 의하면 성매매라는 용어 대신 '아동 · 청소년의 성을 사는 행위'라는 용어를 사용하고 있다(여기에서 아동 · 청소년이란 19세 미만의 자를 말하고, 다만 19세에 도달하는 연도의 1월 1일을 맞이한 자는 제외하는 것으로 정하고 있다).

'아동 · 청소년의 성을 사는 행위'란 아동 · 청소년의 성을 사는 행위를 알선한 자 또는 아동 · 청소년을 실질적으로 보호 · 감독하는 자 등에게 금품이나 그밖의 재산상 이익, 직무 · 편의 제공 등 대가를 제공하거나 약속한 경우를 포함한다. 이에 더하여 성교 행위 또는 신체의 일부나 도구를 이용한 유사 성교 행위, 신체의 전부 또는 일부를 접촉 · 노출하는 행위이다. 그리고 일반인의 성적 수치심이나 혐오감을 일으키는 행위, 자위행위 중의 어느 하나에 해당하는 행위를 아동 · 청소년을 대상으로 하거나 아동 · 청소년으로 하여금 하게 하는 것을 말한다. 여기서 피해 아동 · 청소년이란 아동 · 청소년의 성을 사는 행위의 피해자가 된 아동 · 청소년을 말하고, 대상 아동 · 청소년이란 아동 · 청소년의 성을 사는 행위의 상대방이 된 아동 · 청소년을 말한다. 경찰청 조사에서 나타난 성매매 사범의 연령대별 현황을 살펴보면 31~40세의 비율이 가장 높은 것으로 나타났다. 그 다음은 대체로 21~30세, 41~50세, 51~60세, 18세 이하, 61~70세, 19~20세, 71세 이상 순으로 나타나고 있으나 2012년에는 19~20세의 수가 61~70세의 수보다 높은 것을 볼 수 있다(경찰청, 2013).

⑥ 동성애

최근에는 성 정체성에 관련하여 성소수자라는 용어를 사용하는데, 성소수자(LGBT)는 레즈비언(Lesbian), 게이(Gay), 양성애자(Bisexual), 성 전환자(Transgender)를 집합적으로 지칭하는 축약어이다(출처: 위키백과사전). 특히 동성애 행위는 여러 부정적인 결과들을 불러오게 된다. 동성애 남자의 1/2~3/4이 B형 감염환자이며, A형 간염과 장내 기생충 등을 동성애자들에게 흔히 볼 수 있는데 의사들은 이것을 "동성애 내장 증후군"이라고 부른다(McDowell, 2000).

일부 청소년들은 자신이 동성에게 관심이 있다거나 성적인 끌림이 반복적이라는 사실을 통해 자신의 동성애 성향을 의심하게 된다. 이러한 경험은 개인에게 혼란과 불안을 가중시키고 자신의 성적 지향에 대한 두려움을 느끼게 한다. 또한 청소년들은 자신의 동성애 상황에 대해 타인에게 표현하려는 시도를 하기도 한다. 즉, 자신의 성적 정체성에 대해 가까운 친구에게 말한다든지, 좋아하는 대상에게 표현하거나 가족에게 이야기하는 것을 생각하게 된다. 그러나 이러한 과정에서 다시 한 번 자기 자신에 대한 혐오감을 경험하게 되고, 가까운 이들로부터 배척을 당하는 경우까지 발생하게 된다. 따라서 이러한 성향의 청소년은 사회나 학교 및 가족 내에서 대인관계와 생활 전반에 부적응적 현상을 보이게 된다(권해수, 2009).

(3) 청소년 성문제 현황

2017년 청소년건강행태온라인조사에서 '평생 동안 성관계 경험'을 묻는 질문에서 남학생(7.1%)이 여학생(3.1%)보다 높았으며, 고등학생(남 9.7%, 여 4.3%)이 중학생(남 3.9%, 여 1.7%)보다 높았다. 성관계 경험 학생의 피임 실천율은 남학생 49.7%, 여학생은 50.4%이었다.

질병관리본부(2015)는 중·고등학생 373,371명을 대상으로 실시한 청소년온라인건강행태조사 중 2008년부터 2012년까지 수행된 모든 조사를 합산하여 분석하였다. 이 분석은 성관계 경험에 대한 항목을 조사하여 청소년의 성의식 및 동성애의 유병상태를 파악하고자 실시하였다. 이 조사에서 이성과의 성접촉이 있다고 응답한 대상자는 남학생 17.1%, 여학생 14.2%이다. 이 중 직접적인 성행위를 포함한 성관계를 경험한 대상자는 남학생 5.9%, 여학생 2.7%로 성적 접촉이 있는 학생은 남학생 34.4%, 여학생 18.7%로 조사되었다. 또한 동성과의 성접촉이 있다고 응답한 대상자는 남학생 1.6%, 여학생 1.1%였으며, 이중 직접적인 성행위를 포함한 성관계를 경험한 대상자는 남학생 1.3%, 여학생 0.5%이었다.

청소년기는 부적절한 시기의 성적 경험을 포함하고 있으므로 이 조사에서 성접촉이나 성관계의 피해 여부를 평가해 보았다. 그 결과 이성과의 키스와 애무를 포함한 성접촉을 한 경우 중 성폭력으로 인한 경험은 남성 3.6%, 여성 4.8%로 남성에 비해 여성의 빈도가 더 높았으며, 특히 저학년일수록 성폭력으로 인한 성접촉이 높게 나타났다. 이성과의 성관계에서 성폭력에 의한 피해는 남성 9.6%, 여성 14.0%로 성접촉에 비해 더 높은 구성비를 보였으며, 이 역시 저학년인 경우 더 많은 피해가 있었다. 특히 중학교 2학년, 3학년이 이성에 의한 성폭력에 가장 크게 노출되는 것으로 조사되었다. 동성 혹은 양성과의 성관계를 경험한 대상자 중 많은 청소년이 성폭력의 대상으로 나타났으며 이는 이성과의 성관계를 경험한 청소년에 비해 높은 수치를 보였다.

이어서 성관계를 경험한 학생 가운데 성매개 감염병에 전염된 경험이 있는지에 대한 조사에서 남학생의 경우 10.4%, 여학생의 경우는 10.0%가 경험이 있다고 응답하였다. 남녀 모두 이성과의 성관계에 비해 동성과의 성관계 혹은 양성과의 성관계에서 더 높은 성매개 감염병 경험률을 나타냈다. 성매개 감염병에 감염된 이후 치료 여부에 대한 조사에서 병원에서 치료를 받았다고 응답된 비율은 남학생 33.6%, 여학생 38.6%로 조사되었다. 이는 성인 조사 결과보다 매우 높은 감염 경험률을 가졌으나 치료는 제대로 수행하지 않는 것으로 나타났다. 결혼 전 성관계에 대해서는 긍정적으로 응답한 청소년이 38.7%로 부정적으로 생각한 청소년(32.1%)보다 많아 혼전 성관계에 대해 열린 태도를 가지고 있는 것으로 나타났다. 반면 사랑하지 않는 사람과 결혼 전 성관계에 대해서는 부정적인 응답이 69.7%로 긍정적인 응답 13.0%보다 월등히 높았다. 청소년들은 '돈을 주고 성관계를 맺을 수 있다'는 질문에 압도적 다수가 '그렇지 않다(77.8%)'라고 응답했으며 소수(9.5%)만이 성매매에 긍정적인 인식을 나타냈다. 이는 사랑하지 않는 사람과 결혼 전 성관계에 대한 질문의 응답 결과에서도 볼 수 있듯이 청소년들은 성적 유희를 위한 만남에 대해서는 부정적인 태도를 지니고 있다는 것을 알 수 있다(질병관리본부, 2015).

2) 청소년 성문제 상담

(1) 상담의 목표

① 성에 관한 사적 관심들을 명료화시켜 준다.

② 성과 관련된 문제행동을 선택하는 이유를 명료화시켜 준다.

③ 또래들의 부당한 압력에 적절히 대처할 수 있도록 도와주고, 다른 또래들에게 부당

한 압력을 가하지 않도록 한다.

④ 각종 성문제로 인한 상처를 치유받고 건강한 삶을 영위하도록 한다.

(2) 상담 과정

① 내담자의 문제 확인 및 치유적 관계모색

성상담을 위해서는 우선적으로 내담자가 호소하는 문제가 무엇인지를 명확하게 이해하는 것이 중요하다. 내담자가 성에 관한 정보나 지식을 필요로 하는 것인지 성에 대한 태도나 가치관과 관련된 문제인지, 아니면 정서 상태나 사회적 기술의 부족인지 또한 지적장애가 원인인지를 파악하는 것이 상담자가 해야 할 일이다. 대부분의 청소년들은 자신의 성적 관심을 상담자에게 솔직하게 이야기하는 것을 매우 부담스러워 한다. 그렇기 때문에 상담을 위한 첫걸음으로 내담자와 접촉점을 이루어 치유적 관계를 확립하는 것이 중요하다. 내담자와 좋은 관계형성을 위해서 참여이해(understanding), 수용(acceptance), 관심있는 행동(attending behaviors) 등이 필요하다(오윤선, 2007).

- 참여적 이해

참여적 이해는 고도의 일치성(congruence)과 진지성(genuineness) 그리고 문제에 처한 청소년의 현재 상태 그대로 이해하는 감정이입적 이해(empathetic understanding)를 말한다.

- 수용

수용 과정을 통하여 청소년 내담자는 자기 감정의 두려움과 근심 없이 참자아를 대면할 여유를 갖게 되고 자아역량도 회복된다.

- 관심 있는 행동

관심 있는 행동은 위기에 처한 청소년에게 안도감을 주고 상담자의 관심과 흥미를 보여주기 위한 외적 행동이다. 이 행동은 "나는 청소년에게 관심을 가지고 정성껏 돌보아주겠다"는 말을 실천하는 행동이다.

② 내담자가 원하는 내용 파악

내담자의 호소문제가 파악되고 또한 원인이 탐색되면, 상담자는 내담자가 그 문제 상황과 관련하여 무엇을 원하고 있는지를 확인할 필요가 있다. 문제에 빠져 있는 시간이 오래되었거나 내담자가 문제 상황을 구체적으로 알지 못해서 자신이 무엇을 원하고 있는지를 모르는 경우도 있다. 또 절망감을 경험한 이후 의도적으로 원하는 것을 거부하는 경우도 있다. 그러나 청소년 내담자가 원하는 것이 무엇인지 분명히 알아야 상담의 목표를 명료화할 수 있다.

③ 내담자의 문제해결을 위한 노력 확인 및 수용

상담을 받으려는 내담자는 문제를 해결하거나 상황을 개선시키려는 의지와 동기를 갖고 있지만, 이와 동시에 문제해결 가능성에 대한 불확실성을 강하게 느끼고 있다. 따라서 청소년 내담자가 직면하고 있는 성문제 해결에 조력하기 위해서는 내담자의 문제해결 노력을 확인할 필요가 있다. 이러한 탐색 과정은 다음과 같은 세 가지 측면에서 필요하다.

- 내담자의 특성 이해

상담 장면에서 만나는 청소년 내담자는 문제해결에 대한 동기에 따라 크게 세 유형으로 구별된다. 첫 번째 유형은 문제 상황에 대한 실제적 문제의식조차 없는 경우이고, 두 번째 유형은 문제 상황에 대한 문제의식은 있으나 해결 의지보다는 직면하는 어려움을 회피하기 위해 자신의 어려움을 불평하는 유형이며, 세 번째 유형은 문제해결의 진정한 의지와 동기를 지니고 있으나 문제해결을 위한 적절한 방법을 찾지 못하는 경우이다.

- 내담자의 새로운 대처방식을 탐색할 수 있는 기회 제공

대부분의 청소년 내담자들은 문제 상황에 대처하는 나름대로의 노력을 시도해 본 경험이 있을 것이다. 이들은 자신의 시도가 실패함에 따라 더욱 커다란 절망감이나 좌절감에 빠지기도 하고 그로 인한 무력감에 빠지기도 한다. 이러한 경우 상담자가 이들의 노력을 수용하고 격려하며 그러한 노력을 하는 내담자의 의지를 진정으로 수용할 수 있다면 내담

자들에게 자기 이해와 수용능력을 높여줄 수 있다.

- **내담자 문제의 적절성 확인 기회 제공**

내담자들의 문제해결을 위한 노력의 탐색은 그들이 겪고 있는 성 문제가 얼마나 그들에게 절박한 것인지를 알 수 있게 해 준다. 간혹 청소년들은 장난삼아 자신들의 성적 호기심을 상담을 통해 간접적으로 충족하고자 한다.

④ 상담목표 논의와 합의

청소년 내담자가 원하는 것과 문제해결 노력을 확인하면 상담목표를 설정하는 것이 수월해진다. 상담자와 내담자가 상담목표를 논의함으로써 상담의 진행 과정과 전략 등에 대해 합리적인 계획을 세울 수 있다. 내담자가 상담을 통해서 얻고자 하는 것을 구체화하는 것은 대부분의 상담에서 필요하다.

⑤ 새로운 대처행동 계획수립

상담자는 내담자가 원하는 상담목표를 달성할 수 있는 새로운 대안을 모색하고 그 대안을 위한 구체적인 실천계획을 수립하도록 도울 수 있어야 한다. 이때 상담전략에 대해서 중지 수렴(Brain Storming) 규칙은 다음과 같이 한다.

- 목표 달성을 위해 되도록 많은 의견이나 방법을 제시하여 정보의 양에 관심을 갖도록 한다.
- 여러 가지 실현 가능한 의견이 제시되기 전까지는 제시된 의견에 대한 비판이나 평가 등은 보류한다.
- 가능성이나 효과가 실제적이지 않은 의견이라도 이를 토대로 다른 의견이 나올 수 있도록 장려되어야 한다.
- 여러 가지 의견이 다 제시되면 가장 유용한 의견을 다듬어 조합한다.
- 가장 유용하고 현실적인 대안을 선정하여 구체적인 실천행동을 계획하고 연습하도록 도와야 한다.

⑥ 구체적인 지침제공

상담목표와 계획이 수립되었으면 상담자는 내담자에게 구체적인 지침을 제시하고 적극적으로 참여하도록 격려해야 한다. 그리고 성적인 문제가 야기될 수 있는 상황이 발생할 경우에 내담자가 문제를 잘 대처할 수 있는 지침들을 제공하고 가장 효과적인 해결 방안들을 모색할 수 있도록 해야 한다. 그뿐만 아니라 내담자로 하여금 문제들이 발생할 수 있는 상황과 시간에 대한 대처계획을 수립하도록 한다. 만약 문제가 발생했을 경우에는 신중하고 신속하게 문제가 해결될 수 있도록 도와야 한다.

⑦ 결과확인

상담자는 내담자의 대처행동 결과를 확인하고 그 결과에 대해서 논의해야 한다. 만약에 내담자가 제시한 지침을 실행하지 못하고 실패했을 경우에는 다른 지침과 지원을 시도한다. 그리고 제시한 지침을 잘 실행했을 경우, 칭찬과 격려를 통해서 지지하고 지속적으로 잘 실행할 수 있도록 해야 한다.

⑧ 종결

내담자의 문제가 해결되었으면 상담을 종결한다. 청소년의 성문제는 종결 후에도 재발가능이 높다. 때문에 지속적인 추후지도를 통해서 성충동과 성욕구를 잘 관리하고 건전한 활동에 몰입할 수 있는 방안을 지속적으로 제시할 필요가 있다(금명자 외, 2002). 그리고 상담자는 내담자에게 추후상담의 가능성을 열어두고 지속적으로 도움을 줄 수 있도록 한다.

4. 청소년 자살위기 상담

1) 청소년 자살위기의 이해

(1) 자살의 개념

자살(自殺)이란 인간 스스로의 명백한 의지와 힘으로 자신을 죽이려는 행위를 말한다(한국가톨릭의사협회, 1993). 자살(suicide)의 어원은 라틴어 'sui(자기 자신)'와 'caedo(죽인다)'라는 두 개의 단어가 합성된 것이다. 그러므로 자살이란 자해, 음독, 질식 등의 원인으로 인한 죽음으로서 그 상해 자체를 자신이 가한 것이라는 증거(외현적 혹은 암묵적)가 있고 스스로 죽으려는 의도가 있는 사망이다(O'Carroll et al., 1996).

프로이트의 정신분석의 관점에서 자살행위는 개인의 내적인 갈등과 무의식적인 환상에서 비롯된다고 보았고 자기 자신에게 향해 있는 죽음 본능의 활동 요소가 극적으로 표현되는 것이다. 그리고 융(Jung)은 생의 모든 의미를 상실했다고 사무치게 느끼는 사람이 가진 정신적인 재생을 갈구하는 무의식적 소원과 자살이 관계된다고 보았으며, 아들러는 환경 내에서 타인을 조종하도록 시도하는 것으로 설명하였다(Adler, 1958).

(2) 청소년 자살의 이해

뒤르켐(Emile Durkheim)을 비롯한 여러 학자들은 청소년기의 자살을 아노미(anomic suicide) 현상의 한 가지로 보았다. 즉, 청소년기 자살행동은 여러 갈등 상황 속에서 심리적 역동의 급격하고 충동적인 처리 과정에서 비롯되는 것으로 여긴다(Durkheim, 2005).

청소년 자살행동은 자살생각(suicidal ideation), 자살시도(attempted suicide), 자살사망(completed suicide)이라는 일련의 과정을 거친다(Kim & Kim, 2008). 자살생각은 자살에 대한 생각, 계획 등 사고적 측면에 초점을 맞추고 자살시도는 구체적인 행동을 표현하는 경우이다. 청소년들의 자살생각은 자살시도의 중요한 예측지표가 될 수 있고, 이러한 자살생각을 감소시킴으로써 자살시도를 예방할 수 있다. 청소년의 자살시도가 사망으로 이어지지는 않더라도 과정 자체가 청소년 자신이나 주변사람의 정신건강에 악영향을 끼치게 된다. 더군다나 사회적인 기능 저하와 이와 비슷한 상황이 지속적으로 반복되는 경향을 가지고 있다. 때문에 자살충동 및 시도를 경험하는 청소년들을 조기에 파악하고 위기에 대처할 수 있도록 해야 한다(박재연, 2010).

(3) 청소년 자살문제 및 현황

통계청과 여성가족부(2018)의 자료에 따르면 2016년 9~24세 청소년의 사망원인은 '고의적 자해(자살)'가 가장 많고, 다음으로는 '운수사고', '악성신생물(암)'의 순서로 나타났다. 또한 2007년 이후 10년 이상 지속적으로 우리나라 청소년의 사망원인 1위는 '고의적 자해(자살)'라는 충격적인 보고가 있다. 이는 2009년 가장 높은 수치로 나타났다가 감소하는 추세였지만 2016년 소폭 증가하였다.

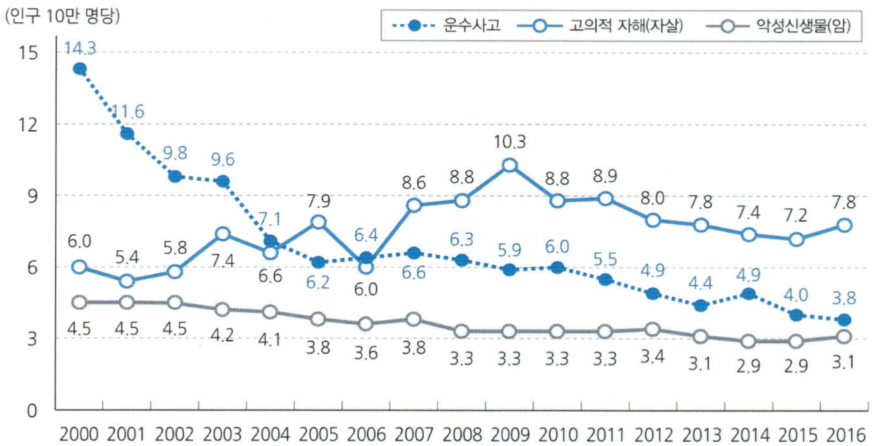

[그림 14-2] 청소년 사망원인

자료: 통계청 · 여성가족부(2018)

조사결과, 최근 12개월 동안 심각하게 자살을 생각한 적이 있는 남학생은 9.4%로 여학생 15.0%보다 낮았으며, 고등학생(남학생: 9.6%, 여학생: 13.8%)과 중학생(남학생: 9.3%, 여학생: 16.4%)에서 남학생은 비슷한 수준이었으나, 여학생은 중학생의 경우가 더 높았다.

최근 12개월 동안 자살하기 위해 구체적인 계획을 세운 적이 있는 학생은 3.9%, 자살을 시도해 본 적이 있는 학생은 2.6%이었고, 자살시도 후 병원에서 치료를 받은 적이 있는 학생은 0.5%이었다. 그리고 최근 12개월 동안 자살을 시도한 적이 있는 청소년은 3.1%(남학생: 2.2%, 여학생: 4.1%)였고 중학생은 3.6%, 고등학생은 2.6%로 측정되었다(질병관리본부, 2017).

2) 청소년 자살위기의 원인 및 보호요인

(1) 청소년 자살의 원인

① 심리학적인 입장

심리학적 입장에서는 자살을 개별적인 특성 및 심리적인 상태로 이해하려고 한다. 인지적 관점을 지닌 바우마이스터(R. F. Baumeister)는 개인이 자신의 고통으로부터 탈출하기 위한 방법으로서 자살행동을 설명하였다(Baumeister, 1990). 청소년은 스스로 성취하려는 기대수준과 현실의 격차로 인하여 자기비난, 부정적인 자기평가를 비롯하여 자신에게만 집중하게 된다. 이로 인하여 자학적인 자기지각이 심해지며 그 결과 스스로에 대한 부정적인 감정상태를 유지하게 된다.

이러한 현상을 겪게 되는 경우, 극심한 고통과 정서를 사라지게 할 방법을 고려하게 되는데 이때 인지적 몰락상태가 촉발된다. 인지적 몰락이란 정신기능 자체가 협소하게(mental narrowing) 진행되는 것을 말한다. 이는 모든 신념에 대한 의미를 상실하고 피상적이고 무가치하게 여기며 평가하는 상태를 뜻한다. 이와 같은 상태는 자살을 방지하는 다양한 내부적 통제력을 약화시키고 결국 부정적으로 지각된 자신과 정서로부터 도피하기 위해서 자살과 같은 극단적인 선택을 하게 된다는 것이다(Baumeister, 1990).

② 발달학적인 입장

청소년기는 급격한 신체적, 인지적 발달과 함께 친구들과 유대관계를 맺고 상호작용으로 사회적인 기술을 익히게 된다. 그리고 개별적인 한 성인으로 독립하기 위해 양육자와 분리되고 스스로의 정체성을 모색하는 시기이다. 하지만 아직은 인지적, 행동적 대안이 미비하고 정서적 조절 능력이 성숙하지 않은 상태이다. 때문에 심리적, 환경적인 스트레스로 인하여 불균형한 상태에 있게 되면서 이로 인한 자살위기에 놓이는 경우가 발생하기도 한다(배주미 · 이승연 · 김은영, 2010). 구체적인 이유로는 전두엽 발달이 완전하지 못하여 종합적 사고가 어려운 시기이며 신체적, 정서적인 변화로 인한 격동의 시기이기 때문이다. 그리고 지적 변화로 기존의 가치나 규범에 도전하는 시기이고 자아정체성 혼란의 시기이기도 하다(김유진 외, 2014)

③ 사회학적인 입장

사회학적인 입장에서의 자살은 청소년의 사회환경 및 조건을 그 원인으로 설명한다. 여기에는 사회통합 이론과 현대화 이론, 갈등주의 이론 등이 있다. 먼저 사회통합 이론은 자살을 특정 개인이 속한 사회통합 정도와 반비례하는 것으로 인식한다. 즉, 자살현상을 사회병리로 보는 입장이다. 따라서 자살행동에 대한 연구대상은 청소년이 아니라 사회로 본다. 왜냐하면 자살은 개인적 행위가 아니라 사회의 특수한 행태를 보여주는 것이기 때문이다. 이에 사회통합 수준에 따라 이기적 자살, 이타적 자살, 아노미적 자살로 나눈다. 먼저, 이기적 자살은 극심한 개인주의로 인하여 개인을 규제할 만한 사회적 영향력의 부재 때문에 발생하는 것으로 본다. 개인 간 응집력이 강하고 상호관계가 잘 조성된 사회는 개인에게 심리적 안정을 주고 치료적인 효과를 가져 올 수 있다. 그러나 개인주의적인 청소년은 사회적 지지를 공급받지 못하고 소외될 수 있다. 다음으로 이타적 자살은 청소년이 그가 속한 사회와 지나치게 통합되어 그 사회를 위해 자살로서 자신을 희생하는 경우이다. 그리고 아노미성 자살은 사회와 개인 간 통합 상태의 평형이 흐트러져 개인으로서 보편적인 기준의 행동을 할 수 없을 때 발생한다(Durkheim, 2005).

둘째, 현대화 이론은 경제적 생산기술 발전, 대중교육 확대, 보건 및 의료기술 발전, 도시화 등 현대화의 결과로서 자살을 설명하는 입장이다. 그러므로 노동시장에서의 경제적·사회적 역할 상실은 개인의 사회·심리적 소외를 가져오는 것으로 본다(Cowgill, 1974).

셋째, 갈등주의 이론은 사회구조 및 제도적 모순에 초점을 두고 있다. 이는 사회를 한 개인과 또 다른 개인 간, 집단과 집단 간의 경쟁 및 갈등의 연속으로 보는 입장이다. 여러 가지 사회문제는 많은 희소자원을 획득하고 있는 집단에게는 위협이 될 수 있다. 이러한 위협에 대하여 획득 집단들이 자신들의 자원을 축적 및 유지하기 위한 대처를 하게 될 때 여기서 자살 등의 또 다른 문제가 파생된다고 보았다.

④ 생태체계적인 입장

이 입장은 청소년의 행동을 적절하게 이해하기 위하여 사회 전반적 체계와 그 상호작용을 함께 고려해야 하는 것으로 본다. 이들의 행동은 개별적이지만 동시에 사회적인 산물이다. 그러므로 개인은 사회적 환경과 상호작용을 일으키면서 여기에 대해 다양하고 복잡한 심리적 반응과 행동을 보이게 된다. 따라서 청소년의 자살행동 이해를 위하여 개인적 특성과 사회·환경적인 측면을 동시에 살펴봐야 할 것이다.

실제로 '청소년의 죽고 싶은 이유'에 대한 조사 결과, 가장 큰 이유는 학교 성적(40.7%)으로 나타났고 기타(27.3%), 가족 간의 갈등(22.1%), 선후배나 또래와의 갈등(8.3%), 경제적인 어려움(1.7%) 순으로 조사되었다. 이 결과에서 대부분의 문항은 남녀차이가 1~2% 정도로 비슷한 수준을 보였다. 그러나 '선후배나 또래와의 갈등'이 자살생각의 원인이 되는 경우는 여자청소년은 9.9%, 남자청소년은 5.8%로 다른 요인에 비해 남녀 차이가 두드러지게 나타났다(한국청소년정책연구원, 2016).

종합해 보면 자살에 대한 이해에 있어서 심리학적인 입장은 개인의 심리적 요인에만 중점을 두고 외부환경에 대하여는 도외시 하는 경향이 있다. 이어서 사회학적인 입장은 사회구조 자체를 자살의 원인으로 보기 때문에 청소년의 자살행위를 소홀히 간과할 수 있다. 이러한 한계를 극복하기 위해 생태체계적인 입장에서는 개인의 행동을 실제 경험하고 있는 사회체계와 함께 이해하려고 시도하였다.

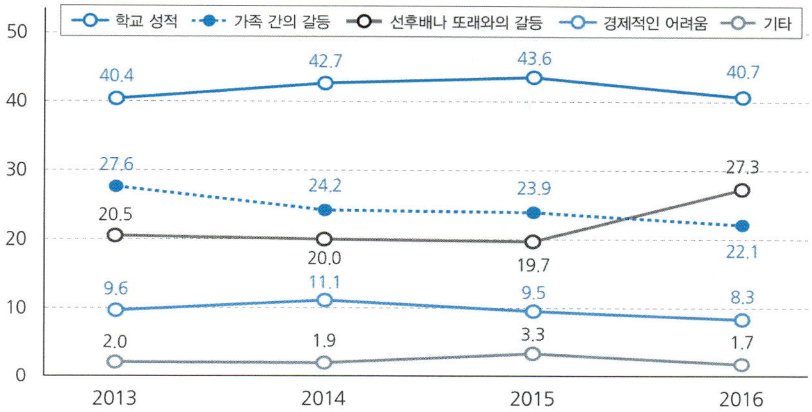

[그림 14-3] 청소년 자살생각의 원인

자료: 한국청소년정책연구원(2016). 2016년 한국아동 · 청소년 인권 실태조사.

(2) 청소년 자살의 위험요인 및 보호요인

다음 표는 자살에 대한 '위험요인'과 자살을 예방하는 '보호요인'을 함께 제시하고 있다(김유진 외, 2014).

〈표 14-6〉 자살의 위험요인 및 보호요인

	위험요인	보호요인
개인 요인	1. 자아에 대한 비난과 부정적인 평가 2. 개인이 가진 비현실적으로 높은 기대 3. 우울증 및 낮은 성취 4. 알코올과 약물남용 5. 낮은 자아존중감 6. 정서적 사회적인 고립 7. 친밀한 관계의 상실 및 대화 단절 8. 무력감 및 충동성 9. 미래에 희망 없음 10. 이성 혹은 양육자와의 문제 11. 자아 위축적인 성격 12. 자살시도 경력	1. 모든 일에 긍정적인 생각 2. 긍정적인 자아존중감 3. 감정의 적절한 통제와 적절한 표출 4. 주변에서 유용한 조언 구하기 5. 미래에 대한 긍정적인 기대 6. 자신에 대해 가치를 높게 판단하는 자존감 7. 영성 및 종교생활 8. 원만한 대인관계 9. 적극적인 문제해결 기술 10. 효과적인 스트레스 대처기술 11. 도움을 요청할 수 있는 기술

	13. 자기도피적인 사고 14. 가족과 학교에 대한 애착과 헌신 부족 15. 반복적인 스트레스 및 대처기제 부족	
가족 요인	1. 가족 구성원 중 이전 자살시도 경험 2. 가족의 응집성 결여 3. 부부간 또는 부모와 자녀 간의 잦은 갈등 4. 가정폭력 및 가족관계 불만족 5. 경제적 빈곤과 부모의 실직 6. 부모로부터 정서적 박탈, 의사소통 결여 7. 가족의 질병 8. 반복적인 생활스트레스 및 대처기제 부족 9. 낮은 자아존중감 10. 가족구성원의 자율적 기능,지지 부재	1. 부모들의 긍정적인 관계 2. 가족 간 원활한 의사소통 3. 긍정적인 가족 가치관 4. 경제적 안정 5. 좋은 양육 환경과 태도 6. 지역사회의 지원과 지지 7. 가정폭력, 빈곤 등의 문제에 적극 개입 8. 높은 가족 응집력 9. 부모-자녀관계 친밀함 10. 가족의 긍정적 지지
또래/학교 요인	1. 학교 부적응 2. 시험성적 부진 3. 친구(이성, 동성)문제 4. 학업, 학교 문제 5. 학교에 대한 공포, 등교거부 6. 빈약한 친구관계 7. 학교폭력, 집단따돌림	1. 교사와의 원만한 관계 및 지지망 2. 원만한 교우관계 3. 학업 성취도 만족감 4. 적극적인 동아리 활동 5. 교내 상담시스템 , 정신건강 서비스 제공 6. 멘토-멘티 활성화 7. 학교의 예방교육 및 유용한 자료 보급
사회 요인	1. 인터넷 사이트나 매스미디어를 통한 왜곡된 죽음의 이미지나 정보 2. 자살을 미화하는 문화적 및 종교적 신념 3. 총기와 같은 치명적 수단의 접근 용이성 4. 정신건강 치료에 대한 장애 5. 사회적 지지의 결핍	1. 정신건강 교육과 서비스 2. 지역사회 네트워크와 지지망 구축 3. 전문가 활용 용이성 4. 자살예방 관련법과 제도 구비 5. 정신건강, 치료 및 위기관리 기관 접근 용이성 6. 총기 및 유해화학물질(독극물)의 철저하고 엄격한 관리와 접근 차단 7. 건전한 놀이 문화 공간 확보 8. 청소년 우울 및 자살에 대한 예방 교육 9. 개인의 생명과 가치를 존중하는 사회풍토 10. 자살위기센터의 설치 및 운영

자료: 김유진 외(2014). p. 32; https://www.cyber1388.kr:447

3) 청소년 자살위기의 특징 및 예방

(1) 청소년 자살시도의 특징

① 충동적인 경향

청소년의 자살은 계획적인 경우보다 충동적인 경우가 많다. 성인들은 경제적 빈곤 등 현실적 문제로 자살을 사전에 계획한다. 그러나 청소년들은 극심한 스트레스 상황에서 그 순간 현실을 도피하는 수단으로 충동적으로 자살을 시도할 수 있다. 구체적인 경우로는 자신이 무가치하다고 생각되어질 때, 부모나 주변 어른들의 잔소리가 싫어질 때, 또한 타인 앞에서 비난이나 꾸중을 듣게 되면 충동적으로 시도할 수 있다.

② 정신질환 이외 원인

청소년 자살시도는 정신질환으로 인한 것이 아니라 그 밖의 요인이 작용하는 경우가 많다. 주요 원인으로는 가정환경, 대인관계, 성적 등으로 인한 심리적 압박과 두려움이 작용한다. 이들은 나름대로 분명한 자살동기를 갖는다. 자살을 준비하던 중 자극적인 사건으로 인해 곧 바로 시도하는 경우가 있고 아니면, 고통의 끝이나 문제해결의 대안으로 선택할 수 있다. 이들은 분명한 동기를 만들어 합리화 시키려 하며 남을 조정하거나 보복하려는 이유로 자살을 시도할 수도 있다(김유진 외, 2014).

③ 도움을 호소하는 극단적 표현

청소년들은 과도한 스트레스 상황에서 '도움을 청하는', '심적 고통을 호소하는' 표현으로 자살을 시도할 수 있다. 청소년기는 여러 가지 문제해결 전략을 습득하지 못했기 때문에 도움을 호소하는 극단적인 표현으로 이 같은 선택을 하기도 한다. 청소년의 자살시도는 단순히 관심을 얻기 위한 방법으로만 여겨서는 안 된다. 반드시 이들은 자신의 극심한 고통을 호소하고 간절히 도움을 바라는 표현이라는 것을 명심해야 한다.

④ 자살에 대한 환상

청소년기는 자살에 대하여 일종의 환상을 가지고 있는 경우가 있다. 판타지 소설 및 인터넷 게임의 영향이거나 대중매체가 전하는 자살소식을 여과 없이 받아들이기도 한다(김유진 외, 2014). 이들은 자살을 많은 사람들의 관심과 동정을 받는 것처럼 지나치게 미화시키고 죽음을 비현실적으로 받아들일 수 있다. 이러한 이유로 인하여 자살을 쉽게 고려할 수 있으며 죽음을 문제해결 방법으로 왜곡시켜 생각할 수 있다.

⑤ 또래 영향

청소년들은 심리적 압박감이나 고통이 따를 때 친구들에게 알리게 된다. 그러나 또래 상호 간에도 문제해결이나 어떠한 대안을 얻지 못한 채 감정적으로 그 문제에 함께 몰입되어 동반자살 또는 모방자살로 이어질 수 있다(배주미 · 이승연 · 김은영, 2010).

(2) 자살의 징후

자살시도 위기 직전의 청소년 대부분은 자신의 자살 의도를 주변에 표현하게 된다. 왜냐하면 아직은 살고 싶은 의지도 동시에 가지고 있기 때문이다. 그들은 자살을 시도하는 그 순간까지 삶과 죽음의 경계선에서 지속적으로 고민하게 된다. 이 시기에 적절히 개입을 잘 할 수 있느냐에 따라 이후 결과는 상반될 수 있다. 아래에 나열된 자살 징후들은 청소년이 보내는 도움 요청 신호로 판단하고 이러한 징후를 발견하는 즉시 자살위기를 평정하고 위험도에 따라 신속하게 개입하여야만 한다(한국자살예방협회, 2012).

① 직접적 행동 단서

- 수면, 진통제, 감기약 등을 모아서 감춰둠
- 줄, 칼 등을 준비하고 감춤
- 자신의 물건을 정리하거나 의미 있는 소장품을 남에게 주거나 버림
- 오랫동안 만나지 못했던 친구나 선생님을 찾아감

- 자살방법에 대해 문의하거나 검색함
- 일기장, 낙서, 블로그, SNS 등으로 자살, 죽음에 대해 표현

② 직접적인 언어표현

- 죽은 가족에 대한 죄의식이나 만나고 싶어 하는 소원을 표현함
- 자살한 이후 발견되었을 때 자신의 모습에 대한 관심
- '더 이상 사는 것이 의미가 없어'
- '더 이상 짐이 되고 싶지 않아'
- '나 정말 죽고 싶어'
- '내가 죽어버리면 좋을텐데...'
- '나는 아무짝에도 쓸모가 없어'
- '사라져줄게...'
- '멀리 떠나고 싶다'
- '깨어나지 말았으면...'
- '날아가 버리고 싶다'
- '내가 죽어도 아무도 슬퍼하지 않겠지?'

③ 간접적 행동이나 상징적 단서

- 갑작스러운 행동변화
- 흥미와 에너지의 저하
- 사람들과 만남을 끊고 혼자 지내려 함
- 감정기복이 심해짐
- 식욕과 수면습관의 변화
- 외모와 위생상태에 대한 관심의 결여
- 성적이 떨어지거나 조퇴, 무단결석이 많아짐
- 위험한 행동이 증가함

(3) 자살의 예방

① 자살 예방 전략

자살 예방 전략은 그 대상에 따라 보편적 예방, 선택적 예방, 지시적 예방으로 구분한다. 먼저, 보편적 예방은 연령이나 성별, 자살 위험도와 상관없이 모든 지역주민을 대상으로 적용한다. 우울증 및 자살 관련 증상이나 편견 등 지역주민 대상으로 교육과 홍보를 실시하는 것이다. 둘째, 선택적 예방은 당장 위중한 자살 위험이 없더라도 자살 가능성을 잠재적으로 보유한 취약 대상에게 실시하는 전략을 뜻한다. 셋째, 지시적 예방은 자살 관련 정신질환자나 자살 위험을 가지고 있는 고위험군을 대상으로 실시한다. 예를 들어 우울증이 있는 청소년에게 항우울제 및 약물치료나 심리상담을 선제적으로 제공할 수 있다(Conwell, 2000).

② 자기 자신이 자살위기에 있을 때

- 우울해지고 죽고 싶은 생각이 드는 시간, 장소를 파악
  예) 매일 밤 10-12시, 방에 혼자 있을 때

- 편한 사람에게 도움을 요청
  예) 친구에게 문자를 보내서 힘들고 우울하다고 표현한다.

- 기분이 좋아질 만한 활동들을 찾고 실행
  예) 밝은 느낌의 음악을 듣는다.

- 전문기관에 도움 요청
  예) 청소년 전화 1388로 전화해서 상담을 한다.

- 청소년사이버상담센터(www.cyber1388.kr)에 접속, 채팅이나 게시판 상담

③ 친구나 주변 사람이 자살위기에 있을 때

- 선생님이나 전문가에게 도움을 구한다.
  친구가 자살을 생각하고 있다면 혼자 해결하려 하지 말고 반드시 선생님이나 전문기관에 도움을 요청해야 한다.
- 친구의 고민이나 감정을 대수롭지 않게 웃어넘기거나 화 내지 않는다.
  친구는 확실히 도움이 필요한 상태이고, 자살을 직접 말했다면 실제로 위태로운 상태라는 신호를 보내는 것이다. 괜찮을 거라고 여기고 있다가 이후 큰 후회를 할 수도 있다.
- 말이나 행동으로 자신이 친구에 대해 진심으로 걱정하고 있음을 알려준다.
  "나는 네가 어떻게 느끼는지 걱정돼" 등의 말로 마음을 표현하는 것은 그의 고독함을 덜어줄 수 있다.
- 위협이나 두려움 없이 자신의 감정을 이야기할 수 있도록 돕는다.
  친구는 의지할 사람이 필요하고 판단하지 않고 진심으로 자신의 이야기를 들어줄 대상이 필요하다. 관심을 보여주고 편안하게 두려움이나 불안을 표현할 수 있도록 한다.
- 친구에게 자살생각에 대해 더 자세하고 직접적으로 묻는다.
  자살생각을 어느 정도로 얼마나 구체적으로 하고 있는지 자세히 물어보는 것은 상태를 악화시키지 않는다. "자살에 대해 생각하고 있니?", "나한테 네가 요즘 굉장히 우울하고 슬픈 것처럼 보여, 혹시 죽고 싶은 생각이 드니?" 등의 질문에 대답하면서 친구는 자신의 상태와 감정을 표현할 수 있는 기회를 가질 수 있다. 그리고 듣는 사람은 친구의 현재 상태를 파악하여 다음 단계의 행동을 할 수 있다.
- 친구의 걱정을 들어주며 위로해준다.
  친구가 힘든 마음에 공감해 주고 따뜻하게 지지해 주는 것은 큰 도움이 될 수 있다. 추가적으로 다른 전문가나 선생님에게 도움을 구하는 것이 반드시 필요하다.
- 성급한 판단 및 비난, 섣부른 조언 등은 피해야 한다.
  성급한 마음에 친구에게 섣부른 조언이나 판단, '그런 문제로 바보같이 왜 죽어' 등의 책망은 그 상황에서 도움이 되기보다는 반대로 심한 절망감을 줄 수 있다. 오히려 친구의 말을 잘 들어주고 무조건 이해하려고 애쓰는 마음을 전달해야 한다.

- 필요한 도움을 받을 수 있으며, 나도 기꺼이 돕겠다고 표현한다.
  친구의 고통을 해결할 방법을 찾아낼 수 있을 것이라고 용기를 준다. 그러기 위해 필요한 도움을 받을 수 있고 최선을 다해 돕겠다고 한다. 진심을 담은 격려는 도움이 될 것이다.
- 친구의 자살계획과 관련된 비밀은 지키지 않아도 된다.
  친구의 비밀을 지켜 주고 발생할 수 있는 자살사건보다 비밀을 지키지 못하더라도 친구의 생명을 지키는 것이 더 중요하다. 처음에는 비밀을 지키지 않았다고 원망할지 모르지만 주변의 도움으로 어려움을 극복한 후에는 오히려 고마워할 수 있다. 이때 특히 유의해야 할 점은 아무에게나 친구의 자살생각이나 계획을 알리지 말고 선생님이나 전문가 등 실제적 도움을 제공할 수 있는 사람에게 알려야 한다는 것이다(한국자살예방협회, 2012).

4) 청소년 자살위기 상담

(1) 상담의 목표

청소년 자살위기 상담의 목표는 위험에 처한 개인이 이전에 정상적인 기능을 회복할 수 있도록 도와주는 것이다. 제임스와 길릴랜드(James & Gilliland, 2012)는 위기개입을 두 가지로 나누었다. 첫 번째, 단기적 관점의 위기관리는 위기의 경감에 초점을 두므로 신속한 평가가 요구되며 현재 개인이 당면한 위기, 즉 위험요인을 감소시키는 데 집중하여 이전 상황으로 회복할 수 있도록 조력하는 것이다. 두 번째, 장기적 관점의 사례관리는 오랫동안 지속적인 평가가 이루어지며 단계별 치료목표에 따라 생태·체계학적인 관점에서 개인의 삶의 질을 향상시키는 데 주력한다(이구상, 2012).

(2) 상담의 과정

① 청소년 자살위기 개입

위기개입이란 자살위기에 대해 적절하게 반응하고 만약 자살사망이 발생했을 때 그와 관련된 사람들에게 적절한 지지를 제공하는 것을 의미한다(James & Gililand, 2012). 위기개입에서는 청소년이 외상 사건으로 인해 경험하고 있는 위기로부터 자신의 정서적·행동적·인지적 왜곡을 인식하고 교정할 수 있도록 돕게 된다. 청소년 내담자의 자살위기 개입에 있어서는 다음 6단계의 절차가 필요하다(오윤선, 2007).

- 제1단계: 문제를 정의함

상담자가 내담자의 관점에서 문제가 무엇이며 그 문제를 어떻게 느끼고 인지하고 있는지를 파악하는 것이 자살위기 개입 과정의 가장 기본적인 요소이다.

- 제2단계: 내담자의 안전보증

안전보증은 상담자가 내담자의 신체적·정서적·심리적 위험을 감소시킬 수 있는 모든 대책을 마련하는 것이다. 상담자는 내담자가 신체적인 위협을 받고 있을 때 보호해야 할 의무가 있고 내담자가 정서적으로 안전함을 느낄 수 있도록 가능한 한 모든 방법을 동원해야 한다.

- 제3단계: 지원의 제공

상담자는 현재 내담자가 받을 수 있는 사회적 지원이 유일하게 자신뿐이라는 사실을 인식하고 내담자로부터 신뢰를 얻어야 한다. 즉, 내담자 입장에서 상담자는 자신을 진실로 돌봐주는 사람이라는 것을 확신하도록 해야 한다.

- 제4단계: 대안의 조사

죽음의 위기에 처한 사람들은 대체로 아무 행동도 하지 못하고 다른 대안을 생각해 내지 못한다. 상담자는 내담자의 외적인 문제를 직접 해결해 줄 수 없지만 문제를 해결할 수 있는 대안을 찾도록 도와줄 수 있다. 따라서 상담자는 내담자에게 제공할 수 있는 대안을 다양하게 준비하고 가장 적합한 대안을 적절한 시기에 제시함으로써 내담자가 즉시 위기를 극복할 수 있도록 해야 한다.

- 제5단계: 계획수립

대안을 찾은 뒤에는 대안을 실행시킬 수 있는 구체적인 계획이 있어야 한다. 계획수립은 가능하면 내담자가 구체적인 행동을 하도록 유도하는 것이어야 한다. 때문에 상담자가 모든 것을 결정해 버리면 오히려 위기극복 가능성은 줄어들게 된다.

- 제6단계: 구속력 확보

상담자는 내담자가 스스로 세운 계획을 반드시 지킬 수 있는 실천계획을 설명하도록 유도한다. 상담자는 개입을 종료하기 전에 내담자가 자신의 행동을 실천에 옮길 의지가 있는지 면밀하게 살펴야 한다. 그리고 계속해서 내담자를 도와주고 주기적으로 확인해야 한다.

② 청소년 자살위기 다루기 및 치료

- 절망감 다루기

자살을 시도하려고 하는 청소년 내담자는 스스로 해결할 수 없는 문제를 다루는 유일한 방법을 자살이라고 생각한다. 내담자가 자의적인 결론에 얽매여 있기 때문에 치료적 접근은 즉각적으로 문제를 다루는 데 중점을 두어야 하고 자살위기의 시기가 지날 때까지는 내담자와 접촉을 유지해야 한다. 이때 가족이나 친구의 협조를 얻는 것이 상담에 더욱 효과적이다.

- 공감대 형성

자살을 시도하려는 내담자는 상담자가 제안하는 대안을 부정적 혹은 왜곡된 방식으로 바라볼 수 있다. 그러므로 상담자는 청소년 내담자가 계획을 무차별적으로 거절하더라도 당황할 필요는 없다. 그리고 상담자는 내담자의 사연이 죽을 만한 이유가 될 수 있겠다는 공감대에서 출발하고 대화를 풀어가야 한다.

• 경향파악

자살경향이 있는 사람은 문제의 크기를 문제해결이 불가능한 것으로 과대평가한다. 그래서 작은 문제도 크게 지각하고 큰 문제에 대해서는 압도되어 버린다.

• 치료

상담자는 적극적인 경청을 통하여 내담자의 현재 상황을 분석하고 거기에 맞는 치료방안을 마련하도록 해야 한다(오윤선, 2007).

가. 개인 심리치료

개인 심리치료는 적극적인 경청과 자살위험 평가를 목적으로 하는 위기극복 접근방법에서 더 나아가 만성적인 자살위기 청소년의 내적 기능을 향상시키는 것을 목표로 한다.

나. 그룹치료

그룹치료는 참여자 간에 서로 정서적인 지원을 하며, 효율적으로 스트레스나 감정을 조절할 수 있는 방법을 배울 수 있고, 자기 통제 능력과 자기 존중감을 회복할 수 있게 한다.

다. 가족치료

가족치료에서는 가족구성원들 간의 병리적인 상호관계와 의사소통을 수정하여 내담자의 자기 보존능력을 높이고 가족의 문제해결 행동을 증진시키는 것을 목표로 한다. 따라서 상담자는 구성원들의 인지행동적인 문제점들을 찾아 교정하고 상호교류적인 이해를 할 수 있도록 훈련시킨다.

③ 자살위기 상담 시 주의사항

- 과잉반응하지 말라.
- 우울한 사람에게 지나치게 밝은 모습을 보이지 말라.
- 상담자는 자살을 막기 위해 설득만 하려고 하지 말라.
- 문제에 대한 결정적인 묘수를 가르쳐 주려고만 하지 말라.
- 자살에 대해 이야기하는 것을 두려워하지 말라.

- 내담자의 현재 심리상태와 상황을 중심으로 시작하라.
- 가능성이 있으면 자살에 관해 먼저 언급하라.
- 전문적인 도움을 구하도록 권하라.
- 상담자 자신의 연약한 모습을 내담자에게 개방하는 것도 필요하다.
- 상담자는 청소년 내담자를 판단하거나 논쟁하지 않아야 한다.

학습정리

인터넷 게임중독은 치료가 쉽지 않다. 따라서 인터넷 게임중독으로부터 청소년을 지켜내기 위해서 중독 이전 단계에서 미리 예방할 수 있는 효과적인 교육 프로그램을 개발하고 공급하는 일이 중요하다.

청소년들 사이에 최근 유행처럼 지속적으로 확산되고 있는 사이버 괴롭힘은 자신의 신분이나 얼굴을 드러내지 않고 익명을 사용할 수 있기 때문에 가해학생은 양심에 가책을 덜 받고 부정적인 글과 공격을 가할 수 있다. 또 가담하는 학생도 손쉽게 글이나 동영상 등을 사용하여 괴롭힘에 동조할 수 있게 되어서 그 괴롭힘 정도가 더욱 심해질 수도 있다. 해결중심적 모델을 적용한 또래 괴롭힘 상담은 청소년 내담자가 자신과 타인에 대한 이해를 높이고 자기효능감을 증진하고 원만한 의사소통을 할 수 있도록 도움으로써 개인적·사회적인 안녕과 학교적응력의 향상을 돕는 것을 목표로 한다.

청소년 시기 성에 대한 인식은 정체성 발달과 사회적 관계 형성에 있어서 가장 중요한 위치를 차지할 뿐만 아니라 문화적 의미의 성역할에 대한 인식과 관념의 기초가 된다. 이 시기에 잘못 습득한 성지식은 청소년의 성태도와 가치관 형성에 부정적 영향을 끼치게 되어 많은 성문제를 발생시키고 있다. 성문제 상담은 성에 관한 사적 관심들을 명료화시켜 줄 필요가 있다. 또한 성 관련 행동을 선택하는 이유를 명료화시켜주며 또래들의 부당한 압력에 적절히 대처할 수 있도록 도와주고, 다른 또래들에게 부당한 압력을 가하지 않도록 대처해야 한다.

청소년 자살행동은 자살생각(suicidal ideation), 자살시도(attempted suicide), 자살사망(completed suicide)으로 크게 나뉜다. 청소년 자살위기 상담의 목표는 위험에 처한 개인이 정상적인 기능을 회복할 수 있도록 도와주는 것이다. 이때 치료적 접근은 즉각적으로 문제를 다루는 데 중점을 두어야 하고 자살위기의 시기가 모두 지날 때까지는 내담자와 접촉을 유지해야 한다. 이때 가족이나 친구의 협조를 얻는 것이 상담에 더욱 효과적이다.

연습문제

1. 청소년 인터넷 게임중독, 또래 괴롭힘의 종류 및 문제점에 대해 설명하시오.
2. 청소년 성문제의 다양성과 심각성에 대해 논하시오.
3. 청소년 자살위기 상담에서 특히 유의할 점에 대해 논하시오.

참고문헌

고은혜(2015). 또래 괴롭힘 피해경험이 청소년의 삶의 만족도에 미치는 영향 : 자아존중감의 완충효과를 중심으로. 서울대학교 대학원 석사학위논문.

공기현(2002). **Open, 절반의 책임찾기 : 한국의 미혼모, 부 문제, 그 절반의 책임과 홀로 서기**. 서울: 파파마.

과학기술정보통신부, 한국정보화진흥원(2017). **2017년 스마트폰 과의존 실태조사**. 서울: 과학기술정보통신부.

곽형식, 박영애, 박인전, 양점도, 윤종희, 이소희, 이항재, 최영희(2000). **인간행동과 사회환경**. 서울: 형설출판사.

구광현, 이희경, 김보현(2002). **유아사회교육의 이해**. 서울: 동문사.

구정화(2009). 초등학생의 성역할 고정관념에 대한 학년 및 성별차이 연구. **사회과 교육**, 48(3), 35-46.

권석만(2013). **현대이상심리**. 서울: 학지사.

권준모(1999). 학교폭력의 학술적 사회적 대안 / 학교폭력에 대한 심리학적 접근의 모색 : 학교폭력(집단따돌림) 연구의 방법론적 고찰. **한국심리학회**, 대외심포지움, 27-37.

권진영(2014). 청소년과 대학생의 게임중독이 우리 경제에 미치는 영향과 입법정책 방향. **입법정책**, 6(1), 117-144.

권해수(2009). **2009년 청소년쉼터 대표자 및 중견실무자 역략강화 교육: 청소년과 성상담**. 서울: 보건복지부.

금명자, 김택호, 김은영(2002). **청소년상담의 기초**. 서울: 한국청소년상담원.

김경미, 양혜영(2005). 성역할 개념의 발달과 분화: 다차원적 관점. **한국심리학회지: 발달**, 18(3), 1-20.

김경미, 최승원, 정인철(2014). 중학생의 무조건적 자기수용과 사회불안의 관계에서 사후 반추사고의 매개효과. **한국심리학회지: 임상**, 33(4), 659-678.

김계현, 하혜숙(2000). 대학생의 학과(학부) 만족의 요인에 관한 연구. **상담학연구**, 1(1), 7-20.

김광일(2012). 청소년 수행불안의 인지행동치료. **대한소아청소년정신의학회 학술대회논문집**, 6. 80-95.

김규식, 고기홍, 김계현, 김성회, 김인규, 박상규, 최숙경(2013). **상담학개론**. 서울: 학지사.

김기정(2009). 고등학생의 우울에 영향을 미치는 요인 : 위험요인·취약요인·보호요인을 중심으로. 청주대학교 대학원 박사학위논문.

김기헌, 하형석, 신인철(2016). **청년 사회 · 경제실태 및 정책방안 연구** Ⅰ. 세종: 한국청소년정책연구원.

김대군(2012). 사이버 공간에서의 자아정체성 확립 방안. **윤리연구**, 86, 219-242.

김동배, 권중돈(2006). **인간행동이론과 사회복지실천**. 서울: 학지사.

김명, 김옥수, 조미숙, 홍양자(2008). **건강과학의 이해**. 서울: 이화여자대학교.

김명숙(2004). 대학생의 지각된 건강상태, 성격특성, 상황적 장애, 건강증진 행위와의 관계 연구. **성인간호학회지**, 16(3), 442-451.

김명식(2009). PTSD의 인지행동치료. **한국심리치료학회지**, 1(1), 45-61.

김미숙(2017). 한중대학생의 자기불일치가 외상후성장에 미치는 영향: 인지적 정서조절전략과 사회적지지의 순차적 매개효과-기독대학생과 비기독대학생 비교-. 한국성서대학교 일반대학원 박사학위논문.

김미숙(2018). 외모만족도와 정서적 지지가 자기능력지각에 미치는 영향: 대인관계만족의 매개효과- 한국 대학생과 중국 대학생 비교 -. **청소년복지연구**, 20(1), 91-116.

김미숙, 오윤선(2017). 한중대학생의 자기불일치가 외상후성장에 미치는 영향: 인지적 정서조절전략과 사회적지지의 순차적 매개효과. **청소년시설환경학회**, 15(4), 115-126.

김민철(2003). 청소년 성문제와 교회의 역할에 대한 연구. 한세대학교 신학대학원 석사학위논문.

김소정(2008). 청소년 성역할 고정관념에 관한 연구-성차이를 중심으로-. **사회복지연구**, 36(1), 129-149.

김순진, 김환(2009). **외상 후 스트레스 장애**. 서울: 학지사.

김유진, 이희경, 진현숙, 박보은(2014). **자살위기개입 매뉴얼**. 대구: 대구광역시서부교육지원청.

김윤희(1989). 부부 관계 및 부모자녀 의사소통 가족기능과 청소년 자녀비행과의 관계 연구. 숙명여자대학교 대학원 박사학위논문.

김의철(2000). **아동-청소년의 법/규범의식 교육을 위한 심리학적 연구**. 서울: 국무총리 청소년보호위원회.

김의철(2002). 한국의 민주주의, 리더십과 정치문화. **한국심리학회지: 문화 및 사회문제**, 8(2), 137-170.

김인자(1995). 현실요법. 현대상담, 심리치료의 이론과 실제. 서울: 중앙적성출판사.

김정옥, 박재복(2001). **청년성교육**. 서울: 양서원.

김춘경, 이수연, 이윤주, 정종진, 최웅용(2016). **상담학사전**. 서울: 학지사.

김춘경, 이수연, 최웅용(2006). **청소년상담**. 서울: 학지사.

김형태(1999). **교육심리학의 이해**. 서울: 동문사.

김혜원, 이혜경(2000). 학생들의 집단괴롭힘 관련경험에 대한 예언변인들의 탐색: 초・중고등학생간 비교를 중심으로. **교육심리연구**, 15(1), 183-210.

김홍순, 김청송(2011). 청소년상담에서 내담자의 상담에 대한 기대, 상담자의 자기개방 및 상담협력간의 관계. **청소년학연구**, 18(7), 235-255.

김효연(2015). 아동・청소년의 정치적 참여와 선거권연령. 고려대학교 대학원 박사학위논문.

민영순(2003). **교육심리학**. 서울: 문음사.

박경애(1997). **인지・정서・행동치료**. 서울: 학지사.

박선아, 최은영, 이은희, 변미경, 이병주, 정계아(2018). 초등학생의 성 성숙, 성 성숙 태도 및 신체 자존감. *Korean Journal of Women Health Nursing*, 24(2), 219-228.

박영숙, 김영임, 박연환(1998). 대학생과 고등학생의 성역할 정체감과 성고정관념에 대한 비교조사. **한국학교보건학회지**, 11(1), 51-62.

박옥임, 백사인, 박준섭, 박병훈, 이수진, 김정일(2013). **청소년 심리 및 상담**. 서울: 창지사.

박원명, 이경욱(2004). 외상 후 스트레스 장애의 약물치료. **대한정신약물학회지**, 15(1), 22-29.

박은아(2014). 성인의 대인외상경험과 외상 후 성장의 관계: 낙관성과 관계의 질의 다중 매개효과. 전북대학교 대학원 박사학위논문.

박은정, 정명선(2013). 외모에 대한 사회문화적 영향이 여대생의 신체불만족과 외모향상 추구행동에 미치는 영향. **복식문화연구**, 21(3), 361-375.

박재연(2010). 학교폭력이 청소년 우울 및 자살에 미치는 영향에서 탄력성의 매개효과 : 성별차이를 중심으로. **사회복지연구**, 41(1), 345-376.

박재황, 남상인, 김창대, 김택호(1993). **청소년상담 교육과정 개발연구**. 서울: 청소년 대화의 광장.

박진규(2010). **청소년 문화**. 서울: 학지사.

배주미, 이승연, 김은영 (2010). **청소년 자살 사후개입 매뉴얼 개발: 학교 장면에서의 개입을 중심으로**. 서울: 한국청소년상담복지개발원.

백사인, 윤경희, 하수경, 김홍숙, 이임숙, 박병훈(2013). **상담심리학 입문**. 서울: 공동체

백혜정, 임희진, 김현철, 유성렬(2017). **2017년 청소년종합실태**. 서울: 여성가족부.

서미정, 김경연(2004). 아동의 개인적 · 환경적 특성과 또래괴롭힘. **아동학회지**, 25(2), 93-108.

서영석, 조화진, 안하얀, 이정선(2012). 청소년들의 외상사건 경험. **교육심리연구**, 26(3), 788-791.

서울대학교의과대학(2011). **2011년도 정신질환실태역학조사 보고서**. 서울: 서울대학교 의과대학.

서호준, 채정호(2006). 외상 후 스트레스 장애에 대한 인지행동치료의 최근 동향. **인지행동치료**, 6(2), 117-129.

성현란, 이현진, 김혜리, 박영신, 박선미, 유연옥, 손영숙(2009). **인지발달**. 서울: 학지사.

손애리(2002). 청소년의 건강위험행동별 음주 및 성경험 위험정도. **한국알코올과학회지**, 3(1), 5-14.

손재환(2011). 친구들 때문에 너무 힘들어요. **한국청소년상담원 상담사례연구집**, 32-59.

송명자(2008). **발달심리학**. 서울: 학지사.

송종국, 강효정, 정현철, 김현배, 손원일(2011). 청소년들의 골격성숙도, 신체구성과 건강 관련 체력의 변화. **한국발육발달학회지**, 19(4), 261-270.

안은미(2015). 지역사회 오케스트라 교육 활동과 빈곤아동 발달에 관한 혼합 연구. 이화여자대학교 대학원 박사학위논문.

안지영, 오미경, 김지신(2011). 애착이 아동의 심리적 안녕감에 미치는 영향: 자아탄력성과 친구지지의 매개 역할. **한국아동학회**, 32(6), 63-79.

양광모(2011). **좋은 인맥을 넘어 위대한 인맥으로**. 서울: 북큐브네트웍스.

양동옥, 윤가현(2001). 초경 후 경과기간에 따른 월경에 대한 태도. **한국심리학회지: 여성**, 6(3), 37-48.

양승오(2011). 청소년 성문제에 관한 사회복지 정책적 입장에서의 해결 방안에 관한 연구. 호서대학교 행정대학원 석사학위논문.

여성가족부(2018). **청소년백서**. 서울: 여성가족부.

오윤선(2007). **청소년의 이해와 상담**. 서울: 예영 B&P.

오윤선(2009). 청소년 자살예방을 위한 기독교 위기상담. **복음과 상담**, 12, 147-173.

오윤선(2010). **기독교 상담심리학의 이해**. 서울: 예영 B&P.

오윤선(2010). **청소년 세대진단과 이상행동 치료**. 서울: 예영 B&P.

오윤선(2011). **말씀묵상을 통한 청소년 분노조절**. 서울: 예영 B&P.

오윤선(2014). **청소년 분노조절하기**. 서울: 예영 B&P.

오윤선, 김미숙(2018). 기독 대학생의 수용행동이 신앙성숙도와 강점인식에 미치는 영향: 긍정적 대처의 매개효과. **복음과 상담**, 26(1), 127-161.

오윤선, 최아람(2017). 기독대학생의 대인관계 문제가 SNS 중독경향성에 미치는 영향: 내현적 자기애의 매개효과. **복음과 상담**, 25(1), 153-184.

오윤선, 최아람(2019). **청소년 문제와 보호**. 파주: 양서원.

오윤선, 황인숙(2016). **청소년 문화론**. 파주: 양서원.

이강헌(2015). **운동행동과 스포츠심리학**. 서울: 대한미디어.

이구상(2012). 청소년 자살예방: 청소년 자살예방의 이해와 위기개입을 중심으로. **상담과 지도**, 47, 399-409.

이동훈(2009). 아동, 청소년상담 : 초등학생의 ADHD 증상 유병율 및 우울, 불안, 스트레스, 학교부적응과의 관계. **상담학연구**, 10(4), 2397-2419.

이린아(2008). 사회불안 아동을 위한 게슈탈트 집단치료 프로그램 개발 및 효과성. 성신여자대학교 대학원 석사학위논문.

이만홍, 황지연(2007). **역동심리치료와 영적탐구**. 서울: 학지사.

이미리, 길은배, 유병열, 김진호(2012). 청소년 초기 정서의 우울 수준에 따른 차이. **미래청소년학회지**, 9(2), 61-78.

이상영, 채수미, 황도경, 윤장호, 손창균, 안동현, 정진욱, 송기민, 윤시몬, 차미란, 이정아(2016). **한국 국민의 건강행태와 정신적 습관의 현황과 정책대응**. 세종: 한국보건사회연구원.

이선미(2001). 버스사고 피해자의 심리적 특성 및 외상후 스트레스 장애의 인지행동 집단치료 효과. 전북대학교 대학원 석사학위논문.

이성식, 전신현(2011). 집단괴롭힘의 피해와 가해의 관계와 그 성별 차이. **한국피해자학회: 피해자연구**, 19(1), 207-227.

이수민(2014). 상담자의 개입방법이 정서 및 상담효과에 미치는 영향: 단기역동치료와 해결중심단기치료에 관한 모의상담 연구. 한국교원대학교 대학원 석사학위논문.

이수진, 박중규(2004). **청소년 온라인게임중독 실태와 중독 예방교육 프로그램 연구**. 서울: 한국청소년개발원.

이순형, 이혜승(2004). **가출청소년보호 전문상담기법 연구**. 서울: 국무총리 청소년보호위원회.

이승현, 강지현, 이원상(2015). **청소년 사이버폭력의 유형분석 및 대응방안 연구**. 서울: 한국형사정책연구원.

이영주, 류진아(2013). 아동이 지각하는 사회적 지지와 학교생활적응과의 관계에서 자아탄력성의 매개효과. **상담학연구**, 14(4), 2049-2066.

이용승(2002). **범불안장애 : 과도한 걱정과 불길한 기대**. 서울: 학지사.

이유신, 이심열(2013). 성 성숙 속도가 다른 사춘기 아동의 성장발달과 식행동 비교. **동아시아식생활학회**

지, 23(5), 519-532.

이장호(1996). **상담심리학개론**. 서울: 박영사.

이장호(2001). **상담면접의 기초**. 서울: 중앙적성출판사.

이지영(2004). 게슈탈트 심리치료와 위빠사나 명상의 통합적 접근 학생연구. **학생연구**(서울대학교), 38(1), 45-57.

이창호, 김택호, 정찬석, 박재연(2005). **특별지원청소년 지원방안 연구**. 서울: 한국청소년상담원.

이채은(1996). 불안장애에 대한 소고. **심리연구**(이화여자대학교), 34, 40-49.

이춘재, 곽금주(2000). 집단따돌림 경험 유형에 따른 자기개념과 사회적지지. **한국심리학회지: 발달**, 13(1), 65-80.

이형득(1992). **상담이론**. 서울: 교육과학사.

이형득(1999). **청소년상담자론**. 서울: 한국청소년상담원.

이형득, 한상철(1995). **인간이해와 교육**. 서울: 중앙적성출판사.

이혜승, 이순현(2004). **가출청소년보호 전문상담기법 연구**. 서울: 보건복지부.

임영식(2000). **청소년 심리의 이해**. 서울: 학문사.

임한나(2008). 청소년의 일반적 특성에 따른 가족 상호작용, 학교생활 및 또래관계, 그리고 비행경험. 명지대학교 사회복지대학원 석사학위논문.

장태규, 장재홍, 이은경, 장미경, 김수연, 김지환, 박성민(2008). **청소년 게임과 몰입 집단상담 프로그램과 매뉴얼 보완 및 대학생용 프로그램 개발**. 세종: 문화체육관광부, (재)한국게임산업진흥원.

장휘숙(2009). **청년심리학**. 서울: 박영사.

전석균, 권구영, 서미경(2003). **정신병리: 사회복지사를 위한 능력기반 사정모델**. 서울: 하나의학사.

전연진(2005). **청소년의 위기를 기회로 만들어가는 집단프로그램**. 서울: 국가청소년위원회.

정순례, 양미진, 손재환(2010). **청소년 상담: 이론과 실제**. 서울: 학지사.

정옥분(2015). **청년발달의 이해**. 서울: 학지사.

정원식, 박성수(1988). **카운슬링의 원리**. 서울: 교육과학사.

정혜정, 공미혜, 전영주, 정현숙(2010). **가족과 젠더**. 서울: 신정.

조근호, 윤명숙, 이해국, 정슬기, 최삼욱, 최미미, 권민(2011). **각종 중독예방 · 상담 · 재활 종합관리체계 구축**. 세종: 보건복지부, 한국건강증진개발원.

조희연(2014). 여자 중학생 또래괴롭힘 참여역할과 체육수업에서의 방관귀인과의 관계. 고려대학교 교육대학원 석사학위논문.

질병관리본부(2015). 제11차 2015년 청소년건강행태온라인조사통계(www.cdc.go.kr/).

질병관리본부(2017). 제13차 2017년 청소년건강행태조사통계(www.cdc.go.kr/).

최수미(2015). 외상 사건 후 PTSD 예방을 위한 치료적 개입 및 모델의 동향분석. **상담학연구**, 16(3), 537-556.

최인자(2005). 적극적 부모역할훈련 집단 프로그램이 부모의 양육태도와 부모자녀 인간관계 및 모-자 상호작용에 미치는 효과. 숙명여자대학교 대학원 석사학위논문.

최정순(2009). 인터넷 음란물 접촉과 성의식간의 관계. 한남대학교 사회문화대학원 석사논문.

최지영(2009). **2009년 청소년쉼터 대표자 및 중견실무자 역략강화 교육 : 성폭력 피해청소년에 대한 개입**. 서울: 보건복지부.

최창욱, 임영식, 이인재, 박균열, 박병기(2011). **청소년도덕성 진단 검사도구 표준화 연구 I : 총괄보고서 (연구보고 11-R13)**. 서울: 한국청소년정책연구원

통계청, 여성가족부(2018). **2018년 청소년 통계**. 서울: 여성가족부.

하소윤(2014). 피아제의 인지발달단계에 기초한 유아 음악수업지도법 연구 : 피아노와 타악기를 중심으로. 경희대학교 교육대학원, 석사학위논문.

한국가톨릭의사협회(1984). **의학윤리**. 서울: 수문사.

한국교육개발원(2013). **초・중등 학생 인성교육 활성화 방안 연구(I)- 인성교육 진단 및 발전 과제 탐색**. 서울: 한국교육개발원(연구보고 RR 2013-01).

한국자살예방협회(2012). **학생자살위기대응매뉴얼**. 서울: 한국자살예방협회 .

한국청소년개발원(2004). **청소년환경론**. 서울: 교육과학사.

한국청소년정책연구원(2016). **2015년 아동・청소년인권실태조사**(http://www.nypi.re.kr/).

한국청소년학회(1999). **청소년은 보호의 대상인가 자율적 주체인가?: 청소년인권 개선을 위한 대토론회**. 서울: 한국청소년학회.

한재희(2002). **상담 패러다임의 이론과 실제**. 서울: 교육아카데미.

홍경원(2012). **한국인 우울증 유전학 연구에 대한 고찰**. 서울: 질병관리본부.

황희선(2005). 기독교적 인지행동프로그램의 개발과 적용가능성에 관한 사례연구. 이화여자대학교 대학원 석사학위논문.

Adams, G. R. (1992). Introduction and overview. In G. R. Adams, R. Montemayor, & T. P. Gullotta (Eds.), *Adolescent identity formation* (pp. 1-8). Newbury Park, CA: Sage Publications.

Adams, G. R., & Gullotta, T. (1989). *Adolescent Life Experiences*. Pacific Grove, CA: Brooks/Cole.

Adler, A. (1958). *What life should mean to you*. New York: G. P. Putnam's Sons.

Adolphs, R., Denburg, N. L., & Tranel, D. (2001). The amygdala's role in long-term declarative memory for gist and detail. *Behavioral Neuroscience, 115*(5), 983-992.

Albano, A. M., & Kendall, P. C. (2002). Cognitive behavioural therapy for children and adolescents with anxiety disorders: Clinical research advances. *International Review of Psychiatry, 14*(2), 129-134.

American Psychiatric Association (2013). *Diagnostic and statistical manual of mental disorders*(5th ed.). Washington, DC: Author.

Arnett, J. (1992). Reckless behavior in adolescence: A developmental perspective. *Developmental Review, 12*(4), 339-373.

Bandura, A. (1977). Selfefficacy: Towards a unifying theory of behavioral change. *Psychological Review, 84*(2), 191-215.

Bandura, A. (1989). Regulation of cognitive processes through perceived self-efficacy. *Developmental*

Psychology, 25(5), 729-735.

Bandura, A. (2001). Social cognitive theory of mass communication. *Media Psychology, 3*(3), 265-298.

Baumeister, R. F. (1990). Suicide as escape from self. *Psychological review, 97*(1), 90-113.

Baumeister, R. F., Bratslavsky, E., Finkenauer, C., & Vohs, K. D. (2001). Bad Is Stronger Than Good. *Review of General Psychology, 5*(4). 323-370.

Baumrind, D. (1975). The contributions of the family to the development of competence in children. *Schizophrenia Bulletin, 1*(14), 12-37.

Beck, A. T. (1976). *Cognitive Therapy and the Emotional Disorders*. New York: International Universities Press.

Beck, A. T. (1997). *Cognitive Therapy of Depression.* 원호택 외 역. **우울증 인지치료**. 서울: 학지사.

Beck, A. T. (2001). *Love is never enough.* 제석봉 역. **사랑만으로는 살 수 없다**. 서울: 학지사.

Beck, A. T., & Emery, G. (with Greenberg, R. L.). (1985). *Anxiety disorders and phobias: A cognitive perspective*. New York: Basic Books.

Beck, A. T., Rush, A. J., Shaw, B. F. & Emery, G. (1979). *Cognitive Therapy of Depression*. New York: Guilford Press.

Beidel, D. C., Turner, S. M., & Tracy, L. (1999). Psychopathology of Childhood social phobia. *Journal of the American Academy of Child and Adolescent Psychiatry, 38*(6), 643-650.

Bem, S. L. (1974). The Measurement of Psychological Androgyny. *Journal of Consulting and Clinical Psychology, 42*(2), 155-162.

Bem, S. L. (1989). Genital knowledge and gender constancy in preschool children. *Child Development, 60*(3), 649-662.

Benjamin, L. S. (1974). Structural Analysis of Social Behavior. *Psychological Review, 81*(5), 392-425.

Berk, L. E. (2009). *Child Development*(8th ed.). United States of America: Pearson Education, Inc.

Berndt, T. J. (1979). Developmental changes in conformity to peers and parents. *Developmental Psychology, 15*(6), 608-616.

Birren, J. B., & Woodruff, D. (1973). Human development over the life span through education. In P. Baltes & E. Schaie(Eds.), *Life span developmental psychology: Personality and socialization*. New York: Academic Press.

Blanck, G. (1990). Vygotsky: The man and his cause. In L. C. Moll (Ed.), *Vygotsky and Education: Instructional implications and applications of sociohistorical psychology*. (pp. 31-58). New York: Cambridge University Press.

Blos, P. (1979). *The adolescent passage: developmental issues.* New York: International Universities Press.

Booth, T., & Booth, W. (1998). *Growing up with parents who have learning difficulties.* London: Routledge.

Bowlby, J. (1973). *Attachment and loss(vol. 2), Separation: Anxiety and anger.* New York: Basic Books.

Bowlby, J. (1982). Epilogue. In C. M. Parkes & J. Stevenson-Hinde (Eds.), *The place of attachment in human behavior*(pp. 310-313). New York: Basic Books.

Breger, L. (1998). *From instinct to identity : The development of personality.* 홍강의, 이영식 역. **인간발달의 통합적 이해: 본능에서 정체성으로의 발달.** 서울: 이화여자대학교출판부.

Brewin, C. R. (2007). Autobiographical memory for trauma: update on four controversies. *Memory, 15*(3), 227-248.

Brooks-Gunn, J., & Ruble, D. N. (1980). The Menstrual Attitude Questionnaire. *Psychosomatic Medicine, 42*(5), 503-512.

Brooks-Gunn, J., Graber, J. A., & Paikoff, R. L. (1994). Studying links between hormones and negative affect: Models and measures. *Journal of Research on Adolescence, 4(*4): 469-486.

Brown, B. B., Hamm, J. V., & Meyerson, P. (1996). *Encouragement, empowerment, detachment: Ethnic differences in approaches to parental involvement with peer relationships.* Paper presented at the biennial meeting of the Society for Research on Adolescence. Boston, MA.

Buchanan, R. L., & Bowen, G. L. (2008). In the context of adult support: The influence of peer support on the psychological well-being of middle-school students. *Child and Adolescent Social Work Journal, 25*(5), 397-407.

Capuzzi, D., & Gross, D. R. (Eds.) (1995). *Counseling and psychotherapy: Theories and interventions*. Columbus. Ohio: Merrill/Prentice Hall.

Cash, T. F., & Smolak, L. (Eds.) (2011). *Body Image: A Handbook of Science, Practice, and Prevention* (2nd ed.). New York: Guilford Press.

Caspi, A., Lynam, D., Moffitt, T. E., & Silva, P. A. (1993). Unraveling Girls' Delinquency: Biological, Dispositional, and Contextual Contributions to Adolescent Misbehavior. *Developmental Psychology, 29*(1), 19-30.

Caspi, A., & Moffitt, T. E. (1991). Individual differences are accentuated during periods of social change: the sample case of girls at puberty. *Journal of personality and social psychology, 61*(1), 157.

Caspi, A., Sugden, K., Moffitt, T. E., Taylor, A., Craig, I. W., Harrington, H., ... & Poulton, R. (2003). Influence of life stress on depression: moderation by a polymorphism in the 5-HTT gene. *Science, 301*(5631), 386-389.

Chandler, M. J. (1987). The Othello effect: Essay on the emergence and eclipse of skeptical doubt. *Human Development, 30*(3), 137-159.

Chang, S. M., Hahm, B. J., Lee, J. Y., Shin, M. S., Jeon, H. J., Hong, J. P., ... & Cho, M. J. (2008). Cross-national difference in the prevalence of depression caused by the diagnostic threshold. *Journal of affective disorders, 106*(1-2), 159-167.

Coleman, J., & Hendry, L. (1990). *The Nature of Adolescence*(2nd ed.). London: Routledge.

Coleman, P. K. (2006). Resolution of unwanted pregnancy during adolescence through abortion versus childbirth: Individual and family predictors and psychological consequences. *Journal of Youth and Adolescence, 35*(6), 903-911.

Conwell, Y., Lyness, J. M., Duberstein, P., Cox, C., Seidlitz, L., DiGiorgio, A., & Caine, E. D. (2000). Completed suicide among older patients in primary care practices: a controlled study. *Journal of the American Geriatrics Society, 48*(1), 23-29.

Copeland, W. E., Keeler, G., Angold, A., & Costello, E. J. (2007). Traumatic events and posttraumatic stress in childhood. *Archives of General Psychiatry, 64*(5), 577-584.

Corey, G. (1993). *Theory and Practice of Counseling and Psychotherapy.* 김충기, 김현우 역. **상담과 심리치료의 이론과 실제**. 서울: 성원사.

Corsini, R. J. (1999). *The dictionary of psychology.* Publishing office: Brunner, Mazel.

Costello, E. J., Erkanli, A., Fairbank, J. A., & Angold, A. (2002). The prevalence of potentially traumatic events in childhood and adolescence. *Journal of Traumatic Stress, 15(*2), 99-112.

Cowgill, D. O. (1974). The aging of populations and societies. *The Annals of the American Academy of Political and Social Science, 415*(1), 1-18.

Crockett, L. J., Brown, J. R., Shen, Y.-L., & Russell, S. T. (2007). The meaning of good parent-child relationships for Mexican American adolescents. *Journal of Research on Adolescence, 17*(4), 639-668.

Crow, L. D., & Crow, A. (1956). *Adolescent Development and Adjustment*. McGraw-Hill Book Company, Inc.

Davidson, A. J., Gest, S. D., & Welsh, J. A. (2007). *Knowing who hangs around with whom: A longitudinal study of social network knowledge, social status and gender in early adolescence.* Paper presented at the Society for Research on Child Development conference in Boston, MA.

Dornbusch, S. M., Carlsmith, J. M., Gross, R. T., Martin, J. A., Jennings, D., Rosenberg, A., & Duke, P. (1981). Sexual development, age, and dating: a comparison of biological and social influences upon one set of behaviors. *Child Development. 52*(1), 179-185.

Dunn, J. (1983). Sibling relationships in early childhood. *Child Development, 54*(4), 787-811.

Dupper, D. R. (2013). *School Bullying: New Perspectives on a Growing Problem.* New York: Oxford University Press.

Durkheim, E. (2005). *Suicide: A study in sociology*. London and New York: Routledge.

Durkheim, E. (2012). *Moral education*. North Chelmsford, MA: Courier Corporation.

Eagle, C. J., & Schwartz, L. (1994). *Psychological Portraits of Adolescents.* New York: Lexington Books.

Eckerman, C. O., Davis, C. C., & Didow, S. M. (1989). Toddlers' emerging ways of achieving social coordinations with a peer. *Child Development, 60*(2), 440-453.

Eitzen, D. S., Baca Zinn, M., Smith, K. E. (2013). *Social Problems*. Cambridge: Pearson Publication.

Ehlers, A., Clark, D., Hachman, A., McManus, F., & Fennell, M. (2005). Cognitive therapy for post-traumatic stress disorder: development and evaluation. *Behaviour Research and Therapy, 43*(4),

413-431.

Elkind, D. (1981). Egocentrism in children and adolescents. In D. Elkind (Ed.), *Children and adolescents: Interpretive essays on Jean Piaget* (3rd ed.). New York: Oxford University Press.

Ellis, A. (1979). Rational-emotive therapy: Research data that supports the clinical and personality hypotheses of RET and other modes of cognitive-behavior therapy. In A. Ellis & J. M. Whiteley(Eds.), *Theoretical and empirical foundations of rational-emotive therapy* (pp. 101-173). Monterrey, CA: Brooks/Cole.

Ellis, A. (1989). Using rational-emotive therapy as crisis intervention: A single session with a suicidal client. *Individual Psychology, 45*(1&2), 75-81.

Ellis, A. (1999). *Rational Emotive Behavior Therapy Diminishes Much of the Human Ego*. New York: Albert Ellis Institute.

Ellis, A., & Dryden, W. (1987). Rational-emotive therapy: An excellent counseling theory for NPs. *Nurse Practitioner, 12*(7), 16-37.

Enker, W. E., Paloyan, E., & Kirsner, J. B. (1977). Carcinoma of the colon in the adolescent: a report of survival and an analysis of the literature. *The American Journal of Sugery, 133*(6), 737-741.

Erikson, E. H. (1968). *Identity: Youth and crisis.* New York: Norton.

Festinger, L. (1954). A theory of social comparison processes. *Human relations, 7*(2), 117-140.

Fine, A. (1982). Hidden variables, joint probability, and the Bell inequalities. *Physical Review Letters 48*(5), 291-295.

Flavell, J. H. (1979). Metacognition and Cognitive Monitoring A New Area of Cognitive-Developmental Inquiry. *American Psychologist, 34*(10), 906-911.

Flavell, J. H., & Wellman, H. M. (1977). Metamemory. In R. V. Kail, & J. W. Hagen(Eds.), *Perspectives on the development of memory and cognition(*pp. 3-33). Hillsdale: Erlbaum.

Fletcher, K. E. (2003). Childhood posttraumatic stress disorder. In E. J. Mash, & R. A. Barkley (Eds.), *Child psychopathology*(pp. 310−371)(2nd ed.). New York: Guilford Press.

Foster, V., & Sprinthall, N. (1992). Developmental profiles of adolescents and young adults choosing abortion: Stage sequence, décalage, and implications for policy. *Adolescence, 27*(107), 655-673.

Fredrickson, B. L., & Losada, M. F. (2005). Positive affect and the complex dynamics of human flourishing. *American Psychologist, 60*(7), 678.

Fredrickson, B. L., Mancuso, R. A., Branigan, C., & Tugade, M. M. (2000). The undoing effect of positive emotions. *Motivation and emotion, 24*(4), 237-258.

Freud, A. (1958). Adolescence. *Psychoanalytic Study of the Child, 13*, 255-278.

Freud, A. (1965). *Normality and Pathology in Childhood: Assessments of Developments.* New York: International University Press.

Glasser, W. (1981). *Stations of the mind: New directions for reality therapy.* New York: Harper & Row.

Glasser, W. (1990). *The quality school: Managing students without coercion.* New York: Harper & Row.

Glowinski, A. L., Madden, P. A., Bucholz, K. K., Lynskey, M. T., & Heath, A. C. (2003). Genetic epidemiology of self reported lifetime DSM IV major depressive disorder in a population based twin sample of female adolescents. *Journal of Child Psychology and Psychiatry, 44*(7), 988-996.

Goodman, R., Ford, T., Simmons, H., Gatward, R., & Meltzer, H. (2003). Using the Strengths and Difficulties Questionnaire (SDQ) to screen for child psychiatric disorders in a community sample. *International Review of Psychiatry, 15*(1-2), 166-172.

Gray, L. A., & Saracino, M. (1989). AIDS on campus: A preliminary study of college students' knowledge and behaviors. *Journal of Counseling and Development, 68*(2), 199-202.

Han, D. L., Lee, J. U., & Kim, S. H. (2016). Secular trends and influencing factors for the early menarche among Korean middle and high school girls. *Journal of Korean Contents Society, 16*(3): 319-327. https://doi.org/10.5392/JKCA.2016.16.03.319

Hawks, E., Blumenthal, H., Feldner, M. T., Leen-Feldner, E., & Jones, R. (2011). An examination of the relation between traumatic event exposure and panic-relevant biological challenge responding among adolescents. *Behavior Therapy, 42*(3), 427-438.

Hill, J. P., & Palmquist, W. J. (1978). Social cognition and social relations in early adolescence. *International Journal of Behavioral Development, 1*(1), 1-36.

James, R. K. & Gilliland, B. E. (2012). *Crisis intervention strategies*(7th ed.). Stamford, CT: Brooks/Cole.

Jung, M. K. (2014). Adult height in girls with central precocious puberty treated with gonadotropin-releasing hormone agonist with or without growth hormone. *Journal of Korean society of pediatric endocrinology, 19*(4), 214-219.

Kaplowitz, M. D., & Hoehn, J. P. (2001). Do focus groups and personal interviews reveal the same information for natural resource valuation? *Ecological Economics, 36*(2), 237-247.

Keane, T. M., Marshall, A. D., & Taft, C. T. (2006). Posttraumatic stress disorder: Etiology, epidemiology and treatment outcome. *Annual Review of Clinical Psychology, 2*, 161-197.

Keating, D. P. (1990). Adolescent thinking. In S. S. Feldman & G. R. Elliott(Eds.), *At the Threshold: The Developing Adolescent*(pp. 54-89). Cambridge, Harvard University Press.

Keenan, K., & Shaw, D. (1997). Developmental and social influences on young girls' early problem behaviors. *Psychological Bulletin, 121*(1), 95-113.

Kessler, R. C., Avenevoli, S., Costello, E. J., Green, J. G., Gruber, M. J., Heeringa, S., Merikangas, K. R., Pennell, B-P., Sampson, N. A., & Zaslavsky, A. M. (2009a). Design and field procedures in the US National Comorbidity Survey Replication Adolescent Supplement(NCS-A). *International Journal of Methods in Psychiatric Research, 18*(2), 69-83.

Kessler, R. C., Avenevoli, S., Costello, E. J., Green, J. G., Gruber, M. J., Heeringa, S., Merikangas, K. R., Pennell, B-P., Sampson, N. A., & Zaslavsky, A. M. (2009b). National Comorbidity Survey

Replication Adolescent Supplement(NCS-A): II. Overview and design. *Journal of the American Academy of Child and Adolescent Psychiatry, 48*(4), 380-385.

Kessler, R. C., Avenevoli, S., Green, J., Gruber, M. J., Guyer, M., He, Y., Jin, R., Kaufman, J., Sampson, N. A., & Zaslavsky, A. M. (2009c). National Comorbidity Survey Replication Adolescent Supplement(NCS-A): III. Concordance of DSM-IV/CIDI diagnoses with clinical reassessments. *Journal of the American Academy of Child and Adolescent Psychiatry, 48*(4), 386-399.

Kessler, R. C., Berglund, P,. Demler, O., Jin, R., Merikangas, K. R., & Walters, E. E. (2005). Lifetime prevalence and age-of-onset distributions of DSM-IV disorders in the National Comorbidity Survey Replication. *Archives of General Psychiatry, 62*(6), 593-602.

Kessler, R. C., Birnbaum, H., Bromet, E., Hwang, I., Sampson, N., & Shahly, V. (2010). Age differences in major depression: results from the National Comorbidity Survey Replication (NCS-R). *Psychological medicine, 40*(2), 225-237.

Kim, H. S., & Kim, B. S. (2008) Verification of the structural relationship model of suicidal ideation to Its related variables. *Korean J. Cons. and Psychol, 20*(2), 201-219.

Kim, J. M., Kim, S. W., Stewart, R., Kim, S. Y., Yoon, J. S., Jung, S. W., ..., & Jun, T. Y. (2011). Predictors of 12 week remission in a nationwide cohort of people with depressive disorders: the CRESCEND study. *Human Psychopharmacology: Clinical and Experimental, 26*(1), 41-50.

Kim, J. M., Stewart, R., Kim, S. W., Yang, S. J., Shin, I. S., Kim, Y. H., & Yoon, J. S. (2007). Interactions between life stressors and susceptibility genes (5-HTTLPR and BDNF) on depression in Korean elders. *Biological psychiatry, 62*(5), 423-428.

Klaus, M. H., & Kennell, J. H. (1976). *Maternal-infant bonding*. St. Louis: The C.V. Mosby Company.

Kohlberg, L. (1976). Moral stages and moralization: The cognitive-developmental approach. In T. Lickona(Ed.), *Moral development and behavior: Theory, research, and social issues*(pp. 31-53). New York: Holt, Rinehart and Winston.

Kohlberg, L. (1965). *Psychosexual development: A cognitive-developmental approach*. Unpublished mimeographed manuscript, University of Chicago.

Kral, R. (1995). *Solutions for schools*. Milwaukee: Brief Family Therapy Center Press.

Ladd, G. W., Kochenderfer, B. J., & Coleman, C. C. (1996). Friendship quality as apredictor of young children's early school adjustment. *Child Development, 67*(3), 1103-1118.

Lapsley, D. K. (1990). Continuity and discontinuity in adolescent social cognitive development. In: R. Montemayor, G. R. Adams, T. P. Gullotta(Eds.), *Advances in development: adolescent Vol. 2: From Childhood to Adolescence: A Transitional Period?(*pp. 183-204). Newbury Park: Sage.

Lapsley, D. K. (1991). Egocentrism theory and the "New Look" at the Imaginary audience and personal fable in adolescence. In R. M. Lerner, A C. Peter en & J. Brooks-Gunn(Eds.), *Encyclopedia of adolescence*(pp. 281-286). New York: Garland.

Layne, C. M., Saltzman, W. R., Poppleton, L., Burlingame, G. M., Pašalić, A., Duraković, E., ... & Steinberg, A. M. (2008). Effectiveness of a school-based group psychotherapy program for war-exposed adolescents: a randomized controlled trial. *Journal of the American Academy of Child & Adolescent Psychiatry, 47*(9), 1048-1062.

Lazarus, A. A. (1973). Multimodal behavior therapy: Treating the "BASIC ID.". *Journal of Nervous and Mental Disease, 156*(6), 404-411.

Lee, S. H., Choi, T. K., Lee, E., Seok, J. H., Lee, S. H., Lee, H. S., & Kim, S. J. (2010). Serotonin transporter gene polymorphism associated with short-term treatment response to venlafaxine. *Neuropsychobiology, 62*(3), 198-206.

Lickona, T. (1991). *Educating for character: How our schools can teach respect and responsibility*. New York: Bantam.

Lotman, Y. M. (1988). Text within a text. *Soviet Psychology, 26*(3), 32-51.

Masterson, J. F. (1972). *Treatment of the borderline adolescent-A developmental approach*. New York: John Wiley.

May, R. (1977). *The meaning of anxiety*(rev. ed). New York: Norton.

Mccormick, C. M., Mathews, I. Z., Thomas, C., & Waters, P. (2010). Investigations of HPA Function and the Enduring Consequences of Stressors in Adolescence in Animal Models. *Brain and Cognition, 72*(1), 73-85.

McDowell, L. (2000). The trouble with men? Young people, gender transformations and the crisis of masculinity. *International Journal of Urban and Regional Research, 24*(1), 201-209.

Muuss, Rolf E. (1996). *Theories of Adolescence*. New York: McGraw Hill.

Myung, W., Lim, S. W., Kim, J., Lee, Y., Song, J., Chang, K. W., & Kim, D. K. (2010). Serotonin transporter gene polymorphisms and chronic illness of depression. *Journal of Korean medical science, 25*(12), 1824-1827.

Najman, J. M., Hayatbakhsh, M. R., Heron, M. A., Bor, W., O'Callaghan, M. J., & Williams, G. M. (2009). The impact of episodic and chronic poverty on child cognitive development. *Journal of Pediatrics, 54*(2), 284-289.

Narvaez, D., & Rest J. R. (1995). The Four Components of Acting Morally. In W. M. Kurtines & J. L. Gewirtz(Eds.), *Moral Development: An Introduction*. Boston & London: Allyn and Bacon.

Negriff, S., Ji, J., & Trickett, P. K. (2011). Exposure to peer delinquency as a mediator between self-report pubertal timing and delinquency: A longitudinal study of mediation. *Development and Psychopathology, 23*(1), 293-304.

Nelson, E. E., Leibenluft, E., McClure, E. B., & Pine, D. S. (2005). The social re-orientation of adolescence: a neuroscience perspective on the process and its relation to psychopathology. *Psychological Medicine, 35*(2): 163-74.

Nisan, M., & Kohlberg, L. (1982). Universality and variation in moral judgment: A longitudinal and cross-sectional study in Turkey. *Child Development, 53*(4). 865-76.

O'Carroll, P. W., Berman, A. L., Maris, R. W., Moscicki, E. K., Tanney, B. L., & Silverman, M. M. (1996). Beyond the tower of Babel: a nomenclature for suicidology. *Suicide Life Threat Behavior, 26*(3), 237-52.

Offer, D. (1969). *The Psychological World of the Teenager: A Study of Normal Adolescent Boys*. New York: Basic Books.

Olweus, D. (1991). Bully/victim problems among schoolchildren: Basic facts and effects of a school based intervention programme. In D. Pepler & K. Rubin(Eds.), *The development and treatment of childhood aggression*(pp. 411-448). Hillsdale, NJ: Erlbaum.

Olweus, D. (1993). *Bullying at School: What We Know and What We Can Do*. New York: Blackwell.

Olweus, D. (2004). Bullying at school: Prevalence estimation, a useful evaluation design, and a new national initiative in Norway. *Association for Child Psychology and Psychiatry Occasional Papers, 23*, 5-17.

Olweus, D., Limber, S. P., & Mihalic, S. (1999). *The Bullying Prevention Program: Blueprints for Violence Prevention, 9*. Center for the Study and Prevention of Violence: Boulder, CO.

Ormond, C. L., Mann, L., & Luszcz, M. (1987). *A metacognitive analysis of decision making in adolescence*. Unpublished manuscript, The Flinders University of South Australia.

Paikoff, R. L., Brooks-Gunn, J., & Warren, M. P. (1991). Effects of girls' hormonal status on depressive and aggressive symptoms over the course of one year. *Journal of Youth and Adolescence, 20*(2), 191-215.

Park, J. H., & Kim, K. W. (2011). A review of the epidemiology of depression in Korea. *Journal of the Korean Medical Association, 54*(4), 362-369.

Park, M. J. (2006). Update in the etiology and treatment of sexual precocity. *Korean Journal of Pediatrics, 49*(7), 718-725.

Parker, J. G., & Asher, S. R. (1993). Friendship and friendship quality in middle childhood: Links with peer group acceptance and feelings of loneliness and social dissatisfaction. *Developmental Psychology, 29*(4), 611-621.

Perls, F. S. (1976). *The Gestalt Approach and Eye Witness to Therapy*. New York: Bantam(first published 1973).

Perry, D. G., Hodges, E. V. E., & Egan, S. K. (2001). Determinants of Chronic Victimization by Peers: A review and a New Model of Family Influence. In J. Juvonen & S. Graham(Eds.), *Peer harassment in school: The plight of the vulnerable and victimized*, 73-104. New York: The Guilford Press.

Perry, W. G. (1998). *Form of intellectual and Ethical Development in the College Year: A Scheme*. SanFrancisco: Jossry-Bass.

Peterson, J., & Nisenholz, B. (1995). *Orientation to counseling(*3rd ed.). Boston, MA: Allyn & Bacon.

Rest, J. R. (1986). *Moral development: Advances in research and theory*. New York: Praeger.

Rita, Wicks-Nelson & Allen, I. (2012). *Abnormal Child and Adolescent Psychology*. White Plains, NY: Pearson Education.

Rogers, C. (1952). *Client-centered psychotherapy*. Scientific American.

Rogers, C. R. (1951). *Client-centered therapy: Its current practice, implications and theory*. Boston: Houghton Mifflin.

Rousseau, J. J., & Baltzer, J. (1962). *The Emile of Jean Jacques Rousseau*. Teachers College Press.

Salmivalli, C., & Voeten, M. (2004). Connections between attitudes, group norms and behavior in bullying situations. *International Journal of Behavior Development, 2*8(3), 246-258.

Salmivalli, C., Lagerspetz, K., Bjorkqvist, K., Osterman, K., & Kaukiainen, A. (1996). Bullying as a group process: Participant roles and their relations to social status within the group. *Aggressive Behavior, 22*(1), 1-15.

Sanderson, W. C., & Barlow, D. H. (1990). A description of patients diagnosed with DSM-Ⅲ-R generalized anxiety disorder. *Journal of Nervous and Mental Disease, 178*(9), 588-591.

Santrock, J. W. (1987). The Effects of Divorce on Adolescents: Needed Research Perspectives. *Family Therapy, 14*(2.), 147-159.

Santrock, J. W. (2006). *Life-span development(*10th ed.). Boston: McGraw-Hill.

Schaffer, H. R. (2000). *Social development*. Oxford: Blackwell Publishers Inc.

Schuckit, M. A., & Hesselbrock, V. (1994). Alcohol dependence and anxiety disorders: What is the relationship? *American Journal of Psychiatry, 151*(12), 1723-1734.

Segal, Z. V., Kennedy, S., Gemar, M., Hood, K., Pedersen, R., & Buis, T. (2006). Cognitive reactivity to sad mood provocation and the prediction of depressive relapse. *Archives of general psychiatry, 63*(7), 749-755.

Seligman, L. (2006). T*heories of counseling and psychotherapy: Systems, strategies and skills(*2nd ed.). Upper Saddle River, New Jersey: Pearson Education, Ltd.

Selman, R. (1980). *The growth of interpersonal understanding: Developmental and clinical analyses.* New York: Academic Press.

Shalitin, D., Yu, X., Maymon, M., Mockler, T., & Lin, (2003). Blue light-dependent in vivo and in vitro phosphorylation of Arabidopisis cryptochrome 1. *Plant Cell, 15*(10), 2421-2429.

Sharf, R. S. (2004). *Theories of psychotherapy and counseling: Concepts and cases*(3rd ed.). Pacific Grove, CA: Thomson Brooks/Cole.

Sklare, G. B. (1997). *Brief counseling that works: A solution-focused approach for school counselors.* Thousand Oaks: Sage.

Smucker, M. R. (1997). Post-Traumatic Stress Disorder. In R. L. Lehrer(Ed.), *Practising Cognitive*

Therapy. Alabama: Book-Mart Press.

Spindler, H., Elklit, A., & Christiansen, D. (2010). Risk Factors for Posttraumatic Stress Disorder Following an Industrial Disaster in a Residential Area: A Note on the Origin of Observed Gender Differences. *Gender Medicine, 7*(2), 156-165.

Suárez-Orozco, C., Suárez-Orozco, M., & Todorova, I., (2008). Learning a New Land: Immigrant Students in American Society. Cambridge, MA: Harvard University Press. (2007). Marcelo Suárez-Orozco & Carola Suárez-Orozco. Immigration: Youth Respond to Change. Harvard Law & Policy Review.

Sullivan, H. S. (1953). *The interpersonal theory of psychiatry*. New York: Norton.

Sullivan, P. F., Neale, M. C., & Kendler, K. S. (2000). Genetic epidemiology of major depression: review and meta-analysis. *American Journal of Psychiatry, 157*(10), 1552-1562.

Tognoli, J., & Keisner, R. (1972). Gain and loss of esteem as determinants of interpersonal attraction: a replication and extension. *Journal of Personality & Social Psychology, 23*(2), 201-204.

Turkle, S. (1995). *Life on the screen: Identity in the age of Interne*t. New York: Simon & Schuster.

Vespo, J., Pedersen, J., & Hay, D. F. (1995). Young children's conflicts with peers and siblings: Gender effects. *Child Study Journal, 25*(3), 189-212.

Vygotsky, L. S. (1978). *Mind in Society: Development of Higher Psychological.* Processes Cambridge, MA: Harvard University Press.

Vygotsky, L. S. (1981). The genesis of higher mental functions. In Wertsch J. V. (Ed. &Trans.), *The concept of activity in Soviet psychology*(pp. 144-188). Armonk, NY: M. E. Sharpe.

Vygotsky, L. S. (1986). *Thought and language* (revised edition). Cambridge Mass: MIT Press

Watson, D., Clark, L. A., & Tellegen, A. (1988). Development and validation of brief measures of positive and negative affect: The PANAS scales. *Journal of Personality and Social Psychology, 54*(6), 1063-1070.

Weissman, M. M., Prusoff, B. A, Gammon, G. D., Merikangas, K. R., Leckman, J. F., & Kidd, K. K. (1984). Psychopathology in the children(ages 6-18) of depressed and normal parents. *Journal of the American Academy Child Psychiatry, 23*(1), 78-84.

Wertsch, J. V. (1994). Reclaiming the natural line in Vygotsky's theory of cognitive development. *Human Development*, *37*(6), 343-345.

Wheeler, J. A. (1957). Assessment of Everett's 'Relative State' formulation of quantum theory. *Reviews of Modern Physics, 29*(3), 463-465.

Wicks-Nelson, R., & Israel, A. C. (2015). *Abnormal Child and Adolescent Psychology: DSM5 Update*. New York: Pearson.

Wilcox, H. C., Storr, C. L., & Breslau, N. (2009). Posttraumatic stress disorder and suicide attempts in a community sample of urban American young adults. *Archives of general psychiatry, 66*(3), 305-311.

Wubbolding, R. (1990). Professional issues: Consultation and ethics, Part I. *Journal of Reality Therapy*,

9(2), 71-74.

Young, K. S. (1998). *Caught in the Net: How to Recognize the Signs of Internet Addiction-And a Winning Strategy for Recovery*. New York: J. Wiley.

Zastrow, C., & Kirst-Ashman, K. K. (2002). *Understanding of Human Behavior and the Social Environment*(5th ed.). 김규수 외 역. **인간행동과 사회환경**. 서울: 나눔의 집.

Zuckerman, M., & Link, K. (1968). Construct validity for the sensation-seeking scale. *Journal of Consulting and Clinical Psychology, 32*(4), 420-426.

Zuckerman, M. (1979). Sensation seeking. In H. London & J. Exner(Eds.), *Dimensions of personality*. New York: Wiley.

Zuckerman, M., Eysenck, S., & Eysenck, H. J. (1978). Sensation seeking in England and America: cross-cultural, age and sex comparisons. *Journal of Consulting and Clinical Psychology, 46*(1), 139-149.

국가법령정보센터(http://www.law.go.kr/)

경찰청 통계자료(www.police.go.kr/)

네이버 지식사전(https://terms.naver.com/)

법제처 홈페이지(http://www.law.go.kr/)

위키백과(https://ko.wikipedia.org/)

통계청 홈페이지(http://kostat.go.kr/)

한국정보화진흥원 홈페이지(http://www.nia.or.kr/)

한국청소년정책연구원 홈페이지(http://www.restorativethinking.co.uk/)

찾아보기

찾아보기

[내용]

저 / 자 / 소 / 개

■ 오윤선

건국대학교 대학원(교육학 석사)
미) Washington University of Virginia(교육학 석사)
명지대학교 대학원(교육학 박사)
미) Minnesota Theology Graduate School(상담학 박사)
미) Regent University, School of Psychology & Counseling(임상수련)
미) Regent University 초빙교수 역임 중 人民大學校 大學院 초빙교수 역임
현) 한국성서대학교 기초교양교육원 상담심리학 교수 및 학생생활상담센터장

〈주요저서〉
상담윤리(두란노출판, 1997)
교육의 심리학적 이해(도서출판 다락방, 2000)
상담학(공저)(한국가정상담연구소, 2004)
가정상담학(공저)(CLC, 2006)
청소년 이해와 상담(예영 B&P, 2006)
상담심리학의 이해(예영 B&P, 2007)
청소년 이젠! 이해할 수 있다(예영 B&P, 2007)
숨은 눈물 닦아주기(공저)(장로교회출판, 2008)
인간의 심리학적 이해(예영 B&P, 2009)
사람은 어떻게 변화되는가(공역)(생명의 말씀사, 2009)
청소년 세대진단과 이상행동치료(예영 B&P, 2010)
청소년 분노조절하기(예영 B&P, 2011)
힐링과 행복코칭(예영 B&P, 2014)
진로상담(공저)(예영 B&P, 2015)
청소년 문화론(양서원, 2016)
심리검사 이해와 활용(양서원, 2017)
교육심리학(창지사, 2017)
진로상담의 이해 (창지사, 2017)
청소년 심리 및 상담이론과 실제(양성원, 2017)
심리검사의 이해와 활용(양서원, 2017)
청소년지도방법론(양서원, 2018)
청소년문제와 보호(양서원, 2019)
대인관계와 의사소통(창지사, 2019)

■ 김미숙

한국성서대학교 일반대학원(문학 석사)
한국성서대학교 일반대학원 상담심리전공(철학 박사)
현) 중국 연변과학기술대학교 겸임교수
현) 한국성서대학교 외래교수

청소년 심리 및 상담

1판 1쇄 인쇄 — 2019년 7월 10일
1판 1쇄 발행 — 2019년 7월 15일

저　　자 - 오윤선 · 김미숙
발 행 인 - 강철원
발 행 처 - 양성원
주　　소 - 경기도 파주시 검산로 173번길 29-20
전　　화 - 031-946-3861(代)
팩　　스 - 031-946-3864
이 메 일 - tnwpub@naver.com
홈페이지 - tnwpub.co.kr
출판등록 - 2015년 8월 31일 제 2015-000211 호

ISBN 979-11-6126-191-1

정가 20,000원